कुछ ग़मे-दौरां

कुछ ग़मे-दौरां

के. बिक्रम सिंह

वाणी प्रकाशन

प्रकाशन के उत्कृष्टतम 62 व

सजिल्द प्रथम संस्करण : 2004
सजिल्द दूसरा संस्करण : 2026

vaniprakashan.com

वाणी प्रकाशन

4695, 21-ए, दरियागंज, नयी दिल्ली-110 002

फ़ोन : + 91 11 23273167, 23275710

शाखाएँ

अशोक राजपथ, पटना-800 004, बिहार
कॉफ़ी हाउस कैम्पस, महात्मा गांधी मार्ग, प्रयागराज-211 001, उत्तर प्रदेश
महात्मा गांधी अन्तरराष्ट्रीय हिन्दी विश्वविद्यालय, वर्धा-442 001, महाराष्ट्र

sales@vaniprakashan.in
vaniprakashan@gmail.com

Kuchh Ghame Dauran

by K. Bikram Singh

ISBN : 978-81-8143-194-3
Essays

मूल्य : ₹ 750

जी.एस. ऑफ़सेट, दिल्ली-110 095 में मुद्रित

वाणी प्रकाशन का लोगो मक़बूल फ़िदा हुसैन की कूची से

अपने मित्र
बासु दा यानी बासु भट्टाचार्य
को
समर्पित

भूमिका

बिक्रम सिंह के 'कुछ ग़मे-दौरां' को देखने के बाद अब यह शिकायत नहीं हो सकती कि 'गिरा अनयन, नयन बिनु बानी।' इन शब्द-छवियों को रचनेवाली वाणी में आँख है और उस आँख में एक जीभ भी है—ऐसी आँख जो बोलती भी है। निराला के शब्दों में 'कवि की सनयन कविता!'

अपने एक हमसफ़र शुब्रतो मित्रा के प्रसंग में बिक्रम सिंह कहते हैं : "एक बार मशहूर कैमरामैन निक्विस्ट से पूछा गया था कि किसी चेहरे पर प्रकाश डालने में सबसे बड़ी समस्या क्या है। बताते हैं कि उसका जवाब था, 'आँखों को आलोकित करना।' इस वक्तव्य का मतलब तब मेरी समझ में आया जब मैंने न्यू डेल्ही टाइम्स में चौकीदार की आँखें देखीं।"

विटगेन्स्टाइन ने भी कभी कहा था : 'सोचो मत, देखो।' मुझे भी इस वक्तव्य का अर्थ 'कुछ ग़मे-दौरां' के बीच से गुज़रने पर ही समझ में आया।

बिक्रम सिंह मूलतः डॉक्युमेंटरी के फ़िल्मकार हैं और अपनी फ़िल्मों की पटकथा भी स्वयं ही लिखते हैं। 'कुछ ग़मे-दौरां' के प्रायः सभी आलेख एक तरह से पटकथाएँ ही हैं—यह और बात है कि इनमें से कुछ पर उन्होंने 'डॉक्युमेंटरी' फ़िल्म भी बनाई हैं। इस पटकथा लेखन का गुर 'महाभारत : एक खोज' के अंतर्गत मिलता है। "वीडियो कैमरे की मदद के बिना ही किसी दृश्य की ध्वनियों, शब्दों और चित्रों में दर्ज़ करने और सामान्य के भीतर एक गहरी अंतर्दृष्टि सुलभ करा देने में कैरिअर की प्रतिभा का सानी नहीं है।...कैरिअर का लेखन निश्चित रूप से एक कवि और पटकथाकार का लेखन है जो कुछ 'बोल्ड स्ट्रोक्स' के ज़रिए एक छवि रचता है और बाकी पाठक की कल्पना पर छोड़ देता है। इस प्रक्रिया में वह ऐसी छवियों की एक वीथिका तैयार कर देता है जो एक ही साथ अजनबी और परिचित दोनों हैं जिनसे हमें भारत के बहुरूपी यथार्थ को लेकर एक समृद्ध अंतर्दृष्टि मिलती है। विविधता निश्चय ही सत्य का नकार नहीं है, बल्कि उसकी अभिव्यक्ति है चूँकि सत्य के लाखों चेहरे होते हैं।"

जिस नज़र ने जां क्लॉद कैरिअर के महाभारत की पटकथा को इस रूप में देखा है, वही नज़र स्वयं बिक्रम सिंह के 'कुछ ग़मे-दौरां' में भी कहीं-न-कहीं सक्रिय दिखाई

पड़ती है। इसलिए यह ऐसी कृति है "जो थोड़ी कविता है, थोड़ा यात्रा-वृत्तान्त—और थोड़ी कथा।...सुगठित आख्यान नहीं, सिर्फ शब्द-छवियाँ हैं जिनके साथ बस याद रख लेने के लिए जल्दी से बनाए गए स्केच हैं।"

और यह सब सिर्फ़ कैमरे की करामात नहीं है, करामात उस आँख की है जो कैमरे के पीछे है, बल्कि उस अलक्षित शक्ति की जो उस आँख को संचालित करती है। उसे सहसा कोई नाम दे देना कठिन है, मेरे लिए। इसलिए मदद के लिए फिर स्वयं रचनाकार के पास ही चलते हैं। कुछ सुराग 'अवचेतन से उठता काला धागा' में शायद मिलें।

विख्यात स्वीडी फिल्मकार इंगमार बर्गमैन से एक बार पूछा गया कि उनके दिमाग़ में किसी फ़िल्म की कल्पना कैसे शुरू होती है। बर्गमैन का जवाब था, 'यह मेरे अवचेतन से निकलते एक काले धागे की तरह शुरू होती है और फिर मेरे मस्तिष्क के बाहर फैलने लगती है।'

यह काला धागा कभी-कभी बिक्रम सिंह के भी अवचेतन से निकलता है और फिर सिर के बाहर फैलने लगता है। शैवाल की एक कहानी सुनते हुए सहसा उसका क्रान्तिकारी नायक उछलकर सीधा बौद्ध छवियों के उस छायाभासी संसार में आ गिरा जो उन्होंने अपने मन में इकट्ठा कर रखा था। शायद यह राजगीर और बोधगया की यात्रा का असर था। ज़ाहिर है कि यहाँ स्वयं पृष्ठभूमि भी एक चरित्र की भूमिका अदा कर रही है। ध्यान से देखें तो 'कुछ ग़मे-दौरां' की प्रत्येक पटकथा किसी-न-किसी ख़ास जगह से जुड़ी है और उस जगह का अपना रंग है और आवाज़ें भी अपनी हैं।

'चुप्पी की आवाज़ें' से पता चलता है कि आँख के साथ ही बिक्रम सिंह के कान भी असाधारण रूप से संवेदनशील हैं। घटनास्थल चित्रकूट। "मंदिर की घंटियों और आरती की आवाज़ के बीच बंदरों का एक झुंड शोर करने लगा। मंदिर की घंटियाँ और बंदरों का शोर। यह एक विचित्र मिश्रण था और मेरे दिमाग़ में यही मिश्रण चित्रकूट की पहचान से जुड़ गया।"

इससे भी विलक्षण मिश्रण चंदेरी में हुआ। "चंदेरी जैसे किसी देवी के दो वक्षों के बीच दुबका हुआ शहर। मैंने अपने कैमरामैन को इन दो विराट वक्षों के बीच पड़े चंदेरी का शॉट लेने के लिए कैमरा सेट करने को कहा। जब हम शॉट ले ही रहे थे, सैकड़ों मंदिरों की घंटियों की आवाज़ शहर से तिरती हुई आने लगी। कुछ देर बाद एक मधुर अज़ान की आवाज़ इन मंदिरों की घंटियों के साथ आन मिली और इसने एक जादू-सा पैदा कर दिया जिसे मैंने शायद ही कभी अनुभव किया था।"

इस प्रसंग में बिक्रम सिंह ने धर्मशाला में अपने बचपन के दिनों को याद करते हुए लिखा है कि धर्मशाला में मैं अक्सर बहते पानी की आवाज़ की चुप्पी सुना करता था। उस सांगीतिक चुप्पी को हर-हर महादेव और अल्ला हू अकबर की आवाज़ों ने हमेशा-हमेशा के लिए नष्ट कर डाला।

इस पटकथा का अंत इस संक्षित टिप्पणी से होता है : "चुप्पी की आवाज़ें अब भी हैं मगर वे ख़ास संपन्न लोगों के घरों में बंद हैं। चुप्पी अब बस अमीरों का विलास हो चुकी है।"

इस मार्मिक निबंध के आरंभ में कहा गया है कि हर शहर की अपनी आवाज़ें होती हैं। इसके साथ ही एल्डस हक्सले का एक हवाला दिया गया है। लेकिन मुझे तो पं. चंद्रधर शर्मा गुलेरी का निबंध 'काशी की नींद और काशी के नूपुर' (1916) हठात् याद आ रहा है। निबंध शुरू होता है : "मैं जैसा घूमनेवाला हूँ, वैसा सोनेवाला भी हूँ। लोग आँखों से पहचानते हैं, मैं नींद और नींद विघ्नों से पहचानता हूँ। उपनिषदों के मेधावी पण्डित की तरह आँखें बाँधकर मुझे किसी शहर में छोड़ दीजिए, मैं नींद और नींद के विघ्नों से बता दूँगा, कि मैं कहाँ हूँ।"

अपनी इस अचूक पहचान के प्रमाण में गुलेरी जी ने प्रयाग, लाहौर और काशी में बीती रातों की अलग-अलग आवाज़ों के नमूने पेश किए हैं। इनमें केवल काशी की गंगा, दुबली, प्रशान्त गंगा--पिछले मेह के कारण मिर्जापुरी मट्टी का कुछ गुलाबीपन और शान्ति। लहर नहीं, शब्द नहीं और चाल भी नहीं। है तो बस कोठे पर नूपुर की ध्वनि।

बिक्रम सिंह को निश्चय ही यह जानकर खुशी होगी कि गुलेरी जी हिमाचल प्रदेश के ही थे--कांगड़ा के। फ़र्क है तो बस इतना ही कि उन्हें कहीं अज़ान की वह मधुर आवाज़ सुनने को नहीं मिली। अपनी-अपनी क़िस्मत। 'कुछ तो है जिसकी पर्दादारी है।'

हिमाचल प्रदेश का प्रसंग चल ही पड़ा है तो बिक्रम सिंह के सबसे निकट के 'हमसफ़र' मनोहर सिंह याद न आएँ, यह असंभव है। 'कुछ ग़मे-दौरां' में 'मनोहर का परदा' और 'अग्नि के भीतर' दो संस्मरण हैं जिनमें से विशेष रूप से द्रष्टव्य है 'अग्नि के भीतर'। एक डॉक्युमेंटरी फिल्म 'ऑफ़ लाइफ़ एंड डेथ' में मनोहर सिंह ही मृत्यु के देवता यम की भूमिका के लिए उपयुक्त लगे। अत्यंत व्यस्त होते हुए भी वे तैयार हो गए। संवाद बोलना था जलती हुई अग्नि के परिपार्श्व में। मनोहर बोलते हैं : "तूने साहस किया है नचिकेता, बहुत बड़ा साहस। तूने साक्षात् मृत्यु से प्रश्न किया है और वह भी उसी के साम्राज्य में प्रवेश करके। तेरे प्रश्न का उत्तर दूँगा, पर पहले तू इस अग्नि के भीतर झाँक कर देख।"

पटकथा के अंत में कथाकार की टिप्पणी : "गुज़रता हुआ वक्त सब कुछ क़िस्से में बदल देता है। यह जीवित अनुभव को यथार्थ के एक बोध से वंचित कर देता है। तब से महाराजिन बुआ और मनोहर सिंह दोनों मृत्युलोक में यम के पास जा चुके हैं और मेरे लिए वे यम की तरह ही मिथकीय हो गए हैं। मगर मेरे कानों में गूँजती मनोहर सिंह की आवाज़ अब भी वास्तविक है।"

लगभग डॉक्युमेंटरी फ़िल्म तक ही अपने आपको सीमित रखते हुए भी बिक्रम सिंह ने अपने आपको कला के क्षेत्र में 'यथार्थ' की बँधी-बँधाई धारणा तक सीमित नहीं रखा। 'एक अलग यथार्थ' शीर्षक निबंध में उन्होंने **कारलोस कास्तेनेदा** के **'डान हुआन'** के माध्यम से एक 'वैकल्पिक यथार्थ' की दुनिया में दाखिल होने का साहस किया है। इस साहस का व्यावहारिक उदाहरण है 'कल्लू कुम्हार की उनाकोटी'। 'उनाकोटी' त्रिपुरा के अंदर दुर्गम प्रान्तर में दस वर्ग किलोमीटर में फैली

एक पहाड़ी जगह है जिसमें दंतकथा के अनुसार एक कम एक करोड़ शिव की मूर्तियाँ हैं, इसलिए उसका नाम 'उनाकोटी' है। स्थानीय आदिवासियों के अनुसार इन मूर्तियों का निर्माता कल्लू कुम्हार है। वह शिव के साथ कैलाश पर जाना चाहता था। शिव ने शर्त रखी कि रात भर में एक करोड़ शिव मूर्तियाँ बनानी होंगी। वह जुट गया। लेकिन भोर होने पर एक मूर्ति कम निकली और वह वहीं छूट गया।

कहने को यह एक सफ़रनामा है, लेकिन लेखक की स्मृति में वह एक सुबह बादलों के गर्जन-तर्जन के साथ कौंधी थी। गर्जन-तर्जन शिव के तांडव जैसा लगा और मन तीन साल पहले त्रिपुरा में उनाकोटी की एक शाम में जा पहुँचा। लेखक के शब्दों में यह 'कटी पतंग योग' है जिसमें मन को कटी पतंग की तरह तैरने के लिए छोड़ देना पड़ता है। इस सर्जनात्मक योग का सच क्या है? शिव की अनगिनत मूर्तियाँ? कल्लू कुम्हार? या फिर उनाकोटी की जनजातियों का अपना विश्वास? इस प्रश्न का उत्तर संभव है कारलोस कास्तेनेदा के पास मिले।

'कुछ ग़मे-दौरां' एक ललित और समृद्ध छवि-वीथिका है। इसमें एक ओर सत्यजित राय और लैस्टर जेम्स पीरीज़ के आत्मीय चित्र हैं तो उससे भी अधिक अपनापा भरे चित्र बासु भट्टाचार्य और शुब्रतो मित्रा के हैं। यहाँ चित्रकार रामचंद्रन की लीला है तो अबू अब्राहम के कार्टून भी हैं। रंगकर्मियों में मनोहरसिंह तो कवियों में कुँवरनारायण और केदारनाथ सिंह तथा गायिकाओं में गिरिजादेवी। इन्हीं कलाकारों के बीच प्रतिभाशाली चित्रकार करंजई भी हैं जिन्होंने बिक्रम सिंह के आग्रह पर उनकी नानी का 'पोर्ट्रेट' बनाया था। इन बड़े लोगों के बीच गया से हसुआ जानेवाले मार्ग में अज्ञात कुलशील कोई सरयूसिंह भी मिल गए जिन्होंने अटल बिहारी वाजपेयी के बारे में दो टूक कहा था कि वे तो बस हिंदुओं के प्रधानमंत्री हैं। उन्होंने ब्रेश्ट की एक कविता का हिंदी अनुवाद भी सुनाया था, जिस पर आश्चर्य भले हो, अविश्वास नादान ही करेंगे।

'कुछ ग़मे-दौरां' प्रकारांतर से स्वयं बिक्रम सिंह की आत्म छवि भी है। स्वाभिमान, शालीनता और सुरुचि से संपृक्त; बहुश्रुत और बहुपठित किन्तु ज्ञान के बोझ को सहज ही वहन करनेवाले तथा प्रदर्शन से मुक्त। यह छवि वास्तविकता से कितनी दूर या निकट है, यह तो वे ही बता सकेंगे जो उन्हें निकट से जानते हैं। मेरा परिचय तो उनसे 'जनसत्ता' के 'बिंब-प्रतिबिंब' स्तंभ के आरंभ के साथ ही हुआ। रहस्योद्घाटन के बावजूद आज भी यह स्वीकार करने को जी नहीं चाहता कि वे लगभग सारे आलेख अनुवाद थे।

साहित्य-शास्त्री इस पुस्तक को चाहे जिस विधा में डालें। यह सुघड़ और अनूठी गद्यकृति विधा के साथ-साथ और भी बहुत से दायरों का अतिक्रमण करती है, नृसिंह की तरह।

इन शब्दों के साथ इस अनूठी गद्य-रचना का हार्दिक स्वागत!

नामवर सिंह

दो शब्द

यह किताब मेरे उन लेखों का संकलन है जो 'जनसत्ता' में जून 2001 से मई 2003 के बीच प्रकाशित हुए। ये लेख यहाँ कमोबेश उसी रूप में प्रकाशित हैं जिस तरह वे पहली बार छपे थे। कहीं-कहीं थोड़ा बहुत फेरबदल बस इस लिहाज़ से किया गया है कि संदर्भ समझा जा सके और बातें अस्पष्ट न रहें।

हालाँकि ये लेख एक हिंदी दैनिक के लिए लिखे गए थे, मगर अधिकतर उन्हें लिखा अँग्रेज़ी में गया था। 'अधिकतर' इसलिए क्योंकि मार्च 2003 के बाद के लेख हिन्दी में ही लिखे गये थे। लगभग इन सभी लेखों का अनुवाद मेरे आत्मीय प्रियदर्शन ने किया। वे या तो मुझे अनुवाद का प्रारूप भेज देते थे या फ़ोन पर सुना देते और छपने से पहले मेरे सुझावों को शामिल कर लेते। मैं हिंदी अच्छी तरह जानता हूँ, मगर वर्षों से मेरे लेखन और बहुत हद तक चिंतन की भाषा अँग्रेज़ी रही है। वस्तुतः जब मैंने ये लेख अँग्रेज़ी में लिखने शुरू किए तो एक स्थिति ऐसी आई कि लिखते समय उसके संभावित हिन्दी अनुवाद मेरे मस्तिष्क के किसी कोने में रहने लगे।

मुझे ऐसे किसी और उदाहरण का पता नहीं है कि यह अच्छी तरह जानते हुए भी कि लेख पहले हिन्दी में छपने वाले हैं उन्हें अँग्रेज़ी में लिखा गया हो। कम से कम इस अर्थ में यह संकलन अनूठा है। मैं इस अनुवाद के लिए प्रियदर्शन के प्रति आभार व्यक्त करता हूँ और उनके धीरज के लिए भी।

अख़बारी लेखन में आमतौर पर संक्षेपीकरण और तात्कालिकता के दबाव काफी रहते हैं। खुशकिस्मती से 'जनसत्ता' के संपादक मेरे मित्र ओम थानवी ने मुझे यह आज़ादी दी कि मैं इन दबावों को नज़रअंदाज़ कर जो ठीक समझूँ वह लिखूँ और अपनी मर्ज़ी से विषयों को चुनूँ—चाहे वे अतीत से आएँ या वर्तमान से या फिर मेरे निहायत अपने संदर्भों से जुड़े हों या राजनीतिक मसलों से। शायद इसी के परिणामस्वरूप मेरे कुछ मित्र और पाठक मुझे आश्वस्त करते रहे हैं कि इन लेखों में वैसी क्षणभंगुरता नहीं है जैसी अमूमन अख़बारी लेखन में हुआ करती है। शायद यही इस किताब के प्रकाशन की कैफ़ियत है।

मैं मूलतः फ़िल्मकार हूँ, लेखक नहीं। हालाँकि इसके पहले भी मैं पत्र-पत्रिकाओं के लिए कभी-कभार लेख लिखता रहा हूँ, लेकिन वे ज़्यादातर सिनेमा पर ही थे। हाँ, मैंने फ़िल्मों की पटकथाएँ भी लिखी हैं—डॉक्यूमेंटरी की भी और फीचर फिल्मों की भी। लेकिन फिर भी यह कहना सही होगा कि मुझे नियमित रूप से लिखने का कोई अभ्यास नहीं था। यह मेरे मित्र ओम थानवी का आग्रह ही था कि मैं नियमित रूप से लिखने लगा। उन्होंने ही मुझे सबसे पहले इस किताब का मशविरा भी दिया। मैं उनके प्रति बेहद कृतज्ञ हूँ। साथ ही साथ मैं नामवर सिंह, निर्मल वर्मा और केदारनाथ सिंह को भी धन्यवाद देना चाहूँगा जिन्होंने मुझे इन लेखों को पुस्तकाकार प्रकाशित करवाने के लिए प्रेरित किया। मेरे मित्र और प्रसिद्ध कलाकार ए. रामचंद्रन ने आवरण पर अपनी एक पेंटिंग के प्रयोग की अनुमति दी, इसके लिए मैं उनका आभार मानता हूँ। शुक्रिया नरेंद्रपाल सिंह का रेखाचित्रों के लिए और अपरा का व्यक्तिचित्रों के लिए, जिनसे किताब सजी है और कुछ दर्शनीय भी हो उठी है। मैं अपने पुराने सहयोगी पी.एल. खंडेलवाल का भी शुक्रिया अदा करना चाहता हूँ जिन्होंने इन लेखों की सुध रखी और उन्हें इकट्ठा करने में मेरी मदद की।

कहना न होगा लेख चूँकि अखबार में स्तंभ के रूप में लिखे गए थे, उनके स्वरूप में एक अनिवार्य तात्कालिकता है जिसे ज्यों का त्यों रहने दिया गया है। हालाँकि वक्त के साथ चीज़ें और घटनाएँ बदलती हैं, सहृदय पाठक इतना समायोजन आप कर लेंगे, इसका मुझे भरोसा है।

आख़िरी बात इस पुस्तक के तीन खंडों—'हमसफ़र', 'सफ़र' और 'संसार'—के बारे में। 'हमसफ़र' में उन कुछ लोगों के साथ के मेरे अनुभव शामिल हैं जो जीवन के सफ़र में मुझे मिले और जिन्होंने मुझे न जाने कितनी तरह से समृद्ध किया। 'सफ़र' में शाब्दिक अर्थ में की गई यात्राएँ भी शामिल हैं और मन की भूल-भुलैयों के भटकावे भी। 'संसार' में बाक़ी सब कुछ शामिल है—कला से लेकर राजनीति तक।

के. बिक्रम सिंह

क्रम

हमसफ़र

सफ़र

संसार

हमसफ़र

एक हिंदू साम्यवादी

"भारत को दरअसल एक हिंदू-कम्युनिस्ट प्रधानमंत्री चाहिए।" वे लुंगी-बनियान पहने हमारे बेडरूम के बिस्तरे पर पसरे पड़े थे और ए. रामचंद्रन की एक जलरंग पेंटिंग को निहार रहे थे जो सामने की दीवार पर टँगी रहती थी। वह सर्दियों की सुबह थी और कमरा नरम धूप में नहाया हुआ था। मेरी बेटी उनके पाँव दबा रही थी--हालाँकि उसे यह काम रास नहीं आता था, मगर इसके लिए वह कभी मना भी नहीं कर सकी। उनके पाँव मधुमेह के कारण दुबले और कमजोर हो चुके थे। बासु दा देश के सामने खड़ी विराट समस्याओं के मुमकिन समाधानों पर विचार प्रकट कर रहे थे।

इतने वर्षों में यह मैं सीख चुका था कि उनके राजनीतिक विश्लेषण को बहुत तवज्जो न दूँ। मुझे यह भी एहसास हो चला था कि कुछ लोगों की तरह जो प्रलाप की बीमारी से ग्रस्त रहते हैं और जिन्हें अपने शब्दों के मानी का कुछ अता-पता नहीं रहता, उन्हें भी अपने शब्द और अपनी आवाज सुनना बहुत प्रिय था। उनके साथ बातचीत की गुंजाइश नहीं थी। या तो आप उन्हें सुनें या फिर न सुनें। मगर एकाध सवाल पूछकर आप उन्हें उकसा सकते थे, जैसे मैं करीब आधी सदी पहले अपने गाँव के बूढ़े कथावाचक को उकसाया करता था। ऐसा भी नहीं था कि भाषण देने के लिए बासु दा को हमेशा बहुत कुरेदे जाने की जरूरत हो।

'बासु दा, ये हिंदू-कम्युनिस्ट क्या होता है?' मैंने पूछा, मेरी आवाज का व्यंग्य उनकी पकड़ में नहीं आया। वे चाय और निकोटीन के लुत्फ और पाँव दबवाने के सुख में मगन थे।

'हिंदू-कम्युनिस्ट वह होता है जो हिंदू की तरह सोचता है और कम्युनिस्ट की तरह काम करता है', तत्काल जवाब आया। इसके बाद उन्होंने एक अन्य मौलिक सिद्धांत यह साबित करने के लिए पेश किया कि न सिर्फ हिंदुत्व और कम्युनिज्म अंतर्विरोधी नहीं हैं, बल्कि वे पूरी तरह एक-दूसरे के पूरक भी हैं। यह पितृसत्तात्मक लोकतंत्र का बहुत ही अस्पष्ट ढंग से खींचा गया खाका था, जिसमें प्रधानमंत्री एक विराट संयुक्त परिवार के कर्ता की तरह काम करेगा।

तब तक न बाबरी मस्जिद ढही थी, न अटल बिहारी वाजपेयी प्रधानमंत्री हुए थे। हालाँकि अयोध्या के लिए आडवाणी की रथ यात्रा शुरू हो चुकी थी, नरसिंह राव कुंभकरण की तरह तब भी गहरी नींद में सोए हुए थे। बासु भट्टाचार्य के सिद्धांत के पीछे का तर्क मेरी समझ में नहीं आया, मगर मैं बेहद परेशान हो उठा क्योंकि बासु दा कुछ भी हों, किसी किस्म की तानाशाही के समर्थक और सांप्रदायिक नहीं हो सकते थे।

उन्होंने मुझे बताया था कि इमरजेंसी से पहले एक बार वे इंदिरा गाँधी पर एक वृत्तचित्र बना रहे थे। यह तय हुआ था कि जब भी श्रीमती गाँधी वक्त निकालेंगी, वे शूटिंग के लिए आ जाएँगे। बासु दा की शर्त थी कि वे बिना सुरक्षाकर्मियों के आएँगी और उन्हें अपनी मर्जी से बात और फिल्मांकन करने देंगी। उन्होंने कई महीने उनके साथ शूटिंग की। और फिर इमरजेंसी लग गई। इंदिरा गाँधी के दफ्तर की ओर से लगातार आग्रहों के बावजूद उन्होंने फिल्म को दुबारा हाथ नहीं लगाया।

हाँ, मैं बासु भट्टाचार्य की बात कर रहा हूँ, उस फिल्मकार की, जिसकी पहली ही फिल्म 'तीसरी कसम' को सर्वश्रेष्ठ फीचर फिल्म का राष्ट्रीय पुरस्कार मिला था और जिसकी आखिरी फिल्म 'आस्था' को महज रेखा और ओम पुरी के बीच के कुछ केलि दृश्यों के लिए याद किया जाता है। बीच के दौर में उनकी त्रयी 'अनुभव', 'आविष्कार' और 'गृहप्रवेश' को छोड़कर बहुत सी भुला दिए जाने लायक फिल्में रहीं।

मेरी मुलाक़ात बासु भट्टाचार्य से 1977 में हुई, जब मेरी नियुक्ति बतौर सहायक निदेशक फिल्म समारोह निदेशालय में हुई, मगर निश्चय ही उन्हें मैं इसके पहले से जानता था। वे उस संयोजन समिति के सदस्य थे, जो सरकार द्वारा इसलिए गठित की जाती है कि हमारे फिल्म समारोहों में हर साल होनेवाले गड़बड़झाले की जवाबदेही अकेले फिल्म समारोह निदेशालय के मत्थे न मढ़ी जाए।

एक पुराने ढब के सरकारी नौकर की तरह मैं फिल्म जगत की बड़ी हस्तियों का आमंत्रण स्वीकार करते हुए बहुत सतर्क रहता था। मगर जब भी मैं बंबई में होता, बासु दा और गुलजार से मिलने की कोशिश करता। दोनों खासे पढ़े-लिखे लोग थे और दोनों की अभिरुचियाँ सिनेमा के आगे भी जाती थीं और मेरी रुचियों से मिलती-जुलती थीं। दोनों ग्लैमर से बहुत हद तक दूर थे और इसके बावजूद उनका फिल्मोद्योग में बड़ा सम्मान था। दोनों अलग-अलग ढंग से रोमांटिक थे, बासु दा स्वघोषित वामपंथी ढंग से और गुलजार उर्दू शायरी की रिवायत से। दोनों विमल राय के शागिर्द थे और मुझसे बहुत गहरा स्नेह रखते थे।

एक तरह के वामपंथी रुझान से कॉलिज के दिनों में मेरा भी साबका पड़ा था, जब मैं डॉ. के.एम. अशरफ से इतिहास पढ़ रहा था। मैं बहुत मेधावी छात्र नहीं था और अपने ज्ञान के बड़े छिद्रों के प्रति बहुत सजग रहते हुए मैंने मार्क्सवाद का

अपेक्षाकृत बेहतर अध्ययन किया था, हालाँकि मैं कभी एक्टिविस्ट नहीं रहा। इसलिए जीवन के प्रति बासु दा के सामान्य दृष्टिकोण से मेरा तादात्म्य आसानी से बन सका। इसके अलावा भले ही वे पैसे के मामले में कृपण माने जाते थे, मगर वक्त को लेकर बेहद उदार थे।

बंबई के उच्चवर्गीय कार्टर रोड में उनके खुले-हवादार फ्लैट से समुद्र दिखाई पड़ता था। तब तक कार्टर रोड और समुद्र के बीच में जॉगर्स पार्क नहीं बना था। चट्टानी समुद्र तट यदि सुबह के वक्त स्थानीय लोगों के हाजत रवा करने की पसंदीदा जगह थी, तो शाम के वक्त प्रेम के पंछियों के मिलने की। दिन में किसी भी वक्त आया एक बड़ा ज्वार चट्टानी तट को बुहार कर गंदगी साफ कर देता और इसे शाम की आमोद-क्रीड़ाओं के लिए तैयार कर देता। फ्लैट की बालकनी में कई विदेशी पौधे लगे हुए थे और इनमें से एक पौधा वह भी था जो वे चार्ली चैप्लिन की कब्र से उठाकर लाए थे।

मैं उनकी बालकनी में घंटों बैठा रहता और उनका एकालाप सुना करता जिसके दायरे में ऋग्वेद से लेकर रवींद्रनाथ टैगोर तक और चार्ली चैप्लिन से लेकर हाजी मस्तान तक चले आते। बीच-बीच में पत्रकारों से लेकर संघर्षरत कलाकारों और बेरोजगार स्थानीय कारीगरों तक आगंतुकों की एक परेड चलती रहती। कभी कोई नई स्टार दीप्ति नवल, कोई संघर्षशील नीना गुप्ता या फिर शोभा डॉक्टर की तरह की कोई तेज-तर्रार टीवी प्रोड्यूसर सहसा प्रगट होती और बासु दा पर अपना जादू डालती।

उनके पास हर किसी के लिए वक्त था। बिना बनियान के, वे अपनी लुंगी में ही पूरे घर में घूमते रहते और आनेवालों से निरंतर बातचीत करते रहते। मुमकिन है पैसे को लेकर वे कंजूस रहे हों, मगर वे वाकई एक उदार इंसान थे। उन्होंने कभी किसी को सामाजिक रूप से कमतर होने का एहसास नहीं कराया।

बंबई का उनका मकान धीरे-धीरे मेरा दूसरा घर बन गया और दिल्ली का मेरा छोटा-सा फ्लैट, खासकर मेरे सरकारी नौकरी छोड़ने के बाद, उनका नियमित अड्डा। वे अक्सर गुरूर से कहते थे कि वे कभी अपने विमान का टिकट नहीं खरीदते। वे हमेशा किसी न किसी सरकारी समिति में हुआ करते थे। उनके दोस्तों का दायरा बहुत बड़ा और बेतरतीब था। कवि, चित्रकार, लेखक, राजनीतिक, वैज्ञानिक, व्यवसायी, समाजसेवी, नीम हकीम और समृद्ध ठग। वे सबके साथ सहज थे। इसलिए वे अक्सर पाँच सितारा होटल में ठहरने की पेशकश के साथ दिल्ली आ सकते थे। मगर वे अचानक आते और हमारे छोटे से घर में खुद को सहज महसूस करते।

फिर सहसा मेरे घर का टेलीफोन थमने का नाम नहीं लेता और तरह-तरह के न्योते आने लगते। शुरू में, दिल्ली की कुछ पार्टियों में जहाँ उन्हें आमंत्रण होता, मैं उनके साथ जाया करता था। मगर मैंने फिर महसूस किया कि ऐसी जगहों के लिए

मैं नामाकूल हूँ। लटकन बनने का मिजाज मेरा कभी रहा नहीं।

दिल्ली में ऐसी ही जिस आखिरी पार्टी में मैं शरीक हुआ था वह एक मारवाड़ी सेठ के मकान में हुई थी। मेजबान के अलावा वहाँ हम बस तीन थे—बासु दा, मेरी पत्नी और खुद मैं। ज्यादातर मारवाड़ियों की तरह हमारा मेजबान भी देसी घी ब्रांड का शाकाहारी था, मगर स्कॉच और स्वामी विवेकानंद उसकी कमजोरी थे। मैं विवेकानंद का प्रशंसक हूँ और मधुमेह का रोगी होने के बावजूद देसी घी के व्यंजन और स्कॉच मुझे खासे प्रिय हैं, हालाँकि अभी तक मुझे ब्लू लेबल चखने का मौका हाथ नहीं लगा है जिसके साथ अब तहलका की शोहरत भी जुड़ गई है। बहरहाल मैं बासु दा के साथ जाने को राजी हो गया था।

दोहरे कालीनों, गद्देदार सोफों, धार्मिक मूर्तियों और राजा रवि वर्मा से लेकर नाथद्वारा पिछवाई के बीच जहाँ-तहाँ दुबकी मूल पेंटिंग्ज से पटा पड़ा यह घर अपनी अमीरी में लगभग अश्लील था। व्हिस्की प्रीमियम थी और व्यंजन देसी घी में तैर रहे थे। यह पता चला कि स्वामी विवेकानंद पर एक फिल्म बनाने के लिए हमारे मेजबान और बासु दा के बीच बातचीत पहले से चल रही है। बासु दा कुछ शोध करने के लिए उसके खर्चे पर शिकागो का एक चक्कर पहले ही लगा चुके थे। भविष्य की योजना तय करने के लिए यह मुलाकात थी।

घर वापसी के रास्ते में हम 'हिंदू-कम्युनिस्ट' वाले मुद्दे पर लौटे। अब तक बासु दा विवेकानंद को दुबारा पढ़ चुके थे और वे यह साबित करने में लग गए कि कैसे विवेकानंद एक हिंदू-कम्युनिस्ट थे। यह मानने में मुझे कोई उज्र नहीं है कि विवेकानंद वेदांती परंपरा के महान हिंदू थे। मैं यह भी मानता हूँ कि धर्मप्रेरित सभी समाज सुधार आंदोलनों में रामकृष्ण मिशन ने ग्रामीण स्वास्थ्य और शिक्षा के क्षेत्र में महत्त्वपूर्ण काम किया है। मगर इससे विवेकानंद या रामकृष्ण मिशन हिंदू-कम्युनिस्ट नहीं हो जाते। मेरे हिसाब से कम्युनिज्म को हिंदुत्व से जोड़ना कॉफी और लाल मिर्च को मिलाने जैसा है, चूँकि दोनों विचारधाराओं के बुनियादी तत्त्व एक-दूसरे से नितांत भिन्न हैं।

मैं आमतौर पर पीने के बाद खुद पर काबू रखने का यत्न करता हूँ मगर मैंने उस दिन इसी आशय से मिलता-जुलता कुछ कहा होगा। बासु दा हत्थे से उखड़ गए। 'तुम गधे हो बिक्रम', उन्होंने कहा। हिंदू-कम्युनिस्ट का मसला हमारे बीच दुबारा कभी नहीं उठा।

नब्बे के दशक के मध्य में उनके वैवाहिक जीवन में दरारें पड़ना शुरू हो गई थीं। मैं महसूस कर सकता था कि वे बेहद दुःखी और आहत हैं, मगर एक बार के सिवा उन्होंने कभी अपनी समस्याओं का जिक्र मुझसे नहीं किया। दूसरी तरफ उनकी बीवी शहर, अखबार और अदालत जा-जाकर उन पर भद्दे से भद्दा इल्जाम लगा रही थी। विवाह एक बहुत निजी और इतना गूढ़ संबंध होता है कि कोई बाहरवाला सच

की थाह नहीं ले सकता। हर ठेस और खुशी अतिरेक पर चली जाती है। अपने साथी की गंध भी नशीली खुशबू की जगह बदबू में बदल सकती है।

वे बंबई से भागकर वक्त गुजारने हमारे यहाँ चले आते। हम कोई आदर्श परिवार नहीं थे मगर फिर भी हम उनके साथ घर के बड़े सदस्य का सा बर्ताव करते। यह अपने आप में बड़ी विडंबना थी कि जिस व्यक्ति ने अपनी तीन बड़ी फिल्मों–'अनुभव', 'आविष्कार' और 'गृहप्रवेश' में दांपत्य संबंधों को खोला-खोजा हो, वह अपनी ही पत्नी के साथ अपने रिश्तों का तालमेल नहीं बिठा पा रहा था। कहीं भीतर से वे तब भी पितृसत्तावादी थे, साथी नहीं। बिना परिवार के वे संपूर्ण नहीं हो सकते थे।

वे अपनी सेहत के प्रति लापरवाह रहने लगे थे। उन्हें देखभाल की जरूरत थी, मगर बंबई में उन्हें रोज देखनेवाला कोई नहीं था। उनका बेटा इटली में बस गया था। बड़ी बेटी की शादी हो चुकी थी। छोटी काफी छोटी थी और माँ-बाप के बीच फँसी हुई थी। वे अकेले थे।

कई साल से मैं उन पर 'श्मशान' नाम की फिल्म बनाने के लिए जोर दे रहा था। पहली बार यह कहानी उन्होंने मुझे बंबई में सुनाई थी, जब हम उनकी बालकनी में बैठकर रम पी रहे थे।

बसावट से काफी दूर किसी नदी के किनारे एक श्मशान घाट है। इस श्मशान में एक डोम अपनी किशोरवय बेटी के साथ रहता है। उस कमसिन लड़की के लिए मौत रोजमर्रा की बात है। चिता की लकड़ियों से ही उसे चूल्हे की लकड़ियाँ भी मिलती हैं। दिन में शहर से एक युवा क्लर्क श्मशान घाट आकर रोज-जलाए जानेवाले शवों का हिसाब रखता है। काफी सुबह एक बाउल श्मशान आता है और जीवन की नश्वर प्रकृति के बारे में गीत गाता है। रात को एक तांत्रिक आता है और शक्ति प्राप्त करने के लिए विचित्र साधनाएँ करता है। जीवन और मृत्यु की इसी पृष्ठभूमि में एक प्रेम कहानी उपजती है।

उन्होंने फिल्म के गाने रेकार्ड कर लिए थे मगर कभी इसके निर्माण में नहीं लगे। इस वर्ष मार्च में मैंने 'ऑफ़ लाइफ़ एंड डेथ' नामक एक फिल्म की शूटिंग करते हुए इलाहाबाद के एक श्मशान में दो हफ्ते गुजारे। इन दो हफ्तों के दौरान शायद ही कोई ऐसा लमहा रहा हो जब मुझे उनका और उनके श्मशान का खयाल न आया हो।

चार साल पहले 20 जून को बंबई के एक अस्पताल में बासु दा गुजर गए। उनका जन्म मुर्शिदाबाद में पुरोहितों के एक परिवार में हुआ था। अंत तक वे जनेऊ धारण किए रहे। उन्होंने अपना लड़कपन कलकत्ता की सड़कों पर कॉमरेडों की संगति में गुजारा था। वे मार्क्सवाद और हिंदू दर्शन दोनों को जानते थे। वे काली कॉफी और कालीमिर्च का एक दिलकश मिश्रण थे। शायद यही चीज थी जिसने उन्हें एक हिंदू-कम्युनिस्ट बनाया।

पीरीज़ को पत्र

उनकी उम्र के समूचे बयासी साल उनपर साफ झलक रहे थे। एक पिचका-झुर्रीदार चेहरा, जिसपर मोटे शीशों का चश्मा चढ़ा था। उनकी नजर का फोकस केंद्र से थोड़ा हटकर बनता था क्योंकि उनकी एक आँख कुछ कमजोर थी। एहतियात के साथ रखे जानेवाले कदमों के बावजूद हल्की सी घिसटती चाल छुप नहीं पाती थी। लेकिन ऐसा नहीं था कि वे टी. एस. इलियट द्वारा खींची गई वृद्ध व्यक्ति की तस्वीर से मेल खाते हों—'आई ग्रो ओल्ड आई ग्रो ओल्ड/आई शैल वीयर द बॉटम्स ऑफ माई ट्राउजर्स रोल्ड।' वस्तुतः वे कुछ सज-धज के साथ कत्थई कमीज और धूसर रंग की पतलून पहने हुए थे।

मैं उनसे पहली बार जनवरी, 2000 में दिल्ली के होटल अशोका में मिला था। लैस्टर जेम्स पीरीज़—श्रीलंका के मशहूर फिल्म निर्देशक—तब भारत के अंतरराष्ट्रीय फिल्म महोत्सव में लाइफटाइम अचीवमेंट सम्मान लेने भारत आए थे। अब मैं उनसे लगभग ठीक एक साल बाद मिल रहा था। दिल्ली में एक टेलीविजन कार्यक्रम के लिए मैंने उनका इंटरव्यू किया था। अब मैं उन पर, तथा भारत और सत्यजित राय से उनके जुड़ाव पर केंद्रित एक डॉक्युमेंटरी पर शोध करने कोलंबो आया था। अपनी कई मुलाकातों के सिलसिले में जब हम पहली बार बातचीत के लिए बैठे तो मैंने पाया कि वे बेहद जिंदादिल हैं और जैसे दिखते हैं उससे कहीं ज्यादा युवा हैं। उनके व्यक्तित्व में एक तरह की मिठास और बच्चों की सी पारदर्शिता थी जिसने तत्काल मेरा मन मोह लिया। दो लोग कभी भी एक ही इंसान से नहीं मिलते। हमारा अपना नजरिया उस व्यक्ति को बदल देता है जिससे हम मिलते हैं।

'मैं अपने नियत समय से दो हफ्ते पहले ही संसार में हाजिर हो गया था और शायद मेरे चरित्र की कुछ कमियों की वजह यही हो', अपने—अब दिवंगत—जीवनीकार प्रोफेसर गुणवर्दने को लैस्टर ने 5 अप्रैल, 1919 को हुई अपनी समय पूर्व पैदाइश के बारे में इस तरह बताया था। 'वक्त की पाबंदी को लेकर अपने झक्कीपन, आवेग पर आधारित अपने निर्णयों और सहज अनुभूति पर अपने भरोसे के लिए पीरीज़ इसी जीवनीपरक तथ्य को जिम्मेदार मानते थे,' पीरीज़ की अपनी जीवनी में गुणवर्दने

जोड़ते हैं जो उनकी समय पूर्व मृत्यु के कारण पूरी और प्रकाशित नहीं हो सकी।

लैस्टर ने मुझे अधूरी पांडुलिपि दी थी और मैंने उनकी सामान्य पृष्ठभूमि का परिचय प्राप्त कर लिया था। मुझे यह भी मालूम था कि उन्होंने अपनी पहली फीचर फिल्म 'रेकावा' 1956 में बनाई थी और उन्नीसवीं फीचर फिल्म 'मैनशन बाई द लेक' अभी-अभी पूरी की थी। मैंने उनकी पारिवारिक त्रयी 'रेकावा', 'गैम्पारेलिया' और 'युगांतया' भी देख रखी थी जो एशियाई सिनेमा के संदर्भ में सत्यजित राय की अपु-त्रयी जितनी ही महत्त्वपूर्ण है।

लैस्टर ने मुझे अपने शुरुआती जीवन के बारे में बताया। वे 1946 में अपने पेंटर भाई ईवान पीरीज़ का हालचाल लेने लंदन गए थे जिनकी सेहत खराब थी और वहाँ से उन्होंने लंदन के सांस्कृतिक जीवन पर 'द टाइम्स ऑफ सीलोन' के लिए रपटें भेजना शुरू कर दिया। उस वक्त फ्रेंक मोरेज 'द टाइम्स ऑफ सीलोन' के संपादक थे।

लैस्टर लंदन में छह साल रहे और इस दौरान उन्होंने जिंदगी का लुत्फ उठाया, काफी कुछ सीखा और अपने हुनर को माँजा। 1954 में वे राल्फ कीने के निमंत्रण पर श्रीलंका लौट आए जो तब गवर्नमेंट फिल्म यूनिट ऑफ श्रीलंका के प्रमुख थे। यह फिल्म्स डिवीजन ऑफ इंडिया से मिलती-जुलती संस्था है।

गवर्नमेंट फिल्म यूनिट में गुजारे गए चार वर्ष उनके लिए निष्फल और शिक्षाप्रद दोनों रहे। लैस्टर को समझ में आ गया कि डॉक्युमेंटरी उनकी सहज विधा नहीं है क्योंकि यह उनके रूमानी और काव्यात्मक मिजाज से मेल नहीं खाती। इसी दौरान देश के भीतर उनकी यात्राओं और आम लोगों से उनके करीबी संपर्क ने उन्हें अपने ही देश को नए सिरे से समझने में मदद दी। एक वर्चस्वशाली बौद्ध देश में ईसाई के रूप में जन्मे और लंदन में छह साल गुजार कर आए लैस्टर जेम्स पीरीज़ अपने ही देश में अजनबी और साहब बन चुके थे। अपने देश और अपनी जमीन से उनका यह पुनस्संबंध इतना मजबूत निकला कि इसका उनकी फीचर फिल्मों के कथ्य और शिल्प दोनों पर बहुत गहरा असर पड़ा। जब 1956 में 'रेकावा' आई तो सिंहली में बनी वह ऐसी पहली फिल्म थी जिसमें दक्षिण भारतीय फिल्मों के असर वाले नाच-गानों से बँधे पलायनवाद की शरण लेने की जगह यथार्थवादी मगर कल्पनाशील ढंग से श्रीलंका के आम लोगों के जीवन का चित्रण किया गया था।

लैस्टर के साथ डॉक्युमेंटरी फिल्माने मैं महीने भर बाद कोलंबो लौटा। एक दृश्य का सेट कोलंबो के भारतीय सांस्कृतिक केंद्र में लगाया गया। मैंने केंद्र में सत्यजित पर बनाई गई अपनी एक फिल्म के प्रदर्शन की व्यवस्था की थी। मैंने फिल्म देखते हुए लैस्टर की शूटिंग की और कैमरे के आगे सत्यजित राय के साथ उनके लंबे जुड़ाव के बारे में उनसे बात करने लगा। जो कहानी खुली वह जादुई और दिलचस्प थी।

'सत्यजित राय के साथ आपका रिश्ता कैसे बना?' मैंने उनसे पूछा। 'यह बेहद दिलचस्प दास्तान है। यह बहुत इत्तिफाक से शुरू हुआ। मशहूर भारतीय पत्रकार कविता सरकार यहाँ थी और मेरे संपर्क में आई और उसने कहा कि मैंने सुना है कि आपने एक फिल्म बनाई है जिसे मैं देखना चाहूँगी। क्या आप मुझे फिल्म दिखा सकते हैं?' मैंने बताया कि फिल्म अभी पूरी नहीं हुई है। यह अभी कटिंग-कॉपी स्टेज में है। 'मगर इसका विषय क्या है?' तब मैंने बताया कि दरअसल यह एक गाँव के बारे में है, एक परिवार के बारे में, एक लड़की के बारे में, एक लड़के के बारे में और....उसने कहा कि यह बहुत अजीब बात है। क्या इसकी पूरी शूटिंग लोकेशन पर हुई है? मैंने कहा, बिल्कुल, पूरी तरह लोकेश्शन पर। तब उसने कहा, यह बहुत ही अचरज की बात है। मेरे मित्र सत्यजित राय ने अभी-अभी एक फिल्म लगभग इसी तरह बनाई है, भले ही कहानी एक सी न हो। क्या आप मुझे फिल्म दिखा सकते हैं? मैंने कहा मगर यह बहुत ही रफ कट कॉपी स्टेज में है। नहीं नहीं, मुझे दिखाइए। मैं देखना चाहूँगी। तो मैंने उसे फिल्म दिखाई। और उसने कहा कि अजीब बात है, यह फिल्म मेरे दोस्त की फिल्म (पथेर पांचाली) से कितनी मिलती-जुलती है। जाते हुए उसने मुझे सत्यजित राय का पता दिया और आग्रह किया कि मुझे उन्हें जरूर, जरूर ही पत्र लिखना चाहिए। और तब कागज पर यह नायाब दोस्ती शुरू हुई क्योंकि यह अविश्वसनीय ढंग से बहुत लंबे समय तक कागज पर ही रही। मैंने 1957 में पत्राचार शुरू किया था। 1968 से पहले उनसे मेरी कभी मुलाकात नहीं हुई।

लैस्टर ने यह कहानी लगभग एक निःश्वास के साथ खत्म की। साफ तौर पर यह ऐसी दोस्ती थी जिसे उन्होंने बहुत गहरे सँजोया था और हालाँकि राय कई साल पहले गुजर गए थे, उस आत्मीयता की ऊष्मा और आभा उनके भीतर अभी तक बची हुई थी जिसे उन्होंने साझा किया था। दोनों के बीच पत्राचार लंबे अरसे तक चलता रहा। दुर्भाग्य से, जब मैं लैस्टर से मिला तब तक उनके पास राय के पत्र नहीं रह गए थे। सत्यजित राय की पहली जीवनीकार मारी सीटन ने उन्हें लैस्टर जेम्स पीरीज़ से माँग लिया था और फिर कभी लौटाया नहीं। मारी सीटन की मृत्यु के बाद ये पत्र उनकी दूसरी धरोहरों के साथ ब्रिटिश फिल्म इंस्टीट्यूट को चले गए। और अब भी वे वहीं हैं।

सत्यजित राय पर अपनी किताब 'द इनर आई' का संशोधन करते हुए 1997 में ऐंड्रयू रॉबिंसन ने ब्रिटिश फिल्म इंस्टीट्यूट में रखे इन पत्रों का उल्लेख किया था। उन्होंने कुछ पत्रों की कॉपी लैस्टर को भेजी थी। साढ़े तीन साल बाद, 2001 में जब 'द इनर आई' का संशोधित संस्करण सामने आया, ऐंड्रयू रॉबिंसन ने अपनी किताब की एक प्रति लैस्टर को इस समर्पण के साथ भेजी, 'राय के साथी निर्देशक लैस्टर जेम्स पीरीज़ के लिए जिससे वे दिल की बात कहते थे।'

इनमें से तीन पत्रों की छायाप्रतियाँ मुझे लैस्टर ने दी थीं जो 15 मई 1958 से 14 फरवरी 1962 के बीच लिखे गए थे। पहला पत्र अपेक्षया औपचारिक ढंग से 'डियर लैस्टर पीरीज़' संबोधन से प्रारंभ होता है। 7 दिसंबर, 1958 को लिखे गए दूसरे पत्र तक आते-आते यह 'डियर लैस्टर' हो चुका था और 14 फरवरी, 1962 को लिखा गया तीसरा पत्र गर्मजोशी भरे 'माई डियर लैस्टर' से शुरू होता है।

राय को जानने के कारण मुझे पता था कि अपनी सुंदर हस्तलिपि में वे बहुत सुविचारित ढंग से पत्रों के उत्तर लिखा करते थे। मगर मुझे यह भी मालूम था कि राय दूरी बरतनेवाली छवि बनाए रखना पसंद करते थे और इसलिए ताज्जुब हुआ कि ऐसे अनजान व्यक्ति के सामने वे अपने हृदय की बात खुलकर कह सकते थे जिससे वे मिले तक नहीं थे। निश्चय ही यहाँ एक अजीब-सा रसायन काम कर रहा था।

अपने पहले पत्र में राय लिखते हैं, 'आपका पत्र एक सुखद आश्चर्य था। बहुत-बहुत धन्यवाद। पिछले साल वेनिस में मैंने आपकी फिल्म की बड़ी तारीफ सुनी...और तब से इंतजार कर रहा हूँ कि इसे देख सकूँ।'

स्पष्टतया राय 1957 में कान फिल्मोत्सव में 'रेकावा' को मिली आलोचकीय सफलता का उल्लेख कर रहे थे। हालाँकि राय की 'पथेर पांचाली' के विपरीत इसे कान में कोई पुरस्कार नहीं मिला था, मगर इसने **आंद्रे बाजीं, जॉर्जेस सादूल** और **लिंडसे ऐंडरसन** जैसे कई महत्त्वपूर्ण आलोचकों को बहुत गहरे प्रभावित किया था। फिल्म की हवा साफ तौर पर कान के बाद होनेवाले वेनिस फिल्मोत्सव तक पहुँची थी जहाँ राय मौजूद थे।

इस वक्त तक राय ने अपनी त्रयी की दूसरी फिल्म 'अपराजित' और 'पारस पत्थर' बना ली थी। त्रयी का तीसरा हिस्सा 'अपूर संसार' 'पारस पत्थर' के पहले बनना शुरू हो गया था मगर इसके मुख्य अभिनेता सौमित्र चटर्जी की बीमारी के कारण इसका निर्माण अटक गया था। इस सिलसिले में राय का नौकरशाही से एक दिलचस्प साबका पड़ा।

लैस्टर को लिखे अपने खत में राय लिखते हैं, 'मेरी चौथी फिल्म 'पारस पत्थर' को मुझे बताए बिना कान भेज दिया गया—यह नौकरशाही के दुराग्रह और मंदमतित्व का एक और उदाहरण है। मैं इसे समारोह में नहीं भेजता। यह एक कॉमेडी है। जल्दबाजी और सस्ते में निपटाई हुई...बस इसलिए कि एक अंतराल के दौरान अपनी यूनिट को चालू रखूँ....बहरहाल, मुझे उम्मीद है कि मैं अपनी त्रयी के तीसरे हिस्से (अपूर संसार) से अपनी इज्जत बचा लूँगा जिसे मैं जुलाई में शुरू करने वाला हूँ।' पत्र के आखिर में राय गर्मजोशी से जोड़ते हैं, 'आपकी फिल्म देखे बिना भी मैं कई परिचित भारतीय निर्देशकों की तुलना में आपसे कहीं ज्यादा आत्मीयता महसूस करता हूँ।'

मई और दिसंबर, 1958 के बीच जब राय ने फिर से लैस्टर को लिखा, वे अमेरिका का एक लंबा दौरा कर चुके थे। इस सफर के दौरान वे कई लोगों के अलावा बिली वाइल्डर से मिले 'जिसका मैं जबरदस्त प्रशंसक हूँ', और स्टैनली कूब्रिक से भी जो 'जवान और जीवंत है मगर महान फिल्म की संभावना उसमें अभी तक नहीं दिखती।' अमेरिका के इन बड़े लोगों के बारे में राय की टिप्पणियाँ उतनी ही निर्भीक और बेबाक हैं जितना भारत को लेकर उनके अज्ञान का स्तब्ध करनेवाला एहसास...'मगर किसी को भी—और जितने लोगों से मैं मिला उनमें से नब्बे फीसदी पर यह बात लागू होती है—भारत के बारे में हल्की सी भी जानकारी नहीं है। यहाँ आकर एहसास होता है कि एक भारतीय फिल्मकार को किस चीज का सामना करना होता है—एक विराट अज्ञान का और कुछ विनम्र कौतूहल का। यह चमत्कार ही है कि 'पथेर पांचाली' बॉक्स ऑफिस पर (अमेरिका में) इतनी सफल है। पूरब आज भी पश्चिम से उतना ही दूर है जितना हमेशा से रहा है।'

इस दौरान दो साल से अधिक समय तक गुमनामी में रहने के बाद लैस्टर जेम्स पीरीज़ ने अपनी अगली फीचर फिल्म 'संदेसाया' के निर्माण के बारे में सोचना शुरू कर दिया था। श्रीलंका की एक बड़ी फिल्म वितरण कंपनी ने इस परियोजना में दिलचस्पी दिखाई थी। लैस्टर ने जरूर राय को 'संदेसाया' के बारे में लिखा होगा हालाँकि मुझे वह पत्र देखने को नहीं मिल सका। यह महाकाव्यात्मक आयामोंवाली एक पीरियड फिल्म होनी थी।

जवाब में सत्यजित राय ने लैस्टर को लिखा, 'संदेसाया के लिए मेरी शुभकामनाएँ। यह एक शानदार और उर्वर विषय लग रहा है। इसकी प्रगति के बारे में मुझे बताते रहिएगा। मैं कई दिनों से अशोक पर फिल्म बनाने की सोचता रहा हूँ। यह बहुत बड़ी परियोजना होगी और इसके लिए केंद्र सरकार की मदद की भी जरूरत पड़ सकती है... ।'

राय कभी 'अशोक' के निर्माण में नहीं लग पाए। मगर लैस्टर ने 1963 में 'संदेसाया' पूरी कर ली। इसे बड़े पैमाने पर व्यावसायिक सफलता मिली। मगर लैस्टर ने अफसोस के साथ कहा, 'मेरे मामले में यह सच नहीं है कि किसी निर्देशक को उसकी आखिरी फिल्म से आँका जाता है। 'रेकावा' को आलोचकों ने पसंद किया मगर कई साल तक मेरी अगली फिल्म में मदद के लिए कोई आगे नहीं आया। 'संदेसाया' बॉक्स ऑफिस पर बहुत कामयाब रही और फिर अगले दो साल तक मुझे किसी अगली फिल्म का प्रस्ताव नहीं मिला।'

लैस्टर को नई फिल्मों के प्रस्ताव के लिए तब तक इंतजार करना पड़ा था जब तक उनकी तीसरी फिल्म 'गैम्पारेलिया' नहीं आई जिसे 1965 के भारतीय फिल्मोत्सव में सर्वश्रेष्ठ फीचर फिल्म के लिए स्वर्ण मयूर प्रदान किया गया। जूरी में जॉर्जस सादूल, लिंडसे ऐंडरसन और मादाम कावाकिता जैसी बड़ी शख्सियतें शामिल थीं। जूरी के अध्यक्ष सत्यजित राय थे।

महाभारत : एक खोज

कभी-कभी लंबे समय तक किसी व्यक्ति को जानने के बावजूद ऐसा लगता है कि आप उसे कायदे से जानते ही नहीं। अरुणा वासुदेव को मैं बीस साल से अधिक समय से जानता रहा हूँ। सत्तर के दशक के उत्तरार्द्ध में जब मैं उनसे पहली बार मिला था, वे एक आकर्षक महिला थीं। दरअसल वे इतनी आकर्षक थीं कि उनसे गंभीर बातचीत ज्यादा देर जारी रखना संभव नहीं था।

अलबत्ता तब भी मुझे पता था कि उन्होंने पेरिस विश्वविद्यालय से डॉक्टरेट किया है, शायद फिल्म सेंसरशिप में—और सिनेमा में उनकी वास्तविक दिलचस्पी है। बाद में मैंने उन्हें 'सिनेमाया' शुरू करते हुए देखा जो एशियाई सिनेमा पर एकमात्र गंभीर पत्रिका है। इसी बीज से भारत में एशियाई फिल्मोत्सव की शुरुआत हुई। बदकिस्मती से इस फिल्मोत्सव को इस वर्ष जितना देखा नहीं गया उससे ज्यादा उसके बारे में लिखा गया। बहरहाल, यह वार्षिक आयोजन अब भी हमारे लिए एशियाई सिनेमा का एकमात्र झरोखा बचा हुआ है, खासकर यह देखते हुए कि दूरदर्शन सहित हमारे सारे टीवी चैनल एशियाई सिनेमा को नजरअंदाज करने में बड़ा लुत्फ लेते हैं।

और अभी-अभी मैंने जाना है कि वे फ्रेंच से अँग्रेजी की बहुत अच्छी अनुवादक हैं। एक भाषा से दूसरी भाषा में कविता और कथा का अनुवाद उन रचनात्मक लोगों के लिए हमेशा एक चुनौती रहा है जिनमें इतनी सदाशयता है कि वे दूसरे लेखकों की रचनाओं का सम्मान करें। लेकिन जब कोई ऐसी कृति सामने आती है जो थोड़ी कविता हो, थोड़ा यात्रा-वृत्तांत—और इसलिए थोड़ी कथा—तब काम कुछ और जोखिम भरा हो जाता है। मैं यात्रा-वृत्तांत को थोड़ी कथा इसलिए कहता हूँ कि किसी स्मृतिजन्य अनुभव में अक्सर कथा के कुछ तत्त्व आ ही जाते हैं। कहने का मतलब यह नहीं कि कथा असत्य होती है। यह कल्पना द्वारा सृजित सत्य या यथार्थ होती है। इसके अलावा, **जां क्लॉद कैरिअर** का 'इन सर्च ऑफ महाभारत', जिसका अरुणा वासुदेव ने फ्रेंच से अँग्रेजी में अनुवाद किया है, महज यात्रा-वृत्तांत नहीं है।

यह भारत के वास्तविक जीवन में एक महाकाव्य की अनुगूँजें तलाश करने का उपक्रम है। ऐसी कृति के अनुवाद के लिए अनुवादक को द्रौपदी की तरह कई पतियों से विवाह करना पड़ता है—मूल महाकाव्य की भावना, फ्रांसीसी यात्री की संवेदना जिससे छनकर यह कृति बनी है और समकालीन भारत का जटिल यथार्थ जिसमें कई सदियाँ एक साथ जीती हैं।

थोड़ी बात जां क्लॉद कैरिअर के बारे में। उन्हें हमारे समय के महानतम पटकथा लेखकों में एक माना जाता है। उन्होंने लुइ बुनुएल के साथ उन्नीस साल तक काम किया है और इस काम में 'डायरी ऑफ अ चैंबरमेड', 'द डिस्क्रीट चार्म ऑफ बूर्जुवाजी' और 'दैट ऑब्स्क्योर ऑब्जेक्ट ऑफ डिजायर' जैसी फिल्में भी शामिल हैं। आंद्रे वायदा की 'दाँतों' और वोल्कर स्कोन्ड्रफ की 'द टिन ड्रम' के पटकथा लेखक भी वही रहे हैं। बीते महीने वे पटकथा लेखन पर एक कार्यशाला आयोजित करने के लिए दिल्ली आए हुए थे। बाद में उन्होंने हैबिटाट सेंटर में किस्सागोई पर एक व्याख्यान दिया। जैसा वे लिखते हैं वैसा ही बोलते भी हैं।

पीटर ब्रुक से भी उनका साथ 24 साल पुराना है। पीटर ब्रुक के लिए उन्होंने महाभारत के नाट्य रूप और टीवी व सिनेमा के आलेखों की रचना की है। 1982 से 1985 के बीच इसी काम की तैयारी के सिलसिले में पीटर ब्रुक के साथ उन्होंने भारत की गहन यात्राएँ कीं। इन्हीं यात्राओं के विवरण पहले फ्रेंच में 1997 में छपे थे और हाल ही में मैकमिलन ने इन्हें अँग्रेजी में छापा है जिसका अनुवाद अरुणा वासुदेव ने किया है।

पीटर ब्रुक के 'महाभारत' को सर्वकालीन सर्वश्रेष्ठ रंगमंचीय प्रस्तुतियों में एक माना जाता रहा है। मेरे मित्र अशोक वाजपेयी के मुताबिक, जिन्हें फ्रांस में इसकी मंचीय प्रस्तुति देखने का सौभाग्य मिला था, यह उनका महानतम रंगमंचीय अनुभव था। मगर मैं स्वीकार करूँ कि इस पर बनी जो फिल्म मैंने हाल ही में दिल्ली में देखी, उससे खासी निराशा हुई। यह न कविता को न हिंसा को, न विचार को और न ही भावना को संप्रेषित कर सकी। यह पीटर ब्रुक के महाभारत पर नहीं, बल्कि दो माध्यमों—रंगमंच और सिनेमा—की प्रकृति के अंतर पर टिप्पणी है। इन दो माध्यमों में सिर्फ लय और स्पेस के इस्तेमाल का ही नहीं, बल्कि ज्यादा बुनियादी स्तरों पर अंतर है। रंगमंच एक जीवंत माध्यम है जो अभिनेताओं के साथ-साथ दर्शकों की प्रतिक्रिया से भी आगे बढ़ता है। सिनेमा, जैसा कि सत्यजित राय ने कभी कहा था, पश्चिमी शास्त्रीय संगीत की तरह काल में निबद्ध एक उपस्थिति है। इसलिए एक बार रचे जाने के बाद यह दर्शक के प्रति निरपेक्ष हो जाता है। पीटर ब्रुक का महाभारत फिल्म के रूप में बस रंगमंच की रेकार्डिंग भर है।

कैरिअर की भारत पर टिप्पणियाँ सुगठित आख्यान नहीं हैं। ये सिर्फ शब्द-छवियाँ हैं जिनके साथ बस याद रख लेने के लिए जल्दी से बनाए गए स्केच

हैं। कैरिअर मूलतः ऐसी रंगमंचीय संरचनाओं की तलाश में थे जिनका उनके और पीटर ब्रुक के महाभारत में रूपांतर किया जा सके। मगर इस प्रक्रिया में वे जो ढूँढ़ निकालते हैं, वह पारंपरिक भारतीय रंगमंचीय स्वरूपों से काफी ज्यादा है। वे भारत की सुगंध को पकड़ लेते हैं।

उडिपी की यात्रा के दौरान वे दो शाम यक्षगान की प्रस्तुतियाँ देखते हैं—यक्षगान वह नृत्य विधा है जिसे शिवराम कारंत ने पुनर्जीवन दिया था। वे दर्ज करते हैं, 'हर नृत्यांगना या नर्तक यहाँ जीवन भर एक ही भूमिका करता रहता है, यहाँ तक कि नर्तक और चरित्र एकाकार हो जाते हैं। अर्जुन साठ से ऊपर का है, मगर इससे किसी को परेशानी नहीं है। कम से कम अर्जुन को तो नहीं है।...वे हमें अपना महाभारत दिखाते हैं। ताकि हम अपना महाभारत खोज लें।

'केरल की यात्रा के दौरान उन्हें खयाल आता है, महाभारत की कामोद्दीपकता। जैसे ही कोई ऋषि तपस्या के लिए वन में जाता है, कोई बेहद सुंदर युवती उसका ध्यान भंग करने के लिए नदी से निकलती है। मगर इसके लिए कम से कम दो-तीन सुंदर स्त्रियों की जरूरत पड़ेगी।' जां क्लॉद कैरिअर ऐसा क्यों सोचते हैं? क्या वे अपने महाभारत के लिए किसी रंगमंचीय दृश्य की जरूरत महसूस कर रहे हैं? कैरिअर आगे लिखते हैं, 'इस कविता में कुछ आर्द्र और ऊष्ण है, कुछ आदिम सा। लगभग हर चीज शाही शिकार से शुरू होती है, जिसमें एक राजा गहरी नींद में सो जाता है, अपनी पत्नी के सपने देखता है और उसका वीर्य स्खलित हो जाता है...नियति का बल, वासना की ताकत। हर कोई दूसरे से जूझता हुआ। आह!'

कैरिअर की पहली यात्रा 1982 में दिल्ली से शुरू हुई। इसके बाद वे बंबई या मुंबई, कर्नाटक, केरल, तमिलनाडु, पश्चिम बंगाल और ओडीशा गए। दूसरी यात्रा 1984 में हुई जिसमें पीटर ब्रुक के महाभारत के कुछ सदस्य भी साथ थे। आखिरी यात्रा 1985 में हुई। इस बार उनके और पीटर ब्रुक के साथ महाभारत के मुख्य-मुख्य अभिनेता थे, मल्लिका साराभाई को छोड़कर जिसने बाद में द्रौपदी की भूमिका की। आखिरी यात्रा के दौरान कैरिअर उन कुछ जगहों पर दुबारा गए जहाँ वे पहले जा चुके थे। इसका मकसद अपने कलाकारों को उस धरती और संस्कृति से परिचित कराना था जिसमें से महाभारत निकला। तब तक पीटर ब्रुक के लिए कैरिअर ने पटकथा लिखना शुरू कर दिया था।

केरल में वे थय्यम की अपनी पहली प्रस्तुति देखते हैं। इसका वर्णन वे इस प्रकार करते हैं, 'नगाड़े बजते रहते हैं, बीच-बीच में वे तेज हो जाते हैं। और साथ में नर्तक भी। ऐसा लगता है जैसे ईश्वर का खुद उस चरित्र में प्रवेश करना जरूरी है जो उसकी प्रतीक्षा कर रहा है; वह काँपता है, थरथराता है, उसके सहायक इधर-उधर दौड़ते हैं, उसे मशालें दी जाती हैं, वह चारों तरफ घूमता है। उसका चेहरा छुपा है, सिर्फ उसकी काली आँखें नजर आती हैं।'

वीडियो कैमरे की मदद के बिना ही किसी दृश्य को ध्वनियों, शब्दों और चित्रों में दर्ज करने और सामान्य के भीतर एक गहरी अंतर्दृष्टि सुलभ करा देने में कैरिअर की प्रतिभा का सानी नहीं है।

केरल में ही औषधीय वनस्पतियों के एक समृद्ध किसान के घर कैरिअर और उनके साथियों को भोजन के लिए आमंत्रण मिला। उन्हें एक विशाल डाइनिंग हाल में बिठाया गया जो चार स्तरों में बँटा था और इसमें अतिथियों और परिवार के सदस्यों को उनके महत्त्व के हिसाब से बैठाने की व्यवस्था थी। कैरिअर लिखते हैं, 'जैसा कि भारत में होता है, खाना जल्दी खा लिया गया, चुपचाप। बीस मिनट में यह काम खत्म हो गया।...ऐसे लम्हे यहाँ दुर्लभ होते हैं जब भोजन इस तरह किया जाता हो कि वह आनंद और प्रशंसा की चीज हो। एक दफा तय कर दिया गया संतुलित और शाकाहारी भोजन कभी कहीं बदलेगा नहीं। हमें इसमें आनंद आया। पूरे दक्षिण में हम कमोबेश एक ही तरह का खाना खाते हैं, दिन में दो बार। किसी विदेशी को पहली बार इसमें लुत्फ आता है, शायद दूसरी बार भी। मगर तीसरी बार उसे यह उबाऊ लगने लगता है।' इस भावना को मैं भी समझ सकता हूँ, मगर मैं इसे अपने दक्षिण भारतीय मित्रों के डर से कभी व्यक्त नहीं कर सका।

मद्रास में कैरिअर रुक्मिणीदेवी अरुंडेल द्वारा स्थापित भरतनाट्यम केंद्र देखने गए। इस यात्रा के बारे में लिखते हुए उन्होंने स्त्री की सुंदरता के प्रति भारतीय पुरुषों की प्रतिक्रिया को लेकर एक बहुत दिलचस्प टिप्पणी की है, 'यहाँ कोई किसी युवती को शायद ही खूबसूरत कहता है। वह 'अच्छी', 'अच्छे नैन-नक्शवाली', 'आकर्षक' होती है, मगर शायद ही कभी खूबसूरत। ऐसा लगता है जैसे खूबसूरती कोई ऐसा गुण है जो पचास वर्ष के ऊपर की स्त्रियों के लिए आरक्षित है, ऐसा गुण जो प्राप्त किया जाता है'...रुक्मिणी अरुंडेल से मुलाकात से पहले, जो हमें मिलने के लिए राजी हो गई थीं, मैंने उनके परिचित एक व्यक्ति से पूछा, 'वह किस तरह की स्त्री हैं?' उसने कहा, 'वे बहुत खूबसूरत हैं।'

अनजाने में ही, इस लेख के शुरू में मैं इस भारतीय आदत का शिकार हो गया था जब मैंने अरुणा वासुदेव को आकर्षक बताया था। मैं अब यह कहना चाहूँगा कि गुजरते वक्त ने उन्हें खूबसूरत बना दिया है।

कैरिअर की टिप्पणियों में जो सर्वाधिक दिलचस्प छवियाँ मेरी स्मृति में बनी हुई हैं, उनमें से एक दिल्ली में इंपीरियल होटल की है। मेरा खयाल है, यह इंपीरियल होटल के नवनिर्माण से पहले की बात होगी और अब तक इसके इतिहास का हिस्सा हो चुकी होगी। तो कैरिअर बताते हैं, 'इंपीरियल होटल के मेरे कमरे के बीचोंबीच एक बड़ा चूहा, हिले-डुले बिना मेरी प्रतीक्षा कर रहा है। मैं उससे पूछता हूँ, वह वहाँ कर क्या रहा है। मैं उसे बताता हूँ कि यह उसका कमरा नहीं है। कि यह मेरा है। मेरे पास इसकी चाबी है। वह सौम्यता से मेरी ओर से मुँह फेर लेता है और वापस

चला जाता है, दीवार के उस छेद की तरफ जिससे वह दाखिल हुआ था।'

नब्बे के पूर्वार्द्ध तक चित्रकार मंजीत बावा का स्टूडियो इंपीरियल होटल के एक कमरे में हुआ करता था। जब मैं मंजीत पर एक डॉक्युमेंटरी फिल्मा रहा था तब उनके स्टूडियो में इसी तरह एक चूहा मेरे पास आया था। जो कुछ हो रहा था, उसका जल्दी से मुआयना कर वह चुपचाप चला गया।

कैरिअ़र का लेखन निश्चित रूप से एक कवि और पटकथाकार का लेखन है जो कुछ 'बोल्ड स्ट्रोक्स' के जरिए एक छवि रचता है और बाकी पाठक की कल्पना पर छोड़ देता है। इस प्रक्रिया में वह ऐसी छवियों की एक वीथिका तैयार कर देता है जो एक ही साथ अजनबी और परिचित दोनों हैं जिनसे हमें भारत के बहुरूपी यथार्थ को लेकर एक समृद्ध अंतर्दृष्टि मिलती है। विविधता निश्चय ही सत्य का नकार नहीं है, बल्कि उसकी अभिव्यक्ति है चूंकि सत्य के लाखों चेहरे होते हैं। इसीलिए सत्य कभी-कभी प्रत्यक्ष दर्शन से कहीं ज्यादा संकेतों या सुगंध के जरिए बेहतर ढंग से समझ में आता है। क्या हम ऐसे कुत्तों के बारे में नहीं जानते जो अपनी घ्राण शक्ति से हवाई अड्डों पर नशीले पदार्थों का पता लगा लेते हैं?

जां क्लॉद कैरिअर हमारे लिए ठीक यही काम करते हैं जब वे भारत की उन छवियों को पुनःसृजित कर डालते हैं जिन्हें हम भूल चुके हैं या रोजमर्रा की चीज मान चुके हैं। इस अनुवाद के लिए और हमें इस खुशबू का आनंद लेने का अवसर देने के लिए अरुणा जी का शुक्रिया।

इस लेख का अंत मैं एक अन्य गहरी छवि के उल्लेख से करना चाहूँगा जो मेरे भीतर बसी हुई है। कालिकट में कैरिअर और उनके दोस्त एक पारंपरिक कोडियट्टम केंद्र देखने जाते हैं जो एक वृद्ध गुरु चला रहा है। वे इस गुरु से मिलना चाहते हैं जो बहुत बुजुर्ग है और लगभग रिटायर हो चुका है। मुलाकात इस तरह होती है।

'हम एक कमरे में जाकर फर्श पर बैठ गए। दस मिनट बाद, वे उन्हें हम तक लाते हैं। वे चल नहीं सकते। भारी-भरकम, मोटे और बेहद बूढ़े। एक सादी उजली लुंगी। उनके सहायक हमारे सामने एक आरामकुर्सी पर उन्हें रख देते हैं (बहुत-बहुत इज्जत के साथ)। एक व्यक्ति जो जीवन भर नाचता रहा है...हम उनकी हाँफती साँसें सुन सकते हैं।'

एक दुभाषिए के जरिए, गुरु बताते हैं कि वे अपनी कला का एक नमूना पेश करते हुए एक ऐसी युवती को चित्रित करेंगे जिसका अपने प्रेमी के साथ प्रथम अभिसार है। कैरिअर लिखते हैं, 'और वे वाकई हमें दिखाते हैं। उनकी पलकें फैलकर खुल जाती हैं, उनकी आँखें गतिवान हो उठती हैं। वे पलक झपकाते हैं, उनके होंठों पर हल्की सी मुस्कान खेलती है। वे अपना एक हाथ उठाते हैं, एक मुद्रा बनाते हैं।'

'कुछ मिनट के लिए वह आप नहीं रह जाता। यह बेहद बूढ़ा, कब्र में पाँव

लटकाए बैठा व्यक्ति एक युवती में बदल जाता है। उद्दीप्त और प्रतीक्षारत।...कोई मंच सामग्री नहीं, कुछ नहीं। फिर सहसा, यह सब समाप्त हो जाता है। और वे उसे उठा ले जाते हैं।'

शुब्रतो मित्रा टाइम्स

वर्ष 1985। लोकेशन, दिल्ली के कश्मीरी गेट इलाके की एक पुरानी हवेली। फिल्म न्यू डेल्ही टाइम्स। कैमरामैन, शुब्रतो मित्रा।

शूटिंग के साथ सिर्फ गड़बड़ ही गड़बड़ हो रही थी। शशि कपूर लंदन में उलझे हुए थे जहाँ उनकी पत्नी जेनिफर आखिरी स्टेज के कैंसर से जूझ रही थीं। शूटिंग यूनिट इकट्ठा हो चुकी थी और हीरो, यानी शशि कपूर के बिना ही शूटिंग शुरू हो गई थी। हम समय का इस्तेमाल करने के लिए रामगोपाल बजाज और ओम पुरी के साथ कुछ दृश्य फिल्मा रहे थे जो फिल्म में एक महत्त्वाकांक्षी सांसद की भूमिका कर रहे थे। प्रोडक्शन बुरी तरह अव्यवस्थित था। कुछ भी योजना के मुताबिक नहीं हो पा रहा था। रमेश अपने बाल नोच रहे थे और शुब्रतो चिड़चिड़ा रहे थे।

यह रमेश शर्मा की पहली फीचर फिल्म थी। इसके पहले मैं रूमटेक के मठ पर बनाई हुई उनकी डॉक्युमेंटरी 'अ मोनैस्ट्री रीदड इन अ थाउजेंड रेनबोज' देख चुका था जिसे सर्वश्रेष्ठ डॉक्युमेंटरी का राष्ट्रीय पुरस्कार मिला था। उस फिल्म का छायांकन भी शुब्रतो मित्रा ने किया था। मैं रमेश के साथ एसोसिएट डायरेक्टर के रूप में मुख्यतः इसलिए जुड़ा था कि शुब्रतो मित्रा के साथ–जो जल्दी ही मेरे लिए शुब्रतो दा हो गए–काम करके मैं सिनेमॉटोग्राफी के कुछ गुर सीखना चाहता था।

दा के रूप में पुकारे जाने की इस बंगाली उम्मीद को मैं अक्सर नापसंद करता रहा हूँ। मगर जहाँ तक शुब्रतो का सवाल था, वे दा के बिना अधूरे मालूम होते थे। उनके लिए मेरे पास एकमात्र सुलभ संबोधन शुब्रतो दा ही था जिसे उन्होंने अपना सहज अधिकार मानकर स्वीकार कर लिया।

मुझे नहीं लगता कि शुब्रतो दा हर किसी के साथ बराबरी और अनौपचारिक स्तर पर सहजता के साथ मिल सकते थे। वे तुनकमिजाज, आग्रही, नेक, अनुरागी, संवेदनशील, झक्की, असहनीय और प्रिय थे। वे ऐसे बच्चे की तरह थे जिस पर लगातार ध्यान देने की जरूरत होती है। यहाँ तक कि हल्की सी चूक भी, मसलन कॉफी का पर्याप्त गर्म न होना भी, उनके दिमाग में बड़ी अनदेखी की तरह दर्ज हो सकता था और नतीजे में वे चिड़चिड़ा जाते थे। इसको समझ लेने के बाद ही आप

उनसे स्नेह और उनका सम्मान कर सकते थे।

डेवलिन बोस और अनूप जोथवानी शुब्रतो दा के सहायक थे, अपने गुरु के प्रति गहरे सम्मान और पूरी तरह श्रद्धा में पगे हुए। वे शुब्रतो दा के कॉफी पी लेने के बाद ही चाय पीते। लंच ब्रेक में शुब्रतो पहले सिगरेट लेते और आराम की साँस लेते। उन्हें अस्थमा की बीमारी थी मगर सिगरेट छूटती नहीं थी। डेवलिन और अनूप इंतजार करते कि शुब्रतो लंच शुरू करें तो वे भी खाना शुरू करें। जब तक शुब्रतो खाने के लिए तैयार होते, खाना ठंडा हो जाता और उन्हें झुँझलाने और शिकायत करने का एक मौका मिल जाता। शुब्रतो जितना अपने कैमरे को प्यार करते थे उतना ही अपने भोजन से भी।

दिन के अंत में, 'पैक-अप' के बाद वे कैमरा खोलते और इसके एक-एक हिस्से की सफाई करते। डेवलिन और अनूप, जो फिल्म इंस्टीट्यूट से प्रशिक्षित कैमरामैन हैं, सीखने को उत्सुक सच्चे शिष्यों की तरह उनका हाथ बँटाते।

यह शायद डेवलिन ही था जिसने सिनेमॉटोग्राफी की अंतरराष्ट्रीय दुनिया में शुब्रतो दा की प्रतिष्ठा के बारे में मुझे एक किस्सा सुनाया था। **इंगमार बर्गमैन** की फिल्मों के महान कैमरामैन स्वेन निक्विस्ट को एक बार किसी भारतीय कैमरामैन का एक पत्र मिला जिसने किसी दृश्य की प्रकाश व्यवस्था को लेकर एक तकनीकी सवाल पूछा था। निक्विस्ट ने जवाब में यह लिखा कि 'जब आपके पास भारत में शुब्रतो मित्रा हैं तो आपको स्वीडन में मुझसे संपर्क करने की क्या जरूरत है।'

जब 'पथेर पांचाली' के फिल्मांकन के लिए शुब्रतो राय ने सत्यजित राय के साथ काम करना शुरू किया तब वे स्टिल फोटोग्राफर थे। 'पथेर पांचाली' ने नव यथार्थवाद और लयात्मकता के जिस संगम को संभव बनाया और जिसकी वजह से यह एक क्लैसिक बनी, वह सिर्फ चरित्रों और स्थितियों को सँभालने में राय का कमाल नहीं था, बल्कि बड़े पैमाने पर शुब्रतो के कैमरा का भी परिणाम था।

आज सिनेमा की दुनिया में टूट पड़नेवाले फैशन फोटोग्राफरों के विपरीत शुब्रतो का कैमरा कभी भी अपनी ओर ध्यान नहीं खींचता था। उन्होंने हमेशा प्रकाश, कोण, और गति का एक खास तरह का प्रकृतिवाद अर्जित करने की कोशिश की। मगर इस स्वतः निर्धारित सौंदर्यबोध के फ्रेमवर्क के भीतर वे न जाने कैसे एक ऐसा आयाम जोड़ देते थे जो प्रकृतिवाद से परे चला जाता था और उनके काम को एक सूक्ष्म चित्रात्मक गहराई दे डालता था।

'न्यू डेल्ही टाइम्स' में एक दृश्य एक चौकीदार का है जो एक विधायक की हत्या का गवाह है और वह एक पागलखाने में बंद मिलता है। यह बड़बड़ाहट भरे एकालाप का एक लंबा दृश्य है। शुब्रतो ने इस दृश्य को उजली दीवारों वाले एक खाली कमरे की सलाख लगी खिड़की के सामने संयोजित किया। चौकीदार के पीछे खिड़की से रोशनी पड़ रही थी जैसे चमकती हुई धूप खिड़की से छन कमरे में आ

रही हो। सामने से बस इतनी रोशनी थी जितने में चौकीदार का चेहरा भर प्रकाशित हो और उसकी अर्द्धविक्षिप्त आँखें नज़र आएँ। एक बार निक्विस्ट से पूछा गया था कि किसी चेहरे पर प्रकाश डालने में सबसे बड़ी समस्या क्या है। बताते हैं कि उसका जवाब था, 'आँखों को आलोकित करना'। इस वक्तव्य का मतलब तब मेरी समझ में आया जब मैंने न्यू डेल्ही टाइम्स में चौकीदार की आँखें देखीं।

प्रकाश का प्राकृतिक असर अर्जित करने के लिए ही शुब्रतो ने बाउंस लाइटिंग की तकनीक का आविष्कार किया। सरल शब्दों में इसका मतलब यह था कि किसी वस्तु पर सीधे प्रकाश डालने की जगह आप किसी चमकीली सतह, मसलन उजली दीवार, रेशमी कपड़े या एल्युमिनियम की शीट पर प्रकाश डालें और उसके जरिए वस्तु पर प्रकाश पड़ने दें। इसका नतीजा मृदु और समान प्रकाश के रूप में निकलता है जिसमें बड़ी गाढ़ी छायाएँ नहीं बनतीं। फिर बाकी जिन जगहों पर जरूरी है, उनके लिए आप फिलर लाइट का इस्तेमाल करते हैं।

अपनी बाउंस लाइट तकनीक से शुब्रतो दुनिया भर में मशहूर हो गए थे। बदकिस्मती से सत्यजित राय से उनका साथ लंबा नहीं निभा। राय मिजाज से ही फिल्म के सभी पक्षों पर संपूर्ण नियंत्रण चाहते थे। राय की फिल्मों में बस एक पक्ष बनने के लिहाज से शुब्रतो कहीं ज्यादा प्रतिभाशाली थे। शुब्रतो ने कई अंतरराष्ट्रीय फिल्मों के लिए काम किया, खासकर मर्चेंट आइवरी की फिल्मों में, जैसे 'द हाउस होल्डर', 'द गुरु' और 'बांबे टाकीज' में, जिसमें शशि कपूर स्टार थे। शुब्रतो और शशि अच्छे मित्र हो गए थे मगर यह संबंध अजीबोगरीब था।

जेनिफर कैंसर से अपनी लड़ाई जीत नहीं सकीं और लंदन में उनका निधन हो गया। स्वाभाविक रूप से शशि कपूर को उबरने और फिर से जीवन शुरू करने के लिए कुछ वक्त चाहिए था। दिल्ली में शशि कपूर का तीन हफ्तों तक इंतजार करने और छिटपुट शूटिंग कर लेने के बाद 'न्यू डेल्ही टाइम्स' की शूटिंग रद्द कर दी गई। यह निर्माता के लिए खासा नुकसानदेह और हम सबके लिए बहुत निराशाजनक था। मगर दूसरों की या अपनों की मृत्यु के आगे किसकी चलती है?

कुछ महीने बाद यूनिट फिल्म-सिटी मुंबई में आ गई। गाजीपुर शहर का एक विशाल सेट लगाया गया। शुब्रतो कला निर्देशक के साथ सेट के सभी पहलुओं का निरीक्षण कर रहे थे। उनका आग्रह था कि सेट पर रंगों और बाकी साजो सामान के चयन में उनकी रजामंदी होनी चाहिए। वे कहते, 'भूलो मत कि जो भी रुपया तुम लगा रहे हो, उसे मेरे कैमरे की लेंस से गुजरना है।'

यह टिप्पणी और ऐसी ही दूसरी सूक्तियाँ अक्सर मुझे संबोधित हुआ करती थीं। अब तक रमेश शर्मा ने फिल्म के कार्यकारी निर्माता के रूप में जिम्मेदारी सँभालने के लिए मुझे तैयार कर लिया था। मैं यह काम नहीं चाहता था क्योंकि कार्यकारी निर्माता का काम शूटिंग शुरू होने से पहले शुरू हो जाता है और पैक अप

के बाद भी अगले दिन की शूटिंग की योजना बनाते हुए चलता रहता है। सिर्फ शूटिंग के दौरान कार्यकारी निर्माता को राहत मिलती है। उस स्थिति में शुब्रतो दा के साथ मैं सृजनात्मक स्तर पर संवाद कायम नहीं रख पाता जो रमेश की यूनिट से जुड़ने का मेरा प्राथमिक मकसद था। मगर रमेश आसानी से पीछा नहीं छोड़ते और उन्हें ना कहना मुश्किल होता है।

शूटिंग फिर से शुरू हो गई। शशि उबरने की बहुत कोशिश कर रहे थे। जेनिफर उनके लिए महज धर्मपत्नी नहीं थीं। वे जीवन भर की संगिनी थीं और सख्त परिचारिका जिसने कपूरों के मशहूर मोटापे की समस्या से उन्हें बचाए रखा था। जब जेनिफर उन पर अंकुश लगाने के लिए नहीं रह गईं तब शशि का वजन बढ़ना शुरू हो गया। पहले अपनी वक्त की पाबंदी के लिए जाने जाने वाले शशि अब अक्सर देर से पहुँचते। अपनी देरी को छुपाने के लिए वे टिप्पणी करते, 'मुझे यकीन है, शुब्रतो अपनी लाइटिंग के साथ तैयार नहीं होंगे।'

यह सच है कि उस वक्त तक भारतीय फिल्मोद्योग में शुब्रतो एक सुस्त कैमरामैन के रूप में ख्यात हो चले थे, यानी ऐसे कैमरामैन के रूप में जो प्रकाश व्यवस्था में बहुत ज्यादा वक्त लेता है। भारतीय फिल्मोद्योग को कभी कुशलता पर गर्व करने की आदत नहीं रही है। बालीवुड के लिए सत्यजित राय जैसे व्यक्तित्व भी कुछ नहीं, बल्कि भारतीय गरीबी का निर्यात करने वाले थे। ऐसा फिल्मोद्योग श्रेष्ठता के प्रति शुब्रतो के समर्पण को और क्वालिटी पर किसी भी समझौते से इनकार करने की उनकी आदत को कैसे समझता जिसकी वजह से उन्हें प्रकाश व्यवस्था में अतिरिक्त समय लगता था। वे अपनी सुघड़ रचनात्मकता के लिए भारत के बाहर ही विख्यात थे। जो चीज मुझे और शुब्रतो को परेशान करती थी, वह यह कि अंतरराष्ट्रीय फिल्मों में काम करनेवाले शशि को यह समझना चाहिए था। शायद शशि के अपने आघात ने उसे दूसरों के प्रति असंवेदनशील बना डाला था। वे इतने आत्मकेंद्रित हो चुके थे कि यह देख नहीं सकते थे कि शुब्रतो दिन में करीब चौदह घंटे काम कर रहे हैं।

ज्यादातर शुब्रतो के प्रयासों और शर्मिला टैगोर और ओम पुरी जैसे कलाकारों के सहयोग से ही शूटिंग वक्त पर चलती रही। फिल्म का क्लाइमेक्स फिल्माने का वक्त आ गया। इस वक्त तक शशि कपूर द्वारा शुब्रतो मित्रा की खिंचाई रुटीन हो चुकी थी।

यह चार प्रकाश-खंडों और पाँच प्रकाश-स्थितियों में बँटा हुआ एक जटिल शॉट था। अरुण शौरी की तर्ज पर गढ़े गए खोजी पत्रकार विकास या शशि कपूर और उसकी पत्नी एक अन्य चरित्र के साथ ड्राइंग रूम में बैठे हुए हैं। शाम होने को है। ड्राइंग रूम से बाहर का हरा लॉन अभी दिखाई पड़ रहा है। इस दृश्य के दौरान शशि कपूर ड्राइंग रूम से उठते हैं, धुँधली रोशनी वाले कॉरिडोर से गुजरते हुए अपने स्टडी

रूम में जाते हैं, मेज पर बैठते हैं और अपने डिक्टाफोन पर रेकार्ड करने लगते हैं। वक्त गुजरता जाता है और कमरे की खिड़की के बाहर प्रकाश बदलकर प्रातःकाल का हो जाता है। शशि कपूर का एकालाप खत्म होता है और यही फिल्म का अंतिम वक्तव्य है।

यह सब कुछ एक ही शॉट में था। कैमरे को ड्राइंग रूम से शशि के पीछे-पीछे चलना था, कॉरिडोर से होते हुए उनके स्टडी रूम में और वहाँ उनके चेहरे के करीब आ जाना था। शुब्रतो लंच के तुरंत बाद दृश्य की लाइटिंग पर काम करने में लग गए थे। शशि देर से आए थे और हमेशा की तरह अधीर थे। उन्होंने ऐलान कर दिया था कि उन्हें छह बजे निकलना है क्योंकि पृथ्वी थिएटर में किसी से मुलाकात तय है। करीब पौने छह बजे मैंने शुब्रतो दा से पूछा कि वे और कितना वक्त लेंगे। उन्होंने कहा कि दस मिनट से ज्यादा नहीं।

बिना निर्देशक से पूछे शशि कपूर ने अपने कपड़े बदलकर कुर्ता पाजामा पहन लिया और जाने को तैयार हो गए। शुब्रतो बार-बार उनसे यह अनुरोध करते रहे कि ठीक छह बजे शॉट फिल्मा लिया जाएगा और बस एक टेक की जरूरत पड़ेगी। मगर शशि अड़े हुए थे और रमेश बीच में नहीं पड़ रहे थे। शशि चले गए। शुब्रतो की कई घंटों की मेहनत पर पानी फिर गया।

रमेश ने पैक अप करने को कहा। शुब्रतो बुरी तरह टूटे हुए, किसी से बात किए बगैर चुपचाप बैठे रहे। मैं जाकर बिना कुछ कहे उनके पास बैठ गया। थोड़ी देर बाद शुब्रतो ने मुझसे कहना शुरू किया कि हम उन्हें फिल्म छोड़ने की इजाजत दे दें और अपने लिए कोई और कैमरामैन खोज लें। 'मैं ऐसी फिल्म में कैसे काम कर सकता हूँ जिसमें हीरो को रोज देर से आने का अधिकार है मगर कैमरामैन को लाइटिंग के लिए दस मिनट अतिरिक्त नहीं दिए जा सकते?' मेरे पास कोई जवाब नहीं था। वे लगभग रोने को थे।

जेनिफर के देहांत के बाद शशि कपूर का मेकअप मैन शशि से काफी घनिष्ठ हो गया था। उसे पीने का भी शौक था। उस शाम मैंने उसे ड्रिंक के लिए आमंत्रित किया। कुछ पेग के बाद मैंने जान बूझकर शशि के बारे में कुछ तीखी बातें कहनी शुरू कीं, इस उम्मीद में कि उन्हें काफी बढ़ा-चढ़ाकर शशि कपूर के पास पहुँचा दिया जाएगा। मेरे हमले का मकसद शशि को यह याद दिलाना था कि जब लंदन में उसकी बीवी कैंसर से लड़ रही थी तो किस तरह हमने दिल्ली में तीन सप्ताह तक उसका इंतजार किया था। कैसे वह लगभग रोज देर से आ रहा था और रमेश और शुब्रतो के प्रति उसका रवैया कितना अनुचित था।

जो कुछ भी मैंने कहा, उसकी कायदे से रिपोर्टिंग हुई होगी। अगले दिन पहली बार शशि कपूर वक्त पर आए। वे मुझे छोड़कर हर किसी से अतिरिक्त प्रसन्नता से मिल रहे थे। मैं निश्चय ही इस कथा का विलेन था।

'न्यू डेल्ही टाइम्स' के लिए शशि कपूर को सर्वश्रेष्ठ अभिनेता का और शुब्रतो मित्रा को सर्वश्रेष्ठ कैमरामैन का पुरस्कार मिला। शुब्रतो के पुरस्कार में शशि का कोई योगदान नहीं था, मगर शुब्रतो के बिना शशि यह पुरस्कार नहीं जीत सकते थे। शशि कपूर के अभिनय के प्रभाव का एक बड़ा हिस्सा शुब्रतो मित्रा के कैमरे का कमाल था।

'न्यू डेल्ही टाइम्स' दिल्ली का चित्रण राजनीतिक साजिशों से भरे और समर्पित पत्रकारों के शहर के रूप में करती है। वह यथार्थ बदल चुका है, चूँकि अब बड़ी संख्या में पत्रकार सिर्फ सरकार के ही प्रति समर्पित हैं। जब इस आठ दिसंबर को शुब्रतो दा के निधन की खबर आई, नई दिल्ली के प्रेस में जरा भी हलचल नहीं हुई।

एक पर्यावरण योद्धा

हम श्रीनगर पहुँचने को थे। विमान परिचारिका अपनी उद्‌घोषणा में यात्रियों से अपने बेल्ट कस लेने, मेज मोड़ देने और कुर्सियों को ठीक से रख देने का आग्रह कर रही थी। चूँकि भारत की सभी उड़ानों पर अब धूम्रपान प्रतिबंधित है, इसलिए धूम्रपान बंद करने का कोई निर्देश नहीं था।

पिछली शाम मैं दिल्ली में अपने एक मित्र के घर पर था। वहाँ मुझे पता चला कि अनिल अग्रवाल नहीं रहे। अगली सुबह दिल्ली से श्रीनगर की उड़ान पर मैंने न्यू इंडियन एक्सप्रेस का चेन्नई संस्करण छान मारा। अनिल अग्रवाल या उनके गुजर जाने का कोई जिक्र नहीं था। अलबत्ता उड़ान पकड़ने से पहले हवाई अड्डे पर मैंने दिल्ली के जो अखबार देखे थे, उनमें यह खबर थी। दिल्ली अनिल की खासतौर पर ऋणी है, मगर चेन्नई से निकलनेवाले एक अखबार में उनके निधन की खबर की गैरमौजूदगी मुझे अनुचित जान पड़ रही थी। नहीं, अनिल अग्रवाल सीएनजी बसों की सनक के शिकार कोई सिर्फ दिल्लीवाले नहीं थे।

विमान सहजता से उतर चुका था। विमान परिचारिका घोषणा कर रही थी कि बाहर का तापमान ग्यारह डिग्री सेल्शियस है। मेरे दिमाग में यह विचार कौंधा कि बाहर जरूर बर्फ पड़ रही होगी। बाहर का परिदृश्य निश्चय ही ठंडा, धुँधला और हताश करने वाला था। पॉप्लर के लंबे पेड़ पत्रहीन नग्न गाछ बने हुए थे। सूरज की किरणें लंबी छायाओं से एक हारा हुआ युद्ध लड़ रही थीं। सारे हवाई अड्डे पर रेंगते और शहर की सड़कों पर जमे हुए सुरक्षाकर्मी इस अवसाद भरे मिजाज को और गाढ़ा बना रहे थे।

मैंने सूमो जीप के ड्राइवर नाजिर से पूछा कि बर्फ कब गिरेगी। उसने बताया कि बीते महीने दिसंबर में ही बर्फ गिरनी चाहिए थी। अब किसी को नहीं पता। सूमो एक फाटक की ओर मुड़ी। इस गेस्टहाउस का नाम 'ग्रीन एकड़' था। इसका परिसर काफी बड़ा था मगर इसमें हरीतिमा का कोई चिह्न नहीं था। तापमान और ज्यादा गिर चुका था और पीली घास पर कुहासा जमने लगा था। इस गेस्टहाउस में

मैं अकेला वाशिंदा था।

रसोइया और केअरटेकर महबूब चाय ले आया था और कमरे को गर्म करने के लिए बुखारी जलाने की कोशिश में लगा हुआ था। बुखारी के बगल में लकड़ियों के तीन गट्ठर पड़े हुए थे। पहले गट्ठर में सूखी हुई लकड़ी थीं, दूसरे में कुछ सीली और तीसरे में बिल्कुल हरी लकड़ी थीं। इन्हें एहतियात से कुछ इस क्रम में बुखारी के भीतर डाला जा रहा था कि वे कम से कम धुआँ देते हुए देर तक जलती रहें।

महबूब बारामूला का था। मैंने बर्फवाला सवाल उससे भी पूछा। मुझे नहीं लगता कि इस साल भी बर्फ गिरेगी, महबूब ने कहा। आधे से ज्यादा जंगल काटे जा चुके हैं। पहले ठेकेदारों ने काटा, फिर राजनीतिकों ने और अब फौज ने। कश्मीर में न जंगल, न बर्फबारी। बर्फबारी नहीं तो झरनों में पानी नहीं, सिंचाई नहीं, फसलें नहीं।

बुखारी में जतन से लकड़ियों के टुकड़े डालते हुए महबूब ने धीरे-धीरे मुझे यह सब बताया। शायद उसे पता था कि शहरों के लोग जंगल, बर्फ, झरनों के पानी और खेती के बीच का रिश्ता नहीं समझते। शहरवालों के लिए पानी नलों से आता है और दूध मदर डेयरी या इसके ऐसे ही स्थानीय संस्करणों से।

बहरहाल, मेरे मामले में यह सच नहीं था। मैं एक गाँव में पैदा हुआ था और मैंने जीवन के कुछ अहम वर्ष गाँव में गुजारे थे। पर्यावरण और कृषि के बीच के रिश्ते की समझ मुझे थी। इसके अलावा बीते वर्षों में पर्यावरण संबंधी मामलों में एक गंभीर दिलचस्पी मेरे भीतर विकसित हुई थी और इस समझ को पैना बनाने में अनिल अग्रवाल जैसे लोगों से मुझे मदद मिली थी।

शाम साढ़े छह बजे तक बाहर घुप्प अँधेरा हो गया था। बिजली नहीं थी। कमरे में मोमबत्तियों की और बुखारी से उठती हल्की सी चमक की रोशनी थी। महबूब ने मुझे बताया कि बिजली बस दिन में कुछ घंटों के लिए और फिर देर रात गए आती है। गर्म रहने के लिए बुखारी में लकड़ियाँ जलाने के अलावा कोई चारा नहीं है, उसने बताया। और जंगलों को नष्ट करने के अलावा, मैंने सोचा, क्योंकि कश्मीर के भारत में विलय के आधी सदी से भी ज्यादा वक्त बीत जाने के बाद भी सरकार लोगों को नियमित बिजली तक नहीं दे सकी है।

कश्मीर में झरनों और प्रपातों का एक विराट संजाल है। इनसे छोटी-छोटी जलविद्युत परियोजनाओं की एक समृद्ध संभावना बनती है जहाँ से विकेंद्रीकृत स्तर पर बिजली का उत्पादन और वितरण हो सके। पर्यावरण के माकूल पड़ने वाले इन विकल्पों को प्रति यूनिट बिजली उत्पादन की ऊँची लागत के नाम पर अस्वीकार कर दिया गया है। मगर असली वजह यह है कि सिर्फ बड़ी परियोजनाएँ ही बड़े ठेकों और बड़ी रिश्वतखोरियों को जन्म देती हैं। फिर छोटी जलविद्युत परियोजनाओं पर स्थानीय लोगों की निगरानी कुछ ज्यादा ही होगी।

महबूब रसोईघर में चला गया था। पढ़ने लायक रोशनी नहीं थी। मेरा मन फिर अनिल अग्रवाल की ओर मुड़ गया।

अनिल अग्रवाल की सबसे महत्त्वपूर्ण उपलब्धि यह थी कि उन्होंने पर्यावरण संरक्षण की बहस को आम लोगों के कल्याण से जोड़ा। एक दौर था जब इंदिरा गाँधी यह नासमझी भरा रवैया अख्तियार कर सकती थीं कि तीसरी दुनिया के देश अपने विकास कार्यक्रमों के संदर्भ में पर्यावरणीय सरोकारों की विलासिता का बोझ नहीं उठा सकते। अनिल अग्रवाल जैसे लोगों की ही वजह से इस बहस में एक आधारभूत बदलाव आया। अब विकास की कोई चर्चा पर्यावरणीय सरोकारों पर रोशनी डाले बिना पूरी नहीं हो सकती। वस्तुतः अनिल अग्रवाल ने लगातार इस बात की वकालत की थी, कि वास्तविक विकास तभी संभव है जब स्थानीय संसाधनों पर स्थानीय लोगों का नियंत्रण हो, चाहे वह जंगल हो, जल हो या चारा हो।

इसी वजह से देश के अलग-अलग हिस्सों में पसरे गैरसरकारी संगठनों से अनिल अग्रवाल और उनकी टीम का संबंध बना। उनका सेंटर फॉर साइंस एंड एन्वायरॉनमेंट और उनकी पत्रिका 'डाउन टु अर्थ' स्थानीय प्रयत्नों के जरिए टिकाऊ विकास की सर्वाधिक मुखर आवाज बन गए। इसी बीच उन्होंने अंतरराष्ट्रीय मंचों पर उत्तर-दक्षिण की बहस में भी हिस्सा लिया और यह तर्क रखा कि 'वेस्टफुल कंजंप्शन' पर आधारित विकास का पश्चिमी मॉडल सर्वाधिक ग्रीनहाउस गैसें पैदा कर रहा है। एक ही दृष्टि फलक से स्थानीय और खगोलीय दोनों को एक साथ देख लेने की यह क्षमता अनिल अग्रवाल में अद्भुत थी।

हालाँकि उनकी शुरुआत इतने आत्मविश्वास से नहीं हुई थी। अगर मुझे ठीक याद है, 1989 के आसपास अनिल अग्रवाल और सुनीता नारायण ने इंडियन एक्सप्रेस में एक रपट की थी कि दिल्ली की भट्ठी खदान से मुक्त कराए गए कुछ बँधुआ मजदूरों को अलवर के पास कुछ पेड़ काटकर साफ की गई जमीन पर बसाया गया है। मैं तब बँधुआ मजदूरों पर एक डॉक्युमेंटरी बना रहा था। मैं रपट के आधार पर अलवर चला गया।

वहाँ तथ्य बिल्कुल भिन्न थे। निश्चय ही बँधुआ मजदूरों को गाँव से बाहर सुनसान में बसाया गया था मगर कोई पेड़ नहीं गिराया गया था चूंकि यह क्षरित जमीन थी जिस पर कोई पेड़ नहीं था। खबर का मुद्दा यह नहीं था कि पेड़ गिराए गए हैं। मुद्दा यह था कि मजदूरों को रिहायशी इलाके से दूर ऐसी जगह बसाया गया है जहाँ उनके पास कोई काम नहीं है। पर्यावरणीय मुद्दे के उत्साह में अनिल और उनके साथी खबर के गलत सिरे को पकड़ बैठे थे। बाद में वे और ज्यादा परिपक्व हुए।

इस वक्त तक मैं अण्णा हजारे और उनके गाँव पर 'ग्रीनिंग ऑफ रालेगण शिंदी' के नाम से एक फिल्म बना चुका था। अनिल ने फिल्म देखी थी और 'डाउन

टु अर्थ' में इसकी समीक्षा आई थी। उसके बाद हम निरंतर संपर्क में रहे अलबत्ता दोस्तों की सी घनिष्ठता कभी नहीं रही। मैंने उनके कई व्याख्यान सुने। उनके लहजे में एक तीखापन हुआ करता था और तर्कों में चाकू की सी धार।

इस बीच अनिल समझ चुके थे कि बहुत सारी गंदी राजनीति हो रही है जो राष्ट्रीय और अंतरराष्ट्रीय दोनों स्तरों पर पर्यावरण संबंधी मुद्दों पर जान बूझकर कीचड़ उछाल रही है। बहुत सारे स्वार्थी तत्त्व हैं जो अपने स्वार्थों के लिए लोगों को नारकीय स्थितियों में रहने पर मजबूर कर रहे हैं। ये स्वार्थी तत्त्व ताकतवर हैं और राष्ट्रीय तथा अंतरराष्ट्रीय संस्थानों को प्रभावित करने की क्षमता रखते हैं। इसलिए पर्यावरण संरक्षण का युद्ध सिर्फ चेतना के प्रसार का मामला नहीं है। इस युद्ध को कई मोर्चों पर लड़ना होगा—शैक्षिक, वैधानिक और राजनीतिक मोर्चों पर। इसके लिए 'ग्रीन समुराई'—पर्यावरण योद्धा होना होगा।

आखिरी बार अनिल से मैं मार्च, 2000 में मिला था। मैं विकास से जुड़े मुद्दों पर 'रिप्पल्स' नाम से एक टीवी धारावाहिक बना रहा था। मैं अलवर जिले में राजेंद्रसिंह के काम पर एक कथा प्रस्तुत कर रहा था। उन्होंने गाँववालों को हजारों जलागम संरचनाएँ बनाने के लिए प्रेरित किया था और ऐसा आंदोलन खड़ा कर दिया था जो ग्रामीण इलाकों में जल संकट दूर करने का मॉडल हो सकता है।

मैंने इस कार्यक्रम में विशेषज्ञ के तौर पर शामिल होने के लिए अनिल को आमंत्रित किया था। मुझे पता था कि शुरू से ही अनिल ने राजेंद्रसिंह की मदद की है। मैं चाहता था कि अनिल अलवर प्रयोग के व्यापक निहितार्थों पर प्रकाश डालें। उनके तर्क मुझे अब भी याद हैं।

जल संकटों की जड़ में जलापूर्ति का केंद्रीकरण है। इसकी वजह से लोगों का अपने ही संसाधन पर से नियंत्रण छिन गया है, वे आत्मनिर्भर होने की जगह सरकार पर निर्भर हो गए हैं, अपने पारंपरिक विवेक से उनका रिश्ता टूटा है और लोगों में बरबादी की प्रवृत्ति बढ़ी है। हमेशा की तरह वे आवेग और विश्वास के साथ बोल रहे थे।

इसे टेलीविजन पर उपयुक्त नहीं माना जाता क्योंकि यह 'वनलाइनर' या 'बाइट' का माध्यम है। मगर मेरे लिए अनिल का संदेश महत्त्वपूर्ण था। टिकाऊ विकास का आधार विकेंद्रीकृत विकास ही हो सकता है। मुझे तब एहसास नहीं था कि अब हम कभी नहीं मिलेंगे।

आधी रात को मैं बाथरूम जाने के लिए उठा और ठंड के आघात से जम-सा गया। एक पंजाबी विवाह में मुझे किसी ने फ्राइड आइसक्रीम नाम के एक व्यंजन के बारे में बताया था जो बाहर से गर्म और भीतर से ठंडा होता है। अगली सुबह मुझे बताया गया कि रात को तापमान गिरकर शून्य से दस डिग्री सेल्शियस नीचे पहुँच गया था। सौभाग्य से धूप साफ थी और तेज निकली थी। रात को पानी के

नल जम गए थे। महबूब ने मुझे बताया कि ग्यारह बजे से पहले नल से पानी बहना शुरू नहीं हो पाएगा। उसने कहीं से मेरे लिए एक बाल्टी पानी का इंतजाम किया जो हाथ मुँह धोने के लिए पर्याप्त था।

जब मैं सूमो से मुख्य शहर की ओर जा रहा था, नाजिर मुझे श्रीनगर से होकर बहनेवाली झेलम से लगी सड़क पर ले गया। मैं करीब बारह साल बाद श्रीनगर आया था। शहर और झेलम दोनों पहचान में आने योग्य नहीं रह गए थे। नदी के किनारों पर कचरे और प्लास्टिक का ढेर था। नदी एक गंदा नाला हो चुकी थी। मैंने नाजिर से पूछा, यह सब कैसे हुआ। उसने कहा, इसलिए कि सरकार कश्मीर में कुछ नहीं करती।

वही पुरानी कहानी। लोगों को निर्भर बना दो। उनकी पहल शक्ति छीन लो और फिर उनका शोषण करो। अगले दो दिन मैं बिजली संकट से लेकर सार्वजनिक स्थलों की गंदगी तक, सब कुछ के लिए सरकार पर किया जा रहा दोषारोपण सुनता रहा। कोई नहीं था जो लोगों को संगठित करे और बताए कि कम से कम अपनी कुछ समस्याएँ वे खुद दूर कर सकते हैं।

मैं दो कलाकारों पर फिल्म बनाने के सिलसिले में शोध के लिए श्रीनगर आया था। कलाकारों से मिलने के बाद मैं एस.पी. कॉलेज गया जहाँ उनमें से एक कलाकार ने पढ़ाई की थी। वहाँ प्रिंसिपल कोई सईद सरवर साहब थे। उन्होंने पर्यावरण में पी-एच.डी. की है और जल संसाधनों के विशेषज्ञ हैं। मैंने पूछा कि क्या उन्होंने अनिल अग्रवाल के बारे में सुना है? 'हाँ, निश्चय ही, उसका निधन बहुत बड़ी क्षति है।' उन्हें पता था कि एक दिन पहले अनिल अग्रवाल गुजर गए हैं।

दो दिन बाद जब मैं वापस दिल्ली हवाई अड्डे पर दोपहर ढले उतर रहा था, मुझे हवा कुछ साफ लगी। मैंने अनिल को धन्यवाद दिया और उनकी आत्मा की शांति की कामना की, चूंकि वही आदमी था जिसने सर्वोच्च न्यायालय को दिल्ली की हवा साफ करने के लिए मजबूर किया था।

करंजई की नानी

मैं पहली बार उनसे 1966 में लखनऊ में मिला था और मिलते ही उनका दीवाना हो गया था। वे अपनी बेटी की तरह ही सफेद कपड़ों में थीं। दोनों थोड़ी सी स्थूल और समृद्ध परिवार की दिखती थीं। दोनों विधवाएँ थीं। वे मेरी होनेवाली पत्नी की माँ और नानी थीं।

तब नानी साठ से ऊपर की ही रही होंगी। उनके चौड़े, झुर्रियाए हुए चेहरे पर ममता और कठोरता का गजब का मेल था। उनकी आँखों में उदासी की एक छाया-सी थी जो उनकी अनायास खिलखिलाहटों के बावजूद कभी पूरी तरह जाती नहीं थी।

नानी जमींदारों के एक अमीर परिवार से थीं। वह दो बेटियों को जन्म देने के बाद महज 18 साल की उम्र में विधवा हो गई थीं। परिवार के पास खासी जमीन और ढेर सारा पैसा था मगर जायदाद की देखभाल करनेवाला कोई नजदीकी मर्द नहीं था। ढेर सारे ऐसे दूर के रिश्तेदार तो थे जो उनका और उनके बच्चों का कत्ल करके जायदाद हड़प लेने को बेताब थे। युवा विधवा ने खुद बंदूक चलाना सीखा और अच्छी निशानेबाज बन गईं। जब मैं पहली बार यूपी में हरदोई के पास उनके गाँव गया था, मैंने उन पर अपनी निशानेबाजी का रुआब गाँठना चाहा। मैंने पुलिस में एक साल का प्रशिक्षण लिया था और मुझे रिवॉल्वर और 303 राइफल चलाना आता था मगर मैंने कभी दुनाली बंदूक नहीं चलाई थी।

नानी के पास स्मिथ और वैसन की एक दुनाली थी। मैंने उनकी बंदूक लेकर उनके आँगन में विशाल बरगद के पेड़ पर बैठी एक चिड़िया पर निशाना साधा और गोली दाग दी। चिड़िया उड़ गई। जमीन पर कुछ पत्ते गिर कर रह गए। मेरा चेहरा शर्म से लाल हो गया। नानी बस मुस्कराकर रह गईं। वे नहीं चाहती थीं कि उनके दामाद को नीचा देखना पड़े।

मैं यह कहानी अपने पेंटर मित्र अनिल करंजई को सुना रहा था। मैं थोड़ा रुका। अनिल अपनी पत्नी जूलियट के साथ मेरे घर आए हुए थे। यह 1990-91 के आसपास की बात होगी। नानी छह साल पहले ही गुजर गई थीं। मैंने अनिल से अनुरोध किया था कि वे मेरे लिए उनका एक पोर्ट्रेट बना दें। मेरे पास 'विजुअल'

सामग्री के नाम पर नानी की बस कुछ छोटी-छोटी तस्वीरें थीं। अनिल उनके बारे में ज्यादा से ज्यादा जानना चाहते थे।

वे हमेशा की तरह रम पी रहे थे और बीड़ी फूँक रहे थे। वे अच्छे श्रोता थे। बिना कुछ कहे वे रम के घूँट लगाते रहे। जूलियट अपनी बातचीत से खामोशी तोड़ रही थी। कुछ देर बाद अनिल ने कहा, और भी कुछ बताइए।

जब मैं नानी के जीवन में आया, तब तक उनकी दुनिया बदल चुकी थी। जमींदारी उन्मूलन के साथ उनकी ज्यादातर जमीन चली गई थी। उनकी आय एक बड़ा स्रोत हर साल होनेवाला एक पशु मेला रह गया था जो गर्मियों में उनकी जमीन पर लगता था। स्थानीय सरकारी कानून के मुताबिक जिसकी जमीन पर यह मेला होता था, उसके मालिक को मवेशियों की बिक्री पर रसीद जारी करने और बदले में खरीदने वाले से एक नियत शुल्क वसूल करने का अधिकार था। इस शुल्क से खासी आमदनी हो जाती चूंकि वहाँ मवेशियों की बिक्री हज़ारों में होती थी।

यह पशु मेला कई बड़े किसानों की जमीन तक फैला होता था। यह सुनिश्चित करने के लिए कि बिक्री की रसीद उसी जमीन पर कटे जिस पर सौदा पटा था, हर किसान कई लोगों को चौकीदारी के लिए रखता था। इन चौकीदारों का काम खेतों की चौहद्दी पर खड़े रहना और मवेशियों के सौदों पर कड़ी निगाह रखते हुए खरीदने और बेचनेवाले को उस जगह ले जाना होता था जहाँ रसीद बनती थी। मई-जून की झुलसा देनेवाली धूप में किसी भी पैमाने पर यह आसान काम नहीं था।

चौकीदारों का काम सूर्योदय से शुरू हो जाता और चरम गर्मी के दिनों में सुबह साढ़े पाँच बजे हो जाती थी। चौकीदारी शाम को करीब साढ़े सात बजे, सूर्यास्त तक चलती रहती। जब 1968 में मैंने नानी का पशुमेला सँभालना शुरू किया तब चौकीदारों की दिहाड़ी सवा दो रुपए हुआ करती थी।

सवा दो रुपए? अनिल ने पूछा। वे पक्के तौर पर जानना चाहते थे। अनिल करंजई ने गरीबी और शोषण को देखा और भोगा था। वे 1940 में पूर्वी बंगाल में पैदा हुए। 1947 में उनका परिवार विस्थापित हो चुका था। वे शरणार्थी हो गए थे और बनारस चले आए थे। अनिल बनारस में बड़े हुए। भारतीय कला केंद्र में उन्होंने पेंटिंग का अध्ययन किया और बनारस पौलिटेकनीक में मूर्तिशिल्प का। उनके लिए कला में औपचारिक प्रशिक्षण जितना महत्त्वपूर्ण रहा उतना ही एलेन गिंसबर्ग के बीट आंदोलन और कलकत्ता की भूखी पीढ़ी से जुड़े साहित्यिक समुदाय से उनका परिचय और उसका रैडिकल प्रभाव। अनिल में इसलिए गरीबों और पिछड़ों के प्रति एक स्वाभाविक सहानुभूति थी। वे दिल से सही महसूस करते थे और इसीलिए सवा दो रुपए की दिहाड़ी पर उन्होंने इतनी तेजी से प्रतिक्रिया जताई।

मैंने नानी की कहानी आगे बढ़ाई। यह उनकी सामंती मूल्य व्यवस्था का हिस्सा था कि गरीबों को कम दिहाड़ी दी जाए। मगर वही नानी शादी-ब्याह, तीज-त्योहार

या किसी बीमारी के मौके पर इन लोगों की दिल खोलकर मदद करतीं।

पशु मेले का प्रबंध सँभालने के एक साल बाद मैंने धीरे-धीरे उनकी दिहाड़ी बढ़ाना शुरू किया। नानी बहुत नाराज हुईं और उन्होंने मुझसे कहा कि मैं गाँव की दिहाड़ी-दर बिगाड़ रहा हूँ। मैंने साथ ही साथ बिक्री रसीद बनाने की फीस भी बढ़ा दी थी। इसलिए आमदनी में सीधे-सीधे बढ़ोतरी हुई। तब से मेले के बंदोबस्त में मुझे पूरी आजादी मिल गई। आनेवाले वर्षों में इस दिहाड़ी को बढ़ाते हुए मैं उसे न्यूनतम मजदूरी के निर्धारित स्तर पर लाने में कामयाब रहा था।

गाँव में नानी का दिन चार बजे सुबह शुरू हो जाता था। स्नान और पूजा के बाद वो खुद नाश्ता तैयार करतीं। नाश्ता अक्सर पूरी और छिलकेदार छोटे-छोटे आलुओं की सब्जी का होता। वह खुद मेरा और मेरी पत्नी का नाश्ता लगातीं और उसके बाद अकेले खातीं।

अब तक मुझे मालूम हो चुका था कि अनिल की नानी में दिलचस्पी जाग गई है और वे उनके स्वभाव की कुछ थाह पा रहे हैं। इस बारे में मैं और पत्नी अनिल के साथ कई बार बैठे। बीच-बीच में हम अनिल और जूलियट के जोरबाग वाले फ्लैट की कुछ पार्टियों में भी गए।

अनिल और जूलियट को अपने घर किस्म-किस्म के लोगों को इकट्ठा करने का शौक था—चित्रकारों, गायकों, आवारा यारों और समलिंगियों को भी। वास्तव में एक बार उसके घर मुझे एक अँग्रेज के गुस्से का शिकार होना पड़ा जिसे लगा कि मैं उसके एक लड़के में अनुचित दिलचस्पी ले रहा हूँ।

अनिल करंजई 1969 में ही दिल्ली आ गए थे और उन्हें 1972 में ललित कला अकादमी का अवार्ड भी मिल चुका था मगर अस्सी के दशक तक उन्हें कोई बड़ी कामयाबी नहीं मिल पाई थी।

सत्तर के दशक में उन्होंने स्मारकों से प्रेरित होकर पेंटिंग्स की एक सीरीज बनाई थी जिसे मैंने देखा था। रंगों के इस्तेमाल में अनिल बहुत संवेदनशील थे। उन्होंने स्मारकों के गहरे भूरे रंग को आसमान के चटख नीले और हरियाली के कौंधते हरे रंग की पृष्ठभूमि में अवस्थित किया था। मगर जो चीज इन बिंबों में जान डाल रही थी, वह स्मारकों की दीवार से उभरने वाली मानवाकृतियाँ थीं। कुछ लोगों को इन आकृतियों में 'इतिहास की यातना' दिखाई पड़ी। मेरे लिए ये आकृतियाँ हमारे समय में इतिहास की जीवंत उपस्थिति का रूपक हो गई थीं।

उन्होंने इन उभरती हुई मानवाकृतियों को सिर्फ अपने स्मारकों तक सीमित नहीं रखा था बल्कि इन्हें प्रकृति के बिंबों, मसलन बादलों और वृक्षों तक ले गए। कभी-कभी ये आकृतियाँ डरावनी और विकृत होतीं जो देखने वालों को भीतर तक परेशान कर देतीं। अनिल एक शांत शख्सियत थे और साठ और सत्तर के दशक में उनके अंदर एक गुस्सा भी था। उन्हें आदमी का शोषण करने की आदमी की

क्षमता पर गुस्सा था। उन्हें दूसरों पर अन्याय और दमन थोपने की मानवीय क्षमता पर नाराजगी थी।

जब मैंने उनसे नानी का पोर्ट्रेट बनाने की गुजारिश की थी तब तक मेरे खयाल में उन्होंने ज्यादा पोर्ट्रेट नहीं बनाए थे। बल्कि, उन्होंने एक उल्लेखनीय सैल्फ पोर्ट्रेट बनाया था जिसमें उनकी निगाहें तीखी, टटोलती हुई सी थीं। इसके पहले मेरे लिए उन्होंने एक पेंटिंग बनाई थी, जिसे मैंने अपनी एक टेलीविजन सीरीज 'लुकिंग बियॉण्ड' के लोगो के तौर पर इस्तेमाल किया था। यह एक यात्रा-शृंखला थी और उनकी पेंटिंग में एक स्मारक की भीतरी दीवारों से कई चेहरे उभर रहे थे और खिड़की से नीला आकाश दिखाई पड़ रहा था।

नानी के पोर्ट्रेट को लेकर हमारी बैठकें महीनों चलीं। आखिरकार अनिल प्राथमिक प्रारूप के साथ तैयार थे। कुछ छोटे-मोटे सुधारों को छोड़कर बाकी मिलान अद्‌भुत था। एक बार यह पसंद आने के बाद वे फिर पोर्ट्रेट पर काम करने में लग गए। कुछ हफ्ते बाद पोर्ट्रेट तैयार था। यह बस एक अद्‌भुत मिलान भर नहीं रह गया था। उन्होंने नानी की शख्सियत और उनके मिजाज को उनकी समूची आंतरिक शक्ति और उदासी के साथ पकड़ लिया था। यह उतनी ही उल्लेखनीय कलाकृति है जितना उनका सैल्फ पोर्ट्रेट।

सन् 2000 में अनिल और जूलियट देहरादून चले गए। अब तक उनका गुस्सा कम हो चुका था। अपने काम में वे प्रकृति के ज्यादा करीब आ गए थे। इसके पहले उन्होंने 'द ओल्ड किंग' और 'द फिलॉसफर' सीरीज जैसे कुछ उल्लेखनीय आकृतिमूलक काम भी किए थे। अब देहरादून में वे लगभग पूरी तरह 'सोलैस इन सॉलिट्यूड' सीरीज जैसे लैंडस्केप्स में रम गए।

जब हाल में मैंने इन्हें उनकी पत्नी जूलियट द्वारा इंडिया इंटरनेशनल सेंटर में आयोजित पुनरवलोकन प्रदर्शनी में देखा, मुझे कुछ निराशा हुई। ये छवियाँ कुछ ज्यादा शांत और व्यवस्थित थीं। मैंने अनिल करंजई और उनके काम को हमेशा एक अशांत मनःस्थिति से जोड़कर ही देखा था। वह यहाँ गायब थी। ये छवियाँ मेरे भीतर टिकीं नहीं।

देहरादून में बस जाने के बाद उनका दिल्ली आना अनियमित हो गया था और हमारी मुलाकातें भी। साफ तौर पर अनिल बदल चुके थे। शायद उन्हें शान्ति नहीं तो सांत्वना मिल गई हो। बीते साल मार्च में देहरादून में उनका निधन हो गया। नानी का उनका पोर्ट्रेट अब भी मेरे घर में टँगा है और जितना नानी की याद दिलाता है उतना ही अनिल करंजई की भी जिनके साथ कुछ खूबसूरत लम्हे बाँटने का सौभाग्य मुझे मिला था।

रामचंद्रन की लीला

अप्रैल, 2002 में कलाकार ए. रामचंद्रन को ललित कला अकादमी का फैलो चुना गया। इस तरह वे शंखो चौधरी, फ्रांसिस न्यूटन सूजा, कपिला वात्स्यायन, कार्ल खंडालवाला और मुल्कराज आनंद जैसे महान कलाकारों और कला मर्मज्ञों की पाँत में शामिल हो गए।

रामचंद्रन से मेरी पहली मुलाकात सन् 85 के उत्तरार्द्ध में हुई थी। मैं समकालीन भारतीय कला पर एक फिल्म बना रहा था और मेरे पुराने मित्र और कला मर्मज्ञ शांतो दत्ता मुझे रामचंद्रन के घर ले गए। वे अपनी विराट पेंटिंग 'ययाति' पर काम कर रहे थे। यह काम 1983 से चल रहा था। पेंटिंग तब तक पूरी नहीं हुई थी। इस पेंटिंग के बारह पैनल तैयार करने में करीब छह महीने और लगने थे। फिर भी रामचंद्रन ने मुझे कुछ पैनल शूट करने दिए। उनमें इस किस्म का अहंकार नहीं था कि मैं आपको अपनी अधूरी पेंटिंग शूट करने नहीं दूँगा।

रामचंद्रन इसी तरह के आदमी हैं--अपने काम के प्रति बेहद संजीदा फिर भी खिलंदड़ेपन और हँसी-मजाक से भरपूर--अपने कृतित्व और व्यक्तित्व दोनों में एक उत्फुल्लता का संचार-सा करते हुए--यह रामचंद्रन की लीला है।

ययाति अंततः 1986 में पूरी हुई और आने वाले वर्षों में इसे समकालीन भारतीय चित्रकला के विकास में मील के पत्थर की तरह स्वीकार किया गया। पेंटिंग के बारह पैनल 480 वर्गफुट की जगह घेरते हैं। जैसे-जैसे इसकी अवधारणा विकसित हुई, रामचंद्रन ने इसमें तेरह और मूर्तिशिल्प जोड़े और यह संस्थापन का एक बड़ा काम बन गया। उपन्यासकारों के मामले में, कभी-कभी कोई चरित्र अपने लेखक और उसकी कहानी की पकड़ के आगे चला जाता है। कभी-कभी, भले ही कुछ कम, लेकिन कलाकारों के साथ भी यह होता है। किसी विचार का, किसी धारणा का बीज अंकुरित होता है और एक पेड़ बन जाता है। फिर पेड़ की शाखाएँ अपने ढंग से झूमने लगती हैं और कलाकार के पास इस नृत्य की लय के पीछे चलते रहने के अलावा कोई चारा नहीं रह जाता। शायद यही हुआ जब रामचंद्रन ययाति बना रहे थे।

ययाति के मिथक का उल्लेख महाभारत के आदिपर्व में आता है। महान सम्राट ययाति को शर्मिष्ठा से प्रेम हो जाता है। उसकी पहली पत्नी देवयानी के पिता ययाति को अकालवृद्ध हो जाने का शाप देते हैं। ऐंद्रिक-सुख और आनंद से जुड़ा ययाति का संसार नष्ट हो जाता है। हताशा में वह अपने पुत्रों से याचना करता है कि वे अपना यौवन उसे दे दें और उसका बुढ़ापा ले लें। सिर्फ सबसे छोटा पुत्र पुरु इसके लिए राजी होता है और उसे ययाति पुरस्कार में अपना राज्य दे देता है।

ययाति फिर से विलास भरा जीवन जीने लगता है। कई वर्ष बीत जाते हैं। ययाति को अब सद्बुद्धि आती है और वह अनुभव करता है कि कामनाओं का यह संसार मृगतृष्णा की तरह है। वह अपने पुत्र को उसका यौवन लौटा देता है और जन्म से यौवन, बुढ़ापे और मृत्यु तक में बँटे अपरिहार्य जीवन चक्र को स्वीकार करता है।

रामचंद्रन इस मिथक का चित्रण नहीं करते। वे अपने विचारों के सृजन और संप्रेषण के लिए इस मिथक का उपयोग करते हैं। उनके लिए ययाति एक आधुनिक मनुष्य है जो मानवीय सीमाओं और संभावनाओं के प्रति सचेत है। एक साक्षात्कार में रामचंद्रन कहते हैं, 'ययाति अपनी देह और आत्मा की पुकार को पहचानता है। वह एक के लिए दूसरे का निषेध नहीं करता। यह चीज उसे एक संपूर्ण मनुष्य बनाती है।' हाँ, संपूर्ण मनुष्य मगर देवतुल्य नहीं। वस्तुतः ययाति भीष्म या युधिष्ठिर की तरह देवतुल्य हो नहीं सकता। रामचंद्रन उसकी कमजोरियों के कारण उसे एक नायक बनाते हैं और उनका संस्थापन सरीखा भित्तिचित्र ययाति का एक तरह का मंदिर बन जाता है।

रामचंद्रन बारह पैनलों को तीन हिस्सों में बाँटते हैं--उषा या यौवन, मध्याह्न या मध्यवय और जीवन की संध्या या बुढ़ापा। जीवन के इन सभी चक्रों का अपना आनंद है जिसका निषेध करने की जरूरत नहीं है, बल्कि इस आनंद को आध्यात्मिक उन्नयन के लिए जिया ही जाना चाहिए और इन तीनों से मिलकर ही जीवन की नदी बनती है।

अपने बिंबों को मिथक या स्वप्न सरीखी भंगिमा देने के लिए वे एक जटिल रंग योजना अपनाते हैं। वे गहरे लाल, नीले, हरे और पीले रंगों का इस्तेमाल करते हैं। फिर इन गहरे रंगों को क्षीण करने के लिए काले और भूरे रंगों को उनमें मिलाते हैं और ऐसी रंगतें पैदा करते हैं जो समकालीन भारतीय चित्रकला में शायद ही देखी गई हों। उनकी रंग-योजना के स्रोत केरल के मंदिरों के भित्ति चित्रों में निहित हैं जिन्हें उन्होंने बचपन में देखा था और बाद में जिनका उन्होंने गहनता से अध्ययन किया था।

उनके मनुष्याकारों और चेहरों के स्रोत भी उतने ही विशिष्ट हैं। 1972 में रामचंद्रन पहली बार राजस्थान के उदयपुर जिले में गए। यह एक प्रेम-प्रसंग की शुरुआत थी जो आज भी तीस वर्षों बाद कायम है और उनके भीतर तरंगें पैदा करता

है। यहाँ उनका साबका भील जनजातियों, उनके छोटे-छोटे मंदिरों, मूर्तियों सी तराशी उनकी स्त्रियों और उनके पलाश वृक्षों के धधकते रंगों से पड़ा।

दिल्ली लौटकर उन्हें गड़िया लोहारों का खयाल आया जो राजस्थान के मेवाड़ या उदयपुर क्षेत्र की घुमंतू जाति है। ये दो तरह के स्त्री-आकार ययाति के लिए उनके स्रोत बने। यहाँ तक कि कुछ पुरुष आकार भी इन्हीं स्रोतों से लिए गए हैं।

इन मनुष्याकारों, विशिष्ट रंगों, समृद्ध और सुखद वनस्पतियों और चित्र-विचित्र पक्षियों—जो ययाति में एक उड़ान भरती लय में आते हैं—का समावेश इसे एक बेहद शृंगारिक और कामोद्दीपक कृति बना डालता है। एक पैनल में राजस्थानी साफा पहने एक साँवला गठीला आदमी एक गोरी युवती के नग्न पाँवों में गोदना गोद रहा है। युवती का पाँव उस साँवले आदमी की जाँघ पर रखा हुआ है। पूरे कैनवस पर जैसे एक कामोद्दीपक बिंब-योजना फूटी पड़ रही है। जैसे इतना भर पर्याप्त न हो, रामचंद्रन ययाति में खुद को एक अर्ध-पक्षी अर्ध-मनुष्य के रूप में प्रस्तुत करते हैं और सूत्रधार और द्रष्टा दोनों बन जाते हैं। और इससे रामचंद्रन की लीला का प्रभाव अपनी संपूर्णता में बनता है।

रामचंद्रन ने जब ययाति पर काम करना शुरू किया था तो वे चालीस के ऊपर के रहे होंगे। वे आत्मशोध की एक खासी जटिल यात्रा पूरी करके ही ययाति तक पहुँचे थे। यह बात मुझे 1995 में समझ में आई जब मैंने उन पर एक फिल्म बनाने का फैसला किया और उनके साथ उदयपुर और केरल गया।

रामचंद्रन का जन्म केरल के एक छोटे से शहर अतिंगल में 1935 में हुआ था। वे शब्दशः प्रकृति की गोद में बड़े हुए—धानखेतों, नारियल के गुल्मों और कुमुदिनी के तालों के बीच। वर्षों बाद उन्होंने अपनी 'स्केचबुक ऑव चाइल्डहुड' में लिखा : 'प्रकृति के विलक्षण सौंदर्य से मैं अभिभूत भी था और भयभीत भी।'

उनके पिता पी. अच्युतन नायर एक छोटे से भूस्वामी थे और ब्रिटिश आर्मी ऑफिस में छोटी सी नौकरी करते थे। रामचंद्रन की माँ और नानी दोनों संगीत में निपुण थीं। रामचंद्रन ने खुद भी संगीत सीखा और इतने निष्णात हो गए कि ऑल इंडिया रेडियो पर गाने लगे। बाद में चित्रकला की साधना में उन्होंने यह सब छोड़ दिया। परिवार में चित्रकला के प्रति भी थोड़ी दिलचस्पी थी। उनकी एक मौसी कलाकार थीं।

अतिंगल में ही रामचंद्रन ने स्थानीय मंदिर की दीवारों पर बने चित्रों का अवलोकन किया था। बाद में ऐसे ही भित्तिचित्र उन्हें कोट्टायम के पांडवत मंदिर में देखने को मिले। यह बहुज्ञात नहीं है कि भले ही अजंता की भित्तिचित्र की परंपरा सातवीं सदी के आसपास खत्म हो जाती है, यह दक्षिण भारत के मंदिरों में बाद में भी फूलती-फलती रही।

कई वर्ष बाद जब वे शांति निकेतन में चित्रकला का अध्ययन कर रहे थे,

उन्होंने नंदलाल बोस और उनके छात्रों द्वारा अजंता की बनाई गई अनुकृतियाँ देखीं। तब जाकर रामचंद्रन को अजंता और केरल के मंदिरों में बने चित्रों के रिश्ते का कला-ऐतिहासिक महत्त्व समझ में आया। अजंता और मंदिर के चित्रों की परंपरा, दोनों को उनकी ययाति में अभिव्यक्ति मिलनी ही थी।

रामचंद्रन ने बचपन में ही रेखांकन और चित्रांकन में हाथ आजमाने शुरू कर दिए थे। एक बार तो उन्होंने अपने एक चचेरे दादा के एक ऑयल पोर्ट्रेट के पिछले हिस्से में चित्र बनाकर अपनी प्रतिभा का प्रदर्शन करने की कोशिश की थी। इसके नतीजे बहुत सुखद नहीं रहे थे। उन्हें अपने नंगे नितंबों पर कुछ जोरदार चपतें झेलनी पड़ीं। मगर उनके पिता को पेंटिंग में रामचंद्रन की दिलचस्पी का एहसास हो गया और उन्होंने उन्हें एक स्थानीय कला विद्यालय में दाखिल करा दिया।

उन्होंने तिरुअनंतपुरम विश्वविद्यालय से मलयालम में एम.ए. किया मगर अनौपचारिक रूप से पेंटिंग के अपने शौक को भी उन्होंने बनाए रखा। तिरुअनंतपुरम में वे चित्रालयम आर्ट गैलरी नियमित रूप से जाते थे। यहीं उन्हें राजा रवि वर्मा और बंगाल स्कूल का मौलिक काम देखने को मिला, जिसकी अनुकृतियाँ इसके पहले उन्होंने अपने बचपन में देखी थीं। वे अबनींद्रनाथ टैगोर, नंदलाल बोस और गगनेंद्रनाथ टैगोर के काम से बहुत गहरे प्रभावित हुए, इस हद तक कि उन्होंने शांति निकेतन में पेंटिंग का अध्ययन करने का निर्णय किया।

साथ ही साथ केरल की अपनी कला-परंपरा से भी उनका परिचय हुआ जिसके प्रतिनिधि राजा रवि वर्मा और माधव मेनन थे। दिल्ली आ बसने के बाद उन्होंने राजा रवि वर्मा की एक बेहद महत्त्वपूर्ण प्रदर्शनी को क्यूरेट किया जिससे भारतीय कला के इतिहास में राजा रवि वर्मा के स्थान के पुनर्मूल्यांकन की शुरुआत हुई।

शांति निकेतन में उन पर रामकिंकर बैज–या रामचंद्रन के लिए किंकर दा–का प्रभाव पड़ा। रामकिंकर बैज मूर्तिकार थे और रामचंद्रन मूलतः चित्रकला की ही साधना कर रहे थे फिर भी किंकर दा उनके आध्यात्मिक गुरु हो गए। उन्होंने रामचंद्रन को प्रकृति का अवलोकन करना और धरती की साधारण चीजों में भी सौंदर्य को देखना सिखाया। यह वह कलात्मक दृष्टिकोण है जिसने बाद में रामचंद्रन को उदयपुर के भीलों से जुड़ने में मदद की।

एक बार रामचंद्रन रामकिंकर के साथ काली पूजा के उत्सव पर एक जनजातीय गाँव गए। पशुबलि की प्रथा ने उन्हें स्तब्ध कर दिया। बाद में उन्होंने कालीपूजा नामक एक तस्वीर बनाई जिसमें हिंसा के लिए आदमी की ललक के प्रति उनकी वितृष्णा झाँकती थी। वस्तुतः अगले दो दशकों तक हिंसा की यह थीम रामचंद्रन पर छाई रही। इस दौर में 'एनाटॉमी लैसन', 'द सैल्स', 'न्यूक्लियर रागिनी' और 'द ग्रेव डिगर्स' आदि जैसे उनके बेहद हिंसक तैलचित्र सामने आए।

इन चित्रों पर न शैली में और न ही संवेदना के स्तर पर रामकिंकर का कोई

प्रभाव दिखता है। वस्तुतः इस दौर में वे दिआगो रिवेरा, सिक्वैरोज और ओरोज्को जैसे मैक्सिको के म्यूरलिस्टों के प्रभाव में रहे। इन कलाकारों का काम उसी तरह राजनीतिक और विशाल था जिस तरह इस दौर में रामचंद्रन का काम था।

ययाति में रामचंद्रन आध्यात्मिक रूप से रामकिंकर तक लौटे। रामकिंकर को अपना कला-क्षेत्र और अपने मनुष्याकार बोलपुर के संथालियों के बीच मिले थे, रामचंद्रन को अपनी कला के लोग और लोक उदयपुर के भीलों के बीच मिले।

ययाति के बाद रामचंद्रन कभी भी हिंसा की थीम पर नहीं लौटे। यहाँ से वे 'द लोटस पौंड', 'द अमलतास ट्री', 'सांग ऑव अ सिंबल ट्री', 'अहल्या इन रेड' और उस रहस्यमय लोक के अन्य मिथकीय पात्रों की ओर बढ़े जो अब पूरी तरह उनके मन-मस्तिष्क में बस चुके हैं। भारत जैसे बहुपरतीय देश में जहाँ कई संस्कृतियाँ और काल साथ-साथ रहते हैं, रामचंद्रन के ये बिंब उतने ही आधुनिक हैं जितने अर्पितासिंह के नारीवादी बिंब।

दो लेखकों से भेंट

सोलह मई, 2002 को इंडिया इंटरनेशनल सेंटर में अंततः मैं कवि और लेखक अशोक वाजपेयी से मिल ही लिया। अवसर था इंडिया इंटरनेशनल सेंटर के सहयोग से साहित्य अकादेमी द्वारा आयोजित 'लेखक से मिलिए' कार्यक्रम का।

कभी-कभी हम किसी व्यक्ति के कुछ पहलुओं से ही परिचित होकर संतुष्ट रहते हैं और उसके उन पहलुओं को जानने की परवाह नहीं करते जिनसे उसका व्यक्तित्व बनता है। मुझे नहीं मालूम कि ऐसा क्यों होता है, मगर यह मेरे साथ एकाधिक बार हुआ है। क्या यह दिलचस्पी की कमी है या सभ्य होने की वह सतही समझ जो हमें ज्यादा पूछताछ करने से रोकती है? कभी-कभी तो इसका कारण नितांत भिन्न हो सकता है।

कुछ लोग अपनी खुशमिजाजी को एक मुखौटे की तरह ओढ़ते हैं। किसी को भी यह सहज ही महसूस हो जाता है कि अशोक कुछ ऐसा ही करते हैं। उन तक पहुँचा जा सकता है, मगर एक सीमा तक ही। उसके आगे वह आपको दाखिल होने या दखल देने नहीं देते। शायद यही वजह हो कि इंडिया इंटरनेशनल सेंटर की उस शाम से पहले तक, जहाँ उन्होंने कुछ देर के लिए अपने पट खोल दिए, बल्कि अपना मुखौटा हटा दिया, मुझे उन्हें अंतरंगता से जानने का अवसर नहीं मिला था।

1985 के आसपास की बात है जब मैं उनसे पहली बार भोपाल के भारत भवन में मिला था। मैं वहाँ एक डॉक्युमेंटरी की शूटिंग के लिए गया था। शूटिंग की इजाजत लेने के लिए मैं उनसे मिला था। शूटिंग पूरी होने के बाद एक शाम हमने जे.स्वामीनाथन के घर पर रम पीते साथ गुजारी। मित्रों के बीच स्वामी के नाम से लोकप्रिय स्वामीनाथन तब भारत भवन के निदेशक थे। यह उन दुर्लभ शामों में एक थी जिनमें बातचीत भी शराब सरीखी नशीली हो उठती है।

तब तक यह चर्चा आम हो चुकी थी कि अशोक वाजपेयी अर्जुनसिंह के दाहिने हाथ हैं--कम से कम सांस्कृतिक मामलों में। जिन्होंने आला स्तर की भारतीय नौकरशाही को भीतर से नहीं देखा है, उनके लिए यह समझना मुश्किल है कि एक तेज, समझदार और ईमानदार अफसर भी तब तक कुछ नहीं कर पाता जब तक वह

अपने राजनीतिक आकाओं को साथ लेकर न चले। भारतीय नौकरशाही ऐसे बेहद प्रतिभाशाली लोगों की कब्रगाह है जिन्हें अपनी ईमानदारी को दाँव पर लगाए बिना राजनीतिकों से संबंध बनाने की कला आई नहीं या उन्होंने इसे सीखना नहीं चाहा।

अशोक वाजपेयी इस कला में निष्णात हैं। वे बेहद खुशकिस्मत भी थे। मध्य प्रदेश में उनके मुख्यमंत्री अर्जुनसिंह उस वक्त के अन्य राजनीतिकों के मुकाबले कहीं ज्यादा शिक्षित और सभ्य थे। उनकी कला और साहित्य में दिलचस्पी थी और अशोक जैसा व्यक्ति कम से कम उनसे संवाद कर सकता था। निश्चय ही अर्जुनसिंह के अन्य पक्ष भी थे—ताल से लगा छोटा सा महल, पहले श्रीमती गांधी और बाद में राजीव गांधी की जीहुजूरीवाली वफादारी। मगर इन सबका अशोक वाजपेयी से कोई वास्ता नहीं था।

सच्चे अर्थों में अखिल भारतीय सांस्कृतिक संस्थानों में से एक भारत भवन की परिकल्पना अशोक वाजपेयी की थी और अर्जुनसिंह के व्यक्तिगत सहयोग के बिना इसका निर्माण नहीं कराया जा सकता था। और यह संस्थान अब भी अगर बचा हुआ है—भले ही कुछ लुटी पिटी हालत में—तो इसका श्रेय बहुत हद तक इसकी मूल परिकल्पना और इसकी प्रारंभिक कार्ययोजना को ही जाता है जो अशोक वाजपेयी और अर्जुनसिंह की देन है।

भारत भवन की पहली मुलाकात के बाद अशोक वाजपेयी से मेरा संपर्क बना रहा। बाद में जब वे संस्कृति विभाग में संयुक्त सचिव (संस्कृति) होकर दिल्ली आ गए, तब हमारे संबंध कुछ प्रगाढ़ हुए। भारतीय कला और कलाकारों पर फिल्म बनाने में मेरी दिलचस्पी पैदा हो चुकी थी और वे संयुक्त सचिव के रूप में कई अन्य संस्थानों के साथ नेशनल गैलरी ऑफ मॉडर्न आर्ट की देखरेख भी कर रहे थे। उन्होंने कई अवसरों पर मेरी मदद की।

संयुक्त सचिव (संस्कृति) के रूप में काम करते हुए ही अर्जुनसिंह से अपनी निकटता की कीमत भी उन्हें चुकानी पड़ी। देवगौड़ा और गुजराल सरकारों ने सचिव स्तर पर उनकी प्रोन्नति को नजरअंदाज कर दिया। उन्होंने निश्चय ही इस निर्णय के विरुद्ध सरकार को ज्ञापन दिया होगा। मेरा खयाल है वे तब अपने अधिकार को लेकर इंदर कुमार गुजराल से भी मिले थे। मगर कुछ नहीं हुआ। उस वक्त की सरकारें उन्हें भारत सरकार के सचिव के रूप में स्वीकार करने को तैयार नहीं थीं।

उन दिनों अशोक थोड़े हताश थे। मगर एक मुखौटा ओढ़े रहने के अभ्यास ने उनका बचाव किया। उन्होंने कोई चीख-पुकार नहीं मचाई। उनकी किस्मत और विश्वसनीयता ने—जो उन्होंने भारतीय प्रशासनिक सेवा के बीच अर्जित की थी—फिर उनकी मदद की। तत्कालीन शिक्षा सचिव ने किसी तरह मंत्री को इस बात के लिए राजी किया कि वे अशोक को नवगठित महात्मा गांधी अंतरराष्ट्रीय हिंदी विश्वविद्यालय का कुलपति नियुक्त करें। इस विश्वविद्यालय का मुख्यालय वर्धा में

होना था।

निश्चय ही अशोक वाजपेयी इस काम के लिए सर्वथा उपयुक्त थे। संस्कृति और शिक्षा में गहरी दिलचस्पी के साथ-साथ उनमें प्रशासकीय कौशल का भी समावेश था। मुझे बाद में पता चला कि वे अपनी तरह के एक विद्वान भी हैं और महत्त्वपूर्ण हिंदी कवि भी।

जिस तरह अशोक यह विश्वविद्यालय चलाते रहे हैं, उसके तौर-तरीकों की आलोचना करना आसान है। अभी तक विश्वविद्यालय में कक्षाएँ नहीं होतीं, हालाँकि मध्य जुलाई से कक्षाएँ शुरू होनी हैं। उन्होंने वर्धा में विश्वविद्यालय की स्थापना का प्रतिरोध किया है और इसे दिल्ली या इसके आसपास ले आने की वकालत की है। इसके कारण जायज हैं। वर्धा में महत्त्वपूर्ण शिक्षण संकाय को आकर्षित नहीं किया जा सकता, अंतरराष्ट्रीय स्तर के शिक्षण संकाय की बात तो दूर ही है। न ही अंतरराष्ट्रीय स्तर पर हिंदी भाषा और साहित्य के अध्ययन को बढ़ावा देने के लिए क्लासरूम नजरिए की जरूरत है।

संभवतः यह अशोक की दृष्टि या उनके विचार नहीं हैं जिनसे विवाद पैदा होता है। यह उनके काम करने का ढंग है। अशोक गांधी जी की परंपरा के लोकतांत्रिक व्यक्ति हैं। महात्मा के बारे में बताते हैं कि वे किसी भी बैठक में अपना मन पहले से ही बना कर आते थे, सबकी बात अपने कान बंद करके सुनते थे और फिर वही करते थे जो उन्होंने पहले से तय कर रखा था। अशोक समितियोंवाले व्यक्ति नहीं हैं। वे समितियों का इस्तेमाल ज्यादातर अपने फैसलों पर मुहर लगाने के लिए करते हैं। इस अर्थ में भी वे एकाकी हैं।

सोलह मई, 2002 को अपने प्रारंभिक वक्तव्य में अशोक वाजपेयी ने साफगोई से स्वीकार किया कि वे एकाकी हैं और बहुत कम लोग उन्हें जानते हैं। यह बात बिल्कुल तथ्यतः कही गई थी, न कोई रहस्यात्मकता पैदा करने की इच्छा से और न ही किसी गहराई का दिखावा करने के खयाल से। वस्तुतः उस दिन अपनी पूरी बातचीत के दौरान अशोक ने विनम्रता और आत्मरति के बीच एक निहायत सुंदर संतुलन बनाए रखा। न ही उन्होंने दिखावे की कोशिश की और न ही अनावश्यक रूप से विनम्र होने की। वे एक ऐसे व्यक्ति की तरह बोले जिसे पता हो कि वह एक विशिष्ट व्यक्ति है और उसे विनीत होने की जरूरत नहीं है। उसी शाम मुझे पता चला कि उनके दस कविता संग्रह हैं और साहित्यिक और कला समीक्षा की आठ किताबें।

कार्यक्रम की शुरुआत में साहित्य अकादेमी के सचिव के. सच्चिदानंदन ने एक प्रखर व्याख्यान दिया और एक कवि के रूप में अशोक की बड़ी अच्छी व्याख्या प्रस्तुत की। सच्चिदानंदन के परिचय से कुछ पंक्तियाँ उद्धृत करूँ, 'अशोक की कविताओं में,' उनके मुताबिक, 'एक बाह्य सरलता होती है जो अक्सर विचारों और

भावनाओं और यहाँ तक कि चिह्नों और प्रतीकों के जटिल खेल को छुपा ले जाती है।' अपनी बात के प्रमाण के रूप में उन्होंने अशोक वाजपेयी की एक कविता का विस्तार से विश्लेषण भी किया।

उन्होंने अशोक की कविता और शास्त्रीय संगीत और चित्रकला में उनकी रुचि के बीच सेतु भी बनाए। उन्होंने अशोक की कविता के मुख्य कथ्यों पर विस्तार से बात की और इसे उन मूल शब्दों से भी जोड़ा जो उनके यहाँ बार-बार आते हैं, जैसे देह, आकाश, पृथ्वी, जल, प्रेम, माँ, अनंतता। कुल मिलाकर सच्चिदानंदन द्वारा प्रस्तुत परिचय इस बात का एक गंभीर प्रयत्न था कि श्रोताओं को अशोक वाजपेयी के काव्य-संसार की कुछ अंतर्दृष्टि सुलभ हो। सच्चिदानंदन और वाजपेयी के बीच यह शाम मेरे लिए समृद्ध करनेवाला एक अनुभव हो गई।

इस शाम को लेकर इतने ब्योरों में मैं क्यों चला गया? क्योंकि कुछ ही दिनों बाद मुझे एक अन्य लेखक से मुलाकात में उपस्थित होने का अवसर मिला जो लेखक और श्रोताओं दोनों के लिए अपमानजनक साबित हुई। यह एक प्रतिष्ठित प्रकाशक द्वारा श्रीराम सेंटर में आयोजित निर्मल वर्मा के साथ 'लेखक-पाठक संवाद' था।

एक ऐसे दिन जब पारा शायद छियालीस डिग्री को छू रहा था, यह आयोजन एक नीची छतवाले मझोले आकार के घुटन से भरपूर हाल में किया गया था। किसी फिल्म के सेट में आँधी का दृश्य पैदा करने के उपयुक्त पैडेस्टल पंखों और कूलरों के बीच इस हद तक शोर, गर्मी और उमस थी कि निर्मल वर्मा जो बोल रहे थे, उसे ध्यान लगाने के बावजूद सुन पाना नामुमकिन हो गया था।

यह गड़बड़झाला तब और बढ़ गया जब निर्मल वर्मा द्वारा प्रारंभिक वक्तव्य देने से पूर्व ही—और इसके लिए वे बाकायदा एक पर्चा तैयार करके लाए थे—उन्हें आठ प्रश्नों की एक सूची थमा दी गई। मैं लेखक से मुलाकात के जितने भी कार्यक्रमों में गया हूँ उनमें से यह सबसे ज्यादा कल्पनाहीन और अनियोजित आयोजनों में एक था। श्रोताओं में कई युवा लोग थे और मुझे पूरी तरह एहसास है कि उन्हें घोर निराशा हुई होगी। मेरे लिए यह एक तकलीफदेह अनुभव था।

पिछले कुछ समय से मैंने महसूस किया है कि हिंदी के प्रकाशक अपने लेखकों का सम्मान नहीं करते। किताबें करीने से नहीं छापी जातीं, लेखकों को ठीक से 'प्रोमोट' नहीं किया जाता और मुझे बताया गया है कि लेखकों की रायल्टी का भी ठीक से हिसाब नहीं दिया जाता। मेरी बड़ी बहन को, जो हिंदी की कवयित्री थीं, लगातार अपने प्रकाशक के पीछे इस बात के लिए लगे रहना पड़ता था कि उनकी किताबें ठीक से छपें।

मैं स्वीकार करता हूँ कि मैं निर्मल वर्मा का बड़ा प्रशंसक हूँ और उनके प्रति गहरा लगाव महसूस करता हूँ। मगर मैं उनसे पूछना चाहता हूँ कि अपने प्रकाशक

के ऐसे बुरे बरताव को उन्होंने क्यों झेला? क्या यह अपने प्रति, युवा लेखकों के प्रति और अपने पाठकों के प्रति उनकी जिम्मेदारी नहीं है कि वे प्रकाशकों द्वारा आयोजित किसी ऐसे कार्यक्रम में, जहाँ उन्हें पाठकों से संवाद करना हो, न्यूनतम आधारभूत मर्यादा के निर्वाह का आग्रह रखें?

इस बार के स्तंभ की मार्फत मैं लेखक-पाठक संवाद के आयोजकों से यह अनुरोध करना चाहता हूँ कि वे या तो इसे कायदे से आयोजित करें या न आयोजित करें। अगर किसी लेखक से संवाद संभव न हो तो इस आयोजन की तस्वीरें 'प्रकाशन समाचार' में छपवा लेना ऐसे कार्यक्रम की कोई उचित कैफियत नहीं हो सकती।

ग्यारहवाँ अवतार

कुछ दिन पहले एक शाम मैं एक प्रसिद्ध लेखक के घर बैठा हुआ था। हम लोग गुजरात और वहाँ चल रही संगठित सांप्रदायिक हिंसा को लेकर प्रेस के रुख पर बातचीत कर रहे थे। सवाल था, क्या प्रेस को गोधरा नरसंहार और बाकी गुजरात में चल रहे भाजपा सरकार समर्थित कत्लेआम को एक ही निगाह से देखना चाहिए। जिस गंभीरता से यह सवाल उठाया जाता है, उससे ऐसा लगता है जैसे गुजरात के मामले में ज्यादातर राष्ट्रीय अखबार भाजपा के प्रति पूर्वग्रह से ग्रस्त हैं। या फिर एक समूह द्वारा की गई हिंसा, और दूसरी ओर एक मुख्यमंत्री और उसके कारिंदों की प्रेरणा से चल रहे नियमित कत्लेआम और सुनियोजित बलात्कार की घटनाओं को एक ही चश्मे से देखना या उन पर तटस्थ रुख अपनाना संभव है।

वहाँ मौजूद एक अन्य मित्र ने, जो अखबार के संपादक भी हैं और जिनके पास निश्चय ही पहले भी ऐसी घटनाओं को देखने का अनुभव रहा होगा, बदमजगी से बचने के लिए चुपके से विषय बदल दिया। अनायास हम चित्रकार अकबर पद्मसी के बारे में बात करने लगे।

गुजरात से अकबर पद्मसी तक हुए विषयांतर में फासला उतना नहीं है जितना लगता है। अकबर पद्मसी के पुरखे सौराष्ट्र में वागनगर नामक एक गाँव के थे। वे मूलतः हिंदू थे। सत्रहवीं सदी के मध्य में सूफी पीर सदादीन से प्रभावित होकर उन्होंने इस्लाम में धर्मांतरण किया और खोजा मुसलमान हो गए।

यह बात भारत के अधिकतर मुसलमानों पर भी लागू होती है। उनके पुरखे बाहर से नहीं आए थे। वे धर्मांतरित भारतीय हैं और इसी तर्क से उतने ही भारतीय हैं जितने बौद्ध, जैन, या सिख होते हैं। जहाँ तक उन मुसलमानों का सवाल है जिनके पुरखे बाहर से आए तो वे उसी तरह भारतीय हो गए जिस तरह आर्य हुए।

अलबत्ता इस धागे को छोड़कर मैं अकबर पद्मसी पर लौटता हूँ। कई साल पहले पद्मसी से लिए गए एक साक्षात्कार के दौरान उन्होंने मुझे बताया था कि उनके परिवार की प्रारंभिक प्रार्थना-पुस्तिकाएँ विष्णु के दस अवतारों के आह्वान से शुरू होती थीं और उनकी माँ पैगंबर को विष्णु का ग्यारहवाँ अवतार मानती थीं। इस

बात से हिंदू-मुसलमान जमातों के बीच के शुद्धतावादी और कठमुल्ले उखड़ सकते हैं, मगर यह प्रसंग गुजरात की सामाजिक बुनावट में हिंदू और मुसलमान संस्कृति के बीच बने ताने-बाने को रेखांकित करता है।

अकबर ने खुद कला, सौंदर्यबोध और हिंदू दर्शन पर केंद्रित संस्कृत ग्रंथों का अध्ययन किया है। इसका जीवन और कला के प्रति उनके दृष्टिकोण पर गहरा असर पड़ा। यह जाने-माने पेंटर और जे. जे. स्कूल ऑफ आर्ट में अकबर के शिक्षक रहे एस.बी. पलिस्कर थे जिन्होंने अकबर को संस्कृत ग्रंथों का अध्ययन करने की सलाह दी थी। अकबर ने कई साल बाद ही इस सलाह पर अमल किया था।

अकबर ने पेंटिंग और मूर्तिशिल्प दोनों का अध्ययन जे.जे. स्कूल में किया था। 1948 के आसपास, जब वे जे.जे. स्कूल में अध्ययनरत ही थे, प्रोग्रेसिव आर्टिस्ट ग्रुप—जिसे पीएजी भी कहते हैं—बंबई के कला परिदृश्य पर कमाल की जीवंतता के साथ उभरकर आया। इस समूह का नेतृत्व फ्रांसिस न्यूटन सूजा कर रहे थे। समूह के अन्य सदस्यों में हुसेन, आरा, गाडे, बाक्रे और रजा थे। अकबर पद्मसी और उनके समकालीन तैयब मेहता तब छात्र ही थे और वे कभी पीएजी के सदस्य नहीं बने। मगर उनकी पीएजी के इस सामान्य दर्शन से सहमति थी कि कलात्मक अभिव्यक्ति को किसी भी परंपरा से बँधा नहीं होना चाहिए, चाहे वह बंगाल स्कूल की भारतीयता की आत्मचेतना हो या विक्टोरियाई शैली की अकादमिक आकृतिमूलकता। पीएजी का मानना था कि स्वतंत्र भारत में कलाकार को अपनी भारतीयता प्रमाणित करने की कोई आवश्यकता नहीं है और अपने विचारों और अपनी कलाओं सहित सारी दुनिया उसकी कला का वैध स्रोत है।

जे.जे. स्कूल छोड़ने के बाद सैयद हैदर रजा की सलाह पर अकबर पद्मसी पेरिस चले गए जहाँ वे पंद्रह साल रहे। पश्चिमी कला के प्रति उन्होंने कोई अतिरेकी उत्साह नहीं दिखाया, अलबत्ता पॉल क्ली की कला और विचारों का उन पर गहरा असर पड़ा।

पेरिस में ही अकबर का पहली बार संस्कृत ग्रंथों से साबिका पड़ा। पतंजलि के राजयोग सूत्र पर अँग्रेजी में लिखी गई विवेकानंद की एक किताब पर उनकी निगाह पड़ी। उन्होंने इसे सिर्फ पढ़ा ही नहीं, बल्कि इसके कई सूत्र कंठस्थ भी कर लिए। उन्होंने खुद से प्रण किया कि वे कभी न कभी संस्कृत अवश्य सीखेंगे, वह प्रण, जिसे भारत लौटने पर उन्होंने पूरा किया।

पेरिस में उनके काम का एक बड़ा हिस्सा लैंडस्केप, सिटीस्केप, न्यूड्स और हेडस्टडीज़ पर केंद्रित है। कुछ पोर्ट्रेट भी हैं, जैसे 'पोर्ट्रेट ऑव अ मैन'। उस दौर में उनके सर्वाधिक महत्त्वपूर्ण कामों में उनकी प्रॉफेट शृंखला है जो उन्होंने पचास के दशक में बनाई थी। किसी मुस्लिम कलाकार के लिए अपनी पेंटिंग का नाम प्रॉफेट रखना कुफ्र-सरीखा था। इस्लाम में पैगंबर की किसी भी किस्म की तस्वीर बनाने पर

पाबंदी है, हालाँकि ईरानी चित्र-परंपरा में इस पाबंदी के निरंतर अपवाद रहे हैं और गुलाम मोहम्मद शेख जैसे कुछ भारतीय कलाकारों ने भी इस नियम को तोड़ा है।

मगर अकबर की प्रॉफेट्स शृंखला पैगंबर मोहम्मद का अध्ययन नहीं है। इनकी छबियों में कोई पारलौकिक भंगिमा नहीं है, भले ही इनके नाम से एक विराट संदर्भ बनता हो। वस्तुतः ये ऐसे लोगों की छबियाँ हैं जिन्हें बर्गमैन की फिल्म 'विंटर लाइट' के पैस्टर टॉमस की तरह ईश्वर के अस्तित्व पर ही संदेह है। इस लिहाज से इन चित्रों के 'प्रॉफेट' नाम में एक तरह की विडंबना निहित है। अकबर पद्मसी ने मुझे बताया था, 'हाँ, ईश्वर पर मुझे यकीन है—एक ब्रह्मांडीय शक्ति के रूप में, न कि वैयक्तिक अस्तित्व के रूप में।' लेकिन मुझे लगता नहीं कि वे किसी भी पैगंबर को भगवान के प्रवक्ता के रूप में स्वीकार करते हैं।

अकबर पद्मसी खासे मूर्द्धन्य कलाकार हैं और कला की ज्यामिति और व्यवस्था के विरुद्ध कला की अवधारणा में उनकी दिलचस्पी सनक की हद तक पहुँचती है। वे मानते हैं, 'व्यवस्था में संपूर्णता है। यह पूरी तरह संतुलन है और इसलिए जड़ता है। ऊर्जा अव्यवस्था में ही है।' और इसी ऊर्जा से उनकी कला उभरती है।

अकबर पद्मसी 1964 में भारत लौटे और बीते चार दशकों में जो काम उन्होंने किया है, वह समकालीन भारतीय कला में बेहद महत्त्वपूर्ण और विशिष्ट है। अचरज की बात यह है कि उनके विषयों का दायरा बेहद सीमित है। पचास के दशक में न्यूड्स के अलावा उन्होंने पुरुष सिर और 'स्टिल लाइफ' बनाए हैं, साठ के दशक में आकृतियाँ और लैंडस्केप, सत्तर और अस्सी के दशक में ऐसे अमूर्त लैंडस्केप जिन्हें वे मेटास्केप्स कहते हैं। नब्बे के दशक में वे दुबारा न्यूड्स और सिरों की ओर लौटे और बीते करीब दो वर्षों में उन्होंने ओरिजिनल प्रिंट्स बनाने के लिए एक माध्यम के रूप में कंप्यूटर के साथ प्रयोग करने शुरू किए। उनके काम का महत्त्व उनके विषयों में नहीं, बल्कि उस चित्रभाषा में है जो उन्होंने विकसित की और उस बौद्धिक आवेग में जो उनके काम में दिखाई पड़ता है।

अकबर पद्मसी आमतौर पर एक ज्यामितिक ग्रिड के आधार पर काम करने के लिए जाने जाते हैं। मसलन, वे शुरू में चारकोल से एक क्रॉस बनाकर खाली कागज पर एक उथल-पुथल-सी पैदा कर देते हैं। इस क्रॉस के आसपास एक छबि उभरती है। चारकोल इस्तेमाल करने के बाद वे ईरेजर—यानी रबर—इस्तेमाल करना शुरू करते हैं और इससे जो जगहें बनती हैं, वह चारकोल का विलोम-बिंदु —'काउंटरप्वाइंट'—बन जाती हैं।

इससे ऐसा भ्रम हो सकता है कि अकबर पद्मसी और उनकी कला, दोनों में एक सूखापन है। इसके विपरीत उनकी कला में भिक्षुक और प्रेमी दोनों मिल जाते हैं। उनके काम का बड़ा हिस्सा ऐसे न्यूड्स हैं जो अपनी अभिव्यक्ति में निर्लिप्त

और जो एक दूरी बनाए रखते हैं मगर उनमें बड़ी ऐंद्रीय अपील है। वस्तुतः मुंबई के कला-दायरे में उनकी शुरुआती शोहरत कुछ-कुछ कमनीय पेंटिंग्स के लिए बनी थी।

यह 1954 का साल था। अकबर पद्मसी पेरिस से मुंबई आए थे और जहाँगीर आर्ट गैलरी में उनकी एक प्रदर्शनी चल रही थी। प्रदर्शनी में 'द लवर्स' नामक एक चित्र भी लगा हुआ था। इनमें स्पष्टतया वैसे लोगों के लिए कुछ कामोद्दीपक तत्त्व थे जो फिल्म 'पाकीजा' के हमारे हीरो की तरह बस खुली स्त्री-एड़ियों से ही उत्तेजित हो उठते हैं। कॉंगा नाम के एक पुलिस इंस्पेक्टर ने अकबर को यह पेंटिंग हटा लेने को कहा। उन्होंने मानने से इनकार कर दिया और उन्हें गिरफ्तार कर लिया गया। उन पर मुकदमा चला मगर वे अदालत में मुकदमा जीत गए।

मुझे नहीं लगता कि अगर अकबर आज भाजपा के गुजरात में गिरफ्तार किए गए होते तो यह मामला अदालत तक जाता, और अगर किसी तरह मामला अदालत तक पहुँच भी जाता तो अदालत को कानून पर अमल करने की छूट मिली होती। यही चीज है जो बाकी गुजरात के नरसंहार को, जो कुछ गोधरा में हुआ, उससे अलग करती है। गोधरा के अभियुक्तों को कानूनी कार्रवाई के दायरे में लाया जा सकता है, मगर बाकी गुजरात के अपराधियों को सजा देना मुमकिन नहीं है क्योंकि वे राज्य पर शासन कर रहे हैं और खुद ही कानून हैं।

शब्द और बिंब

हाल ही में मैंने साहित्य अकादेमी के लिए एक फिल्म केदारनाथ सिंह पर पूरी की। इसके पहले कभी किसी कवि पर मैंने फिल्म नहीं बनाई थी और इसलिए उन संकटों का सामना नहीं किया था जो कविता फिल्म के सामने उपस्थित करती है।

केदारनाथ सिंह पर कोई आत्मकथात्मक फिल्म बनाने का मेरा इरादा नहीं था। वे कहाँ पैदा हुए? उनके माता-पिता कैसे थे? उनके बचपन के दोस्त कौन-कौन थे? कहाँ उन्होंने पढ़ाई की? कैसे आजीविका कमाई; आखिरकार कविता से जीवन तो चलता नहीं है। कब उनका विवाह हुआ? अपनी पत्नी के साथ उनके कैसे संबंध रहे? क्या उसने उनके जीवन के प्रति दृष्टिकोण को प्रभावित किया? उनके बच्चे और मित्र कौन हैं? निश्चय ही ये आत्मकथात्मक ब्योरे—जो उनकी किसी भी किताब की जिल्द से लिये जा सकते हैं—प्रासागेक थे। आखिरकार फिल्म साहित्य अकादेमी द्वारा बनवाई जा रही थी और इसलिए कवि के जीवन की एक रूपरेखा फिल्म निर्माण के उनके उद्देश्य के लिए प्रासंगिक थी।

मगर स्पष्ट तौर पर अकादेमी का मूल उद्देश्य एक ऐसी फिल्म बनाना था जो कवि और उसकी कविता में प्रतिबिंबित विश्व-दृष्टि की थोड़ी समझ और कवि की अहमियत के बारे में थोड़ी दृष्टि दे। मैंने थोड़ी समझ और थोड़ी दृष्टि जैसे शब्दों का इस्तेमाल इसलिए किया है क्योंकि फिल्म निर्माण के अपने दो दशक से अधिक के अनुभव के बाद मैं इस बात के प्रति पूरी तरह सजग हूँ कि डॉक्युमेंटरी समग्र विश्लेषण का माध्यम नहीं है। फिल्म एक ब्योरेवार कैटलॉग की तरह नहीं, बल्कि कुछ प्रदीप्त सूक्ष्म अंशों के जरिए काम करती है। डॉक्युमेंटरी में समावेश जितना महत्त्वपूर्ण है उतना ही संपादन यानी काट-छाँट भी। और अंततः फिल्म की संपूर्ण शैली उसकी विषय-वस्तु से निर्धारित होती है न कि विषय की प्रकृति से पूरी तरह अलग, निर्देशक की अपनी मुहर के दबाव से।

आत्मकथात्मक ब्योरों को फिल्म के हाशिए पर डाल देना एक आसान निर्णय था। केदारनाथ सिंह की कविताओं के साथ दृश्य माध्यम में संबंध बनाना ज्यादा मुश्किल काम था। यहाँ मेरे सामने दो तरह की मुश्किलें उठ खड़ी हुईं। एक तरह

की मुश्किल का वास्ता हर कविता से था जब वह फिल्म या सिनेमा के माध्यम में ढलती है, दूसरी तरह की मुश्किल खासकर केदारनाथ सिंह की कविता के संदर्भ में थी।

कविता शब्दों, विचारों और बिंबों का माध्यम है, और इसी तरह फिल्म या सिनेमा भी। मगर इन दोनों माध्यमों में बिंबों की प्रकृति एक-दूसरे से नितांत भिन्न है। कविता शब्द-बिंब बनाती है। सिनेमा दृश्य-बिंब में काम करता है। सिनेमा के बिंब आम तौर पर ज्यादा ठोस होते हैं और जरूरत पड़ने पर ज्यादा स्पष्ट भी। कविता में बिंब कहीं ज्यादा संकेतात्मक, बहुआयामी और कई व्याख्याओं के वाहक होते हैं। यही वजह है कि कविता पढ़ाने का शब्दार्थवादी नजरिया अगर निरर्थक नहीं तो आमतौर पर संकुचित होता है।

किसी फिल्म में इन शब्द बिंबों का क्या किया जाए? क्या किसी कविता को शब्दशः पेश कर दिया जाए? यह खासा विनाशकारी होगा। क्या कोई ऐसे सिनेमाई चरित्र और बिंब गढ़ें जो कविता की व्यंजना के अनुकूल हों मगर योजनापूर्वक निदर्शन से बचते हों? यह निश्चय ही कविता की दृश्यात्मक-संरचना से छूट लेना होगा? कोई कितनी दूर तक जाए?

जैसा कि मैंने पहले कहा, दूसरी तरह की मुश्किलों का वास्ता विशेष रूप से केदारनाथ सिंह की कविताओं से था। वे एक खूब पकी हुई जमीन के कवि हैं, धरती के कवि, ऐसे कवि जो विशिष्ट और महान की जगह साधारण का उत्सव मनाते हैं। केदारनाथ सिंह एक ही साथ गूढ़, उद्धत और यहाँ तक कि उग्र भी हो सकते हैं।

मसलन, अपनी कविता 'गाँव आने पर' में वे उस अलगाव-बोध को अभिव्यक्त करते हैं जिसका अनुभव उन्हें शहरों में लगभग आधी सदी गुजारने के बाद अपने गाँव लौटने पर होता है। वे तय नहीं कर पा रहे कि किस तरह अपने गाँव के लोगों से संवाद करें। इन पंक्तियों के साथ वे कविता खत्म करते हैं :

'मिलूँ
तो किस तरह मिलूँ
कि बस मैं ही मिलूँ
और दिल्ली न आए बीच में
क्या है कोई उपाय?
कि आदमी
सही-साबूत निकल जाए गली से
और बिल्ली न आए बीच में।'

जब केदारनाथ सिंह दिल्ली का जिक्र करते हैं तो साफ तौर पर वे अपने नागर व्यक्तित्व का उल्लेख कर रहे होते हैं जो उन्होंने एक शहर में गुजारे गए इतने सारे

वर्षों में अर्जित किया है। स्वाभाविक रूप से यह उनके गाँव के लोगों और उनके बीच दीवार बन गया है। मगर उनका इससे क्या अभिप्राय है, 'मगर बिल्ली न आए बीच में'? क्या वह बिल्ली के रास्ता काट देने से होनेवाले अपशकुन से जुड़े अंधविश्वास की ओर संकेत कर रहे हैं या वह महज दिल्ली से बिल्ली की तुक मिला रहे हैं? इसमें ये दोनों बातें हो सकती हैं और साथ ही कई अन्य बातें भी। दिल्ली और बिल्ली के ऐसे बिंबों का फिल्मकार क्या करे? क्या वह दिल्ली का एक शॉट ले और उसके बाद नीम अँधेरे में गली से गुजरते किसी आदमी का रास्ता काटती बिल्ली का दृश्य दिखाए? इसकी जगह वह क्यों न अलगाव के एक व्यापक कथ्य से खुद को जोड़े रखे और गाँव और आगंतुक के ऐसे बिंब रचे जो एक साथ वास्तविक भी हों और सुदूर भी।

काफी विचार-विमर्श के बाद मैंने तय किया कि फिल्म की शुरुआत केदारनाथ सिंह की कविता 'सन् सैंतालीस को याद करते हुए' से की जाए। यह कविता विभाजन के बाद भारत के बड़े हिस्से से मुसलमानों के गायब हो जाने से जुड़ी है। कविता नूर मियाँ नाम के वास्तविक चरित्र पर केंद्रित है जो उत्तर प्रदेश के बलिया जिले में स्थित केदारनाथ सिंह के गाँव चकिया में रहा करते थे। एक दिन वे सहसा अपने परिवार के साथ गाँव से गायब हो गए। फिल्म पर शोध के दौरान केदारनाथ सिंह ने मुझे बताया कि उनके गाँव में अब भी मुसलमानों का एक छोटा-सा समुदाय रहता है। वे आमतौर पर गरीब और भूमिहीन हैं। गुजरात की ताजा घटनाओं और मेरे साथ घटे हाल के एक वाकये ने इस कविता को मेरे लिए खासतौर पर महत्त्वपूर्ण बना दिया।

जिस पार्क में मैं रोज टहलने जाता हूँ वहाँ मुझे अक्सर एक औरत कुत्तों को खाना खिलाती दिखती थी। वह सुबह कुछ देर से पार्क में आती जब सूरज आसमान में ठीकठाक चढ़ चुका होता था। वह अपने साथ रोटियों से भरा एक झोला लाती। वह मध्यवय की एक औरत थी, बेहद सामान्य और बिल्कुल मुसलमान। नहीं, वह बुरका या ऐसी किसी पहचान वाली पोशाक नहीं पहनती थी मगर मुझे किसी तरह मालूम हो गया कि वह मुसलमान थी। विनम्रता से मुस्करा देने के अलावा हमारे बीच कभी शब्दों का आदान-प्रदान नहीं हुआ।

बाद में मैं ध्यान देने लगा कि वह रोज नहीं, बल्कि आम तौर पर बस हर शुक्रवार को आती थी। जैसे ही वह पार्क में दाखिल होती, कुत्ते उसके पीछे चलने लगते। वह पार्क के एक कोने में चली जाती और उन्हें खिलाने और पुचकारने लगती। कुत्तों को खिला देने के बाद वह पार्क का एक चक्कर लगाती। कुछ दूर तक कुत्ते उसके पीछे-पीछे चलते रहते। एक बार समझ जाने के बाद कि अब और रोटियाँ नहीं बची हैं वे लौट जाते और आपस में खेलने लगते। मैंने अक्सर सुबह की धूप में चमकती पार्क की हरी घास पर कुत्तों को उछल-कूद करते पाया है, जो

एक जादुई नजारा होता है।

मुझे एक अन्य फिल्म पर शोध के सिलसिले में दिल्ली से बाहर जाना पड़ा। जब तक मैं लौटा तब तक राष्ट्रीय परिदृश्य पर गुजरात नरसंहार घटित हो चुका था। मैंने सुबह टहलने का सिलसिला फिर से शुरू कर दिया था, मगर आवारा कुत्तों को खिलाने वाली वह महिला कहीं नहीं दिखी। कई शुक्रवार बीत गए, मगर वह दुबारा दिखाई नहीं पड़ी। मैं पूछताछ करने से खुद को रोक नहीं सका। अंततः मुझे पता चला कि वह हमारा पड़ोस छोड़कर कहीं और चली गई है, शायद उसी तरह जैसे 1984 की हिंसा के बाद दिल्ली के कई इलाकों को सिखों ने खाली कर दिया था।

मेरे दिमाग में कहीं वह केदारनाथ सिंह के नूर मियाँ से जुड़ गई थी। मैं सोचने लगा कि इसे कैसे फिल्माऊँ। मुझे फिल्म में नूर मियाँ के चरित्र की जरूरत थी मगर बिल्कुल शब्दशः चीजों को लेने में मेरी दिलचस्पी नहीं थी। काफी पहले, एक मुस्लिम कारीगर ने हमारे घर में काम किया था। उसका चेहरा काफी दोस्ताना था। मैंने उससे संपर्क किया और उसे दिल्ली के बाहरी हिस्से में एक मुस्लिम बस्ती में ले गया। और वहाँ मैंने उसके साथ इसे फिल्माया। कविता केदारनाथ सिंह की आवाज में रेकार्ड की गई थी। एक दूरी बनाने के लिए संपादन के दौरान फिल्म के दृश्यों में से सारे रंग हटा दिए गए थे, सिवा एक आखिरी शॉट के, जो गुजरात के एक पीड़ित का था।

क्या इससे काम बनता है? पता नहीं, मगर मुझे लगता है कि बन सकता है। जो मुद्दा मैं उठा रहा हूँ, उसमें दरअसल किसी साहित्यिक सामग्री के संदर्भ में किसी फिल्मकार की भूमिका को समझने का आग्रह है। फिल्मकारों पर अक्सर साहित्यिक स्रोतों के प्रति ईमानदारी न बरतने का आरोप लगता रहता है। जो लेखक ऐसे आरोप लगाते हैं, वे पूरी तरह इस बात को नहीं महसूस करते कि साहित्य और फिल्म निहायत भिन्न माध्यम हैं। चूंकि किसी किताब की तस्वीर खींचकर उसे फिल्म के रूप में पेश करना संभव नहीं है, इसलिए किसी साहित्यिक स्रोत के प्रति शब्दशः ईमानदार होना मुमकिन नहीं है। फिल्मकार ज्यादा से ज्यादा अपने साहित्यिक स्रोत की मूल भावना को अक्षुण्ण रखने का यत्न कर सकता है, इससे ज्यादा कुछ नहीं।

वृत्तचित्रों के मामले में यह समस्या और गहन हो जाती है जो आमतौर पर अनुबंध के तहत बनाए जाते हैं। ऐसी स्थिति में फिल्मकार को रचनात्मक कलाकार होने के साथ-साथ वेश्या की भूमिका भी निभानी पड़ती है जिसका काम अपने ग्राहक को खुश रखना है क्योंकि अंततः ग्राहक ही भुगतान कर रहा है। कवि से कोई नहीं कहता कि उसे किस तरह के शब्द या रूपक कविता में इस्तेमाल करने चाहिए थे। पेंटर से कोई नहीं कहता कि उसे अपनी पेंटिंग में लाल या नीले का थोड़ा और स्पर्श डालना चाहिए था। मगर एक डॉक्युमेंटरी फिल्म बनानेवाले को शुरू से ही दखलंदाजी झेलनी पड़ती है। फिल्मकार के सिवा हर कोई जैसे सिनेमा का विशेषज्ञ

हो जाता है। वस्तुतः इस मुश्किल का हल इस बात में है कि फिल्मकार को सावधानी से चुना जाए, उसकी पृष्ठभूमि और उसके मिजाज को ध्यान में रखा जाए, उसे स्पष्ट सार बता दिया जाए और फिर अपने ढंग से काम करने छोड़ दिया जाए।

इस टिप्पणी के अंत में एक वास्तविक कहानी सुनाऊँ जिससे फिल्म माध्यम और साहित्य की प्रकृति में निहित भिन्नता समझ में आती है। लैस्टर जेम्स पीरीज़ श्रीलंका के सर्वाधिक सम्माननीय रचनात्मक फिल्मकार हैं। उनकी फिल्म 'गैम्पारेलिया' मार्टिन विक्रमसिंघे के इसी नाम से लिखे गए उपन्यास पर आधारित थी।

फिल्म 'गैम्पारेलिया' को भारत के अंतरराष्ट्रीय फिल्मोत्सव में स्वर्ण मयूर मिला और आनेवाले वर्षों में एक क्लासिक फिल्म की कीर्ति। कुछ पत्रकारों ने विक्रमसिंघे को अपने उपन्यास के संदर्भ में फिल्म पर टिप्पणी करने को कहा। बताते हैं कि उनका कहना था, 'फिल्म मुझे पसंद है। मगर वह फिल्म निर्देशक की है। सिर्फ किताब मेरी है।' इससे ज्यादा कुछ कहने से उन्होंने मना कर दिया। क्या लेखक फिल्मकारों के प्रति इतनी समझदारी दिखाने को तैयार हैं?

कहीं मुझे गलत न समझ लिया जाए, इसलिए स्पष्ट कर दूँ कि मैं बस एक सैद्धांतिक बात कर रहा था, कोई निजी नहीं। केदारनाथ सिंह पर फिल्म बनाने के दौरान खुशकिस्मती से मुझे केदारनाथ सिंह और साहित्य अकादेमी दोनों का पूरा-पूरा सहयोग और समर्थन मिला। उम्मीद करता हूँ कि आगे भी मैं इतना ही खुशकिस्मत रहूँगा।

बाबा का साया

मैं शमशाद हुसेन को 1996 के आसपास से जानने लगा था जब 'अ पेंटर्स पोर्ट्रेट' नामक टीवी शृंखला के तहत उन पर फिल्म बना रहा था। उस समय तक मैं उनके पिता मकबूल फिदा हुसेन से परिचित हो चुका था। मैंने समकालीन भारतीय चित्रकला पर एक फिल्म के लिए उनका साक्षात्कार लिया था। अपने अंतरराष्ट्रीय फिल्मोत्सव के लिए भारतीय पैनोरमा की फिल्मों की चयन समिति में भी मैंने हुसेन के साथ काम किया था। हुसेन इस पैनल के अध्यक्ष थे और मैं एक सदस्य। अपनी फिल्म में जिन सवालों की तह तक पहुँचने में मेरी दिलचस्पी थी, उनमें से एक यह भी था : शमशाद मकबूल फिदा हुसेन से किस हद तक प्रभावित रहे हैं।

शमशाद हुसेन एक सरल, खुले और दो-टूक शख्स रहे हैं जिन्होंने शहरी चालाकी या यहाँ तक कि शहरी चुस्ती भी नहीं सीखी है। उनकी गर्मजोशी भरी दोस्ती किसी को स्वतःस्फूर्त ढंग से प्रफुल्ल करती है। उनका जन्म 1945 में हुआ था, जब उनके पिता, मुंबई में एक कमरे के घर में ही रहते थे। शमशाद का पढ़ने में कभी बहुत ज्यादा मन नहीं लगा। वस्तुतः उन्हें एक बार वाइस प्रिंसिपल से दुर्व्यवहार करने पर, जो खासा डराने-धमकानेवाला था, स्कूल से बाहर कर दिया गया था। अपनी उम्र के ज्यादातर बच्चों की तरह उनकी क्रिकेट में दिलचस्पी थी, मगर उनका मन बॉक्सिंग में भी लगता था और उनके कहे मुताबिक दादागिरी में भी।

दादागिरी से आपका मतलब? मैंने उससे पूछा। 'अरे, हमारा अपना गिरोह हुआ करता था और जो हमारे साथ स्मार्ट बनता था तो हम उसे साइकिल की चेन या रॉड से पीट देते थे', वे बेहिचक बताते हैं। 'और किस काम में आपका मन लगता था?' मैंने उनसे पूछा। 'ड्राइंग और पेंटिंग में', उनका जवाब था। 'मुझे बाबा को चित्र बनाते देखना अच्छा लगता था। वे अपनी बालकनी में काम किया करते थे। अगर कोई बहुत बड़ी पेंटिंग होती तो सड़क के किनारे स्ट्रीट लाइट के तले काम करते।' बाबा यानी मकबूल फिदा हुसेन, जिनकी 1947 में फ्रांसिस न्यूटन सूजा द्वारा गठित प्रोग्रेसिव आर्टिस्ट ग्रुप के एक सदस्य के तौर पर कला-संसार में पहचान बननी शुरू ही हुई थी।

मैं शमशाद के बचपन के वर्षों के बारे में हुसेन के विचार लेने के लिए उत्सुक था और यह जानने के लिए भी कि उन्होंने शमशाद को कलाकार बनने के लिए प्रोत्साहित किया या नहीं। हुसेन दिल्ली आए हुए थे मगर शमशाद के घर नहीं ठहरे थे। मेरे अनुरोध पर वे साक्षात्कार के लिए शमशाद के घर आए।

'आपके साहबजादे शमशाद कैसे बच्चे थे', मैंने पूछा।

'पढ़ाई में तो बस ऐसे ही थे—बाकी शैतान नहीं थे। और शैतानी करते होंगे शायद, तो क्योंकि हमारी लंबी दाढ़ी थी तो बड़ा लिहाज करते थे—मैं इसको नहीं मानता कि आर्ट के लिए पहले से इनकरेज किया जाए क्योंकि ये अपना बच्चा है। तो मैंने कभी दिलचस्पी नहीं ली, न सिखाने की, न कुछ करने की...।'

मैं शमशाद की कला पर हुसेन के असर के और ज्यादा जटिल पहलुओं की ओर मुड़ा। मैंने हुसेन से पूछा, 'आप समझते हैं कि आपकी सोहबत से शमशाद को कुछ फायदा हुआ?' उनका जवाब था, 'ज्यादातर नुकसान ही हुआ। अब अगर शमशाद लाल रंग लगाते तो हर शख्स कहता कि ये तो हुसेन साहब का रंग है—तो ये बहुत बड़ा हिंड्रेंस रहा—मेरे खयाल से पंद्रह-बीस साल लगे अपनी आइडेंटिटी बनाने में उन्हें...।'

अपने पहले स्कूल से बाहर कर दिए जाने के बाद, जहाँ गुजराती माध्यम में पढ़ाई होती थी शमशाद एक अंग्रेजी माध्यम के स्कूल में गए। अंग्रेजी उनके लिए सहज भाषा नहीं थी फिर भी वे किसी तरह ग्यारहवीं तक पहुँचने में कामयाब रहे। स्कूल के मुकाबले अपने पिता को देखते हुए और सड़कों पर वे कहीं ज्यादा अहम सबक सीख रहे थे। सड़कों पर दादागिरी के उनके अनुभव ने उन्हें मानसिक रूप से मजबूत बनाया और पूरी तरह स्वाधीन होने की सीख दी। अपने पिता के उदाहरण ने उनमें कला के प्रति लगाव पैदा किया और फिर भी अपने सहज आवेग से उन्होंने महसूस किया कि मैं बाबा के लंबे साए के नीचे रहकर कुछ नहीं कर पाऊँगा।

शमशाद जब स्कूल में ही थे तब उन्होंने मुंबई के जे.जे. स्कूल में कला की सांध्यकालीन कक्षाओं में दाखिला लिया। 1963 में ललित कला में संपूर्ण पाठ्यक्रम करने के लिए वे बड़ौदा फैकल्टी ऑव फाइन आर्ट्स में चले गए। वे 1968 में बड़ौदा से पास होकर निकले और उन्होंने मुंबई के अपने पिता के घर जाने की जगह, जो तब तक स्थापित और सफल कलाकार बन चुके थे, दिल्ली में रहने और काम करने का निर्णय लिया।

बड़ौदा के उनके छात्र दिनों के प्रारंभिक काम में उनके पिता का प्रभाव बना रहा। एक छोटे शहर में ताँगा खींचते घोड़ों या रंगीन कपड़ों में लिपटे गँवई औरत-मर्दों की छवियाँ मुंबई शहर के उनके अपने प्रत्यक्ष अनुभव का हिस्सा नहीं थीं जहाँ वे पले-बढ़े थे। ये उनके पिता की पंढरपुर के छोटे से कस्बाई शहर की पृष्ठभूमि से ली गई छवियाँ थीं। यह बड़ौदा में उनके प्रिय शिक्षक के.जी. सुब्रमण्यन थे जिन्होंने उन्हें

अपने प्रत्यक्ष अनुभव से चित्र बनाने के लिए प्रेरित किया। शमशाद उन्हें अब भी बड़ी कृतज्ञता और लगाव के साथ याद करते हैं, 'वे वाकई एक अच्छे टीचर थे। वे छात्र के काम के बारे में सोचते थे और कभी अपनी शैली नहीं थोपते थे।'

दिल्ली में शमशाद के प्रारंभिक वर्ष वाकई मुश्किल थे। कभी-कभार उनके पास कायदे से खाने के लिए भी पर्याप्त पैसे नहीं होते थे। यहाँ तक 1970 में शादी कर लेने के बाद भी वे खासे समय तक जंगपुरा की एक बरसाती में रहे। यह शायद मुंबई की सड़कों पर हासिल की गई हिम्मत थी जिसने उन्हें अपने रास्ते पर चलाए रखा।

1979 में शमशाद को अपना पहला बड़ा अवसर मिला। उन्हें लंदन के रॉयल कॉलेज ऑव आर्ट में अध्ययन के लिए ब्रिटिश काउंसिल की शोधवृत्ति दी गई। बड़ौदा में कला-इतिहास के एक अंग के तौर पर यूरोपीय कला से उनका परिचय तो रहा था, मगर लंदन जाकर ही यूरोपीय कला के समग्र दायरे से—जिसमें शास्त्रीय, पुनर्जागरण के दौर की और समकालीन कला शामिल थी—उनका पहला सीधा परिचय हुआ। वे खास तौर पर रेम्ब्रां और माइकिल ऐंजिलो के काम से प्रभावित हुए। इन कलाकारों ने उनके काम को प्रत्यक्ष रूप से प्रभावित नहीं किया, मगर ऐसा लगता है जैसे उन्होंने उनकी संवेदनाओं को मुक्ताकाश दिया। मसलन, वे लंबे समय से फीमेल न्यूड्स बनाते रहे थे। इन न्यूड्स में एक तरह का कौशल तो था, मगर वे कुल मिलाकर बेजान थे। मगर अब वे संपूर्ण दैहिक, ऐंद्रीय और कमनीय भी होने लगे।

लंदन के अनुभवों के बाद ही शमशाद के चित्रों की पहली बृहत् शृंखला तैयार हुई, जिसके लिए उन्हें आलोचकीय और लोकप्रिय पहचान मिली। शमशाद याद करते हैं कि बड़ौदा में छात्र एक-दूसरे की पेंटिंग पर ज्यादा बातचीत या चर्चा नहीं करते थे। मगर लंदन में उन्होंने पाया कि कलाकार एक-दूसरे के काम पर काफी चर्चा करते हैं। चूंकि अंग्रेजी भाषा पर उनका बहुत सहज अधिकार नहीं था इसलिए वे कभी-कभार ही इन चर्चाओं में शामिल होते थे। आम तौर पर वे एक श्रोता और प्रेक्षक रहते थे। जब वे पहली बार भारत लौटे तो उन्हें अहसास हुआ कि यहाँ भी लोग बिना कुछ कहे काफी बात करते हैं।

इसी अहसास से उन्हें तैल चित्रों की एक शृंखला बनाने की प्रेरणा मिली जिसमें समूह में बैठे लोग अधखुले होंठों से एक-दूसरे को कुछ संप्रेषित करने की कोशिश कर रहे हैं। ये आकृतियाँ आमतौर पर कामगार वर्गों की पृष्ठभूमि की औरतों से ली गई थीं। ये शहरी औरतें थीं। उनमें कुछ भी लोकरंगी या गँवई नहीं था। इन मानवाकृतियों में कुछ भी हुसेन की आकृतियों से मिलता-जुलता नहीं था। यहाँ तक कि शमशाद के रंग भी बदल गए थे—भूरे, काले, लाल और हरे का एक मेल, जो पूरी तरह उनका अपना था। कोई नहीं कह सकता कि ये हुसेन के लाल या काले

रंग हैं। अंततः वे हुसेन के साए से बाहर निकल आए।

यह शृंखला कई वर्षों तक, नब्बे के दशक के उत्तरार्द्ध तक, चलती रही। स्त्रियों के समूह को छोड़ वे अक्सर खुले होंठोंवाली एक अकेली स्त्री-आकृति बनाते। इन चित्रों में किसी अन्य आकृति की अनुपस्थिति इनकी छवियों को एक मार्मिक अकेलेपन से भरती है। इनमें से एक चित्र मेरे घर में भी लगा हुआ है। उत्तर प्रदेश के चुनावों के नतीजों को लेकर एक शर्त हारने के बाद शमशाद ने मुझे यह चित्र उपहार में दिया था।

बतौर चित्रकार, शमशाद अपने बाबा के साए से काफी दूर निकल गए हैं, मगर एक बेटे के तौर पर वे उनके बहुत करीब बने रहे हैं। कुछ साल पहले जब हुसेन 75 के हुए, शमशाद ने अपने पिता के सम्मान में एक बड़े कैनवस को पेंट किया। हाल ही में जब इंडिया इंटरनेशनल सेंटर में हुसेन की आत्मकथा 'हुसेन की कहानी अपनी जुबानी' का लोकार्पण हो रहा था, मैंने शमशाद और हुसेन को कई साल बाद एक साथ देखा। अपने पिता की उपस्थिति में शमशाद, हमेशा की तरह चुप और अलग-थलग थे, अपने पिता पर गर्व करते हुए और उतना ही गर्व एक कलाकार के रूप में शमशाद बने रहने पर करते हुए।

शमशाद कोई बौद्धिक चित्रकार नहीं हैं मगर वे सामाजिक रूप से खासे सजग हैं। यह एक गुण है जो वे अपने पिता से साझा करते हैं। बाद के वर्षों में उनके स्रोत काफी विविध हुए हैं। साल 2000 में उन्होंने दिल्ली की वढेरा आर्ट गैलरी में एक प्रदर्शनी आयोजित की थी जिसमें गैब्रियल गार्सिया मारकेस के 'लव इन द टाइम्स ऑफ कॉलरा' से प्रेरित होकर बनाए गए चित्र प्रदर्शित थे। इन दिनों वे एक नई शृंखला पर काम कर रहे हैं जिसे 'आत्मकथा' कहने का उनका इरादा है। यह अपने दादा से शुरू होनेवाले उनके पारिवारिक इतिहास से प्रेरित है। स्वाभाविक रूप से उनके पिता मकबूल फिदा हुसेन इस शृंखला की महत्त्वपूर्ण उपस्थिति होंगे। पिता अब साया नहीं रह गए हैं, बल्कि उनके चित्रों की सामग्री हो गए हैं।

मनोहर का परदा

उनका चेहरा ऑक्सीजन मास्क से ढका हुआ था। साँस लेने में उन्हें मुश्किल हो रही थी। उनके खिचड़ी बाल हमेशा की तरह पीछे की ओर थे। चौड़े ललाट पर हल्का पसीना दमक रहा था। दायाँ पाँव अनायास थरथरा जाता था। उन्हें काफी तकलीफ रही होगी, मगर कोमा की जिस हालत में वे थे, शायद यह तकलीफ भी महसूस नहीं कर सकते थे। जिस मनोहर सिंह को मैं दो दशकों से जानता था, उसकी वे बहुत हल्की प्रतीति ही करा रहे थे। अस्पताल के बिस्तर दोस्तों को भी अजनबी बना डालते हैं।

कुल मिलाकर वे 'द न्यू डेल्ही टाइम्स' नामक फिल्म में अपने निभाए किरदार सेठ जी जैसे लग रहे थे जिन्हें दिल का दौरा पड़ा था। यह हकीकत थी जो सिनेमाई छवि में ढल रही थी, सिवा इसके कि मनोहर सिंह अंतिम दौर के कैंसर से पीड़ित अस्पताल में पड़े थे जबकि न्यू डेल्ही टाइम्स के सेठ जी को दिल के दौरे ने पटक दिया था।

सत्तर के दशक के उत्तरार्द्ध में मनोहर सिंह से मेरा परिचय हुआ था। मनोहर सिंह तब राष्ट्रीय नाट्य विद्यालय के रंगमंडल में थे और मैं सूचना प्रसारण मंत्रालय में काम कर रहा था। न जाने कैसे मुझे रा.ना.वि. की प्रस्तुतियों का आमंत्रण मिला करता था और मैं नाटक देखने चला जाता था। बाद में जब हम करीबी हो गए तब मनोहर सिंह ने मुझे बताया कि उन्होंने ही यह व्यवस्था की थी कि उनके नाटकों के आमंत्रण मुझ तक पहुँचें हालाँकि मेरी सरकारी कुर्सी के कारण मुझसे खुलकर बात करने में उन्हें असुविधा होती थी।

1983 में मेरे सरकारी नौकरी छोड़ने के बाद ही हममें दोस्ती हुई। मैं अफसर से फिल्मकार होने की कोशिश कर रहा था और मनोहर सिंह रंगमंच को छोड़े बिना फिल्मों की ओर मुड़ने की कोशिश कर रहे थे। तब वे दिल्ली में जंगपुरा के एक अकेले कमरे में रहते थे। परिवार उनका तब तक शिमला में ही था। मैं रमेश शर्मा के साथ उनकी फिल्म 'न्यू डेल्ही टाइम्स' के एसोसिएट डायरेक्टर के तौर पर जुड़ा हुआ था। बाद में रमेश ने मुझ पर फिल्म का कार्यकारी निर्माता होने की जिम्मेदारी

डाल दी।

शशि कपूर और शर्मिला टैगोर को पहले ही विकास और उसकी पत्नी की मुख्य भूमिकाओं में ले लिया गया था। विकास 'न्यू डेल्ही टाइम्स' का संपादक था और अरुण शौरी की तर्ज का खोजी पत्रकार—वे अरुण शौरी, जो इंडियन एक्सप्रेस के संपादक थे, वे नहीं जो बाद में भाजपा की देवमाला के छोटे-मोटे देवता हो गए। हम रामनाथ गोयनका की तर्ज पर गढ़े गए किरदार 'न्यू डेल्ही टाइम्स' के मालिक सेठ जी के लिए उपयुक्त कलाकार की तलाश कर रहे थे।

मैंने रमेश को इस भूमिका के लिए मनोहर सिंह को लेने का सुझाव दिया। मनोहर की आवाज के अलावा उनके चेहरे पर एक नागर अभिमान था जिसे मैं अक्सर पसंद करता था। वे निश्चय ही एक बड़े रंग-अभिनेता थे, मगर मुझे एहसास था कि ज्यादातर रंग-अभिनेताओं की तरह उन्हें भी फिल्मों में अभिनय के लिए कुछ बुनियादी बदलाव करने होंगे। सिनेमा का आग्रह होता है कि अभिनेता और निर्देशक अंशों में शूटिंग करते हुए भी अपनी कल्पना को लगातार समग्र से जोड़े रखें। इसके अलावा सिनेमा में अभिनय के लिए ज्यादातर मितकथन की जरूरत पड़ती है जबकि नाटकीयता रंगमंच का मूल तत्त्व होती है।

खुशकिस्मती से 'न्यू डेल्ही टाइम्स' में सेठ जी की भूमिका के लिए बहुत ही कम संवाद थे। यह लंबे अंतरालों और चुप्पियों की भूमिका थी और मनोहर की प्रतिभा के बहुत उपयुक्त थी। जो बड़ा बदलाव उन्हें करना पड़ा, वह था क्लोजअप के शॉट्स के लिए चेहरे के भावों को नियंत्रित करना। बड़े परदे पर क्लोजअप में नथुनों के बाल तक का हिलना भी पकड़ में आ जाता है। इसलिए रंगमंच में जो अतिरिक्त मुखमुद्रा इतनी जरूरी होती है, वह क्लोजअप को बेहद कुरूप बना सकती है।

सेठ जी के किरदार की मनोहर सिंह द्वारा की गई अदायगी में चालाकी और सैद्धांतिक ईमानदारी का मेल था। उन्हें सर्वश्रेष्ठ सहायक अभिनेता का राष्ट्रीय पुरस्कार मिलना चाहिए था। मगर रमेश खुद और शशि कपूर को ही पेश करने में मसरूफ थे और दोनों को पुरस्कार मिले। मनोहर सिंह की भूमिका बेध्यानी में निकल गई।

'न्यू डेल्ही टाइम्स' पूरी होते-होते मैं और मनोहर वाकई करीब आ गए थे। मैं अक्सर जंगपुरा के उनके एक कमरे के 'पैड' पर अवतरित होता। हम किताबों, रम, अच्छी बातचीत और पाइप का लुत्फ लेते। वे घर को खासे एहतियात से रखते थे और बहुत नफीस मेजबान थे। उस एक कमरे में, हर चीज करीने से अपनी जगह रखी होती—किताबें, गिलास, कटलरी और कपड़े। रम के कुछ दौरों के बाद हम खाने के लिए ओम के ढाबे पर नमूदार होते। तब तक मनोहर सिंह का चेहरा जाना-पहचाना हो चुका था और इसलिए ढाबे में हमारी विशेष खातिरदारी होती।

दो साल बाद मुझे उनके साथ एक बार फिर काम करने का मौका मिला। मैं गोविंद बल्लभ पंत की जन्मशती के उपलक्ष्य में फिल्म्स डिवीजन के लिए पंत पर एक फिल्म बना रहा था। 'पर्वत पुत्र' नामक वह फिल्म फिल्म्स डिवीजन का अपना निर्माण थी और मैं उससे फिल्म्स डिवीजन की शब्दावली में 'बाहर के निर्देशक' के तौर पर जुड़ा हुआ था। इसका मतलब था कि मुझे फिल्म्स डिवीजन के दफ्तरी नियमों के तहत काम करना था। सरकारी दफ्तरों के लिए भले ही ये नियम ठीक-ठाक हों, मगर किसी फिल्म यूनिट के लिए निहायत मूर्खतापूर्ण थे। मसलन, फिल्म यूनिट के अलग-अलग सदस्यों का दैनिक भत्ता अलग-अलग निर्धारित था और इसलिए वे न एक साथ ठहर सकते थे और न ही एक जैसा खाना खा सकते थे। तब फिल्म्स डिवीजन के मुख्य निर्माता एक ऐसे सज्जन थे जिनमें अहंकार ज्यादा और प्रतिभा कम थी और इस मणिकांचन योग से स्थितियाँ और जटिल हो गई थीं।

मैं फिल्म में मनोहर सिंह को सूत्रधार के रूप में शामिल करना चाहता था जो गोविंद बल्लभ पंत के जीवन से जुड़ी विभिन्न जगहों से उनकी कहानी प्रस्तुत करता चले। मगर मुझे शक था कि मनोहर सिंह इस लाल फीताशाही में टिके रह सकेंगे या नहीं। मुझे अचरज हुआ कि उनके सामने जब मैंने यह प्रस्ताव रखा तो वे तत्काल तैयार हो गए।

पीछे मुड़कर देखने पर लगता है कि मुझे उनकी इस तत्पर स्वीकृति पर अचरज नहीं होना चाहिए था। पहली बात तो यह कि उनमें मेरे प्रति सच्चा लगाव और सम्मान था और उन्हें पता था कि मैं उन्हें किसी असुविधाजनक स्थिति में नहीं डालूँगा। दूसरे, उन्हें दफ्तरशाही के बीच काम करने का लंबा अनुभव था। उन्होंने अपने करिअर की शुरुआत हिमाचल सरकार के संगीत-नाटक एकांश से की थी और रा.ना.वि. से स्नातक होने के बाद उसके रंगमंडल का नेतृत्व किया था और इन सबके लिए उन्हें रोज सरकारी नियमों से निपटना पड़ता था। इत्तिफाकन, यह उनके शिक्षक और गुरु इब्राहीम अल्काजी थे जिन्होंने उन्हें न सिर्फ अभिनेता के तौर पर विकसित किया, बल्कि एक देहाती भदेस की जगह महानगरीय पाइप पीनेवाला नागरिक बनने में भी उनकी मदद की।

इसी आत्मविश्वास की वजह से अत्यंत मुश्किल हालात में 'पर्वत पुत्र' के निर्माण में मेरे साथ जुड़ने के लिए मनोहर सिंह राजी हो गए। हम करीब महीने भर साथ रहते हुए कुमाऊँ की पहाड़ियों में घूमते रहे और एक घटिया स्थिति में जो भी संभव हो सकता था, करते रहे। मनोहर सिंह, जो नफीस और बारीक-निगाह हैं और तुनकमिजाजी के लिए जाने जाते हैं, बेहद धीरज से रहे। यह धीरज उन्होंने तब भी बनाए रखा जब फिल्म्स डिवीजन की एक बस का, जिसमें हम सफर कर रहे थे, ऐक्सीडेंट हो गया और मनोहर सिंह को भी थोड़ी चोट आई।

आखिरकार फिल्म के संपादन का चरण आ पहुँचा। फिल्म का संपादन फिल्म डिवीजन के स्टूडियो में और उनके संपादक के साथ होना था। इससे मुझे कोई एतराज नहीं था। जिससे एतराज था वह यह कि मुख्य निर्माता हर चरण में फिल्म में हस्तक्षेप कर रहे थे। चूँकि मनोहर की आवाज लोकेशन पर ही रेकार्ड कर ली गई थी, इसलिए कुछ पैच डबिंग के अलावा उन्हें और कुछ नहीं करना था। मगर मनोहर ने तय किया कि वे फिल्म पूरी होने तक मेरे साथ मुंबई में रहेंगे।

बारिश के दिन थे। हम पेड्डर रोड पर फिल्म डिवीजन के गेस्ट हाउस में ठहरे हुए थे। मैं आमतौर पर रात नौ बजे तक काम खत्म कर लेता और फिर हम दोनों टहलते हुए अगस्त क्रांति मैदान के निकट ग्रैंड सेंटर नामक एक रेस्तरां तक चले जाते। काम की अधिकता, तनाव और चेन स्मोकिंग के कारण मेरा गला अक्सर खराब रहता था। बारिश की वजह से हम अक्सर आधी भीगी हालत में रेस्तरां पहुँचते थे। हम दोनों तत्काल गरम पानी और रम का ऑर्डर देते। अपने खराब गले के लिए मैं अदरक और लहसुन भी मँगाता। मुझे नहीं पता कि यह विचित्र मेल आजमाना मैंने कहाँ से सीखा था। अलबत्ता 'पर्वत पुत्र' पूरी करने के बाद मैंने कभी सर्दी के लिए यह नुस्खा नहीं आजमाया।

यह फिल्म दूरदर्शन पर कई बार दिखाई गई और इसकी प्रशंसा भी हुई। इससे मनोहर सिंह को कुछ मीडिया-दृश्यता भी मिली, मगर मुझे नहीं लगता कि इससे मनोहर सिंह का फिल्म करिअर कुछ आगे बढ़ा। वस्तुतः मनोहर सिंह ने सिनेमा में कभी बड़ा काम नहीं किया, चूँकि उसकी प्रतिभा के उपयुक्त भूमिकाएँ बॉलीवुड में नहीं के बराबर थीं। तथ्य यह है कि एक मध्यवय हीरो के रूप में अमिताभ बच्चन के दूसरे अवतार तक बॉलीवुड में कभी वरिष्ठ अभिनेताओं के लिए खलनायक, पिता या दादा आदि के अलावा भूमिकाएँ लिखने की कोशिश नहीं की गई।

नब्बे के दशक के शुरुआती वर्षों में कभी, मनोहर ने टीवी की भूमिकाओं में आसानी से उपलब्ध होने के लिए मुंबई में अपना घर बसाया। यह नीना गुप्ता थीं जिन्होंने उन्हें बड़ा टीवी-ब्रेक दिया। उसके पहले 1994 में मेरी फीचर फिल्म 'तर्पण' में हमने एक बार फिर साथ-साथ काम किया। 'तर्पण' की कहानी और विषयवस्तु में मनोहर सिंह का किरदार केंद्रीय था।

यह एनएफडीसी की फिल्म थी जिसके इरादे नेक थे मगर जिसके लिए पैसा कम मिला था और निर्माण में सहयोग उससे भी कम मिला था। हम सीकर के एक छोटे से होटल में ठहरे हुए थे और चौदह किलोमीटर दूर एक गाँव में शूटिंग कर रहे थे। कई वजहों से फिल्म का निर्देशक होने के साथ-साथ मुझे निर्माण-प्रबंधक और कला-निर्देशक की भूमिका भी निभानी पड़ रही थी। इस दौर तक मनोहर सिंह टीवी और फिल्मों से जुड़ी एक शख्सियत के तौर पर खासे पहचाने जाने लगे थे। कई चीजों के अलावा वे इस बात को भी मुद्दा बना रहे थे कि उनकी पोशाक उनके

एकदम नाप की नहीं है। वे मेरी कॉस्ट्यूम डिजाइनर अर्चना शास्त्री का जीना काफी-कुछ दुश्वार कर दे रहे थे। एक अन्य अवांतर कथा के रूप में मेरा कैमरामैन पेग लगाने में व्यस्त और फिल्म की एक अभिनेत्री के साथ रात्रिकालीन अभिसार में डूबा रहता था।

शूटिंग के आखिरी दिन करीब एक बजे रात को पैक-अप की घोषणा हुई। लोकेशन पर बोरिया-बिस्तरा समेटा गया और इसका जायजा लेने के बाद मैं करीब साढ़े पाँच बजे सुबह होटल पहुँचा। मैंने मनोहर के कमरे में झाँका और पाया कि वे राजेंद्र गुप्ता के साथ बीअर पी रहे हैं। मैंने शाम ढलते शुरू हो जानेवालों के अँग्रेजी चलन के बारे में सुना था मगर सूरज उगते ही गिलास थाम लेनेवालों के भारतीय रिवाज का मुझे पता नहीं था।

मैं जल्दी से नहाकर, राजेंद्र गुप्ता और मनोहर के साथ सीकर के करीब तीस किलोमीटर दूर, डुंडलोड के लिए चल दिया। डुंडलोड एक छोटा सा रजवाड़ा हुआ करता था और अब इसके खूबसूरत किले को एक होटल में बदल दिया गया है। इसके मालिक ठाकुर रणवीरसिंह रंगकर्मी थे और मनोहर के मित्र थे। हम डुंडलोड पहुँचे और मैं रणवीरसिंह से माफी माँगकर तत्काल एक कमरे में जाकर गहरी नींद सो गया। जब मैं तीन घंटे बाद उठा, मनोहर और राजेंद्र गुप्ता तब भी बीअर पी रहे थे मगर इस बार नाश्ते और रणवीरसिंह के साथ। मनोहर सिंह की यही छवि मैं अपनी स्मृति में रखना चाहता हूँ, अस्पताल के बिस्तर पर ऑक्सीजन मास्क से ढके चेहरेवाली छवि नहीं।

बताने को और भी किस्से हैं और मुझे यकीन है कि अगर मनोहर सिंह बोल पाते तो उनके पास कहने को और भी कुछ मानीखेज होता। कुछ समय पहले मैंने राष्ट्रीय नाट्य विद्यालय के लिए काम कर रहे एक मित्र को सुझाया था कि वह रा. ना.वि. के निर्देशक को मनोहर सिंह की कहानी उनकी अपनी आवाज में दर्ज करने का सुझाव दे चूँकि आधुनिक हिंदुस्तानी रंगमंच का एक बड़ा हिस्सा उनके व्यक्तित्व में समाहित है। अभी तक ऐसा कुछ नहीं किया गया। और अब, अगर कोई करिश्मा नहीं हुआ तो हम शायद मनोहर सिंह की आवाज कभी न सुन पाएँ।

अग्नि के भीतर

दो हफ्ते पहले इस स्तंभ में प्रकाशित 'मनोहर का परदा' का दूसरा हिस्सा लिखने का मेरा कोई इरादा नहीं था। मगर लंबी बीमारी के बाद, 14 नवंबर, 2002 को मनोहर सिंह ने अलविदा कह दिया। अपनी मनःस्थिति बदलने और कहीं और मन लगाने की अपनी सारी कोशिशों के बावजूद, मुझसे उनका साथ नहीं छूट रहा है। इसलिए मनोहर सिंह की एक और दास्तान बताना चाहता हूँ।

मार्च, 2001 में मैं एक पचासी वर्षीय बूढ़ी औरत महाराजिन बुआ पर एक डॉक्युमेंटरी बना रहा था जो साठ साल से अधिक समय से इलाहाबाद के रसूलाबाद घाट पर शवों का दाह-संस्कार करती रही थी। महाराजिन बुआ में जिस वजह से मेरी दिलचस्पी पैदा हुई, वह मृत्यु से उसका नियमित अभिसार था और बिना 'सिनिकल' हुए मृत्यु को जीवन की एक सामान्य परिघटना के रूप में स्वीकार करने का साहस था।

मैं कोई जीवनीपरक फिल्म नहीं बनाना चाहता था, बल्कि जीवन, मृत्यु और अमरत्व की आकांक्षा के संबंध से जुड़े प्रश्नों का संधान करना चाहता था। साहित्य में भी इन प्रश्नों का संधान आसान नहीं है। फिल्म में तो ये प्रश्न नितांत दुस्साहसिक लग सकते हैं और फिल्म को बकवास बना सकते हैं।

वस्तुतः फिल्मों, और खासकर टेलीविजन के जो आधुनिक दर्शक हैं, वे जीवन से जुड़े उन बुनियादी प्रश्नों से किनाराकशी करने के आदी हो गए हैं जो जितने भी महत्त्वपूर्ण हों, मगर असुविधाजनक हैं। जीवन में अपनी, और अपनों की मृत्यु की गुत्थी ऐसी ही है। हममें से ज्यादातर लोग इस सवाल को नजरअंदाज करना और इस भ्रम में जीना पसंद करते हैं, जैसे इस सवाल का कोई अस्तित्व ही न हो। तो इस सवाल को कैसे कोई अर्थपूर्ण ढंग से फिल्म में उठाए?

बहुत सोच-विचार करने के बाद मैंने फिल्म का नाम 'ऑफ़ लाइफ़ एंड डेथ' रखा और जीवन, मृत्यु और अमरत्व के विषय को कठोपनिषद में मिलनेवाले यम और नचिकेता के संवादों के जरिए रखने का फैसला किया। कठोपनिषद की यह कथा बहुत लंबी थी और मेरे मकसद के लिहाज से जटिल भी। मुझे अपने मकसद के

हिसाब से इसकी कहानी और संवादों का रूपांतर करना था। मैं कुँवरनारायण से मिला जिनकी लंबी कविता 'आत्मजयी' से मैं परिचित था और जिन्हें करीब दो वर्षों से जानता था। यह बस पाँच मिनट की पटकथा होनी थी। इसे शैली में नाटकीय और काव्यात्मक होना था और वक्तव्य के लिहाज से सुस्पष्ट। इसमें तीन प्रश्नों के उत्तर होने थे : जीवन क्या है, मृत्यु क्या है और अमरत्व क्या है? मेरी आवश्यकताएँ अनेक थीं मगर विशिष्ट थीं।

कुँवरनारायण तैयार होंगे? मैं सोच रहा था। सौभाग्य से वे तैयार ही नहीं हुए, बल्कि उन्होंने पटकथा से वह सब निकाल देने की भी छूट दी जिसकी मुझे दरकार नहीं थी, और वह सब रख लेने की जो मुझे पसंद आए। मगर उन्होंने यह शर्त जोड़ी कि पटकथा के लेखक के रूप में अपना नाम दिया जाना उन्हें मंजूर नहीं होगा।

शुरू में मुझे थोड़ा बुरा लगा। हम खुद को इतनी संजीदगी से क्यों लेते हैं? हम इस भ्रम में क्यों रहते हैं कि हम जो कुछ भी लिखेंगे या करेंगे, वह पत्थरों में खुद जाएगा? बाद में विचार करने पर मुझे महसूस हुआ कि अगर कम से कम रचनात्मक स्तर पर हम खुद को संजीदगी से न लें तो हम जो कुछ भी रचें वह सतही होगा क्योंकि उसमें यह खयाल भी शामिल होगा कि यह भी नष्ट हो जाएगा। कि अंत में तो हम सबको मरना ही है।

मगर एक ईश्वरविहीन दुनिया में अमरत्व की हमारी खोज क्या इस विश्वास में निहित नहीं है कि हमारी मृत्यु के बाद भी कुछ बचा रहता है? कि किसी से गुजर जाने के बाद भी जीवन चलता रहेगा और वह किसी न किसी रूप में इसका हिस्सा बना रहेगा। जो हमने विरासत में पाया है और ज़ो छोड़ जाएँगे, उसके प्रति सजगता और जवाबदेही के एहसास से क्या एक तरह से अमरत्व का वास्ता नहीं है?

जब मैंने पटकथा देखी तो इस बात को लेकर मेरे भीतर जरा भी शुबहा नहीं रहा कि सिर्फ मनोहर सिंह ही मृत्यु के देवता, यम की भूमिका कर सकते हैं। नचिकेता की भूमिका बहुत सहजता से चुन ली गई। इसे अंततः एक युवा अभिनेता मनीष गुप्ता ने निभाया, जिसके चेहरे पर एक सहज मासूमियत थी।

मनोहर तब मुंबई में थे और जहाँ तक मुझे पता था, नीना गुप्ता के एक धारावाहिक में व्यस्त थे। उनको मुंबई से दिल्ली बुलाकर पाँच मिनट की भूमिका कराने के लिए विमान का किराया देने लायक बजट मेरे पास नहीं था। भारत में डॉक्युमेंटरी फिल्मकार दूसरे दर्जे के भिखारी होते हैं और मैं कोई अपवाद नहीं हूँ। यह परंपरा फिल्म्स डिवीजन की शुरू की हुई है और दूरदर्शन द्वारा चरम पर पहुँचाई गई है। मैं दिल्ली में दूसरे अभिनेताओं से मिलने लगा मगर मेरे दिमाग में यम की जो छवि थी, उसके आसपास भी कोई नहीं पहुँच सका। एक अन्य स्तर पर भी मेरे भीतर शंका थी। मैंने कभी भी मंचीय प्रस्तुति का निर्देशन नहीं किया हालाँकि मैंने

उपेंद्रनाथ अश्क के पाँच नाटकों के टीवी रूपांतरों का निर्देशन किया था। मगर नचिकेता-यम संवाद के लिए मैं एक निश्चित नाटकीय तत्त्व चाहता था। क्या मैं यह कर पाऊँगा? मैं आश्वस्त नहीं था।

मैं मदद के लिए एक अपेक्षया सुपरिचित नाटक-निर्देशक से मिला जिसका काम मैंने देखा नहीं था। मैंने जल्दी ही महसूस कर लिया कि उनके विचार मुझसे पूरी तरह भिन्न हैं। हमें पता है कि यम का वाहन भैंसा है। नाटक-निर्देशक ने यह नायाब सुझाव दिया कि यम भैंसे पर बैठे हुए प्रकट हो और अपना संवाद भैंसे पर बैठे-बैठे ही बोले। नैरोलैक पेंट का वह कुछ दिलचस्प विज्ञापन तब टीवी पर नहीं आया था जिसमें यमराज हाथ में मोबाइल फोन लिए भैंसे पर बैठे दिखते हैं। इस लिहाज से भी यह एक मौलिक सूझ थी।

मैं इस जड़ छवि से खुद को जोड़ नहीं पा रहा था। मनोहर सिंह यम की भूमिका करें या न करें, मुझे पक्का भरोसा था कि टीवी पर भैंसा यम के मुकाबले बाजी मार ले जाएगा। मैंने खुद जोखिम उठाने और यह दृश्य संयोजित करने का फैसला किया।

मैं यह दृश्य रखूँ कहाँ पर? मंच पर? निश्चय ही नहीं। रेगिस्तान में डूबते सूर्य की पृष्ठभूमि में जहाँ जीवन के और कोई निशान न हों? मृत्युलोक कैसा दिखता होगा? यह विराट खामोशी और वीरानी की जगह होगी। बिना हल्की सी हलचल के कोई वीरानी संपूर्ण नहीं होती और बिना ध्वनि की उपस्थिति के कोई खामोशी संपूर्ण नहीं होती। शायद, इसलिए जलती हुई आग को दृश्य का हिस्सा होना चाहिए जो संवाद के संदर्भ में कई अर्थ ग्रहण कर सके।

मैं दिल्ली से बहुत दूर नहीं जा सकता था और हरियाणा और राजस्थान की सीमाओं पर रेत के ढूह ढूँढ़ता फिर रहा था जो मैंने कुछ साल पहले तब देखे थे जब अपनी फिल्म 'तर्पण' के लिए लोकेशन की तलाश कर रहा था। रेत के वे ढूह गायब हो गए थे, उन्हें नगरीकरण और औद्योगिक परिसरों ने अनंत में फेंक दिया था।

फिर हमने दिल्ली के नजदीक यमुना में एक टापू खोजा। शायद एक आदिम तत्त्व के रूप में जल रेत की जगह ले ले और वैसी ही वीरानी पैदा करे? उस टापू तक पहुँचने का रास्ता काफी घुमावदार था और शूटिंग यूनिट के लिए वहाँ रात को शूटिंग करना खतरनाक हो सकता था। इसके अलावा जो दुर्गंध प्रदूषित यमुना से आ रही थी, वह यमलोक की नहीं हो सकती थी। वह नरक की ही हो सकती थी। हमने यह इरादा छोड़ दिया। अंततः मैंने एक स्कूल के खेल के मैदान को चुना जिसमें कैमरा क्रेन पर चलना था ताकि कैमरा सिर्फ अग्नि और उसके आसपास खड़े चरित्रों को पकड़े, मैदान में लगे वृक्षों को नहीं।

यम की भूमिका और मनोहर सिंह का क्या हुआ? मैंने मनोहर सिंह को मुंबई फोन किया और मुझे एक रेकार्डेड आवाज भर सुनने को मिली कि आप संदेश छोड़

दें और वे फोन कर लेंगे। अगले दिन मैंने उनके मोबाइल पर फोन किया। ईश्वर उस दिन प्रसन्न थे। यम दिल्ली में ही था।

हम इंडिया इंटरनेशनल सेंटर के बार में मिले। वे कुछ दुबले दिखाई पड़ रहे थे। उन्होंने धूम्रपान छोड़ दिया था। जो पाइप उनके व्यक्तित्व का खास हिस्सा हो चुका था, वह गायब था। उन्होंने मुझे बताया कि उनका कैंसर का ऑपरेशन हुआ है और उनके फेफड़े का एक हिस्सा निकाला जा चुका है। वे करीब हफ्ते भर से दिल्ली में थे और वे भूमिका करना चाहेंगे। मैंने उन्हें बताया कि मैं उन्हें ज्यादा कुछ दे नहीं पाऊँगा क्योंकि मेरे पास बजट नहीं है।

जब कलाकारों को पैसा देने की बात आती है तो यह 'अच्छे सिनेमावालों' का खासा सामान्य 'एक्सक्यूज' होता है। मुझे अहसास था कि मैं इस शोषक परंपरा का हिस्सा बनने का खतरा उठा रहा हूँ। मगर मनोहर ने मुझे ताना नहीं दिया। हमने कुछ अच्छा-बुरा वक्त साथ-साथ देखा था और उसे पता था कि मैं ऐसा नहीं करूँगा जब तक यह वाकई मेरी मजबूरी न हो गई हो। हमने पैसे के मामले में और बात नहीं की और चुपचाप ड्रिंक लिया।

मैं चाहता था कि वे कमर के ऊपर से नंगे बदन यह भूमिका करें। अपनी छाती और पीठ के दाहिने हिस्से पर पड़े दाग का मैं क्या करूँ, उन्होंने पूछा। हम सहमत हो गए कि वे एक साधारण सा अंगवस्त्र पहनेंगे। मैंने उन्हें पटकथा दी। मनोहर को पटकथा पसंद आई।

शूटिंग का दिन आ गया। खुले मैदान में अग्नि प्रज्वलित थी। हमने खासी ब्योरेवार योजना तैयार की थी मगर हवा के लिए कोई इंतजाम नहीं किया था। अचानक हवा चल पड़ी और न यम की भूमिका निभा रहे मनोहर सिंह और न ही नचिकेता की भूमिका कर रहे मनीष गुप्ता आग के आसपास पहुँच पा रहे थे। मुझे पता था कि जो नाटकीय दृश्य मैं चाहता हूँ, वह उन दोनों के बीच अग्नि की उपस्थिति के बिना पैदा नहीं हो पाएगा।

चीजें तब और दुरूह हो गईं जब गर्मी के कारण मनीष को हरपीज उभर आई और मनोहर सिंह की पीठ के दाग में खुजली होने लगी। मगर देवगण हम पर दयालु थे। हवा जितनी तेजी से शुरू हुई थी, उतनी ही तेजी से सहसा रुक भी गई।

यम ने बोलना शुरू किया : 'तूने साहस किया है नचिकेता, बहुत बड़ा साहस। तूने साक्षात मृत्यु से प्रश्न किया है और वह भी उसी के साम्राज्य में प्रवेश करके। स्वागत है नचिकेता तेरे साहस का। तेरे प्रश्न का उत्तर दूँगा, पर पहले तू इस अग्नि के भीतर झाँक कर देख।'

नचिकेता अग्नि में झाँकता है और उसके उत्तर के बाद यम फिर प्रज्वलित अग्नि का संदर्भ देना शुरू करता है : 'वह अभी न तो जीवन है न ही मृत्यु। वह केवल एक संभावना है जैसे एक बीज में एक वृक्ष बनने की अंतर्निहित क्षमता।

जीवन चेष्टा है, इस संभावना को पूर्ण करने की।'

गुजरता हुआ वक्त सब कुछ किस्से में बदल डालता है। यह जीवित अनुभव को यथार्थ के एक बोध से वंचित कर देता है। तब से महाराजिन बुआ और मनोहर सिंह दोनों मृत्युलोक में यम के पास जा चुके हैं और मेरे लिए वे यम की तरह ही मिथकीय हो गए हैं। मगर मेरे कानों में गूँजती मनोहर सिंह की आवाज अब भी वास्तविक है।

काली मिर्च और ब्रांडी

केरल की मिट्‌टी में कुछ ऐसा जरूर है जिससे कार्टूनिस्ट पैदा होते हैं। हमारे ज्यादातर बड़े कार्टूनिस्ट केरल के रहे हैं—शंकर, ओवी विजयन, अजित नैनन, केशव और हाँ, अबू अब्राहम भी। जब मैंने मई, 1998 में अबू अब्राहम से यह बात कही तो वे मुझे कुछ देर कुरेदती हुई निगाहों से देखते रहे और फिर उन्होंने कहा, 'जहाँ तक मेरा सवाल है, इसका वास्ता मिट्‌टी से जितना है, उससे ज्यादा काली मिर्च और ब्रांडी से है।' मुझे काली मिर्च से उनके लगाव का पता नहीं था जो केरल में बहुतायत में होती है मगर उन्हें निश्चय ही ब्रांडी पसंद थी। वे इंडिया इंटरनेशनल सेंटर के बार में मेरे साथ बैठे ब्रांडी की चुस्कियाँ ले रहे थे और जैसा कि अँग्रेजी में कहते हैं, इसके पीछे भी एक कहानी है।

शुरू से ही शुरू करूँ। 1997 के उत्तरार्ध में जब हम आजादी के पचास साल पूरे होने का जश्न मनाने की तैयारी कर रहे थे, मुझे एक टीवी सीरीज बनाने की सूझी जिसमें राजनीतिक कार्टूनों के जरिए भारत के राजनीतिक इतिहास का जायजा लिया जाए। निश्चय ही यह एक तीखी शृंखला होती क्योंकि नेताओं के प्रति कार्टूनिस्टों का नजरिया चापलूसी भरा नहीं होता।

प्रारंभ में मैंने दूरदर्शन को इसका प्रस्ताव दिया। जैसी उम्मीद थी, इस प्रस्ताव का स्वागत एक भारी खामोशी से हुआ। जब मैंने विनम्र पूछताछ की तो मुझसे कहा गया कि जब अवसर हमारी स्वाधीनता की आधी सदी का उत्सव मनाने का हो न कि कार्टूनिस्टों की मार्फत देश के नेताओं की खिल्ली उड़ाने का, मेरे दिमाग में ऐसी शृंखला बनाने का फितूर आया कैसे? मुझे यह तर्क समझ में नहीं आया, हालाँकि दूरदर्शन का तर्क वैसे भी कब किसे समझ में आया है। बहरहाल मेरा खयाल था कि एक स्वाधीन राष्ट्र में आधी सदी का मौका आत्मनिरीक्षण और मूल्यांकन का अच्छा अवसर हो सकता है।

तब तक रतिकांत बसु सीईओ के रूप में स्टार टीवी में जा चुके थे। मैं बसु को अपेक्षया बेहतर जानता था। मैंने मुंबई जाकर उन्हें इस शृंखला का प्रस्ताव दिया। वे भारत की स्वाधीनता के पचास वर्षों को समेटती हुई शृंखला की आठ किस्तों के

लिए पैसा लगाने को तैयार हो गए। मैंने तय किया कि शृंखला का नाम 'विदाउट मैलिस' होगा जो, जाहिर है, खुशवंतसिंह के लोकप्रिय स्तंभ 'विद मैलिस टुवर्ड्स वन एंड ऑल' से प्रेरित था।

इस शृंखला के निर्माण के क्रम में जो पहला सवाल मेरे सामने खड़ा हुआ वह यह था कि शुरुआत कहाँ से हो। कार्टून कला का जन्म यूरोप में पुनर्जागरण के दौरान हुआ और यह चित्रकारों के अस्त्रागार का एक हिस्सा था। पुनर्जागरण ने व्यक्ति और स्वत्व के उसके एहसास को एक अतिशयोक्तिपूर्ण महत्त्व दिया। इस अहंकार का गुब्बारा फोड़ने की ओर कलाकार स्वाभाविक रूप से आकृष्ट हुए। इसी रूप में सामाजिक कैरीकेचर का विकास हुआ। निश्चय ही कलाकार राजाओं और राजकुमारों को छूने की हिम्मत नहीं करते थे जो उनके मुख्य संरक्षक होते थे। राजनीतिक कार्टून काफी बाद में प्रिंटिंग प्रेस और उदार लोकतंत्र के विकास के साथ परिदृश्य में आए।

भारत में पहला प्रिंटिंग प्रेस जेसुइट पुर्तगाली मिशनरियों ने 1556 में गोवा में स्थापित किया और यह कोलकाता अठारहवीं सदी के उत्तरार्ध तक पहुँच। चितपुर के लोक कलाकारों और बाद में कोलकाता के बटतला छापाकारों ने चाक्षुष कैरीकेचर के कुछ बेहद सूक्ष्म स्वरूपों का विकास किया था। इसे गगनेंद्रनाथ ठाकुर ने सामाजिक कार्टूनों के एक बाकायदा कला-रूप के तौर पर विकसित किया। यूरोप की तरह भारत में भी राजनीतिक कार्टून सामाजिक कार्टून कला के उभार के पीछे-पीछे आए।

मैं आठ किस्तों की शृंखला में यह समूचा इतिहास प्रस्तुत नहीं कर सकता था। फिर मेरी शृंखला कार्टूनों के इतिहास पर नहीं थी, बल्कि राजनीतिक कार्टूनों से प्रतिबिंबित होनेवाले भारत के इतिहास पर होनी थी। स्पष्टतया इसके प्रारंभिक बिंदु शंकर और उनकी पत्रिका 'शंकर्स वीकली' थे जिसे मैं कॉलेज के दिनों में नियमित पढ़ा करता था। वहाँ से हम कहाँ जाएँ?

टाइम्स ऑफ इंडिया में काम कर रहे मेरे एक मित्र--पत्रकार शास्त्री रामचंद्रन 'विदाउट मैलिस' के शोध और इसकी पटकथा पर मेरे साथ काम करने के लिए तैयार हो गए थे। शास्त्री में बड़ी तेजी से खासी सामग्री अपने भीतर उतार लेने और फिर उसका तीखा निचोड़ बाहर निकाल लाने की निराली प्रतिभा है। दूसरी ओर मेरी प्रवृत्ति किसी पवित्र गाय की तरह तथ्यों और पृष्ठभूमि की धीरे-धीरे जुगाली करने की और फिर पीने लायक थोड़ा-बहुत दूध उपलब्ध कराने की है। इस अर्थ में हमारी मेधा और हमारे मिजाज एक-दूसरे के पूरक थे।

नेहरू लाइब्रेरी में पुराने अखबारों की मार्फत किए गए खासे शोध और आपस में खासे विचार-विमर्श के बाद आर.के. लक्ष्मण, अनवर अहमद, आर.सी. बैनर्जी, अबू अब्राहम, सुधीर दर, अतनु रॉय, राजिंदर पुरी, अजित नैनन, रविशंकर, कुट्टी,

उन्नी, ओवी विजयन, सुधीर तैलंग, केशव और इरफान हुसैन के कार्टूनों को इसमें शामिल करने का हमने मन बना लिया।

मैं पहले से तय कर चुका था कि शृंखला में सूत्रधार का काम गिरीश कर्नाड करेंगे। उनकी एक सही मीडिया छवि थी। हम पहले एक अन्य टीवी शृंखला के लिए साथ काम कर चुके थे और हमारी अच्छी पटी थी। वे तुरंत मेरे अनुरोध पर तैयार हो गए। मैं कार्यक्रम में कुछ कार्टूनिस्टों को भी प्रस्तुत करना चाहता था। आर. के. लक्ष्मण को मुंबई की अपनी मीनार से उतरकर दिल्ली या बल्कि नोएडा आना गवारा नहीं हुआ जहाँ एक सेट पर शूटिंग होनी थी। वे चाहते थे कि मुंबई में ही उनका इंटरव्यू हो और वह हमारे इरादे के माकूल नहीं बैठता था।

मैंने कार्यक्रम में आने के लिए सुधीर दर, सुधीर तैलंग, केशव और अबू अब्राहम से संपर्क करने का फैसला किया। अस्सी के दशक में ही अबू वापस केरल अपने घर जा चुके थे और त्रिवेंद्रम में बस चुके थे। मैंने उनसे फोन पर संपर्क कर उन्हें शृंखला के बारे में जानकारी दी और बताया कि उनसे मेरी क्या अपेक्षा है। वे मुझे जरा भी नहीं जानते थे और कोई वजह नहीं थी कि उन्होंने मेरे बारे में कभी सुना हो। मगर वे दिल्ली आकर शृंखला में सहभागी होने को तत्काल तैयार हो गए।

इसी पृष्ठभूमि में 1998 की गर्मियों में हम दिल्ली में इंडिया इंटरनेशनल सेंटर के बार में मिले जहाँ उन्होंने काली मिर्च और ब्रांडी के बारे में यह टिप्पणी की थी। मैंने उनसे पूछा, 'आप व्हिस्की की जगह ब्रांडी क्यों पसंद करते हैं? आखिर ब्रांडी तो आमतौर पर डिनर के बाद का पेय है।' फिर वही जाना-पहचाना अंतराल था और उनकी आँखों में एक चमक थी। फिर उन्होंने कहा, 'ब्रांडी दिमाग को साफ करती है, व्हिस्की दिमाग पर छा जाती है।' मुझे मालूम था कि बड़ी संख्या में केरलवाले व्हिस्की पर ब्रांडी को तरजीह देते हैं और इनमें एक दिवंगत फिल्मकार और कार्टूनिस्ट अरविंदन भी थे मगर मुझे यह नहीं पता था कि इस तरजीह के पीछे का तर्क यह है। आज भी इस तर्क पर मुझे संदेह होता है हालाँकि निश्चित रूप से, जैसा कि अगले दिन मैंने पाया, अबू मजाक नहीं कर रहे थे। वे ब्रांडी और मानसिक स्पष्टता के संबंध को लेकर पूरी तरह आश्वस्त थे।

मैंने अबू को बताया कि मैं चाहता हूँ कि वे 'विदाउट मैलिस' की दो किस्तों में आएँ–एक तो पहली किस्त में जिसमें शंकर के कार्टूनों में दिखनेवाले जवाहरलाल नेहरू पर चर्चा होगी और चौथी किस्त में, जिसमें आपातकाल तक की घटनाएँ होंगी और इंदिरा गाँधी का आपातकाल वाला दौर भी। वे बेहिचक तैयार हो गए।

हमने डिनर के बाद करीब दस बजे एक-दूसरे से विदा ली। मैंने उन्हें बताया कि अगली सुबह ग्यारह बजे के आसपास नोएडा के सेट तक उनके पहुँचने की मैं व्यवस्था कर दूँगा। इस पर उन्होंने आहिस्ते-से कहा, 'बिक्रम, एक गुजारिश करूँ?' मैंने थोड़ी आशंका के साथ उन्हें देखा। तब कुछ अजीब ढंग से मुस्कराते हुए उन्होंने

कहा, 'क्या तुम थोड़ी सी ब्रांडी तैयार रख सकते हो? सेट पर जाने के पहले मैं कुछ घूँट लेना चाहूँगा।' हालाँकि उन्होंने कहा नहीं, मगर मैं अपने दिमाग में सुन सकता था, 'पता है, ब्रांडी दिमाग साफ करती है।'

जरूरी व्यवस्थाएँ तो हो ही चुकी थीं। जब उनका वक्त आया, अबू अपने दिमाग साफ करनेवाले टॉनिक की खुराक के साथ मौजूद थे। मैं थोड़ा घबराया हुआ था, मगर अबू पूरी तरह बेफिक्र थे। शूटिंग के दौरान गिरीश कर्नाड ने उनसे पूछा कि नेहरू के शंकर से कैसे संबंध थे। अबू ने बताया कि नेहरू ने एक बार कहा था कि 'मुझे भी बख्शना मत शंकर'। शंकर ने न सिर्फ नेहरू को बख्शा नहीं, बल्कि उन पर अनगिनत कार्टून बनाए। और फिर अबू ने कहा, 'नेहरू और शंकर एक पारस्परिक प्रशंसा-समाज थे।'

शूटिंग बिना किसी व्यवधान के चलती रही। अबू हास्य और व्यंग्य से लैस थे, शब्दों के लिहाज से बेहद किफायती और वक्तव्यों के लिहाज से बेहद बेबाक। आपातकाल के समय को समेटनेवाली किस्त की शूटिंग का दिन आया। मुझे मालूम था कि एक हद तक, खुशवंतसिंह की ही तरह, अबू ने भी आपातकाल का समर्थन किया था। वे तब राज्यसभा के सदस्य थे। मैंने गिरीश कर्नाड को कहा था कि वे इस पहलू की तह में जाएँ।

गिरीश कर्नाड ने शुरुआत में ही यह पूछा कि आपातकाल के दौरान कार्टूनिस्टों ने क्या किया था? अबू का जवाब था कि मुकम्मल सेंसरशिप प्रेस पर करीब तीन महीने या इससे कुछ ज्यादा समय तक चली थी। इसके बाद यह ढीली पड़ गई थी। उन्होंने बताया कि उनके साथ हुई एक मुलाकात में इंदिरा गाँधी का कहना था कि उनके दिमाग में इस तरह की सेंसरशिप कतई नहीं थी।

उन्होंने विद्याचरण शुक्ल को लेकर एक किस्सा भी सुनाया जो तब सूचना और प्रसारण मंत्री थे। शुक्ल ने नई दिल्ली में प्रेस क्लब की एक बैठक को संबोधित करते हुए कहा कि सेंसरशिप ह्यूमर के प्रसार को रोकने के लिए जरूरी है। अबू उस प्रेस कॉन्फ्रेंस में थे। उन्होंने उठकर पूछा, 'लेकिन आप ह्यूमर (परिहास) का प्रसार क्यों रोकना चाहते हैं?' दो दिन बाद प्रधानमंत्री कार्यालय से कहा गया कि कार्टूनों को सेंसर के लिए भेजने की जरूरत नहीं है।

आपातकाल के समर्थनवाली बात पर उन्होंने बेबाक ढंग से कहा कि आपातकाल को उनका समर्थन उसी हद तक था जिस हद तक उनका जयप्रकाश नारायण के आंदोलन और प्रशासन की अवज्ञा के लिए सैन्य बलों के आह्वान का विरोध था। मगर बाद में आपातकाल चापलूसी की संस्कृति में सिमट गया।

इत्तिफाकन आपातकाल का एक दिलचस्प पहलू यह था कि हालाँकि संजय गाँधी संविधानेतर सत्ता के रूप में उभरकर आए थे और उनकी हरकतें हर किसी को मालूम थीं, मगर संजय पर कार्टून नहीं बनते थे। अबू ने इसकी कैफियत यह कहते

हुए देने की कोशिश की कि कार्टूनिस्ट संजय को अनावश्यक महत्त्व नहीं देना चाहते थे।

ब्रांडी हो या नहीं, यह बात गले नहीं उतर रही थी। अगर मीडिया और कार्टूनिस्ट नरेंद्र मोदी को नजरअंदाज करें तो क्या वे गायब हो जाएँगे? मुझे आज अबू के साथ इसकी चर्चा करना अच्छा लगता। मगर यह बातचीत अब कभी हो नहीं सकेगी क्योंकि अबू 1 दिसंबर, 2002 को गुजर गए। अगली दफा जब मैं इंडिया इंटरनेशनल सेंटर के बार में जाऊँगा तो उनके नाम पर व्हिस्की नहीं, ब्रांडी का एक गिलास उठाऊंगा, शायद सुधीर तैलंग के साथ जो अबू को अपना गुरु मानते हैं।

'विदाउट मैलिस' की उत्तरकथा के तौर पर मैं जोड़ सकता हूँ कि हालाँकि स्टार टीवी ने, जिसने शृंखला में पैसा लगाया था, मुझे पूरा भुगतान कर दिया, मगर उसका प्रसारण कभी नहीं किया। मुझे इसका कारण कभी नहीं बताया गया, मगर मेरा अनुमान है कि शृंखला कुछ ज्यादा ही तल्ख थी, खासकर ऐसे वक्त में जब स्टार टीवी भारत में पाँव पसार रहा था। सेंसरशिप सिर्फ आपातकाल के दौरान ही नहीं थी। यह अब भी कई कपटी रूपों में मौजूद है—सार्वजनिक क्षेत्र में भी और निजी क्षेत्र में भी।

कोमल दा

ऐसे लोगों के प्रति मेरे भीतर अक्सर श्रद्धा का भाव रहा है जो मौत का सामना करते हुए भी भविष्य को लेकर सपने देखते रहते हैं और यथाशक्ति इन सपनों को पूरा करने में लगे रहते हैं। कोमल कोठारी बल्कि कोमल दा ऐसे ही विशिष्ट व्यक्ति हैं।

मेरा खयाल है, उनसे मेरी पहली मुलाकात सत्तर के दशक के प्रारंभिक वर्षों में दिल्ली स्थित संगीत नाटक अकादेमी में हुई थी। उस मुलाकात की बहुत स्मृति मेरे भीतर नहीं है क्योंकि वह आमने-सामने की मुलाकात नहीं थी। यह कोई आयोजन था जिसमें हम मिले थे। बस एक ही बात मुझे याद है कि वे तब भी राजस्थानी लोक संगीत से काफी गहनता के साथ जुड़े हुए थे। करीब तीन साल पहले मैं उनसे परोक्षतः फिर से जुड़ा जब मेरे एक मित्र राजस्थान में मीरा भजन गायकी की वाचिक परंपरा पर शोध करने लगे। मेरे मित्र डॉ. बहादुर सिंह जर्मनी के हैम्बर्ग विश्वविद्यालय में डिपार्टमेंट आफ इंडियन स्टडीज में पढ़ा रहे थे। वे कोमल दा के निर्देशन और सहयोग से अपना शोध करने भारत आए थे। तब जाकर मुझे मालूम हुआ कि कोमल दा की दिलचस्पी सिर्फ लोक संगीत तक सीमित नहीं है बल्कि लोककला और लोकशैलियों, वस्तुतः राजस्थानी लोक संस्कृति के समस्त पक्षों तक पसरी हुई है।

करीब छह महीने पहले मेरी मुलाकात बंकर राय से हुई जो राजस्थान के तिलोनिया में कई दशकों से सफलतापूर्वक एक गैरसरकारी संगठन चला रहे हैं। वे कोमल दा के बड़े प्रशंसक हैं। कोमल दा पिछली आधी सदी से अधिक समय से जो काम करते आ रहे थे, उसकी उन्होंने मुझे कुछ विस्तार से जानकारी देते हुए सलाह दी कि मैं उन पर और उनके काम पर फिल्म बनाऊँ। उन्होंने मुझे यह भी बताया कि कोमल दा बहुत बीमार चल रहे हैं।

मैं कोमल दा से दुबारा बीते सितंबर में मिला जब वे संगीत नाटक अकादेमी द्वारा आयोजित एक सेमिनार में हिस्सा लेने दिल्ली आए हुए थे। मेरी उनसे सिर्फ लंच ब्रेक के दौरान बातचीत हो पाई मगर मेरे उन पर और उनके काम पर फिल्म बनाने के इरादे पर संजीदगी से विचार करने के लिए इतना भर पर्याप्त था। निजी

इतिहास, चाहे वे जितने भी अनूठे हों, मेरे भीतर तब तक बहुत गहरी दिलचस्पी नहीं जगाते जब तक वे बृहत्तर परिप्रेक्ष्य या लैंडस्केप्स अथवा चित्रकार अकबर पद्मसी जिसे मेटा स्केप्स बोलते हैं--तक नहीं ले जाते। कोमल दा का काम मेरे लिए वह 'मेटा स्केप' था जिसने उनके निजी इतिहास को दिलचस्प और मानीखेज भी बना डाला था।

बीते हफ्ते मैं जोधपुर उनके घर पहुँचा। वे धूप में बैठे दो लोगों के साथ, राजस्थान के लोक संगीत और लोक परंपरा के एक संग्रहालय के बारे में बात कर रहे थे जो वे जोधपुर में स्थापित करना चाहते हैं। उनसे अपना परिचय हो जाने के बाद मैं चुपचाप बैठकर बातचीत सुनने लगा, यह कोशिश करते हुए कि बीच में न बोलूँ। कभी-कभी किसी एक की चुप्पी बाकी लोगों का ध्यान बँटानेवाली हो सकती है। कोमल दा चर्चा में मुझे शामिल करने की कोशिश कर रहे थे मगर मैं हिचक रहा था चूँकि मेरे पास चर्चा में कुछ नया जोड़ सकने लायक पर्याप्त जानकारी नहीं थी। थोड़ी देर बाद मुझे एहसास हुआ कि कोमल दा के मन में जो बात है और बाकी दो सज्जन--जिनमें से एक पर्यटन व्यवसाय में हैं--जो करना चाह रहे हैं, उसमें खासा अंतर है। कोमल दा इस बात पर अडिग थे कि वे संग्रहालय का व्यवसायीकरण नहीं चाहते। बाकी सज्जन आग्रह कर रहे थे कि इसे वित्तीय तौर पर आत्मनिर्भर होना चाहिए। मैं यह सोच रहा था कि क्या दुनिया में ऐसा कोई महत्त्वपूर्ण संग्रहालय है जो वित्तीय तौर पर आत्मनिर्भर हो, और क्या आत्मनिर्भरता के नाम पर आंतरिक रूप से वित्तीय संसाधन जुटाने का तर्क व्यवसायीकरण की दिशा में पहला कदम नहीं है। बहरहाल, दोनों सज्जन कुछ देर बाद चले गए।

मैंने कोमल दा को अपने आने का मकसद बताया। मैंने उनसे कहा कि बीते चार दशकों में जितने विस्तृत फलक पर उन्होंने काम किया है, उसे एक फिल्म में समेटा नहीं जा सकता। इसलिए मैं लंगा और माँगणियार नामक दो गाने-बजानेवाले समुदायों को लेकर किए गए उनके काम पर फोकस करना चाहूँगा।

वहाँ मेज पर चाँदी की दो गोल डिबियाएँ पड़ी हुई थीं। बाद में मैंने ध्यान दिया कि एक में पान मसाला था और दूसरे में जर्दा था। दोनों डिबियों से उन्होंने थोड़ा-थोड़ा निकाला, आपस में मिलाया और उसका स्वाद लेने लगे। एक लंबे विराम के बाद वे इन दोनों समुदायों के बारे में इतने लगाव और इतनी गहराई के साथ बताने लगे जो सिर्फ जीवन भर की दीवानगी से ही संभव है। जिस उत्साह और शिद्दत के साथ वे बोल रहे थे, उससे कतई अंदाजा नहीं होता था कि वे गंभीर रूप से बीमार हैं।

यह कहानी आगे बढ़ाने से पहले आपको थोड़ा कोमल दा के बारे में बताऊँ। कोमल कोठारी का जन्म उदयपुर के पास कपासन नामक गाँव में 1928 में हुआ--हालाँकि आधिकारिक रूप से यह 1929 है। उन्होंने उदयपुर से हिंदी साहित्य

में एम.ए. किया। छात्रावस्था में वे कम्युनिस्ट पार्टी के छात्र विंग से जुड़े हुए थे। कम्युनिस्ट पार्टी से जुड़ाव ने उनके भीतर वह विशिष्ट समझ पैदा की जिससे उन्हें आम जनों और उनके कामकाज को सम्मान और लगाव के साथ देखने में मदद मिली। 'मैं अपने छात्र-दिनों में काफी पढ़ा करता था', उन्होंने कहा। 'सिर्फ हिंदी साहित्य नहीं, बल्कि पश्चिमी साहित्य, इतिहास और दर्शन भी। दरअसल उन दिनों सारे कम्युनिस्ट खूब पढ़ते थे। अब तो वे भी निरक्षर हो गए हैं', उन्होंने मुस्कराते हुए कहा।

एम.ए. करने के बाद वे कलकत्ता के एक इंटर कॉलेज में पढ़ाने लगे। शनिवार-इतवार को वे शांतिनिकेतन जाकर नंदलाल बोस और रामकिंकर वैज के साथ समय गुजारते। भारतीय लोककला की बहुत गहरी समझ रखनेवाले इन दो महान कलाकारों के साथ उनके जुड़ाव ने ही शायद उन्हें लोक संस्कृति की प्रासंगिकता, जीवंतता और उसके मूल्य के प्रति एक अंतर्दृष्टि दी। बाद में वे ज्ञानोदय के प्रबंध संपादक हो गए। 'इत्तिफाक से, अपने छात्र जीवन में कई बांग्ला लेखकों से मेरा परिचय 'ज्ञानोदय' के हिंदी अनुवादों की मार्फत हुआ'।

पचास के दशक के उत्तरार्ध में उन्होंने राजस्थानी लोक परंपरा पर गंभीरता से ध्यान देना शुरू किया। इसकी परिणति 1960 में जोधपुर जिले के एक गाँव बोरुंदा में रूपायन संस्थान की स्थापना के रूप में हुई जहाँ उनके सहयोगी और मित्र विजयदान देथा अब भी रहते हैं। कुछ साल पहले, बोरुंदा में रूपायन बंद हो गया। गतिविधियों का केंद्र बदलकर अब जोधपुर हो गया है। यहाँ कोमल दा अब ऑडियो और वीडियो के उस समृद्ध संग्रह को सहेजने-व्यवस्थित करने में जुटे हुए हैं जो पिछले चार दशकों के शोध के दौरान बहुत श्रम से इकट्ठा किया जाता रहा है। यह काम फोर्ड फाउंडेशन द्वारा सुलभ कराई जा रही वित्तीय मदद से किया जा रहा है।

अब कोमल दा की अद्भुत दीवानगी, यानी राजस्थान के लोक संगीत और लोक कलाकारों पर लौटूँ।

लंगा और माँगणियार दोनों पारंपरिक रूप से गाने-बजानेवाले समुदाय हैं जो मूलतः पाकिस्तान के सिंध से आए और अब पश्चिमी राजस्थान में रहते हैं। लंगा करीब पाँच हजार लोगों का छोटा सा समुदाय है जो जोधपुर और बाड़मेर जिलों के चौदह गाँवों में रहते हैं। माँगणियार करीब चालीस से पचास हजार लोगों का अपेक्षया बड़ा समुदाय है जो मुख्यतया जैसलमेर और जोधपुर जिलों के दो सौ गाँवों में पसरा हुआ है। माँगणियारों को मिरासी भी कहते हैं। दोनों सुन्नी मुसलमान हैं। मगर जहाँ लंगाओं के यजमान प्राथमिक तौर पर मुसलमान हैं, वहीं माँगणियारों के लगभग सभी यजमान हिंदू हैं।

लंगाओं के मुख्य यजमान सिंधी सिपाही हैं। जैसा कि नाम से लगता है, वे शायद मूलतः सिंध के सिपाही थे जिन्होंने पश्चिमी राजस्थान के जागीरदारों और

रजवाड़ों के यहाँ नौकरी की। मगर बाद में यह समुदाय खेती और गाय, भेड़-बकरियों जैसे पशुओं के पालन में लग गया। सिंधी सिपाही आमतौर पर गाँव के बाहर अपने खेतों के करीब ढाणियों में रहते हैं जहाँ वे अपने मवेशियों को आसानी से चरा सकते हैं। आर्थिक और सामाजिक दोनों रूपों से सिंधी सिपाही समाज के निचले तबके में पड़ते हैं। सिंधी सिपाहियों के सभी सामाजिक और धार्मिक कार्यक्रमों में लंगा गाते-बजाते हैं। चूँकि उनके जजमान बहुत समृद्ध नहीं हैं इसलिए लंगा काफी गरीब हैं। सिंधी सिपाहियों से अपने संबंध के कारण लंगाओं को घोड़ों के बारे में भी विशेषज्ञता हासिल हो गई है। वे अक्सर घोड़ों का भी व्यापार करते हैं।

लंगाओं का सबसे बड़ा गाँव बाड़मेर जिले में बड़नवा है। यहाँ करीब डेढ़ सौ लंगा परिवार हैं। कोमल दा से मिलने के कुछ दिन बाद जब मैं इस गाँव में गया तो मैंने पाया कि वे अब भी फूस की ढलुआँ छतोंवाले मिट्टी के झोपड़ों में रहते हैं। उनमें से ज्यादातर राज्य सरकार द्वारा आयोजित कार्यक्रमों में या देश के बाहर अपनी प्रस्तुतियों के जरिए या होटलों में काम करके अपनी आय में कुछ जोड़ते हैं। यह कोमल दा द्वारा पिछले कुछ दशकों से उन्हें सुलभ कराए गए 'एक्सपोजर' का नतीजा था जिसने उन्हें राजस्थानी संस्कृति के सर्वाधिक पहचाने जानेवाले चेहरों में एक बना डाला।

एक ज्यादा महत्त्वपूर्ण स्तर पर वरिष्ठ लंगा कलाकारों के निर्देशन में लंगा बच्चों को पारंपरिक संगीत सिखाने के लिए एक प्रशिक्षण विद्यालय चलाया जा रहा था। इसे भी कोमल दा की पहल पर संगीत नाटक अकादेमी की वित्तीय मदद मिली हुई है। तीन लंगा शिक्षकों को तीन हजार रुपए प्रति माह वेतन दिया जाता है और कई बच्चे उत्साह के साथ अपना ही संगीत सीख रहे हैं। बाद में गाँवों में चक्कर लगाने के दौरान मैंने जैसलमेर से करीब बीस किलोमीटर पहले हमीरा नामक गाँव में माँगणियार बच्चों के लिए भी ऐसा ही एक स्कूल देखा। इसकी स्थापना भी कोमल दा के प्रयासों से की गई थी और संगीत नाटक अकादेमी इसे वित्तीय मदद दे रही है।

लंगाओं के मुख्य पारंपरिक वाद्य सिंधी सारंगी, गुजरातन सारंगी हैं जो डोरीवाले वाद्य हैं और सुरनई, मुरली और पावा जोड़ी हैं जो फूँककर बजाए जाते हैं। सारंगी बजाने वाले लंगा सुरनई लंगाओं से शादी नहीं करते। माँगणियारों का मुख्य पारंपरिक वाद्य कमायचा है जिसमें डोरियाँ और कमानी होती है और जो बहुत समृद्ध अनुगूँजवाली ध्वनि पैदा करता है।

करीब आधी सदी पहले तक लंगा सारंगी और माँगणियार कमायचा दोनों गुजरात और राजस्थान के कुछ हिस्सों में बनाए जाते थे। जब कोमल दा परिदृश्य में आए तब तक इन वाद्यों का निर्माण पूरी तरह ठप्प हो चुका था। लंगा और माँगणियार दोनों पीढ़ी-दर-पीढ़ी चले आ रहे वाद्यों से काम चला रहे थे। संयोग से,

परंपरा के मुताबिक वाद्ययंत्र विरासत में सबसे छोटे बेटे को मिलते हैं न कि बड़े बेटे को। बाड़मेर जिले के बीसू कलाँ गाँव में मैंने देखा कि चानण खाँ माँगणियार के पास करीब दो सौ साल पुराना कमायचा है।

इसलिए संगीत की माँगणियार और लंगा लोक शैलियों को लुप्त होने से बचाने के लिए कोमल दा के सामने सबसे बड़ी चुनौतियों में एक सारंगी और कमायचा का निर्माण फिर से शुरू कराना था। उन्होंने यह काम हाथ में लेने के लिए जोधपुर के एक स्थानीय उद्यमी धनंजय को तैयार किया। धनंजय का मुख्य व्यवसाय काष्ठकला की वस्तुएँ बनाना था। उसे काठ और उसकी कलाओं का ज्ञान था मगर संगीत का नहीं। कोमल दा ने नई सारंगियाँ और कमायचे बनाने के लिए धनंजय के काष्ठ शिल्पियों और मुख्य लोक कलाकारों की एक टीम तैयार की। काफी कोशिशों और भूल-चूक के बाद 45 वाद्य तैयार किए गए। इन्हें काफी कम कीमत पर कुछ चुने हुए परिवारों को दिया गया है। इन वाद्यों में अब भी सुधार की जरूरत है और इनमें परिपूर्णता लाने के प्रयास जारी हैं।

कोमल दा के काम के और भी कई आयाम हैं जिनका जिक्र करना मुझे अच्छा लगता मगर उन्हें मैं उस फिल्म के लिए बचाए हुए हूँ जिसके लिए मैं शोध करने गया था। मसलन, ज्यादातर माँगणियारों ने कमायचा की जगह हारमोनियम को अपना लिया था। अब वे फिर कमायचा पर लौट आए हैं। हालाँकि मुझे खयाल आता है, एक भूमंडलीकृत दुनिया में, जहाँ विराट उत्पादन और विराट उपभोग के दबाव में सारी विविधताएँ नष्ट हो रही हैं, यह लोकशैली कब तक बची रहेगी।

परिवर्तन अपरिहार्य है। बीती सदियों में सभी परंपराएँ परिवर्तन से गुजरी हैं क्योंकि कोई परंपरा जड़ नहीं हो सकती। प्रश्न परिवर्तन का नहीं, परिवर्तन की गति का है। परिवर्तन की इस गति को सुनियोजित ढंग से काम करने का कोई रास्ता तलाशना होगा जो इन लोक कलाकारों के जीवन को प्रभावित कर रही है। मुझे इसका उत्तर एक रेस्तरां के नाम में मिला जिस पर मेरा ध्यान जैसलमेर से निकलते हुए गया। रेस्तरां खुद को बड़ी हिम्मत से 'स्लो फूड रेस्तरां' घोषित कर रहा था जो फास्ट फूड संस्कृति का कुछ ढिठाई भरा जवाब था।

पत्थर में स्वर

पिछले महीने मार्च में नदीमर्ग कांड हुआ तो मैं श्रीनगर में ही था। सर्दी का मौसम अभी खत्म नहीं हुआ था। वसंत की अभी थोड़ी सी आहट ही हुई थी क्योंकि कहीं-कहीं ही बादाम के पेड़ों पर बौर आना शुरू हुआ था। चारों तरफ एक बदरंग उदासी छाई हुई थी जो नदीमर्ग के खूनी हादसे से और गहरी हो गई।

इससे पहले मैंने कहीं-कहीं बैनर लगे देखे थे जो पुकार रहे थे 'जाहिल बुश युद्ध बंद करो।' इससे लगता था कि कश्मीर सिर्फ अपने ही गम में खोया हुआ नहीं है। कहीं न कहीं बाकी संसार से भी जुड़ा है। लेकिन नदीमर्ग के बाद कश्मीर अपने दर्द में इस तरह डूब गया कि ऐसा लगने लगा यहाँ इराक की लड़ाई का कोई मतलब नहीं है।

मैं यह बात इसलिए कह रहा हूँ कि दिल्ली में रोज कश्मीर में आतंकवादी हमलों की खबरें पढ़ते-पढ़ते हम यह भूल जाते हैं कि यह केवल खबरें नहीं हैं। कश्मीर में हाड़मांस के इंसान मर रहे हैं और बचे हुए लोगों का जीवन रोज लहूलुहान हो रहा है।

कश्मीर मैं मशहूर मूर्ति शिल्पकार गयूर हसन पर एक डॉक्युमेंटरी फिल्म बनाने आया था। आधुनिक भारत में मूर्ति शिल्प को इतना सम्मान नहीं मिला है जितना चित्रकला को, हालाँकि प्राचीन भारत में ऐसा नहीं था। मूर्ति शिल्पकला की समस्या कुछ हद तक वही है जो फिल्म कला की है– साधनों के लिए दूसरों पर निर्भरता।

गयूर श्रीनगर के बाहरी हिस्से पंडरेथन में रहते हैं। एक छोटी-सी पहाड़ी के साए में बसी यह बस्ती एक जमाने में बिल्कुल शांत हुआ करती थी, शहर के शोरगुल से बिल्कुल दूर। अब पास के नेशनल हाईवे का शोर यहाँ का मौन बन गया है। इमारतें इतनी बन गई हैं कि पीछे की पहाड़ी भी आसानी से नजर नहीं आती।

जब मैं गयूर हसन के घर पहुँचा तो वह अपने घर के छोटे से आँगन में पत्थर पर काम कर रहे थे। उनका जन्म 1939 में हुआ था और अब वे चौसठ साल के

हैं लेकिन जिस सहजता से वह हथौड़ी और छैनी से पत्थर को तराश रहे थे, ऐसा बिल्कुल नहीं लगता था कि उन पर बुढ़ापे का कोई असर पड़ा है।

श्रीनगर से बी.ए. करने के बाद गयूर हसन कला सीखने के लिए बड़ौदा फैकल्टी ऑफ आर्ट्स चले गए। उस जमाने में उनका बड़ौदा जाने का यह फैसला गैरमामूली था। दरअसल इस फैसले में मशहूर चित्रकार गुलाम रसूल संतोष का भी हाथ था। उन्होंने गयूर हसन को सलाह दी थी कि वे बड़ौदा जाएँ हालाँकि श्रीनगर में भी एक संगीत और ललित कला का संस्थान था। संतोष ने उनको यह भी सलाह दी कि उन्हें चित्रकला की बजाए मूर्तिशिल्प सीखना चाहिए।

उस जमाने में बड़ौदा के मूर्ति शिल्प विभाग के अध्यक्ष शंखो चौधरी हुआ करते थे। जब गयूर हसन उनसे मिले तो शंखो चौधरी ने उन्हें गले से लगा लिया और कहा कि तुम पहले कश्मीरी कलाकार हो जो शिल्पकार बनने आए हो। इस बात की मुझे बेहद खुशी है।

यह कहानी मुझे गयूर हसन ने सुनाई। कहानी सुनाते वक्त जब भी शंखो चौधरी का नाम आता तो गयूर हसन अपने कानों को छू लेते जैसा कि कला जगत का रिवाज है। तैंतीस साल के बाद भी अपने गुरु के लिए इतना आदर कम ही देखने को मिलता है। जब मैंने उन्हें बताया कि मेरा शंखो दा से परिचय है तो उनकी नजरों में मेरी इज्जत बढ़ गई। शायद उन्हें ये भला-सा शक भी होने लगा कि मैं थोड़ा बहुत कला और कला जगत के बारे में जानता हूँ।

गयूर हसन के लिए कला एक साधना है क्योंकि उनकी तलाश दुनियावी न होकर आध्यात्मिक है। उनकी यह आध्यात्मिक तलाश भारत की तीन महान धार्मिक परंपराओं से जुड़ी हुई है—शैव मत, बौद्ध मत और इस्लाम। ये तीनों धर्म कश्मीर के इतिहास एवं परंपरा से गहरे जुड़े हैं। इस तरह गयूर हसन यह मानते हैं कि आध्यात्मिक संसार में कोई धार्मिक बँटवारा नहीं है।

दरअसल गयूर हसन ने साधना विषयवस्तु को लेकर एक लंबी शिल्प शृंखला बनाई है। इनमें कुछ हैं—ट्रैंक्विल मैलोडी, लव एंड सौलेस और ब्लिस। ये सभी मूर्ति शिल्प पत्थर से बने हैं और इनमें बौद्ध मंडल और तांत्रिक प्रतीक नजर आते हैं। कभी-कभी अचानक ही एक छोटी-सी पीतल की घंटी भी दिखाई पड़ती है जैसे ट्रैंक्विल मेलोडी में। जब मैंने गयूर हसन से इन घंटियों के बारे में पूछा तो उन्होंने कहा कि वो मानते हैं कि मैलोडी यानी लय या स्वर ब्रह्मांड को स्थिरता देता है और संतुलित करता है। वह इस लय, इस स्वर को अपने पत्थर के शिल्पों में सुनना चाहते हैं। वह ये भी चाहते हैं कि उनकी कला को देखने वाले इस स्वर, इस लय को महसूस करें।

गयूर हसन की कला की दूसरी बड़ी विशेषता है—सादगी। जैसा कि फ्रांसीसी फिल्मकार रॉबर्ट ब्रेसौं ने कहा है कि सादगी दो प्रकार की होती है—एक तो उसमें होती है जो कुछ नहीं जानता और दूसरी वैसी जो सब कुछ जानने के बाद आती है। गयूर हसन की सादगी सब कुछ जानने वाली सादगी है। वह पत्थर को बहुत कम तराशते हैं। ऐसा लगता है कि पत्थर को देखते ही उसमें छिपा आकार वह पहचान लेते हैं और थोड़ा सा तराशने से ही वह बाहर निकल आता है।

जब मैंने कश्मीर के एक दूसरे कलाकार और कला समीक्षक शुजाह सुल्तान से इस विषय पर बात की तो उन्होंने कहा कि आमतौर से मूर्ति शिल्पकार पत्थर को काट-छाँट कर उसको कुछ और बना देना चाहता है। गयूर हसन की खूबी यह है कि वे पत्थर को पत्थर ही रहने देते हैं लेकिन उसमें जान डाल देते हैं।

दरअसल इस मायने में गयूर हसन न्यूनतमवादी परंपरा में विश्वास रखते हैं। दिल्ली की धूमीमल आर्ट गैलरी का कनॉट प्लेस में एक मुक्ताकाशी शिल्प पार्क है। यहाँ पर मैंने गयूर हसन के बनाए तीन इंसानी चेहरे देखे जिनका खुला मुँह आकाश की तरफ उठा है। ये पत्थर बहुत कम तराशे गए हैं। इसके बावजूद चेहरे और चेहरे पर भाव साफ नजर आते हैं। न्यूनतम तकनीक की वजह से ये किसी एक खास इंसान का चेहरा बन कर नहीं रह जाते बल्कि एक सार्वभौमिक इंसानी चेहरा बन जाते हैं।

हालाँकि गयूर हसन का ज्यादातर काम पत्थर में है और वे इसके लिए संगमरमर या ग्रेनाइट की जगह लाइमस्टोन का इस्तेमाल करते हैं, उन्होंने काफी काम लकड़ी में भी किया है। कभी-कभी वह लकड़ी के साथ पत्थर और पीतल भी मिलाते हैं और इस तरह उनके कई अच्छे काम मिश्रित माध्यम में हैं। उनके घर मैंने एक बहुत सुंदर मिश्रित माध्यम का क़ाम देखा जिसे वह वितस्ता कहते हैं। वितस्ता झेलम नदी का संस्कृत नाम है। इस मूर्ति शिल्प में दो पक्षियों के आकार हैं जो शायद अखरोट की लकड़ी के बने हुए हैं। नीचे की ओर एक बड़े से तराशे हुए पत्थर के ऊपर बहुत से छोटे-छोटे गोलाकार पत्थर रखे हुए हैं—ऐसे गोलाकार पत्थर जो बहती नदी के तल में पाए जाते हैं। इस शिल्प को देख कर ऐसा लगता है कि झेलम सिर्फ एक नदी नहीं है बल्कि एक रहस्यमय जीव है जो आधा उड़ता पक्षी है और आधा बहता पानी। यह शिल्प भी गयूर हसन की 'साधना' शृंखला का ही अंग है और उनकी आध्यात्मिक तलाश का प्रतीक भी।

बातचीत के दौरान गयूर हसन ने बताया कि उनका सारा काम पूर्व विचारित होता है। उसमें स्वतःस्फूर्तता की ज्यादा गुंजाइश नहीं है। शिल्प बनाने से पहले वह बहुत सारे रेखांकन बनाते हैं। इस दौरान वह अपने शिल्प के अलग-अलग हिस्सों के आकार और स्थान को तय कर लेते हैं। उसके बाद ही वह पत्थर या लकड़ी पर काम शुरू करते हैं। आमतौर से उनके शिल्प तीन चार भागों में बँटे रहते हैं जिनको

अलग-अलग बनाने के बाद वह उन्हें जोड़ देते हैं, जैसे मैकैनो के अलग-अलग टुकड़ों को जोड़ कर एक नया आकार तैयार किया जाता है। उन्होंने मेरे सामने ही अपने शिल्प 'एंकर' को जोड़ कर दिखाया।

शिल्प के अलावा गयूर हसन को कैलीग्राफी का भी बहुत शौक है। उन्होंने चीनी और अरबी दोनों तरह की कैलीग्राफी सीखी है। लेकिन चूँकि उन्हें चीनी भाषा नहीं आती इसलिए चीनी कैलीग्राफी छोड़ ज्यादा ध्यान अरबी कैलीग्राफी पर ही दिया है। इस्लामी परंपरा में इंसानी चित्र या मूर्ति बनाना अच्छा नहीं समझा जाता और पैगंबर के चित्र या मूर्ति बनाने की मनाही है। इसलिए इस्लामी संस्कृति में कैलीग्राफी की कला बहुत विकसित हुई है। गयूर हसन ने कश्मीर की पारंपरिक कैलीग्राफी पर 'शिरीन कलम' के नाम से एक किताब भी संपादित की है।

इसके अलावा उन्होंने कैलीग्राफी पर आधारित बहुत सारे शिल्प भी बनाए हैं। उनका एक बहुत जाना-माना शिल्प अल्लाह शब्द पर बना है और यह जम्मू के अभिनव थियेटर के प्रांगण में स्थापित है। मैंने अन्य कैलीग्राफी के शिल्प के लिए बने कई रेखांकन उनके घर पर देखे। एक बहुत ही सुंदर ड्राइंग अरबी के शब्दों अलिफ, लाम, मीम और स्वाद पर देखी। इसी तरह एक और ड्राइंग गयूर हसन ने ला इलाही इल लिलाह के पहले शब्द ला पर बनाई है। इन रेखांकनों या शिल्प का आनंद लेने के लिए अरबी भाषा जानना जरूरी नहीं है क्योंकि इनका आकार या फॉर्म स्वयं में बहुत सुंदर है।

यह तो मुझे मालूम था कि गयूर हसन उन चंद आधुनिक मूर्ति शिल्पकारों में से हैं जिन्होंने भारत की आधुनिक शिल्पकला में कश्मीर के लिए एक स्थान बनाया है। ठीक उसी तरह जिस तरह जी.आर. संतोष ने आधुनिक चित्रकला में एक स्थान बनाया है। लेकिन मुझे यह मालूम नहीं था कि गयूर हसन एक बहुत अच्छे चित्रकार भी हैं। अगर विषय को लें तो उनकी पेंटिंग्स का विषय वही है जो उनके मूर्ति शिल्प का है यानी साधना। लेकिन जाहिर है माध्यम और बिंबों का फर्क है।

उनकी एक लंबी चित्र-शृंखला डल झील में स्थित चारचिनारी पर आधारित है। गयूर हसन का कहना है कि जिस तरह बोधिवृक्ष बौद्ध मतावलंबियों के लिए ध्यान और ज्ञान का प्रतीक है उसी तरह कश्मीरी होने के नाते चिनार उनके लिए ध्यान और ज्ञान का प्रतीक है। वह खासतौर से चारचिनारी को एक ध्यान का स्थान मानते हैं। डल झील में एक छोटे से द्वीप पर चार चिनार के पेड़ हैं। स्थानीय लोगों का कहना है कि यह चिनार सैकड़ों वर्ष पुराने हैं। यहाँ सिर्फ शिकारे से ही जाया जा

सकता है। गयूर हसन अपनी जवानी के दिनों से ही अक्सर यहाँ जाया करते थे और अभी भी कभी-कभार जाते रहते हैं। जब मैं उनके साथ चारचिनारी गया तो वहाँ के एकांत और सुंदरता से प्रभावित हुए बिना न रह पाया। हालाँकि चिनार के ऊँचे वृक्षों पर शरद ऋतु के कारण एक भी पत्ता नहीं था।

और फिर मैंने एक अजीब दृश्य देखा। चारचिनारी टापू के चारों तरफ बचाव के लिए एक-दो फुट ऊँची दीवार बनी हुई है। इस दीवार के ऊपर पेप्सी कोला का बड़े-बड़े अक्षरों में एक इश्तिहार बना हुआ था। तब मेरे मन में विचार आया कि कश्मीर को सिर्फ आतंकवादी ही नष्ट नहीं कर रहे हैं, नई किस्म की लापरवाह तरक्की भी कश्मीर की दुश्मन है जिसका नमूना मैं हजारों प्लास्टिक के थैलों के रूप में देख चुका था जो सड़कों पर और डल झील के पानी पर खेल रहे थे।

हर्षवर्धन का मानसर

एंटिटी शब्द का हिंदी में कोई पर्यायवाची मुझे नहीं सूझ रहा। खासतौर से जिस तरह से इसका प्रयोग चित्रकार हर्षवर्धन शर्मा ने किया है। मानसर झील से प्रेरित एक चित्र-शृंखला का नाम उन्होंने 'एंटिटीज' रखा है। इस संदर्भ में एंटिटी को जीव या तत्त्व नहीं कहा जा सकता क्योंकि यहाँ पर एंटिटी में एक दूसरे लोक का आभास है। शायद यहाँ हम 'एंटिटीज' का अनुवाद 'पारलौकिक जीव' कर सकते हैं।

दो साल पहले दिल्ली की एक आर्ट गैलरी में मैंने यह चित्र-शृंखला देखी थी। तभी मेरे मन में यह विचार आया कि मौका मिला तो मैं हर्षवर्धन पर एक डॉक्यूमेंट्री बनाऊँगा। इसी सिलसिले में इस साल के शुरू में मेरा जम्मू आना हुआ। हर्षवर्धन वहीं के रहने वाले हैं।

जम्मू की मेरी यह दूसरी यात्रा थी। दो-तीन वर्ष पूर्व जब मैं पहली बार जम्मू गया था तो मैं वहाँ अपनी पत्नी के भाई के यहाँ रुका था जो तब सेना में मेजर जनरल थे। शहर के दूसरी तरफ तवी नदी के किनारे उनका बंगला था जिसमें दो-तीन एकड़ का बाग था जो हर वक्त सेना के जवानों से घिरा रहता था। वहाँ रह कर मुझे अकेले घूमने का बिल्कुल मौका नहीं मिला क्योंकि कार में बैठ कर जहाँ भी जाता, कारबाइन लिए सेना के दो जवान मेरे साथ रहते थे। जब मैंने तंग आकर गुजारिश की कि इन कारबाइनधारी सैनिकों को कृपया हटा लें क्योंकि मेरी जान को कोई खतरा नहीं है तो उनके जवाब ने मेरे अहं के गुब्बारे की हवा निकाल दी। जनरल ने कहा, 'आप बिल्कुल सही फरमा रहे हैं। आप जैसे छोटे-मोटे डॉक्यूमेंट्री बनाने वाले की जान को आतंकवादियों से कोई खतरा नहीं है। आपकी अहमियत यह है कि आप मेरे मेहमान हैं और मुझे नुकसान पहुँचाने के लिए आतंकवादी आपको नुकसान पहुँचा सकते हैं।'

बहरहाल, नतीजा यह हुआ कि दोनों बंदूकधारी मेरे कंधों पर बंदरों की तरह बैठे रहे और मैं जम्मू शहर बिल्कुल नहीं देख पाया, उस तरह जिस तरह मैं एक नया शहर देखने का आदी हूँ। हाँ, उन्होंने वैष्णोदेवी के दर्शन कराने का आग्रह जरूर किया। लेकिन उसमें मेरी कोई दिलचस्पी नहीं थी। मैं न नास्तिक हूँ, न ही

अधार्मिक। लेकिन मंदिर, मस्जिद, चर्च या गुरुद्वारा मुझे वही अच्छा लगता है जहाँ पर भीड़-भड़क्का न हो। सुना है वैष्णो देवी के दर्शन करने के लिये हर साल लगभग पचास लाख व्यक्ति जाते हैं। मुझे यकीन है मुझ एक के जाने या न जाने से देवी के मान को कोई फर्क नहीं पड़ेगा।

इस बार जब मैं जम्मू पहुँचा और काफी घूमकर शहर को देखा तो जम्मू एक मुरझाया-सा शहर लगा। 18वीं और 19वीं सदी में जम्मू बशोली मिनिएचर पेंटिंग स्कूल का केंद्र था जो अपने खास तरह के रंगों के लिए मशहूर था। अब तो यहाँ के इंस्टीट्यूट ऑफ म्यूजिक एण्ड फाइन आर्ट्स की हालत भी काफी खस्ता है। इस इंस्टीट्यूट की स्थापना 1965 में हुई थी और 1972 में यहाँ पर चित्रकला और मूर्तिशिल्प में डिग्री कोर्स शुरू हुआ। हषवर्धन ने यहीं से 1986 में फाइन आर्ट्स में डिग्री ली और आजकल यहीं पर वे पेंटिंग पढ़ा रहे हैं।

जम्मू का एक पुराना हिस्सा राजा की मंडी कहलाता है। इसको मंडी क्यों कहा जाता है यह तो पता नहीं लगा, लेकिन यहाँ पर कई इमारतें ऐसी हैं जो पाँच सौ साल से ज्यादा पुरानी हैं। अब यहाँ सरकारी दफ्तरों और छोटी-मोटी अदालतों का जंगल है जहाँ जानवरों की बजाय बाबू और छोटे-मोटे अफसर पाये जाते हैं। छुट्टी के दिन ही बाबुओं की भीड़ से दबी हुई इन इमारतों की बची-खुची सुंदरता दिखाई पड़ती है। सौभाग्यवश मैं छुट्टी के एक दिन ही हर्षवर्धन के साथ पहली दफा यहाँ गया।

हर्षवर्धन का जन्म राजा की मंडी के पास चौगान सलाखिया में 1958 में हुआ था। उनका बचपन चौगान की गलियों में गुजरा। मशहूर संतूरवादक पंडित शिवकुमार शर्मा इन्हीं मोहल्लों में पले-बढ़े थे। पुराने जमाने में बशोली शैली के मशहूर चित्रकार संसारचंद भी यहीं रहा करते थे।

इस इलाके में बहुत सारे छोटे-बड़े मंदिर हैं। हर्ष ने मुझे बताया कि उनके बचपन में यह मंदिर धार्मिक और सांस्कृतिक गतिविधियों के केंद्र थे। शास्त्रीय संगीत की महफिलें आम होती थीं। इन सब बातों का हर्षवर्धन की मानसिकता पर गहरा असर पड़ा। हालाँकि आजकल विश्व हिंदू परिषद और उनके कट्टरपंथी साथियों की वजह से कोई भी समझदार हिंदू अपने को धार्मिक कहने में झिझकता है, लेकिन हर्षवर्धन ने मुझे यह बताया कि बचपन से उनमें एक धार्मिक प्रवृत्ति है लेकिन वह कट्टर नहीं है। उनकी माँ पुरमंडल से थीं जो एक तीर्थस्थान है और छोटा काशी कहलाता है। उनका मोहल्ला किस तरह मंदिरों और धार्मिक वातावरण में घिरा हुआ था, यह मैं पहले बता चुका हूँ।

हर्षवर्धन को पढ़ाई-लिखाई में कुछ खास दिलचस्पी नहीं थी। हाँ, शुरू से ही उन्हें ड्राइंग का शौक था जो जाहिर है उनके पिता की नजर में वक्त बर्बाद करने का एक तरीका था। मैट्रिक करने के बाद उन्होंने आगे पढ़ने से इनकार कर दिया

और कुछ छोटी-मोटी नौकरी करना शुरू किया जैसे पतंग बेचना, या फिर एक लकड़ी के आरे पर काम। जब इन सब कामों में भी मन नहीं लगा तो भाग कर वे अपने एक रिश्तेदार के यहाँ मुंबई पहुँच गए। जैसा कि पुरानी बंबइया फिल्मों में होता है, पिता ने तार भेजा— माँ सख्त बीमार है, फौरन आओ! तो जनाब हर्षवर्धन शर्मा जम्मू लौट आए।

अब तक पिता को यकीन हो चुका था कि उनका 'नालायक' बेटा आसानी से कोई कामधाम करने वाला नहीं है। उनके पिता के एक मित्र, वी.आर. खजूरिया हुआ करते थे, जो निहायत अच्छे मूर्तिशिल्पकार थे। वे इंस्टीट्यूट ऑफ म्यूजिक एंड फाइन आर्ट्स में पढ़ाते थे। वे हर्ष और उसकी ड्राइंग्स को लेकर खजूरिया साहब के पास पहुँचे। जब खजूरिया साहब ने हर्ष की ड्राइंग देखी तो उन्होंने हर्ष के पिता को कहा कि इस लड़के को इधर-उधर धकेलना बंद कीजिए और इंस्टीट्यूट में भर्ती कराइए। इस तरह हर्षवर्धन को कला की दिशा मिली।

1986 में जम्मू से फाइन आर्ट्स में डिग्री पाने के बाद उच्च शिक्षा के लिए उन्हें जम्मू एवं कश्मीर सरकार की तरफ से छात्रवृत्ति मिली। वह ग्राफिक आर्ट में आगे पढ़ने के लिए बड़ौदा चले गए। वहाँ का बौद्धिक वातावरण तो उन्हें पसंद आया, लेकिन ग्राफिक कला में उनका ज्यादा मन नहीं लगा। ग्राफिक कला यानी प्रिंटमेकिंग में तकनीक पर बहुत जोर रहता है जो सहजता पर एक तरह से अंकुश लगा देती है। हर्षवर्धन की कला में शुरू से एक सहजता रही है। छह महीने बाद वे बड़ौदा छोड़ जम्मू लौट आए।

फिर इनके सामने सवाल उठा--अब क्या करें? और एक दफा फिर किस्मत ने साथ दिया। जम्मू इंस्टीट्यूट में कला अध्यापक विजय गुप्ता हुआ करते थे जो शांतिनिकेतन में पढ़े थे। जिस तरह का काम हर्षवर्धन कर रहे थे उसे देखकर विजय गुप्ता ने हर्ष को सलाह दी कि उन्हें फाइन आर्ट्स में एम.ए. करने के लिए शांतिनिकेतन जाना चाहिए। इस तरह 1987 में हर्षवर्धन शांतिनिकेतन पहुँच गए। शांतिनिकेतन का खुला वातावरण उनकी तबीयत के अनुकूल था। सौभाग्यवश के.जी. सुब्रमण्यन जैसे कलाकार वहाँ शिक्षक थे, जिनके लिए चित्रकला केवल चित्र बनाने की कला नहीं है बल्कि एक बौद्धिक और आध्यात्मिक जीवन भी है। अब हर्ष की कला में निखार आने लगा।

शांतिनिकेतन जाने का हर्षवर्धन को एक और फायदा हुआ। वहीं पर उनकी मुलाकात अपनी भावी पत्नी मंदिरा चटर्जी से हुई। मंदिरा भी वहाँ कला की विद्यार्थी थीं। हालाँकि मंदिरा की पारिवारिक पृष्ठभूमि हर्ष से बिल्कुल अलग थी, फिर भी कुछ सालों के बाद दोनों की शादी हो गई। 1995 में हर्षवर्धन स्थायी रूप से जम्मू लौट आए। वहाँ उन्होंने फाइन आर्ट्स इंस्टीट्यूट में पेंटिंग पढ़ाना शुरू कर दिया।

यह किस्सा हमने 'एंटिटी' से शुरू किया था, चलिए वहीं लौट चलते हैं।

मानसर झील जम्मू से लगभग 62 किलोमीटर दूर है। हर्षवर्धन का पैतृक गाँव जम्मू और मानसर के बीच में पड़ता है। बचपन में वहाँ अकसर उनका आना-जाना लगा रहता था। और फिर गाँव से मानसर जाना तो साधारण बात थी।

पहाड़ों से घिरी मानसर झील एक सुंदर प्राकृतिक स्थल है और धार्मिक भी। पौराणिक कथा के अनुसार नागों के राजा का पीछा करते-करते अर्जुन यहाँ पहुँचे। उन्होंने अपना बाण छोड़ा और धरती में बहुत बड़ा छेद हो गया जहाँ बाद में झील बन गई। एक और पौराणिक कथा के अनुसार यह बाण अर्जुन और नाग कन्या उलूपी के पुत्र बभ्रुवाहन ने छोड़ा था। उसे मालूम नहीं था कि अर्जुन उसके पिता हैं और उसने युद्ध में अर्जुन को मूर्छित कर दिया था। जब उलूपी ने उसे बताया कि अर्जुन उसके पिता हैं तो बभ्रुवाहन ने पाताल लोक से अर्जुन को बचाने के लिए एक जड़ी लाने के लिए तीर चलाया जिससे जमीन में छेद हुआ और बाद में झील बनी।

बहरहाल, झील के एक तरफ बहुत से मंदिर हैं और दूसरी तरफ पर्यटकों के लिए थोड़े-बहुत इंतजाम। क्योंकि अभी भी यहाँ ज्यादा पर्यटक नहीं आते, यहाँ का माहौल साफ-सुथरा और शांत है। सूरज की रोशनी, पहाड़ों और पेड़ों के सायों से झील के पानी का रंग बदलता रहता है। खासतौर से शाम के वक्त जब झील का पानी एक सोने की चिलमन ओढ़ लेता है और हवा से किनारे पर खड़े पेड़ धीमी आवाज में एक दूसरे से बतियाने लगते हैं। ऐसा लगता है यहाँ केवल मनुष्य, जानवर, मछली और पक्षी ही नहीं रहते, बल्कि कुछ पारलौकिक जीव भी हैं जो नजर नहीं आते लेकिन जिनकी मौजूदगी को हम महसूस कर सकते हैं।

मानसर झील को लेकर हर्ष ने कई कलाकृतियाँ बनाई हैं। लेकिन उन्होंने कभी मानसर का वास्तविक चित्रण करने या कोई लैंडस्केप बनाने की कोशिश नहीं की। हर्षवर्धन की सोच आध्यात्मिक है। जो रूहानी गूँजें मानसर में सुनाई पड़ती हैं, एंटिटीज के रूप में वह उन्हीं का चित्रण करते हैं। यह बात उनकी पेंटिटीज 'मिस्टिक एट द मानसर लेक', 'द मानसर लेक एंड द प्रेजेंस' और 'नाइट ऑन द रेड मून' आदि में झलकती है।

हर्षवर्धन ब्रश की बजाय सपैच्युला यानी छोटी-सी करंडी से रंग लगाते हैं। इस वजह से उनको कृतियों में खुले हाथ के स्ट्रोक्स और उभरे हुए टेक्सचर नजर आते हैं। हर्ष काफी गहरे रंग इस्तेमाल करते हैं जैसे काला, लाल, सफेद, नीला या पीला। लेकिन रंगों का सामंजस्य कुछ इस तरह करते हैं कि कोई भी रंग गहरा होने के बावजूद आँखों को चुभता नहीं है। बल्कि ऐसा लगता है कि इस रंग की बजाय यहाँ पर और कोई रंग लगाया ही नहीं जा सकता था।

हालाँकि कैनवस पर रंग लगाने से पहले वह कभी भी उस पर रेखाएँ नहीं खींचते, इसके बावजूद उनकी कृतियों में ड्राइंग की एक विशेष भूमिका है। कुछ साल

पहले उन्होंने जम्मू की ब्राह्मण प्रतिनिधि सभा के भवन में एक भित्तिचित्र बनाया था। यह 55 फुट चौड़ा और 13 फुट ऊँचा भित्तिचित्र मोजेक टाइल्ज का बना है। इसका विषय शिव-पार्वती विवाह है। इसके रंग और इसके प्रकृति के आकार बशोली मिनिएचर पेंटिंग से प्रभावित हैं। यह काम चूँकि एक छोटे शहर में है, इसलिए शायद इसको उतना महत्त्व नहीं मिला जितना मिलना चाहिए।

हाँ, एक बात और। सुना है हर्ष खाना भी बहुत अच्छा बनाते हैं। यह बात दूसरी है कि उनका बनाया खाना खाने का सौभाग्य मुझे अब तक नहीं मिला है।

सफ़र

विकास के साधु

पुणे-अहमद नगर हाइवे पर अहमद नगर से करीब पंद्रह किलोमीटर पहले रालेगण शिंदी जानेवाली सड़क निकलती है। इस सड़क की हालत से मुझे तोमास आलिया की मशहूर फिल्म 'मेमोरीज ऑफ अंडरडेवलपमेंट' का नाम याद आता रहा।

उजाड़ पसरी हुई जमीन के विस्तार में बीच-बीच में दिखनेवाले हरे खेतों के टुकड़े या किसी तरह बचे रह गए अकेले वृक्ष से कभी-कभार राहत मिल जा रही थी। हम रास्ता पूछने और रालेगण शिंदी पहुँचने के पहले कुछ खा लेने के इरादे से सड़क के किनारे एक ढाबे पर रुके, ताकि हमारे मेजबान अण्णा साहेब हजारे पर कोई बोझ न पड़े। यह कोई पंजाबी ढाबा नहीं था बल्कि इसका मराठी संस्करण था—सादा और साफ-सुथरा खाना, जिसमें ढेर सारी मिर्च मिली हो और साथ में कच्चा प्याज, और हाँ, अगर आप इच्छुक हों तो आपकी सेवा में देसी शराब भी हाजिर की जा सकती थी।

बाद में मुझे मालूम हुआ कि शिंदी एक स्थानीय खजूर के पेड़ को कहते हैं जिसके रस से शराब बनाई जाती है। जब अण्णा साहेब का आंदोलन एक बार चल निकला तो जो प्रारंभिक काम उसकी मार्फत हुए, उनमें गाँव का नाम रालेगण शिंदी से बदलकर रालेगण शिरडी कर देना शामिल था। जीप पर और पच्चीस मिनट सफर कर लेने के बाद हमें एक धूल भरे रास्ते की ओर संकेत करता गाँव का साइनबोर्ड मिला। यह 1986 का साल था। हजारे तब तक बहुत सुपरिचित नहीं हुए थे। मगर यह स्पष्ट था कि अहमद नगर के उजाड़ जंगली इलाके में उनका गाँव रालेगण शिंदी अपनी तरह की एक पहचान कायम कर चुका था।

सच तो यह है कि अहमद नगर पूरी तरह उजाड़ नहीं है। इस जिले को एक पर्वत शृंखला बाँट देती है, एक हिस्से में जमकर बारिश होती है और दूसरा वर्षा-वंचित इलाके में पड़ने के कारण लगभग सूखा रह जाता है। अहमद नगर के एक हिस्से में गन्ने और गन्ना सहकारी कारखानों की भरमार है और दूसरा हिस्सा सूखे इलाकों की खेती की तकनीक के सहारे किसी तरह बचा रह पाता है। रालेगण

शिंदी इसी वर्षा-वंचित इलाके में पड़ता है।

यह एक सामान्य गाँव था मगर बेहद साफ-सुथरा। गाँववाले हमें गाँव के बीच बने मंदिर में ले गए। यह एक विचित्र मंदिर था जिसमें मंदिर के पारंपरिक स्थापत्य का कोई तत्त्व नहीं था। यह भगवान का घर भी था और लोगों के मिलने की जगह भी।

अण्णा हजारे हमें मंदिर में मिले। उजली धोती, कुर्ता और जैकेट पहने तथा टोपी लगाए वे पैंतालीस से ज्यादा के भी नहीं रहे होंगे; मगर उम्र से कहीं बड़े दिख रहे थे और उसी तरह पेश भी आ रहे थे। आखिरकार उन्हें अण्णा की उपाधि मिल चुकी थी। जिस तरह गाँधी जी ने अपने लिए एक भूमिका चुनी और उससे मेल खाती और माकूल पड़ती पोशाक और शैली अपना ली थी उसी तरह अण्णा हजारे के पहनावे में कुछ भी नकली नहीं था।

मैं उन पर एक डॉक्युमेंटरी फिल्म के लिए शोध करने के लिए आया था। अगले कुछ दिन तक मैं रोज अहमद नगर से यात्रा कर उनके पास आता रहा। कुछ महीने बाद मैंने लौटकर 'ग्रीनिंग ऑफ रालेगण शिंदी' की शूटिंग की। जब मैंने खबर पढ़ी कि राजस्थान के अलवर जिले में सामुदायिक विकास और जल-संग्रहण के काम के लिए राजेंद्र सिंह को रामन मैगसेसे सम्मान प्रदान किया गया है तब मुझे अण्णा हजारे से अपनी पहली मुलाकात का खयाल आया था।

राजेंद्र सिंह से मेरी पहली मुलाकात शायद अण्णा हजारे से मिलने के करीब दो साल बाद हुई थी। मैं बंधुआ मजदूरी पर एक फिल्म बना रहा था और भट्ठी की खदानों से मुक्त कर पुनर्वास के लिए राजस्थान भेजे गए बंधुआ मजदूरों की दास्तान का जायजा ले रहा था। तब राजेंद्र सिंह और उनके एक पत्रकार मित्र सरिस्का अभयारण्य की पत्थर-खदानों में काम कर रहे मजदूरों की मुक्ति और उनके पुनर्वास के लिए संघर्ष कर रहे थे। भावंता कोल्याला प्रयोग अभी तक शुरू नहीं हुआ था। हम एक स्थानीय अखबार के दफ्तर में मिले थे।

तब भी मैंने अण्णा हजारे और राजेंद्र सिंह के बीच एक खास तरह की समानता को लक्ष्य किया था। दोनों में यह तड़प थी कि वे साधारण लोगों के काम आ सकें। वे दया या मशहूर होने की किसी चाहत से प्रेरित नहीं थे। अरुण जोशी के उपन्यास 'द एप्रेंटिस' के रतन राठौर की तरह वे दूसरों के जीवन में कुछ योगदान करके अपना जीवन सार्थक बनाने की कोशिश कर रहे थे।

अण्णा हजारे ने मुझे बताया था कि 1965 के भारत-पाक युद्ध के दौरान वे सेना में ट्रक ड्राइवर थे। उनका ट्रक जिस काफिले का हिस्सा था, उसे खेमकरन सरहद के पास पाकिस्तानी वायुसेना का हमला झेलना पड़ा। वे उन गिने-चुने लोगों में थे जो बचे रह गए। इस हादसे ने उन्हें नियति-बोध दिया। ईश्वर ने उन्हें किसी ऊँचे लक्ष्य के लिए बचाया था और यह लक्ष्य लोगों की सेवा करना था। राजेंद्र सिंह

के भीतर भी ऐसी ही मिलती-जुलती आंतरिक प्रेरणा और आस्था थी।

अण्णा हजारे और राजेंद्र सिंह द्वारा किए गए काम अब इतने चर्चित हैं कि उन्हें फिर से याद करने की जरूरत नहीं। मगर विकास की रणनीति के लिहाज से उनके नजरिए में कई महत्त्वपूर्ण सबक शामिल हैं। न अण्णा हजारे और न ही राजेंद्र सिंह ने रेडीमेड समाधानों के साथ काम शुरू किया, बल्कि लोगों के करीबी सहयोग से समस्याओं को समझा और उनके हल तलाशे।

रालेगण शिंदी और भावंता कोल्याला—दोनों जगहों पर जमीन की उपज बुरी तरह से गिर गई थी और लोग काम की तलाश में समीप के शहरों में पलायन करने को मजबूर हो गए थे। आर्थिक दबावों के तले खुद ग्राम समुदाय भी बिखर रहा था। उन्होंने महसूस किया कि गाँव की अर्थव्यवस्था के पुनर्निर्माण का काम गाँव के समुदाय के पुनर्निर्माण के साथ-साथ चलना चाहिए। यह विकास की प्रक्रिया में लोगों की भागीदारी से ही संभव था। ऊपर से विकास नहीं थोपा जा सकता था।

इसी एहसास के कारण रालेगण शिंदी और भावंता कोल्याला के सारे महत्त्वपूर्ण निर्णय समूचे ग्राम समुदाय द्वारा लिए जाते थे, किसी विशेषज्ञ सामाजिक कार्यकर्ता द्वारा नहीं। इस दृष्टिकोण ने शराबखोरी जैसी गहरे पैठी समस्या से निबटने में भी मदद की। गरीबी और शराबखोरी मिलकर एक खतरनाक युग्म बनाते हैं जिसकी काफी भयंकर गाज ग्रामीण औरतों पर गिरती है। मर्द पीते हैं, औरतें पिटती हैं। मर्द बेरोजगार हैं मगर फिर भी पीते हैं। औरतों को और भी ज्यादा कष्ट झेलना पड़ता है।

अण्णा हजारे और राजेंद्र सिंह दोनों ने महसूस किया कि खेती में गिरावट की मूल वजह पानी की कमी है। मगर इस निष्कर्ष से शुरू करते हुए उन्होंने सरकारी विकास योजनाकारों की सी भूलें नहीं कीं कि इंदिरा गाँधी नहर से रेगिस्तान में पानी लाएँ या नर्मदा का पानी सौराष्ट्र पहुँचाएँ। आखिर रालेगण शिंदी और भावंता कोल्याला में लोग सदियों से रहते आए थे। पानी नहीं होता तो वे कैसे रहते।

ये गाँव के वृद्धजन थे, जिन्होंने राजेंद्र सिंह को बारिश का पानी इकट्ठा और संग्रह करने की जोहड़ प्रणाली के बारे में बताया। वे लोगों को, यह समझाने में जुट गए कि जल-संग्रह की इन पारंपरिक संरचनाओं के पुनरुद्धार से ही उनका भविष्य बँधा हुआ है। राजेंद्र सिंह तकनीक के विरुद्ध नहीं हैं मगर उन्होंने परंपरा को नजरअंदाज करने की वह गलती नहीं की जो अक्सर आधुनिक तकनीक-पसंद विकास-आतुर योजनाकारों में दिखाई पड़ती है।

अण्णा हजारे ने पानी की समस्या को कुछ और विलक्षणता के साथ देखा। रालेगण शिंदी चौड़े बंजर पहाड़ों से घिरा हुआ है। पहाड़ों द्वारा बनाए गए इस विशाल कटोरे में गिरनेवाला बारिश का पानी अगर जमा किया जा सके तो साल भर तक गाँववालों की जरूरतों के लिए पर्याप्त होगा। कहाँ और कैसे इसे जमा किया जाए?

गाँव के आसपास प्राकृतिक तालाब नहीं थे। सतह पथरीली, पहाड़ी और असमतल थी। तालाब का निर्माण करना मुश्किल होता। क्यों न वर्षाजल के प्राकृतिक प्रवाह के रास्ते में छोटे बाँध बना दिए जाएँ। इकट्ठा हुआ पानी कहाँ जाएगा? यह रिसता हुआ जमीन के भीतर पहुँचेगा और वहाँ इकट्ठा हो जाएगा। यह जल-प्रवाह को फिर से जाग्रत कर देगा और शायद गाँव के सूखे हुए कुओं में उभरकर पानी आ भी जाए। कच्चा बाँध बनाने के लिए कंकड़-पत्थर जैसी काफी सामग्री उपलब्ध थी। जब मैं 1986 में अण्णा हजारे से मिला, जलप्रवाह के रास्ते पर 44 छोटे बाँध बनाए जा चुके थे और गाँव के कुओं में पानी आ चुका था।

राजेंद्र सिंह ने भी गाँव के तालाबों के पुनरुद्धार के साथ-साथ बारिश का पानी इकट्ठा करने के लिए कच्चे बाँधों का इस्तेमाल किया। जल-प्रवाह के रास्ते में बाँध बनाने के लिए उन्होंने ग्रामभूमि और वनभूमि के बीच के फर्क को नजरअंदाज कर दिया और वन-विभागवालों के साथ एक झमेले में उलझ गए। बाँध खेती की जमीन के अलावा जंगल को भी सींच रहे थे। इसलिए यह विडंबना ही थी कि वन-विभाग इन बाँधों पर एतराज करे।

राजेंद्र सिंह और अण्णा हजारे की सफलता का एक बड़ा कारण यह है कि वे उन्हीं लोगों के साथ रहते हैं जिनके लिए काम करते हैं। वे बाहरी या अनुदान देनेवाले पाँचसितारा गैरसरकारी संगठन नहीं चलाते। वे खुद उदाहरण बनकर प्रेरणा देते हैं और अपने हाथ गंदे करने में हिचकते नहीं। वे सम्मान जगाते हैं भय नहीं। गाँववालों के लिए वे वास्तविक लोग हैं जिन्हें वे जानते हैं और जिनपर भरोसा करते हैं। उनका कोई चमत्कारी वजूद नहीं है।

समुदाय को एक करने और सजगता का प्रसार करने के लिए दोनों ने धर्म का इस्तेमाल किया है। रालेगण शिंदी में गाँव का मंदिर वह जगह भी है जहाँ ग्राम सभा की बैठकें होती हैं। जल-संचय और जल-संग्रह का संदेश फैलाने के लिए राजेंद्र सिंह ने साधुओं की भी मदद ली है।

किसी आधुनिक तार्किक मस्तिष्क को विकास के उपकरण के रूप में धर्म का इस्तेमाल पूरी तरह उचित नहीं लग सकता है। मगर अण्णा हजारे और राजेंद्र सिंह इससे भी आगे निकल गए हैं। हालाँकि वे भगवा धारण नहीं करते, मगर उनका जीवन साधुओं जैसा ही है, जिनका परिवार उनके वास्तविक परिवार से कहीं ज्यादा बड़ा होता है। अण्णा हजारे अलबत्ता अविवाहित हैं। फिल्मांकन के दौरान मैंने उनसे पूछा कि उन्होंने शादी क्यों नहीं की। उनका जवाब था : 'अगर मैं शादी कर लेता तो मेरे दो-तीन बच्चे होते। आज गाँव के सभी बच्चे मेरे हैं।' राजेंद्र सिंह विवाहित हैं मगर उन्हें अपने परिवार के आराम और हित का उस काम के लिए परित्याग करना पड़ा है जिसमें उन्हें यकीन है।

दोनों इस बात के प्रति बेहद सजग हैं कि जो आंदोलन उन्होंने शुरू किया

है वह उन्हीं के साथ खत्म नहीं हो जाना चाहिए, बल्कि दूसरों के जरिए और ज्यादा फैलना चाहिए। न ही 'दूसरों' से उनका मतलब उनके अपने बेटे-बेटियों या अन्य संबंधियों से है।

कुछ साल पहले मैंने 'धूप की लकीरें' नाम से गैरसरकारी संगठनों पर एक टीवी शृंखला बनाई थी। यह मेरे लिए बहुत ही सदमे में डालनेवाला अनुभव था कि कई गैरसरकारी संगठन पारिवारिक जायदाद की तरह चलाए जा रहे हैं। विशाखापतनम में मेरा साबिका एक भारी-भरकम गैरसरकारी संगठन से पड़ा जिसे एक नाभिकीय वैज्ञानिक चला रहे थे। उन्होंने अपने छोटे भाई को नंबर दो बना रखा था जिसमें जमीनी विकास के लिए काम करने की न योग्यता थी न दिलचस्पी। इससे अजीबोगरीब विकृतियाँ पैदा हुईं। इस गैरसरकारी संगठन द्वारा चलाए जा रहे डिमांस्ट्रेशन फॉर्म में औरतों को मर्दों के मुकाबले कम मजदूरी दी जाती थी हालाँकि दोनों के काम की प्रकृति समान थी। जब मैंने यह सवाल उठाया तो मुझे बताया गया कि यह छोटी सी बात है और इस इलाके का यही चलन है।

जब मैं पहली बार राजेंद्र सिंह से मिला था, उन्होंने दाढ़ी रखना शुरू नहीं किया था। अब उनके गले के चारों ओर एक सूती अंगोछे के साथ घनी दाढ़ी उनकी पोशाक का हिस्सा है। यह बदलाव इतना सतही या नासमझी भरा नहीं है जितना लगता है।

स्वामी विवेकानंद एक बार ट्रेन से जा रहे थे। उन्होंने हमेशा की तरह अपने साधुई वस्त्र पहने हुए थे। कुछ छात्रों ने उनका मजाक उड़ाना शुरू किया। एक लड़के ने ढिठाई से पूछा :

'आप हैं कौन?'

'मैं साधु हूँ', विवेकानंद ने जवाब दिया।

'क्या साधु होने के लिए भगवा कपड़े पहनना जरूरी है?'

'क्या पुलिस का सिपाही होने के लिए वर्दी पहनना जरूरी है?', विवेकानंद ने फिर पूछा।

'हाँ, ताकि हम जान जाएँ कि वह कौन है।'

'इसी वजह से मैं भगवे वस्त्र पहनता हूँ ताकि लोग जान जाएँ कि मैं कौन हूँ, मुझसे क्या अपेक्षा रखी जाए और किस तरह बरताव किया जाए!'

अण्णा साहब हजारे और राजेंद्र सिंह की जीवन-शैली और पहनावे की सादगी उनके जीवन और काम का महत्त्वपूर्ण तत्त्व है हालाँकि इनमें गाँधी जी की धोती और लाठी सरीखी नाटकीयता नहीं आ सकती। डिजाइनर खादी और मंत्रियों की वातानुकूलित कारों के इस माहौल में ये सही वक्त पर याद दिलाती हैं कि जो लोग सामान्य जन की सेवा करने का दावा करते हैं उन्हें सामान्य जन की तरह रहना भी चाहिए।

आंद्रे रुबलॉफ़ की तलाश में

आंद्रे रुबलॉफ़ पंद्रहवीं सदी का एक रूसी चित्रकार था जिसका उल्लेख पाश्चात्य कला के इतिहास की किताबों में नाम मात्र के लिए मिलता है। जब मैंने यह जाना कि 1968 में आंद्रे तारकोव्स्की ने इसी नाम से एक फिल्म बनाई थी तब तक मुझे उसके बारे में कुछ मालूम नहीं था। 1969 में यह फिल्म कान फिल्मोत्सव में प्रतियोगिता खंड के बाहर दिखाई गई थी और इसे एक विशेष सम्मान मिला था। सत्तर के दशक के शुरुआती वर्षों में मैं दिल्ली में अपने फिल्म समारोह में तारकोव्स्की की 'सोलारिस' देख चुका था। 'सोलारिस' हालाँकि प्रत्यक्ष रूप से विज्ञान-कथा पर आधारित फिल्म थी मगर इसका एक पारलौकिक आयाम था जिसने मुझे आकर्षित किया, मगर इतना नहीं कि मैं तारकोव्स्की के काम पर संजीदगी से ध्यान दूँ।

फिर 1980 के आसपास मैंने 'स्टॉकर' देखी और तारकोव्स्की का अंधभक्त बन गया। इसके पहले कभी भी मैंने सिनेमा में इससे ज्यादा गहरी कलात्मक छवि नहीं देखी थी—एक ऐसी छवि जिसमें चित्रकला, मूर्तिशिल्प, ध्वनि और संगीत, दिक् और काल, सबका इस्तेमाल हो मगर जो इन सारे तत्त्वों से ऊपर जाकर एक ऐसा अलग यथार्थ रचती है जिसका अस्तित्व सिर्फ सिनेमा में ही हो सकता है।

तारकोव्स्की ने अपनी किताब 'स्कल्पटिंग इन टाइम' में लिखा है, 'किसी भी हाल में यह बेहद स्पष्ट है कि हर कला का मकसद—अगर यह किसी विक्रय योग्य वस्तु की तरह किसी 'ग्राहक' को लक्षित नहीं है—खुद कलाकार को और उसके आसपास के लोगों को यह बताना होता है कि मनुष्य क्यों जी रहा है, उसके अस्तित्व का क्या मतलब है...और अगर यह बताना नहीं तो कम से कम इस सवाल को रखना जरूर है।' यह सामाजिक यथार्थ में धँसी कला के सोवियत नजरिए से पूरी तरह विपरीत था।

सोवियत सत्ता-प्रतिष्ठान से नितांत असंगत नजरिया रखते हुए तारकोव्स्की ने आंद्रे रुबलॉफ़ पर फिल्म बनाने में क्यों दिलचस्पी ली? जैसे-जैसे मैंने तारकोव्स्की को कुछ बेहतर ढंग से समझना शुरू किया, मैं रुबलॉफ़ में उसकी दिलचस्पी की

वजह समझने लगा। मगर कैसे उसने अपने सोवियत मालिकान को अपना पैसा एक ऐसी फिल्म पर लगाने को तैयार किया जो वह बनाना चाहता था? क्या यह एक संजीदा फिल्मकार के सामने अपनी फिल्म बनाने के लिए दूसरों का पैसा इस्तेमाल करनेवाली शाश्वत दुविधा नहीं है?

ये सवाल मेरे दिमाग में 1982 में मास्को के लिए उड़ान भरते हुए आए थे। मेरे साथ श्याम बेनेगल, फिल्म डिवीजन के मुख्य निर्माता एन.एस. थापा और विदेश मंत्रालय में साथ काम कर रहे अफसर थे। वस्तुतः सरकार में सिर्फ अपनी हैसियत के कारण मैं इस प्रतिनिधिमंडल का नेतृत्व कर रहा था।

हमारा मकसद रूसी लोगों के साथ मिलकर नेहरू पर फिल्म बनाने के लिए बातचीत करना था। सिद्धांततः इंदिरा गाँधी और रूस के सूचना और सिनेमा मंत्री के स्तर पर यह फिल्म बनाने का फैसला किया जा चुका था। हमारा तात्कालिक काम एक साझी पटकथा तैयार करना था।

मास्को हवाई अड्डे पर एक आव्रजन अधिकारी ने मेरे पासपोर्ट और वीजा का जायजा लिया और धुँधले चश्मे से मुझे घूर कर देखा। मैंने भी उससे आँख मिलाई। कभी-कभी अफसर होने के लाभ मिलते हैं। किसी विदेशी सरकार के अधिकारी से ज्यादा घबराने की जरूरत नहीं रहती। उसकी निगाह कई बार पासपोर्ट पर चिपके मेरे फोटो और मेरे चेहरे पर बारी-बारी घूरती रही। फिर उसकी उँगलियाँ कुछ बटन दबाने लगीं। आखिरकार उसे संतुष्टि हो गई। उसने मुझे पासपोर्ट वापस कर दिया मगर वीजा अपने पास रख लिया। उस वक्त रूसी लोग पासपोर्ट पर कभी वीजा की मुहर नहीं लगाते थे। यह एक अलग दस्तावेज के रूप में जारी किया जाता था। सोवियत संघ में आने के बाद भी पासपोर्ट पर आगमन का कोई रेकार्ड नहीं हुआ करता था।

हमारे मेजबानों का नुमाइंदा और एक दुभाषिया वेटिंग लाउंज में हमारा इंतजार कर रहे थे। बाद में हमें बताया गया कि उन्हें भी आव्रजन काउंटर तक पहुँचने की इजाजत नहीं है कि वे लौह परदा पार करने में किसी की मदद कर सकें।

होटल तक का रास्ता यों ही कट गया। प्रतिनिधिमंडल का नेता होने के कारण मुझे होटल का सबसे शानदार कमरा दिया गया। हमारे रूसी मित्र वाकई अफसरों का बहुत सम्मान करते थे। मास्को में हमारे प्रवास के दौरान हमारी शाम की बैठकें मेरे ही कमरे में होती थीं। हाँ, ड्रिंक्स की जिम्मेदारी आमतौर पर श्याम बेनेगल पर थी। होटल में हमारे लिए एक संदेश पड़ा था कि हम अपने दूतावास जाकर ब्रीफिंग ले लें। उस वक्त रोणेन सेन हमारे दूतावास में राजनीतिक मामलों के सचिव थे। उन्होंने काफी मदद की। ब्रीफिंग खत्म होने के बाद वे मेरे कान में फुसफुसाए, 'ध्यान रखना, हो सकता है, तुम्हारे कमरे में माइक्रोफोन हो।' एक लम्हे के लिए मैंने खुद को परेशान महसूस किया और फिर कुछ महत्त्वपूर्ण भी। यह पहली बार

था कि किसी विदेशी सरकार को मैं इतना महत्त्वपूर्ण लगूँ कि वह मेरी निजी बातचीत पर निगाह रखे।

पहले दिन की बातचीत करीने से हुई। रूसी प्रतिनिधिमंडल के नेता ने भारत-सोवियत मैत्री की अहमियत और इस संदर्भ में नेहरू की भूमिका पर लंबा भाषण दिया। प्रतिनिधिमंडल में एक रूसी इतिहासकार भी शामिल था जिसने नेहरू की रूस यात्रा के कुछ ऐसे पहलुओं का उल्लेख किया जिनसे मैं अनभिज्ञ था। यह एक 'धीमी गति की' कार्यवाही थी। मुझे यकीन था कि रूसी सदस्य अंग्रेजी जानते हैं। फिर भी वे रूसी में बोले। हमारे लिए इसके एक-एक वाक्य का अनुवाद किया जाता था और फिर वक्ता आगे बढ़ता।

फिर मेरी बारी आई। कॉलेज में कुछ वक्त के लिए इतिहास का अध्यापन करने के कारण मुझे भाषण देने में कोई कठिनाई नहीं थी। मैंने आधुनिक भारत के निर्माता के रूप में नेहरू के महत्त्व, सुनियोजित अर्थव्यवस्था के रूसी मॉडल से उनके लगाव और विज्ञान और इतिहास में उनकी गहरी दिलचस्पी पर विस्तार से प्रकाश डाला। और फिर तब मैंने एक छक्का लगाया हालाँकि मैंने कभी क्रिकेट नहीं खेली है। रूसी सहयोग से नेहरू पर फिल्म बनाने के अपने राजनीतिक आकाओं के निर्णय के बावजूद मैं रूसी भागीदारी के खयाल से बहुत खुश नहीं था। 1982 में भी नेहरू भारतीय राष्ट्रीय प्रतीक थे। नेहरू-निंदा का युग अभी एक दशक पीछे था। अल्प काल की कूटनीति के लिए नेहरू के इस्तेमाल का विचार मेरे लिहाज से उचित नहीं था। क्या सोवियत लोग लेनिन पर फिल्म बनाने के लिए कभी भारत से साझेदारी की बात सोचते?

अपने भाषण के अंत में मैंने यह जोड़ा कि भारत ने दोस्ती और विश्वास के तकाजे से रूस को नेहरू पर फिल्म बनाने की योजना में शामिल होने का न्योता दिया है। मुझे यकीन है कि हम इस विषय को सम्मान के साथ देखेंगे और भारत की संवेदनशीलता का खयाल रखेंगे ठीक वैसे ही जैसे हम अपने रूसी मित्रों की संवेदनशीलता का रखते अगर उन्होंने हमें लेनिन पर फिल्म बनाने के लिए सहयोगी के तौर पर आमंत्रित किया होता। अब भी मैं सोचता हूँ कि यह एक चतुर टिप्पणी थी हालाँकि इससे हमारी आनेवाली बातचीत की राह आसान बनाने में मदद नहीं मिली।

लंच के दौरान, मैंने यों ही तारकोव्स्की की फिल्म 'आंद्रे रुबलॉफ़' में अपनी दिलचस्पी का उल्लेख किया। मैं रूसी इतिहासकार के साथ बातचीत कर रहा था और मुझे यकीन था कि वह अच्छी तरह अंग्रेजी समझता है। फिर भी उसने मेरी टिप्पणी का कायदे से रूसी में अनुवाद हो जाने का इंतजार किया। उसने एक लंबी चुप्पी बनाए रखी और फिर कहा कि उसने इस फिल्म के बारे में सुना तो है मगर इसे देखा नहीं है। इसके बाद उसने विषय बदल दिया।

इस वक्त तक आंद्रे तारकोव्स्की सोवियत सिनेमा में अवांछित व्यक्तित्व हो चले थे। उन्होंने इतालवी लोगों की मदद से 'नॉस्टैल्जिया' की शूटिंग के लिए इटली की यात्रा की थी और पश्चिम में पलायन कर गए थे। अपने देश में उनकी चुपके-चुपके प्रशंसा होती थी मगर सार्वजनिक रूप से उन्हें सत्ता प्रतिष्ठान द्वारा खतरनाक माना जाता था।

शाम को रोणेन सेन के घर भारतीय और रूसी प्रतिनिधिमंडल का रिसेप्शन था। रूसी इतिहासकार अपनी पत्नी के साथ आया और घंटे भर मदिरा पान के बाद वह खुशी से बेकाबू हो चुकी थी। वह अपने पास खड़े किसी भी व्यक्ति को नृत्य के लिए पकड़ने लगी। वह आकर्षक थी और भरी-पूरी भी इसलिए उसकी पहल का कुछ ज्यादा ही स्वागत हो रहा था।

शाम सहसा जीवंत हो गई थी। इतिहासकार पति को शुरू में कुछ असमंजस सा था मगर कुछ और ड्रिंक ले लेने के बाद वह शाम के रंग में रंग गया। अब वह खुलकर अंग्रेजी में बात कर रहा था। जहाँ तक मेरा सवाल है, मुझे भी शराब पसंद है हालाँकि मेरा खयाल है कि प्रभाष जोशी मुझे 'दारूकुट्टा' बताने की जहमत मोल नहीं लेंगे, यह सम्मान उन्होंने अपने अकादमीय मित्रों के लिए सुरक्षित रखा होगा।*

जब मैं उसकी पत्नी के साथ डांस कर रहा था तब इतिहासकार पति मेरे पास आया और उसने मेरी पीठ थपथपाई। मुझे लगा कि अब यहाँ एक अशोभन दृश्य बनने वाला है, मगर उसके चेहरे पर गर्मजोशी भरी मुस्कान पसरी हुई थी। सहसा उसने कहा, 'आप अपने दोस्तों के साथ ड्रिंक्स के लिए हमारे घर आइए न।'

मैं हैरत में पड़ गया। मुझे समझ में नहीं आ रहा था कि क्या जवाब दूँ। सहसा मेरा ध्यान गया कि रोणेन सेन हमारे रूसी मित्र के पीछे खड़े हैं और मुझे भेदी नजरों से देख रहे हैं। इस वक्त तक रूसी समूह के बाकी सदस्य विदा ले चुके थे। हमारे रूसी इतिहासकार और उनकी आकर्षक पत्नी पार्टी में बचे अकेले रूसी थे। उनकी पत्नी अब भी मुझे थामे हुए थी। टूटी-फूटी अंग्रेजी में उन्होंने कहा, 'हाँ, बिक्करम, जरूर आओ, मैं तुम्हारे लिए खास स्टयू बनाऊँगी।'

मैंने फिर रोणेन की ओर देखा। कूटनीति के गलियारों से मैं अनजान था। रोणेन ने मुझे आँख मारी और मैंने अपने पूरे कौशल से एक अनौपचारिक लहजा अख्तियार कर लिया, 'बिल्कुल, हमें अच्छा लगेगा, और शायद मैं स्टयू बनाने में आपकी मदद भी कर सकूँगा।'

हम दो कारों में ठुँस गए। रोणेन सेन ने श्याम बेनेगल और थापा को अपने

---

* जिन दिनों यह टिप्पणी लिखी जा रही थी, एक और विवाद साहित्य-परिदृश्य पर छाया हुआ था। एक आयोजन पर अशोक वाजपेयी की टिप्पणी से नाराज प्रभाष जोशी ने उन्हें दारूकुट्टा बताया था।

साथ ले लिया। मैं और दिल्ली से हमारे साथ चल रहा विदेश मंत्रालय का एक अधिकारी रूसी जोड़े के साथ चल दिए। मास्को के एक दूरस्थ इलाके तक यह लंबी ड्राइव थी। सारे रास्ते उसकी पत्नी जोर-जोर से और मस्ती से गाती रही और मैं सोचता रहा कि काश, मैं अपनी उम्र से दस साल छोटा होता।

उसका फ्लैट एक बहुमंजिला इमारत में था। यह अभिजात ढंग से सजा और खुला-खुला फ्लैट था जिस पर लकड़ी का फर्श था जैसे पूरे फ्लैट की बनावट किसी डांस पार्टी को ध्यान में रखकर की गई हो। हमारे रूसी मित्र ने अपने अत्याधुनिक म्यूजिक सिस्टम पर कोई संगीत चलाया और फिर आवाज पूरी तेज कर दी। उस वक्त रूसी विद्वान और वैज्ञानिक बहुत दुलारी जमात थे। वे उन विशेषाधिकारसंपन्न गिने-चुने लोगों में थे जिन्हें अपने मनोरंजन के लिए मनोरंजन का साजो-सामान बाहर से मँगाने की इजाजत मिली हुई थी।

उसकी पत्नी रसोईघर में थी। मैं टहलता हुआ रसोईघर में चला गया और मैंने देखा कि वह एक बड़े बर्तन में कच्चा गोश्त और कुछ सब्जी डाल रही थी। मैं मीट खाता हूँ मगर कच्चा गोश्त मुझसे देखा नहीं जाता। मैंने स्टयू बनाने में उसकी मदद करने का इरादा छोड़ दिया और लिविंग रूम में चला गया—मेरी जगह यह काम रोणेन सेन सहर्ष करने लगे।

कुछ देर बाद वह डाइनिंग रूम में आ गई जहाँ हम सब थे और फिर नृत्य शुरू हुआ। पाँच पुरुष और एक स्त्री। यह एक अजीब पार्टी थी। गर्मजोशी, शोर-शराबे से भरी हुई और पुरलुत्फ—जिसमें शरारतें इतनी भर हो रही थीं कि उनसे एक तीखा स्वाद बने—भुने हुए अंडे पर काली मिर्च सरीखा।

पार्टी आधी रात से ऊपर तक चलती रही। वापसी के रास्ते हम सब चुप थे। रोणेन ड्राइव कर रहे थे। जब हम होटल के करीब पहुँचे तो रोणेन ने कहा, 'यह आमतौर पर नहीं होता कि कोई रूसी अपने घर विदेशी लोगों को आमंत्रित करे। पता है, उन्हें अधिकारियों से इसके लिए अनुमति लेनी पड़ती है। उम्मीद करें कि हमारे रूसी दोस्त किसी मुश्किल में न पड़ें।'

इस वक्त तक मैं भारतीय प्रतिनिधिमंडल के नेता की अपनी भूमिका में लौट चुका था। मुझे लगने लगा कि कहीं इसका असर रूसी लोगों के साथ हमारी बातचीत पर न पड़े। मैंने यह सवाल रोणेन सेन से नहीं पूछा। जब उन्होंने हमें होटल के पास उतारा तो कहा, 'कल रूसी लोगों से मुलाकात के लिए निकलने से पहले मेरे फोन का इंतजार करना। मीटिंग टल सकती है।' यह कहते हुए वे मास्को की रोशनी से भरी सड़कों में गुम हो गए।

हैरत, राहत, फिर रुबलॉफ़

हममें से ज्यादातर लोगों के लिए दो हफ्ते का अंतराल यह याद रखने के लिहाज से कुछ बड़ा है कि हमने बात कहाँ छोड़ी थी। हमारी याददाश्त में बहुत-कुछ हमारे राजनीतिक आकाओं का कहा या नकारा हुआ ही जमा रहता है। इसलिए दो हफ्ते पहले इस कॉलम में आपने जो पढ़ा होगा, एक बार उसकी याद दिला दूँ।

मैं श्याम बेनेगल, एन.एस. थापा और विदेश मंत्रालय के एक सहकर्मी अफसर के साथ की गई 1982 की अपनी मास्को यात्रा के बारे में बता रहा था। हमारा मकसद जवाहरलाल नेहरू पर रूसी सहयोग से बन रही एक फिल्म की साझी पटकथा को लेकर बातचीत करना था। मैंने अपनी बात वहाँ छोड़ी थी जब एक रूसी इतिहासकार के घर हुई कुछ शोरोगुल से भरी पार्टी के बाद रोणेन सेन ने हमें आधी रात को होटल के बाहर छोड़ा था। और अब आगे का किस्सा।

मैं बहुत हल्के से हैंगओवर के साथ उठा जो बीती रात के हंगामों को ध्यान में रखते हुए मेरे लिए एक सुखद आश्चर्य था। ठीक बात तो यह होती कि मेरा सिर चकनाचूर हो जाता। मेरी सुबह उसके टुकड़े चुनने और क्विकफिक्स से जोड़कर आदमी से कुछ मिलती-जुलती आकृति बनाने में बीत जाती। मगर इस तरह का कुछ नहीं हुआ। मैं साबुत था और पूरी तरह काम कर रहा था। आप देखिए कि दारूकुट्टा होने के भी कुछ लाभ होते हैं। शिव की तरह वह दूसरे लोगों का बहुत सारा जहर पचा सकता है। और अगर आपको लगे कि मैं कुछ रोमैंटिक हो रहा हूँ तो मुझे कहना चाहिए कि यह भी दारूकुट्टा पर लागू होता है।

धूसर आसमान नीलेपन की आभा से युक्त था और तारकोव्स्की की 'स्टॉकर' के आसमानों की याद दिला रहा था। कला की सृजनात्मक मेधा उस मिट्टी और सामाजिक परिवेश की जड़ों में किस गहराई में धँसी होती है, जिसमें हम बड़े होते हैं? तारकोव्स्की सोवियत संघ के बाहर कहीं भी 'स्टॉकर' का निर्माण नहीं कर सकते थे।

मुझे एक कप चाय की बड़ी बेचैनी से तलब हो रही थी। मगर उन दिनों रूसी होटलों में रूम सर्विस नहीं हुआ करती थी। मैं होटल के निचले माले में बने छोटे से कैफेटेरिया तक उतरकर आया जहाँ एक अम्मानुमा औरत बैठी हुई थी जो बिना

किसी मेकअप के ब्रैश्ट की 'हिम्मतमाई' की भूमिका कर सकती थी। मैंने 'आवारा हूँ' गुनगुनाते हुए और राज कपूर का उल्लेख कर उससे दोस्ती बढ़ाई। उसने नेहरू और इंदिरा का नाम नहीं सुना था। यह है राजनेताओं और अपनी अहमियत पर उनके गरूर की असलियत। शायद नेहरू पर रूसी-हिंदुस्तानी फिल्म बनाने के मुकाबले राज कपूर पर भारत-सोवियत सहयोग का विचार बेहतर होता।

मैंने छोटे से कैफेटेरिया में खड़े-खड़े तीन कप चाय पी। रूस के पूर्वी इलाके से आया एक परिवार ब्रेड के साथ ठंडे गोश्त के टुकड़े भकोसने में मगन था और साथ में कॉफी पी रहा था। सुबह-सुबह यह देखना बहुत प्रीतिकर नहीं था। और तब मुझे एहसास हुआ कि मेरी प्रतिक्रिया उन न्यूयार्कवासियों से भिन्न नहीं है जो सत्यजित राय की 'पथेर पांचाली' में गरीब हिंदुस्तानियों को हाथ से खाना खाते देखकर ऐंठन महसूस करते थे। मैंने अपने कमरे में लौटकर चाय के दो पैकेट निकाले और लेकर हिम्मतमाई को देने चला गया। वह खुश हो गई। फिर सच्चे भारतीय की तरह मैंने अपनी कीमत वसूली। क्या वह मुझे कल सुबह कमरे में ही चाय भिजवा सकती है? उसने चाय के दोनों पैकेट अपनी भरी-पूरी, विशाल छातियों से चिपका लिए, आवारा हूँ गुनगुनाने लगी और खुशी से कहा, हाँ...हाँ...हाँ...। खुदा का शुक्र है, यह शादी का प्रस्ताव नहीं था।

जब मैं कमरे में लौटा, फोन की घंटी बज रही थी। रोणेन सेन थे, 'साढ़े नौ बजे तक दूतावास आ जाएँगे? बैठक का समय टालकर ग्यारह बजे कर दिया गया है।'

दूतावास में रोणेन सेन हमेशा की तरह अपने खुशनुमा मिजाज में थे मगर उन्होंने इसका कोई ब्योरा नहीं दिया कि रात को क्या हुआ था। उन्होंने मुझे बस इतना बताया कि रूसियों के साथ दुबारा शुरू होनेवाली बैठक में पहला वक्तव्य मेरी जगह वे देंगे। उनके चेहरे पर एक अभेद्य मुस्कान थी जिसके परदे में वे आसानी से वह छुपा ले जा रहे थे जो उन्हें मालूम था कि होने जा रही है।

बैठक ग्यारह बजे शुरू हुई। हमारा रूसी इतिहासकार एक पिटे हुए बच्चे की तरह बैठा हुआ था और शायद मुझसे आँख मिलाने से बच रहा था। हर बैठक में होने वाली रूसी नेता के शुरुआती वक्तव्य की रस्म अदायगी के बाद रोणेन सेन खड़े हुए। उन्होंने कहा, 'बातचीत शुरू करने से पहले मैं अपने उन कॉमरेड का शुक्रिया अदा करना चाहूँगा जिन्होंने बीती रात इतनी सौम्यता से हमें अपने घर आमंत्रित किया। यह बहुत आत्मीय और सहज अंदाज था। इस इज्जतआफजाई को मैं और मेरे मित्र शायद ही कभी भूल सकेंगे। रोणेन सेन बैठ गए। इसके बाद एक लम्हे के लिए बर्फानी चुप्पी पसर गई और फिर मैंने ताली बजानी शुरू की जिसमें सब शामिल हो गए। सभी आँखें पिटे हुए बच्चे की ओर मुड़ी हुई थीं। मैं उठा और उसके पास जा कर उसे सीने से लगा लिया। सहसा उसके चेहरे से सारे शक और भय पिघलकर बह से गए। उसके चेहरे पर एक मुस्कान जगमगा रही थी और गालों से आँसू लुढ़क रहे थे।

आज भी इतने वर्षों बाद मैं रोणेन सेन की भंगिमा की वह बारीकी भुला नहीं सकता। यह कूटनीति का सर्वोत्तम प्रदर्शन था। जिसे रूसी इतिहासकार के साथ हमारी गोपनीय मुलाकात मान लिया जाता उसे उन्होंने दोस्ती के एक सहज मुजाहिरे में बदल डाला था। पिटा हुआ बच्चा केवल बेपरवाह नायक हो गया था।

नेहरू की पटकथा पर बातचीत दुबारा शुरू हो गई। स्वाधीनता संग्राम और भारत के प्रधानमंत्री के रूप में नेहरू के सत्तारोहण तक कोई समस्या नहीं थी। समस्या पचास के दशक के उत्तरार्द्ध में ख्रुश्च्योव और बुल्गानिन की भारत-यात्रा और हंगरी में रूसी हस्तक्षेप पर नेहरू की प्रतिक्रिया के साथ पैदा हुई।

उस वक्त तक रूसी लोगों के लिए ख्रुश्च्योव और बुल्गानिन व्यक्ति नहीं रह गए थे। रूसी इतिहास में उनका वजूद खत्म हो चुका था और नेहरू पर बन रही फिल्म में उनका जिक्र या दृश्य डालने के लिए रूसी तैयार नहीं थे। जहाँ तक हंगरी में रूसी भालू के नामुनासिब दखल का सवाल था, जिसके नेहरू निर्गुट आंदोलन के नेता के तौर पर आलोचक थे, वह रूसियों के लिए साम्राज्यवाद का विकास रोकने की दिशा में एक अपरिहार्य कदम था। नेहरू की पटकथा के संदर्भ में हम हंगरी को भूलने को तैयार थे मगर ख्रुश्च्योव और बुल्गानिन को नहीं जिनकी यात्राएँ भारत की स्वाधीनता के बाद भारत-सोवियत मैत्री का प्रस्थान बिंदु थीं।

श्याम बेनेगल और मैं जितना अपना पक्ष रखने की कोशिश करते, उतना ही कीचड़ में फँसी किसी जोर लगाती कार की तरह और धँसते जाते। चक्का जितना भी घूमे, गाड़ी आगे नहीं बढ़ रही थी। अंततः मैंने हताशा में कहा, 'अगर फिल्म में ख्रुश्च्योव और बुल्गानिन नहीं होंगे तो फिल्म नहीं होगी।' मेरे वक्तव्य के बाद जो खामोशी पसरी, वह और ज्यादा खामोश नहीं हो सकती थी। अगर मैं एक आलपिन गिराता तो हिरोशिमा पर परमाणु विस्फोट की सी आवाज होती।

मुझे मालूम था कि मैं दिए गए निर्देशों के बाहर चला गया था। मगर जो होना था सो हो गया। हमारे लिए वापस लौटने का कोई शालीन तरीका नहीं रह गया था। रूसी नेता ने थोड़ा वक्त माँगा। जब हम लंच के बाद फिर बैठे तो उसने सुझाव दिया कि हम बुल्गानिन और ख्रुश्च्योव का आगमन तो दिखा सकते हैं मगर उनके नाम का उल्लेख नहीं कर सकते। उनका उल्लेख सिर्फ रूसी नेताओं के रूप में होगा। मैंने तत्काल भारी राहत महसूस की और फिर छलकती हुई खुशी। मैंने तुरत यह सुझाव मान लिया। हम कुछ इस तरह प्रसन्नचित्त दूतावास लौटे जैसे हमने कूटनीति का कोई मैदान मार लिया हो। रोणेन सेन मगर सावधान थे। उन्होंने सुझाव दिया कि मैं दिल्ली बात करूँ और जरूरी दिशा-निर्देश ले लूँ, चूँकि यह मुमकिन है कि रूसी लोग अगले दिन अपना मन बदल लें।

तब शारदाप्रसाद इंदिरा गाँधी के सूचना सलाहकार थे। मैंने उन्हें राजदूत के कमरे से फोन किया और सारी स्थिति बताते हुए पूछा कि अगर रूसी लोग पलट

जाएँ तो हम क्या करें। नेहरू की फिल्म बननी है या नहीं, यह सवाल था। शारदाप्रसाद ने लगभग घंटे भर बाद दुबारा फोन किया, जाहिर है उन्होंने श्रीमती गाँधी की राय ली होगी। फिल्म हर सूरत में बननी है और छोटे-मोटे मतभेदों को आड़े नहीं आना चाहिए।

साफ तौर पर भारत के लिए भी ख्रुश्च्योव और बुल्गानिन इतिहास के फुटनोट्स से भी गायब हो गए थे। पीछे मुड़कर देखते हुए मैं कह सकता हूँ कि इतिहास के प्रति जो नजरिया इंदिरा गाँधी का था वही मुरली मनोहर जोशी का भी है। इसे राजनीतिक सहूलियत के लिहाज से कुचला, बदला या रद्द किया जा सकता है।

एक कूटनीतिक विजय का उल्लास अब जाता रहा था। मैं हताश और खिन्न होटल लौटा। अब मैं पिटा हुआ बच्चा था। वापसी के रास्ते मैंने लेनिन स्क्वायर पर एक बच्ची को सड़क पार करते देखा। सिगनल के हिसाब से उसे रुके रहना चाहिए था, मगर उसे सड़क पार करने देने के लिए पूरा ट्रैफिक अचानक रुक गया था। कम्युनिस्ट रूस की नई पीढ़ी ख्रुश्च्योव और बुल्गानिन से भले प्यार न करती हो मगर कम्युनिस्ट रूस अब भी अपने बच्चों की कीमत समझता है। शायद एक नए और सभ्य समाज के निर्माण की उम्मीदें अब भी बची हुई हैं।

सुबह कैफेटेरिया की हिम्मतमाई आवारा हूँ गुनगुनाती हुई मेरे कमरे में चाय ले आई। ईश्वर राज कपूर की आत्मा को शांति दे। यह एक नया दिन था। पिछले दिन की हताशा धुल चुकी थी जिसमें बीती शाम श्याम बेनेगल की 'शिवास रीगल' की विनम्र मदद का भी योगदान था। जब हम निकलने को तैयार थे तभी फोन की घंटी बजी। रोणेन सेन थे। 'रूसियों के साथ बैठक लंच तक के लिए स्थगित हो गई है', उन्होंने बताया। क्या हम दूतावास आ जायें?

इस वक्त दूतावास में रोणेन सेन अपेक्षाकृत ज्यादा खुले थे। उनके सूत्रों के मुताबिक रूसी प्रतिनिधिमंडल को उनके आकाओं ने बुलाया और लगभग जलते कोयलों पर चढ़ा दिया। फिल्म बने या न बने, उनसे कहा गया है कि वे फिल्म में बुल्गानिन और ख्रुश्च्योव को—भले ही बिना उल्लेख के—शामिल करने का प्रस्ताव वापस ले लें। मुझे अपना जवाब तैयार रखने की सलाह दी गई।

लंच के बाद बैठक शुरू हुई। माहौल में संजीदगी थी। रूसी प्रतिनिधिमंडल के नेता ने खड़े होकर कहा कि उससे कल एक चूक हो गई थी। बाद में विचार करने के बाद रूसी पक्ष इस नतीजे तक पहुँचा है कि फिल्म में उन दो नेताओं को शामिल करने पर वे रजामंद नहीं हो सकते। उसमें ख्रुश्च्योव और बुल्गानिन का नाम लेने की भी हिम्मत नहीं हुई। इस संक्षिप्त वक्तव्य के बाद वह बैठ गया।

अफसरशाहों को अर्द्धसत्यों से निबटने का खासा अभ्यास होता है। मैं अपने जवाब के साथ तैयार था। मैंने भारत-रूस मैत्री के लंबे इतिहास का हवाला दिया

और इस संदर्भ में नेहरू पर बन रही फिल्म की अहमियत को रेखांकित किया। अंततः मैंने बात यहाँ खत्म की, 'हो सकता है, हम इतिहास के कुछ नुक्तों को लेकर असहमत हों। मगर हमें इतिहास से बँधे न रहकर भविष्य की ओर देखना चाहिए। सोवियत संवेदनशीलता को ध्यान में रखते हुए हम फिल्म में इस हिस्से को शामिल करने पर जोर नहीं देंगे। चलिए हम यह फिल्म सहयोग की उस भावना के साथ बनाएँ जिससे हमने शुरुआत की थी।' मैं खुद को एक बड़बोले धोखेबाज की तरह महसूस कर रहा था। रूसियों को मेरे जवाब से खासी हैरत और राहत हुई। शाम तक पटकथा पर बातचीत पूरी हो गई।

शाम को फिल्म से जुड़े लोगों के लिए ही बने एक क्लब में हम लोगों के लिए रिसेप्शन हुआ। रूसियों को पता था कि अपने फिल्मकारों को—जब तक वे सरकारी सीमारेखा के पार नहीं जाते—कैसे लाड़-प्यार से रखा जाए। अब वोदका से रूसियों के लगाव का खुलकर प्रदर्शन हो रहा था। एक के बाद एक टोस्ट आ रहे थे। वोदका पीते हुए जो भाषण चल रहे थे वे जल्दी ही अस्पष्ट हो चले थे। संतरियों की मुस्तैदी जा चुकी थी। कोई दुभाषिया नहीं रह गया था। हम एक-दूसरे से सीधे बात कर रहे थे।

मुझे याद नहीं पड़ता कि मैंने क्या कहा या सुना था, मगर मेरे दिमाग के किसी कोने में तारकोव्स्की की 'आंद्रे रुबलॉफ़' अब भी कुलबुला रही थी। हम सबका मिजाज बदला हुआ था। मैंने लड़खड़ाते हुए आखिरी टोस्ट पेश किया और जोड़ा, 'श्याम बेनेगल, थापाजी और अपनी ओर से अपने रूसी मित्रों से मेरी एक छोटी सी गुजारिश है। कल मास्को में हमारा आखिरी दिन है। क्या जाने से पहले हम 'आंद्रे रुबलॉफ़' देख सकते हैं?'

इस बार कोई चुप्पी नहीं छाई। पटकथा पर बातचीत की कामयाबी और वोदका अपना असर कर चुके थे। मेरे रूसी साथी ने तत्काल जवाब दिया, 'बिल्कुल, कल आप देखें। हम एक प्रदर्शन की व्यवस्था करेंगे।'

जो सर्वाधिक महत्त्वपूर्ण ऐतिहासिक फिल्में मैंने देखी हैं, 'आंद्रे रुबलॉफ़' उनमें से एक रही। रुबलॉफ़ एक चित्रकार और पुजारी था जिसकी 'द ओल्ड टेस्टामेंट ट्रिनिटि' फिलहाल मास्को की स्टेट ट्रेटयाकोव गैलरी में टँगी हुई है। वह प्रकृतिवादी चित्रकला की तुलना में कला के आध्यात्मिक तत्त्वों से कहीं ज्यादा वास्ता रखता था। पंद्रहवीं सदी के इस रूसी चित्रकार के बारे में बहुत कम जानकारियाँ सुलभ हैं। इसलिए तारकोव्स्की को रुबलॉफ़ का पुनःसृजन करने और पुनराविष्कार करने तक की पूरी आजादी मिली। आंद्रे तारकोव्स्की का रुबलॉफ़ एक साधक और विरोधी के रूप में उभरता है जो तारकोव्स्की खुद भी वही था। यह एक स्याह शीशे में बनाया गया सेल्फ पोर्ट्रेट था।

लंदन से चिंतन

मैं महज तीन दिन से लंदन में हूँ मगर अभी से ऐसा लग रहा है जैसे भारत से दूर एक पूरी उम्र गुजर गई हो। ऐसा नहीं कि मैं घर लौटने को बेचैन हूँ। मैं बस बदलाव की फितरत और दूरी के एहसास की बात कर रहा हूँ।

इसके पहले भी कई बार मैं व्यस्त कामकाजी यात्राओं में लंदन आता रहा हूँ मगर वे यात्राएँ अलग थीं। तब मैं सेंट्रल लंदन में ठहरता था जहाँ से इस शहर के बेहतर चेहरे से परिचय होता है या जिसे यहाँ के लोग 'लंदन-लंदन' बोलते हैं। इस बार मैं साउथ गेट में ठहरा हुआ हूँ जो उत्तरी लंदन में है—कार या मेट्रो के जरिए सेंट्रल लंदन से यहाँ पहुँचने में घंटे भर का समय लगता है। सेंट्रल लंदन की तेज रफ्तार से खासा दूर यह एक शांत कस्बा है।

यहाँ मेरे शुरू के दो दिन अपने सामान की चिंता और प्रतीक्षा करते गुजर गए। दिल्ली से फ्रैंकफर्ट तक की मेरी उड़ान में आधे घंटे की देर हो गई थी, और लुफ्थांसा ने जहाँ यह खयाल रखा कि मैं लंदन के लिए अगली फ्लाइट पकड़ सकूँ, वहीं मेरा सामान उस विमान में भिजवाने की सुध नहीं ली। लगता है, विमान में खाली सीट रखने की जगह सामान का मुआवजा दे देना सस्ता पड़ता होगा।

हीथ्रो हवाई अड्डे पर मैं गैरयूरोपीय लोगों वाली इमिग्रेशन की कतार में इंतजार कर रहा हूँ। यह करीब डेढ़ सौ मीटर में फैली हुई लंबी सर्पिलाकार कतार है। दूसरी कतार काफी छोटी है जिसमें यूरोपीय समुदाय और शायद अमेरिका के भी पासपोर्टधारी हैं। दोनों कतारों के बीच रंग का जो फर्क है वह तत्काल ध्यान खींचता है। हमारी कतार का रंग मुख्यतया अश्वेत है जबकि दूसरी कतार का मूलतः श्वेत। मुझे खयाल आता है कि क्या यह नस्ली भेदभाव का ही एक रूप नहीं है? मुझे इमिग्रेशन से निकलने में करीब पौन घंटे से ज्यादा वक्त लगता है। पहला सबक : पश्चिमी कार्यकुशलता के भुलावे में आना नहीं चाहिए, चूँकि यह मूलतः पश्चिमी लोगों के लिए है।

मुझे जल्दी ही दूसरा सबक मिलनेवाला था। सामानवाली पट्टी पर रंग-बिरंगे

बैग घूम रहे थे और मैं देख रहा था। मैं अपना बैग खोज रहा था, शुरू में आशा और उम्मीद के साथ, बाद में हताशा से। बैगों के समुद्र में भटकते-खोजते घंटा भर लगा देने के बाद मैं लुफ्थांसा के काउंटर पर पहुँचा। दिन की अपनी दूसरी कतार में मैं पाता हूँ कि मैं अकेला परेशान मुसाफिर नहीं हूँ जिसका बैग खो गया है। मेरी तरह कई यात्री हैं जो दिल्ली से चले थे और जिनका सामान नहीं मिल रहा है। लुफ्थांसा के काउंटर पर बैठा युवक मदद की मुद्रा में है मगर पहले से ही परेशान है। वह मुझे एक फॉर्म भरने को कहता है और आश्वस्त करता है कि जैसे ही बैग मिल जाएगा, लुफ्थांसावाले मुझसे संपर्क करेंगे। वे शाम तक मेरे लंदन के पते पर मेरा बैग भिजवा देंगे। मैं उसे बताता हूँ कि मेरे हैंडबैग में मेरा टूथब्रश तक नहीं है। वह मुझे साठ पौंड का एक वाउचर देता है। फिर मैं कतार से निकल जाता हूँ।

अब तक मेरी मेजबान को हवाई अड्डे पर मेरा इंतजार करते तीन घंटे हो गए हैं। मैंने उसके मोबाइल पर खोए हुए बैगवाले काउंटर से फ़ोन कर दिया था। वह थकी दिखती है मगर मुझसे मिलकर खुश है। खुदा का शुक्र है कि उसने इतने नेक और धीरजवाले लोग बनाए हैं। घर लौटते हुए हम एक दुकान में रुककर एक कमीज, बनियान आदि और शेवर खरीदते हैं। साठ पौंड लंदन में कुछ नहीं होता। वह मुझे अपने भाई का शेविंग क्रीम और शेविंग ब्रश देती हैं।

दूसरा सबक : विमान से सफर करते हुए हमेशा अपना हजामत का सामान और बनियान वगैरह का एक जोड़ा अपने हैंडबैग में रखिए।

अब सामान का इंतजार शुरू होता है। जो दो टेलीफोन नंबर परेशान युवक ने मुझे दिये थे, उन पर या तो कोई जवाब नहीं आता या फिर बिजली कटी होने के दौरान डेसु के नंबरों की तरह वे लगातार व्यस्त मिलते हैं। तीस बार से भी ज्यादा कोशिश करने के बाद मैं हाथ खड़े कर देता हूँ और सच्चे हिंदू की तरह अपने भाग्य भरोसे रह जाता हूँ।

मैं खिड़की से बाहर देखता हूँ। यह खिली धूप का दिन है। वृक्षों के पत्ते प्रखर रोशनी में चमक रहे हैं। किसी गुजरती कार की सनसनाहट को छोड़ दें तो सुकून से भरी चुप्पी है, न टेलीविजन का शोर, न मुअज्जिन की सदा, न कीर्तन, न अखंड पाठ। मेरे खोए हुए सामान के बावजूद दुनिया सुकून से भरी है।

अगली सुबह मेरी मेजबान खोए हुए सामान के लिए इंटरनेट पर लुफ्थांसा की वेबसाइट खोलती है। अरे वाह! वह बताता है कि मेरा खोया हुआ बैग खोज लिया गया है और उसे भिजवाने की प्रक्रिया भी शुरू कर दी गई है। एक नया फोन नंबर भी मिलता है जिस पर आगे पूछताछ करने की सलाह दी जाती है। मैं फोन मिलाता हूँ। पहली बार दूसरे सिरे पर किसी जीवित व्यक्ति की आवाज सुनाई पड़ती है। मेरा सामान दोपहर एक बजे से पहले भिजवा दिया जाएगा। मगर ढाई बजे टेलीविजन ट्रस्ट ऑफ एन्वायरनमेंट के साथ मेरी एक मुलाकात तय है। हम तय करते हैं कि

सवा एक तक बैग का इंतजार करेंगे। अनुमान के मुताबिक बैग वक्त पर नहीं पहुँचता। यह है जर्मन कार्यकुशलता। आखिरकार दो बजे हमारी गैरमौजूदगी में बैग पहुँचता है।

अब नए कपड़ों और अपना बैग सुरक्षित मिल जाने के बाद, मुझे खासा सुकून महसूस होता है और मैं समसामयिक मुद्दों से जुड़ी खबरों, अखबारों और पत्रिकाओं पर ध्यान देना शुरू करता हूँ। लंदन के अख़बारों में इन दिनों तीन मुद्दे छाए हुए हैं–शिक्षकों का सरकारी विद्यालयों से पलायन, फे वेल्डन का लिखा हुआ 'बुल्गारी कनेक्शन' नामक उपन्यास और अफ्रीका से गुलामों के व्यापार के लिए परिश्च की ओर से क्षमायाचना।

अमेरिका की तरह इंग्लैंड भी स्कूली शिक्षकों की भयंकर कमी से जूझ रहा है, और आनेवाले वर्षों में यह स्थिति और विकराल हो सकती है। अखबारों के विश्लेषक इसकी जिम्मेदारी शिक्षा पर अतिरिक्त प्रशासनिक नियंत्रण, पर्यवेक्षण की आड़ में किए जा रहे कुछ ज्यादा ही हस्तक्षेप और छात्रों द्वारा दिए गए ग्रेडों के आधार पर शिक्षकों के कामकाज के मूल्यांकन की स्वेच्छाचारी व्यवस्था पर थोपते हैं। वेतन अगर अच्छा नहीं तो फिर भी ठीक है। किसी प्राथमिक विद्यालय का शिक्षक किसी सरकारी दफ्तर के क्लर्क या बीट कांस्टेबल की तुलना में कहीं ज्यादा पैसा कमाता है। फिर भी कांस्टेबलों या क्लर्कों की कमी नहीं है। ऐसा क्यों?

मैं यह सवाल एक अनिवासी भारतीय अशोक के सामने रखता हूँ जिसने अपना सारा जीवन लंदन में गुजारा है। उसमें एक शर्मीली संवेदनशीलता है जिससे मुझे उससे बात करने की प्रेरणा मिलती है, 'जानते हो बिक्रम, इंग्लैंड में अध्यापन अब कोई सम्मानजनक पेशा नहीं रह गया है। भला कोई यहाँ क्यों पढ़ाए!' इतना कहकर वह चुप हो जाता है। मैं इंतजार करता हूँ कि वह अपनी बात को विस्तार दे। वह चुप रहता है। वैसे भी किसी गंभीर बातचीत को मुमकिन न होने देने लायक पर्याप्त शोर इस पब में है। बाद में मुझे पता चलता है कि अशोक कहीं भारत में–किसी ग्रामीण इलाके में–शिक्षक बनने की सोच रहा है।

लगता है, शिक्षक यहाँ तमाम बड़े शहरों में स्कूल छोड़कर जा रहे हैं मगर ब्रिटेन के गाँवों में नहीं। शायद इसकी वजह पैसा या प्रशासकीय हस्तक्षेप कम है, समाज में स्थान और सम्मान हासिल करने की इच्छा ज्यादा है। शहरों में शिक्षक बेचेहरा हो चुके हैं। मगर ग्रामीण ब्रिटेन में समाज में अब भी उनकी एक सम्मानजनक पहचान है। क्या इसमें भी भारत के लिए कोई सबक है या यह सिर्फ हमारे अपने अनुभवों की एक छाया, एक अनुगूँज भर है?

लंदन आने से पहले मैंने फे वेल्डन का नाम नहीं सुना था। वह 69 साल की हैं और दो दर्जन कामयाब उपन्यासों की लेखिका हैं जिनमें 'द लाइफ एंड लव्स ऑव सी डेविल' शामिल है। वह और उनका नवीनतम उपन्यास 'बुल्गारी कनेक्शन' इन

दिनों निहायत गैरसाहित्यिक वजहों से चर्चा में है। मुझे उत्सुकता होती है : उपन्यास तो अभी कायदे से छपा भी नहीं है, फिर यह हो-हल्ला काहे का? शेक्सपियर के 'जूलियस सीजर' के मार्क ऐंटनी की तर्ज पर कहूँ तो भारतीय लेखको और देशवासियो, मेरी बात पर ध्यान दो!

बुल्गारी अपने अद्वितीय गहनों और दूसरे सामानों के लिए मशहूर एक इतालवी कंपनी है। बुल्गारी ने शुद्ध बाजार की रणनीति के तौर पर, वेल्डन को एक ऐसा उपन्यास लिखने का ठेका दिया जिसमें कम से कम एक दर्जन बार कंपनी का नाम सकारात्मक ढंग से आए। मगर वेल्डन कुछ कोस और आगे बढ़ गईं। उन्होंने न सिर्फ नाम में बुल्गारी को शामिल कर लिया, बल्कि इसे अपने उपन्यास के केंद्र में रख लिया। यह कला और उत्पाद-प्रचार के घालमेल का अनूठा उदाहरण है और इसने ब्रिटेन में साहित्यिक ईमानदारी को केंद्र में रखते हुए एक बड़ा विवाद पैदा किया है।

भारत में फिल्मों के भीतर विज्ञापन का चलन खूब स्थापित है, भले ही आम लोग इससे बेखबर रह जाते हों। यहाँ अक्सर हीरो हाथ में लिए या कोको कोला पीते या किसी खास ब्रांड की कार इस्तेमाल करते दिखाई पड़ता है। यह चलन काफी पहले शुरू हो गया था जब म्यूजिकल कॉमेडी 'बोइंग-बोइंग' के निर्माण में बोइंग बनानेवाली कंपनी ने खासी वित्तीय मदद की थी। इसलिए अगर फिल्मों में उत्पाद प्रचार जायज है तो किताबों में क्यों नहीं?

बुल्गारी ने खुद से यही सवाल पूछा होगा। कंपनी ने डाक से इत्र की एक शीशी फे वेल्डन को भेजी और सलाह दी कि वह एक उपन्यास लिखे जो कम संख्या में छापा जाए और उसे बुल्गारी के सर्वश्रेष्ठ ग्राहकों को भेंट किया जाए। एक बात से दूसरी बात निकलती गई और अब यह बेहद गर्मजोशी से प्रतीक्षित उपन्यास है जो शायद साहित्यिक कामयाबी भी हासिल कर ले।

शुरू में बुल्गारी ने इस किताब की साढ़े सात सौ प्रतियाँ ही छापीं जो एक विशेष पार्टी में न्यूयार्क और लंदन के इसके ग्राहकों को भेंट कर दी गईं। दुर्भाग्यवश शाम खत्म होने पर पार्टी से निकलते हुए कई अतिथियों ने अपनी प्रति वहीं छोड़ दी। एक नायाब सौगात का ऐसा मूल्यांकन! अब यह किताब ब्रिटेन में हार्पर कोलिंस और अमेरिका में ग्रोव अटलांटिक से छपकर आ रही है।

फे वेल्डन को अपने किए पर कोई पछतावा नहीं है, 'मैं नहीं समझती कि मैंने अपनी आत्मा या इसके जो बचे-खुचे अंश रह गए हैं, वे बेच डाले हैं। वैसे भी वे मुझे बुकर पुरस्कार नहीं देते।'

दिलचस्प बात यह है कि कुछ सम्मानित ब्रिटिश लेखक वेल्डन की निंदा करने की जगह साहित्य में महत्त्वपूर्ण योगदान के लिए खुलकर उनके समर्थन में आ गए हैं। इस तरह की नैतिक कसौटियों का प्रपंच न करते हुए कि फिल्मकारों के लिए तो वैसा काम चल सकता है, हम तो साहित्य की दुनिया के लोग ठहरे!

'एम्पायर ऑफ द सन' के लेखक जी.एल. बलार्ड कहते हैं, 'शालीन हो जाना आसान है, मगर मुझे उसके लिए शुभकामनाएँ करने की इच्छा होती है।' वह कुछ मजाकिया लहजे में यह चेतावनी भी देते हैं कि आगे से उनके सभी चरित्र फरारी (सुपरिचित रेसिंग कार) चलाएँगे, रोलैक्स पहनेंगे, और हर पेज में डॉम पेरिग्नोंन (विख्यात शराब) पिएँगे।

निजी तौर पर इस विवाद में मेरा कोई नजरिया नहीं है। फिल्मकार के तौर पर दूसरों के पैसे से अपनी फिल्म बनाने के अंतर्विरोध के साथ मैं खासा वक्त गुजार चुका हूँ। इसलिए अगर मेरी फिल्म में किसी चरित्र को अंबैसडर की जगह फोर्ड चलानी पड़े तो इससे कोई फर्क नहीं पड़ेगा। अगर चरित्र ऐसा है कि उसमें फोर्ड रखने की हैसियत है और मुझसे रेखा को कॉलेज की लड़की का रोल देने को नहीं कहा जा रहा है! टामस बेकेट कहता ही है कि हमें हर दिन अपने सम्मान को जोड़ तोड़ कर रखना होता है। आखिरकार श्याम बेनेगल की 'अंकुर' एक विज्ञापन कंपनी के पैसे से बनी थी और 'मंथन' अमूल के पैसे से।

और फिर भी यह सब लिखते हुए मैं सोचता रहता हूँ कि इसमें मैं किस हद तक जा सकता हूँ। मुझे लगता है, अपनी परीक्षा लेने का अवसर मुझे शायद कभी मिल जाय। आखिर वीराने में ईमानदारी का मतलब भी क्या है।

कागज़ी शादी

हैम्बर्ग की जर्मनी में वही हैसियत है जो भारत में मुंबई की है--एक बंदरगाह वाला नगर, जहाँ एक बड़ा रेडलाइट एरिया है, एक भरा-पूरा व्यावसायिक शहर, जहाँ सिर्फ समूचे जर्मनी से ही नहीं, बल्कि दुनिया के दूसरे देशों, मसलन तुर्की, यूनान, पूर्व युगोस्लाविया, इटली और भारत से भी लोग आते हैं। हाँ, हैम्बर्ग में कई हजार भारतीय हैं और ज्यादातर पंजाब से हैं। गज्जनसिंह उनमें से एक हैं।

हैम्बर्ग में मेरे मेजबान डॉ. बहादुरसिंह, जो हैम्बर्ग विश्वविद्यालय में भारतीय विद्या विभाग में पढ़ाते हैं, गज्जनसिंह को कई साल से जानते थे। वस्तुतः हाल ही में उन्होंने गज्जनसिंह को उसके पूर्व नियोक्ता से अच्छा-खासा मुआवजा दिलाने में मदद की थी जिसने अनुचित ढंग से उन्हें नौकरी से निकाल दिया था। वे लंबे समय से बहादुरसिंह से डिनर पर आने का आग्रह कर रहे थे। मैंने बस बहादुरसिंह को उनका न्योता स्वीकार करने का एक उपयुक्त बहाना सुलभ करा दिया।

गज्जनसिंह जिस तरह के फ्लैट में रहते थे, वह साफ तौर पर शरण माँगने वालों या दूसरे आप्रवासियों के लिए सरकार द्वारा बनवाया गया था। वे बाहर से एकदम रूखे-रूखे लगते थे मगर दिल्ली में ऐसे ही बने डीडीए फ्लैटों के मुकाबले भीतर से काफी आरामदेह और सुरुचिपूर्ण थे।

सीढ़ियों से लॉबी सीधे लिविंग रूम में खुलती थी। लिविंग रूम के दाहिनी ओर किचन के पास एक डाइनिंग टेबल रखा था। दाहिनी तरफ का हिस्सा ड्राइंग रूम या बैठने की जगह के काम आता था। यहाँ एक विशालकाय साइडबोर्ड लगा था जिसमें क्रॉकरी से लेकर म्यूजिक सिस्टम और पारिवारिक फोटुओं तक सब कुछ था। हम पारिवारिक फोटुओं की ओर मुँह करके बैठ गए और कोई पंजाबी पॉप सुनने लगे। हमारी पीठ की तरफ की दीवार से गुरु गोविंदसिंह और गुरु नानक की तस्वीरें हमें करुणा से निहार रही थीं। परिचय के बाद गज्जनसिंह बीयर की कुछ कैन ले आए।

डॉ. बहादुरसिंह ने शरारत भरी मुस्कराहट के साथ मेरी ओर देखा। जर्मनी में अपने लगभग तीस साल के प्रवास के दौरान वे बुरी तरह सभ्य हो चुके थे। वे सिर्फ वाइन का शौक रखने लगे थे, बल्कि अपने सामाजिक दायरे में वाइन पारखी के रूप में ख्यात भी हो चुके थे। कभी-कभार ही वे अपने मेजबान का लिहाज करते हुए बीयर की ओर झाँकते थे, चूँकि वाइन महँगी पड़ती है। मगर व्हिस्की वे कभी छूते नहीं थे। उन्हें पता था कि मैं शाम को व्हिस्की पसंद करता हूँ। जो उन्हें अंदाजा नहीं था वह यह कि उनके साहचर्य में लगातार एक सप्ताह वाइन और बीयर का सेवन करने के बाद मुझे कायदे की ड्रिंक की तलब बड़ी सख्ती से महसूस हो रही थी। अपनी बीयर खत्म करने के बाद मैंने मेजबान से पूछा : 'गज्जनसिंह जी, आपके पास व्हिस्की नहीं होगी?'

'बिल्कुल, होगी जी। मैंने आपको बीयर दिया क्योंकि डॉक्टर साहब मेरे घर बीयर ही पीते हैं, व्हिस्की को हाथ नहीं लगाते।' मैंने अभियोगी निगाहों से डॉक्टर बहादुरसिंह की ओर देखा। उन सरीखे लोगों की वजह से ही जीवन की छोटी सी खुशी को लेकर भी गुनाह का सा एहसास होने लगता है।

'आप क्या लेंगे, शी वाज रीगल (शिवाज रीगल) या ब्लैक लेबल? मैं तो हमेशा शीवाज रीगल लेता हूँ।' उसने जोड़ा। मैंने कहा कि मेरे लिए शिवाज रीगल ठीक है।

अब बातचीत में और सहज रवानी आ गई। गज्जनसिंह पंजाब में सरहिंद के हैं। परिवार का छोटा-सा व्यवसाय था मगर जमीन नहीं थी। यह कई भाइयों-बहनों, चाचाओं-भतीजों वाला एक विशाल परिवार था। सबसे बड़ा बेटा होने के नाते परिवार के गुजारे की जवाबदेही उनके ऊपर थी। कुछ साल पहले उनके पड़ोस से कुछ लोग जर्मनी गए थे। गज्जनसिंह को पता नहीं था कि वे वहाँ क्या कर रहे हैं। मगर स्पष्टतया वे अच्छा पैसा कमा रहे थे और इसलिए तरक्की कर रहे थे।

पैसे की तलाश में गज्जनसिंह ने जर्मनी जाने का फैसला किया। यह अस्सी के दशक के शुरुआती दिनों की बात है। वे करीब छब्बीस साल के थे—जोशोखरोश और जीवंतता से भरपूर। एक एजेंट ने वैध वीजा के जरिए उन्हें रोम भिजवाया। वहाँ उन्हें एक दूसरे एजेंट के हवाले कर दिया गया जिसने पूर्वी यूरोप होते हुए चक्करदार रास्ते से उन्हें हैम्बर्ग पहुँचाया।

गज्जनसिंह के किस्से में उनके दस साल के बेटे ने कुछ व्यवधान पैदा किया जो डाइनिंग टेबल की ओर इशारा करता हुआ कुछ कह रहा था। बाद में बहादुरसिंह ने मुझे बताया कि लड़का मिली-जुली जर्मन और पंजाबी बोल रहा था और कह रहा था कि माँ खाने के लिए बुला रही है।

गज्जनसिंह की पत्नी से मेरा संक्षिप्त परिचय पहले ही हो चुका था। वह अपनी गृहस्थी पर नाज करने वाली तीस-चालीस के बीच की आकर्षक पंजाबी स्त्री थी

जिसमें मेहमाननवाजी और गर्मजोशी भरपूर थी। खाना ठेठ उत्तर भारतीय था—मटर पनीर, काली उड़द की दाल, गोभी, पुलाव और रायता। किसिम-किसिम के अचार भी थे। बीते दो हफ्तों से तरह-तरह का इंग्लिश, जर्मन और टर्किश खाना आजमा चुकने के बाद यह एक सुखद राहत थी।

खाना शुरू हो जाने के बाद गज्जनसिंह ने अपनी कहानी फिर से शुरू कर दी। हैम्बर्ग में शुरू में वे अपने एक दोस्त अमरीकसिंह के पास ठहरे। उनके पास न जर्मनी का वीजा था न ही काम का परमिट। अमरीकसिंह ने उन्हें कहा कि यहाँ ठहर सकने का एक ही तरीका है कि वे किसी जर्मन औरत से शादी कर लें। कुछ पैसा देकर इसकी व्यवस्था की जा सकती है। चालीस को छू रही मिस फ्रिट्जन पहले से ही दो बार तलाकशुदा थीं। वे पाँच हजार मार्क पर गज्जनसिंह से शादी करने के लिए तैयार हो गईं। यह कागजी शादी थी। वे कभी साथ नहीं रहे। मगर इससे उन्हें जर्मनी में रहने का हक मिल गया।

उन्होंने जर्मनी के एक रेस्तरां में काम करना शुरू किया और धीरे-धीरे रसोइया बन गए। उनके शांत और मेहनती स्वभाव के कारण रेस्तरां का फ्रेंच मालिक उन्हें पसंद करता था। उस रेस्तरां में कुछ और भारतीय भी काम करते थे। पाँच साल बाद गज्जनसिंह ने मिस फ्रिट्जन को तलाक दे दिया। अब तक जर्मन कानूनों के तहत वे यहाँ रहने और काम करने का अधिकार हासिल कर चुके थे।

गज्जनसिंह अब जर्मनी में जम चुके थे—अच्छे पैसेवाला काम, अपने देश के दोस्त और अच्छा मालिक। और वे क्या चाहते? उन्होंने समझने-बूझने लायक जर्मन सीख ली थी मगर अब भी लिख नहीं सकते थे। यहीं उन्हें बहादुरसिंह जैसे लोगों की जरूरत पड़ती थी जो हिंदी या अंग्रेजी की तरह जर्मन में भी कुशल थे।

फिर सहसा कुछ साल पहले एक आतंकवादी हमले की तरह उनकी दुनिया को एक करारा झटका लगा। जिस रेस्तरां में गज्जनसिंह काम करते थे, उसे एक जर्मन ने खरीद लिया। यह शख्स पुराने मालिक से नितांत भिन्न था। वह बदजुबान था, ओवरटाइम के रेकार्ड में धोखाधड़ी करता था और खाने में भी भेदभाव बरतता था।

गज्जनसिंह नीचा दिखाने वाले अपने मालिक का बरताव झेलने को तैयार नहीं थे। उन्होंने जर्मनी में बसने-कमाने का अधिकार हासिल किया था और बतौर कामगार अपने इस हक के प्रति वे सजग थे। उन्होंने विरोध किया और उनके नए मालिक ने उन्हें निकाल दिया।

गज्जनसिंह ने मशविरे के लिए डॉ. बहादुरसिंह से संपर्क किया। उन्होंने गज्जनसिंह को अपनी नाजायज बर्खास्तगी के खिलाफ अदालत में जाने की सलाह दी। मगर वकील बहुत महँगे थे और गज्जनसिंह उनका खर्च नहीं उठा सकते थे। डॉ. बहादुरसिंह ने सारे तथ्य इकट्ठा करते हुए एक याचिका तैयार की और साथ में उनके पूर्व फ्रेंच नियोक्ता का प्रमाणपत्र संलग्न कर दिया।

जज की गज्जन से सहानुभूति थी जो मेहनत से पैसा कमाने की कोशिश कर रहे एक अभागे आप्रवासी की तरह दिख रहे थे। यह निश्चय ही 11 सितंबर, 2001 से पहले की बात है जिसके बाद पूरे यूरोप और अमेरिका में एशियाई मूल के लोगों की छवि बदल गई है। धाराप्रवाह जर्मन न बोल पाने के कारण एक मासूम शिकार की गज्जनसिंह की छवि पुष्ट ही हुई। उन्होंने जज को बताया कि उन्होंने अपनी कहानी डॉ. बहादुरसिंह को सुनाई है जिन्होंने तब यह याचिका तैयार की। वे कोई वकील नहीं कर सकते थे।

जज ने जर्मन बचाव पक्ष से कहा कि वह या तो गज्जनसिंह को काम पर वापस ले या फिर उन्हें पूरा मुआवजा दे। जर्मन उन्हें तीस हजार मार्क का मुआवजा देने को तैयार हो गया मगर उसने किस्तों में पैसा देने का अनुरोध किया। उसे छह किस्तों में यह मुआवजा चुकाने का आदेश दिया गया।

जब मैं गज्जनसिंह से मिला तो वे इस मुआवजे और सरकार द्वारा दिए जा रहे बेरोजगारी भत्ते के साथ मजे से समय काट रहे थे। उन्हें आसानी से काम मिल सकता था मगर इस स्थिति में—कम से कम कुछ समय के लिए—वे आरामदेह और पुरलुत्फ जीवन गुजार रहे थे।

डिनर खत्म हो चुका था। हम वापस गुरु गोविंदसिंह और गुरु नानक की कृपालु निगाहों के नीचे सोफे पर आ विराजे। अब मैंने ध्यान दिया कि दोनों तस्वीरें एक-दूसरे की तरफ न देखते हुए अलग-अलग देख रही थीं। अब तक गज्जन के घर में मैं पूरी तरह बेझिझक हो चुका था। मैंने उन्हें तस्वीरों की जगह बदलने की सलाह दी ताकि दोनों गुरु एक-दूसरे के आमने-सामने हों जैसे आपस में बातचीत कर रहे हों। गज्जन की पत्नी ने इस सलाह के लिए मुझे धन्यवाद दिया और कहा वे ऐसे ही ज्यादा ठीक लगते हैं।

अभी नौ ही बजे थे मगर विदा लेने का वक्त हो गया था। गज्जन ने कम से कम एक अच्छी यूरोपीय आदत सीख ली थी। जल्दी खाओ और जल्दी सुबह उठ जाओ। बच्चों को अगली सुबह छह चालीस पर स्कूल के लिए निकल जाना था। दरवाजे पर मैं खुद को रोक न सका और मिसेज गज्जनसिंह से पूछ बैठा, 'क्या आप गज्जन की जर्मन पत्नी मिस फ्रिट्जन से मिली हैं?'

'हाँ, बिल्कुल, वह बड़ी भली औरत है। वह मेरी बड़ी बहन जैसी है।'

'क्या आपको उनसे कभी जलन महसूस नहीं हुई?'

'क्यों होती? यह तो बस कागजी शादी थी। अब वे हमारे परिवार की मेम्बर जैसी हैं। दरअसल गज्जन के बाद उसने उनके छोटे भाई से भी शादी की और जर्मनी में उन्हें बसने में मदद की। यह भी कागजी शादी ही थी।'

मैंने उनकी ओर ध्यान से देखा। उसके चेहरे पर कोई शर्म, गुनाह या अपराध-बोध नहीं थे। कागजी शादी ने किसी का नुकसान नहीं किया था। उल्टे

इससे कुछ मासूम जिंदगियों को अपनी शुरुआत करने में मदद मिली थी।

हमने विदा ली और ट्यूब स्टेशन की ओर चल पड़े। बहादुरसिंह हैम्बर्ग से करीब तीस किलोमीटर दूर राईनबेक में रहते थे। हमें राईनबेक पहुँचने में करीब चालीस मिनट लग गए। ट्रेन पर हमने एक-दूसरे से कोई बात नहीं की। कम से कम मानसिक रूप से मैं अब भी गज्जनसिंह के घर में ही था। ट्यूब स्टेशन से बहादुरसिंह के घर जाते हुए बस पर उन्होंने मुझे बताया कि कागजी शादी की प्रथा अब उतनी बेदाग नहीं रही जितनी गज्जनसिंह के आने के वक्त थी। यह एक सुस्थापित रैकेट में बदल चुकी है और अब ऐसे दलाल हैं जो फीस लेकर नियमित रूप से ऐसी शादियाँ तय करवाते हैं। जर्मन अधिकारी अब ज्यादा चौकन्ने हो गए हैं। अगर जाँच से पता चला कि दो लोग शादी के बाद एक ही घर में पति-पत्नी की तरह नहीं रहे हैं तो आप्रवासी को वापस भेज दिया जाता है। कई भारतीय लोगों को हाल के वर्षों में इस स्थिति का सामना करना पड़ा है।

वस्तुतः हाल ही में एक मामला हुआ था जिसमें पहले से शादीशुदा एक पंजाबी भारतीय ने एक जर्मन औरत से कागजी शादी की। पाँच साल के बाद उसने अपनी जर्मन पत्नी को तलाक दे दिया, अपनी पंजाबी पत्नी से फिर से शादी कर ली और उसे जर्मनी ले आया। समस्या तब खड़ी हुई जब उसने अपनी पंजाबी पत्नी से हुई किशोर वय बेटी को जर्मनी लाना चाहा। आधिकारिक रूप से अपनी पंजाबी पत्नी के साथ उसकी शादी के महज छह साल हुए थे जबकि उसकी बेटी सोलह साल की थी!

क्या इस समस्या का कोई हल नहीं था, मैंने बहादुरसिंह से पूछा। जब उसने अपनी पहली पत्नी से दोबारा शादी की तब एक रास्ता था। वह उसे एक तलाकशुदा या विधवा घोषित कर सकता था जिसकी शादी के वक्त एक बेटी है। अब कोई रास्ता नहीं है। या संभवतः कोई रास्ता नहीं। 'संभवतः?', मैंने बहादुरसिंह की ओर सवालिया निगाहों से देखा। 'हाँ, गज्जनसिंह अब भी अपनी बेटी की शादी के लिए एक जर्मन नागरिक तलाश सकता है।' मैं ठीक-ठीक नहीं बता सकता कि वे फिर से एक कागजी शादी की ओर इशारा कर रहे थे या नहीं।

ग़लत वक्त, सही बात

'ग़लत से गलत वक्त में भी
सही से सही बात कही जा सकती है।
हम थोड़ी देर के लिए
स्थगित कर सकते हैं युद्ध
महत्त्व दे सकते हैं अपने भयभीत होने को
स्वीकार कर सकते हैं अपनी बदहवासी!'

(कुँवरनारायण)

इन दिनों मैं एक बार फिर कुँवरनारायण को पढ़ रहा हूँ। जितना उन्हें पढ़ता हूँ, उतना ही कविताओं में उम्मीद के साथ मिथक, आध्यात्मिकता और नैतिकता को गूँथने की उनकी क्षमता का कायल होता जाता हूँ। आज के समय में जब लोग एक-दूसरे को सुनने तक को तैयार नहीं हैं, भले ही वे पूरी तरह होशोहवास में हों, कुँवरनारायण इस पागलपन के वक्त में भी सही बात कहने की बात करते हैं। यही चीज उन्हें आशा और नई नैतिकता का कवि बनाती है जो नक्कारखाने में तूती की आवाज को भी जगह देती है।

मैं सितंबर के पहले हफ्ते लंदन में था। उस वक्त ब्रिटिश प्रेस में जो एक सवाल प्रमुखता से चक्कर काट रहा था, वह यह था कि टोनी ब्लेयर को अफ्रीकी गुलामों के व्यापार के लिए माफी माँगनी चाहिए या नहीं। इसमें एक ऐतिहासिक भूल के लिए माफी माँगने की व्यर्थता से लेकर माफी माँगने के साथ-साथ मुआवजा देने तक के मत सामने आ रहे थे।

कॉफी हाउस बुद्धिजीवियों की तर्ज पर वहाँ पब के बुद्धिजीवियों की एक बैठक में मैंने यह विचार रखा कि माफी या मुआवजे के लिए गुलामी तो बस एक सुविधाजनक चयन है। गुलामी जितनी ही निंदनीय श्रम व्यवस्था रही है जिसके

तहत लाखों भारतीयों को बँधुआ मजदूर बनाकर दूर-दराज के देशों में ले जाया गया, लेकिन अगर पूर्व औपनिवेशिक शक्तियों की अंतरात्मा आखिरकार जाग रही है तो उसे इस तथ्य के प्रति जागना चाहिए कि समूचा औपनिवेशिक अनुभव ही अपने-आप में मानवता के प्रति अपराध था। कि पश्चिमी समृद्धि मूलतः अपने पूर्व उपनिवेशों के लंबे और क्रूर शोषण पर खड़ी हुई है और इन पूर्व उपनिवेशों का आर्थिक शोषण अब भी जारी है।

' 'और यह अब भी जारी है', से आपका मतलब क्या है?'

यह सवाल एक बुजुर्ग ने उछाला था जिसका उल्लसित चेहरा बीअर के कुछ पाइंट ले लेने के बाद थोड़ा-सा लाल हो चुका था। वस्तुतः वह मुझे बीअर के एक विज्ञापन की याद दिला रहा था जो मैंने कुछ साल पहले लंदन के एक ट्यूब स्टेशन में देखा था। उस होर्डिंग में अधमुँदी आँखों और खिचड़ी भौंहों वाला एक बूढ़ा आदमी दिखाई पड़ रहा था जो अपनी छड़ी के सहारे हल्का झुका हुआ था। फलों से भरी एक बेल उसके कानों और छड़ी से निकल रही थी। साथ में स्लोगन था—हाइनेकिन बीअर उन हिस्सों को भी सींचती है जहाँ दूसरी बीअर पहुँच नहीं पाती। जाहिरा तौर पर मुझसे सवाल पूछने वाले के भी बीअर ने कुछ ऐसे अनजान हिस्सों को सींचा था जहाँ मैं पहुँच नहीं पा रहा था।

'कैसे यह अब तक जारी है? क्या आपने डब्ल्यूटीओ के बारे में नहीं सुना है जो देशों के बीच व्यापार की समानता सुनिश्चित करता है?' उसने आगे कहा।

'डब्ल्यूटीओ तो सिर्फ संपन्नों और वंचितों के बीच—उनके बीच जिनके पास उद्योग और तकनीक है और जिनके पास नहीं है—बराबरी की शर्तें सुनिश्चित करता है।' मैंने कहा।

'आपका खयाल कुछ ज्यादा ओरिजिनल है सर।' सर शब्द में उसने यथासंभव व्यंग्य का भाव डाला। बातचीत को जारी रखना मुमकिन नहीं था हालाँकि मैं कहना चाहता था कि अगर वाकई पूर्व औपनिवेशिक शक्तियों में अपने अतीत को लेकर कोई अपराध बोध जाग रहा है तो वे अपने पूर्व उपनिवेशों से वस्तुओं के आयात में उन्हें तरजीह देकर अपना अपराध कम करने की शुरुआत कर सकती हैं।

मगर यह सही बात कहने के लिहाज से गलत वक्त था। मैं कुँवरनारायण की तरह का आशावादी तो हूँ मगर उन सरीखा साहसी नहीं हूँ। इसलिए मैंने बातचीत को लंदन में ब्रिटिश दर्शकों के बीच 'लगान' की उल्लेखनीय कामयाबी की ओर बह जाने दिया।

अंततः टोनी ब्लेयर ने माफी माँगने का महान दिखावा तो कर ही डाला। हफ्ते भर बाद कुछ जुनूनियों ने दो विमानों से वर्ल्ड ट्रेड सेंटर को ध्वस्त कर डाला। औपनिवेशिक अतीत का अपराध बोध और क्षमायाचना हवा हो गए। ब्रिटेन की मदद के साथ अमेरिका फिर एक अमानवीय कृत्य को अंजाम देने में व्यस्त हो गया जिसके

लिए श्वेत दुनिया शायद एक सदी बाद माफी माँगने की सोचे। फिलहाल युद्ध का प्रलाप इस्लामी आतंकवाद के सवाल से सभ्यताओं के संघर्ष तक, और वहाँ से स्वाधीन संसार और बाकी संसार तक, और लादेन के बाद के अफगानिस्तान में कठपुतली सरकार बिठाकर दुनिया को हर किसी के लिए सुरक्षित बनाने तक लगातार गीयर बदल रहा है।

एडवर्ड एल्बी की 'जू स्टोरी' में एक जगह एक चरित्र कहता है कि कभी-कभी एक कदम बढ़ने के लिए दो कदम पीछे हटना जरूरी होता है। इसलिए मैं दो कदम पीछे हट रहा हूँ। मेरे हिसाब से मौजूदा संकट की सर्वाधिक महत्त्वपूर्ण वजह यह है कि हम इक्कीसवीं सदी में राजनीतिक संगठन के उन्हीं सिद्धांतों के सहारे रह रहे हैं जो उन्नीसवीं सदी में खोजे गए थे। राष्ट्र-राज्य की अवधारणा और नैतिकता की खोज पश्चिम ने अठारहवीं सदी के अंतिम हिस्से और उन्नीसवीं सदी में की थी। जिस हद तक तत्कालीन सामंती राजनीतिक संरचनाओं से आगे बढ़कर इस अवधारणा ने व्यक्ति को यह सिखाया कि उसके हित एक बृहत्तर राजनीतिक इकाई मसलन, राष्ट्र-राज्य के हित से जुड़ते हैं, वहाँ तक यह एक प्रगतिशील कदम था। हमारी समस्या यह है कि हम राष्ट्र-राज्य की अवधारणा से आगे नहीं बढ़े हैं और अब भी मानते हैं कि हमारा कल्पित राष्ट्रीय हित किसी भी कृत्य की, यहाँ तक कि संगठित कत्लेआम की भी पर्याप्त कैफियत है और किसी दूसरे बड़े सिद्धांत का कोई हवाला जरूरी नहीं है।

विश्व समुदाय को संगठित करने के लिए संप्रभु राष्ट्र-राज्य का सिद्धांत द्वितीय विश्वयुद्ध के बाद—और विडंबना यह है कि उसी समय जब एशिया और अफ्रीका में विशाल राष्ट्रों का उदय हुआ—मृत हो चुका था। द्वितीय विश्वयुद्ध ने बहुत साफ-साफ यह प्रदर्शित कर दिया था कि राष्ट्रों का भविष्य और विश्व शांति परस्पर निर्भर हो चुके हैं। तब तक परिदृश्य पर 'भूमंडलीय ग्राम' नाम का आगमन नहीं हुआ था मगर यह स्पष्ट हो चुका था कि संप्रभु राष्ट्र अब अपनी सीमाओं के भीतर भी गैरजिम्मेदारी या स्वेच्छाचरिता से उस तरह काम नहीं कर सकते जिस तरह यहूदियों को लेकर हिटलर ने किया था। विश्व समुदाय के हितों और उसके मामलों की देखरेख के लिए एक नए, राष्ट्रोपरि संगठन की जरूरत बन चुकी थी।

इस स्थिति से एक नई संहिता का जन्म होना चाहिए था जिसमें कोई व्यक्ति अपने आपको विश्व नागरिक के रूप में देखे और अपने राष्ट्र के बरताव को वैश्विक कल्याण की कसौटी पर परखने को प्रेरित हो। मगर यह नहीं हुआ। राष्ट्रीय हित सर्वोपरि बने रहे। दुनिया जाए भाड़ में। और अगर कोई बौड़म इस प्रवृत्ति पर सवाल उठाने की हिमाकत करता है तो उसे तुरंत गद्दार बताकर चुप कर दिया जाता है।

लेकिन क्या ऐसी संहिता का विचार वाकई अव्यावहारिक है जिसमें एक व्यक्ति खुद को वैश्विक कल्याण से जोड़े और अपने राष्ट्र के कृत्यों पर सवाल उठाने

को तैयार हो? मानव-जीवन के सबसे प्रारंभिक सामाजिक और राजनीतिक संगठन जनजातीय तंत्र थे। इन जनजातीय समुदायों में जनजाति के कल्याण के लिए व्यक्तिगत हित को कुरबान करना स्वाभविक माना जाता रहा। स्थिर खेती के साथ स्थिर ग्राम-समुदाय और संयुक्त परिवार अस्तित्व में आए। यहाँ भी उस व्यक्ति को अच्छा या नीतिवान माना जाता था जो गाँव या संयुक्त परिवार के हित में अपने व्यक्तिगत हित का परित्याग करने को तैयार हो।

मेरे एक राजस्थानी मित्र ने बताया कि हाल-हाल तक राजस्थान के संयुक्त परिवारों में माँ-आप अपने बच्चे पर सार्वजनिक रूप से प्यार जताने से हिचकते थे। इसकी जगह वे परिवार के दूसरे बच्चे से प्यार जताते थे ताकि उन्हें स्वार्थी न समझा जाए। नाइजीरिया के अर्द्धजनजातीय समुदायों या संयुक्त परिवारों में अभी भी इससे मिलती-जुलती प्रथा है।

सार्वजनिक हित की वेदी पर अपने निजी हित की बलि चढ़ाने के सिद्धांत के आधार पर ही नैतिक व्यवहार को निर्धारित करने की प्रवृत्ति संयुक्त परिवार से ग्राम-समुदाय, नगर राज्य, प्रादेशिक राज्य और अंततः राष्ट्र-राज्य तक मजबूत होती चली गई है। मगर यहाँ आकर यह रुक गई है और लगभग एक सदी से रुकी हुई है। कोई भी राष्ट्र विश्वशांति के पक्ष में अपने कल्पित राष्ट्रीय हित को छोड़ने को तैयार नहीं है और फिर भी हम भूमंडलीय ग्राम की बेइंतिहा बात कर रहे हैं।

अगर पूरे विश्व को एक परिवार मान लिया गया है तो यह कैसे संभव है कि इसके चालीस फीसदी सदस्य भूख और बीमारी के साथ जिएँ जबकि दूसरे सदस्य काफी मात्रा में भोजन—करीब उतना जितने में भूखी आबादी को खिलाया जा सके—बरबाद करें। यह गहरी असमानता सिर्फ राष्ट्रों के बीच नहीं, बल्कि राष्ट्रों के भीतर भी मौजूद है। अटल बिहारी वाजपेयी भले ही अपनी अधमुंदी आँखों से ओडीशा में भुखमरी से हो रही मौतों को न देख सकें, मगर आम लोगों के लिए इन मौतों का यथार्थ इतना स्पष्ट है कि चालाकी भरे शब्दों से यह छुप नहीं सकता।

स्वास्थ्य, शिक्षा और आर्थिक स्तरों पर इस वैषम्य के दूसरे परिणाम भी होते हैं। संपन्न लोग वंचितों को कुछ इस तरह देखना शुरू करते हैं जैसे वे कुछ कम मनुष्य हों जो उचित सम्मान के पात्र ही नहीं हैं। भारतीय लोग विदेशी नामों का सही उच्चारण करने का बहुत ध्यान रखते हैं, भले ही वे इसमें हमेशा सफल न होते हों। जब हम इसमें नाकाम रहते हैं तो अपनी अपर्याप्तता पर शर्मसार होते हैं और इसे लेकर क्षमायाचना का सा भाव भी हममें उभरता है। मगर मुझे अभी तक ऐसा कोई ब्रिटिश या अमेरिकी नहीं मिला है जो भारतीय या पूर्वी नामों का शुद्ध उच्चारण करे। सीएनएन अफगानिस्तान को 'ऐफगैनिस्टान' कहना पसंद करता है और कांधार को कांद हार। कांद हार रोग अब स्टार टीवी पर हमारे देसी समाचार वाचकों में भी फैल रहा है। मुझे उस दिन की प्रतीक्षा है जब दूरदर्शन का कोई हिंदी समाचार वाचक

अमेरिकी राष्ट्रपति का नाम जॉर्ज बुश की ज़गह जारज बस बताएगा।

जहाँ से मैंने बात शुरू की थी, अब वहीं आता हूँ। यह कटु मगर स्पष्ट यथार्थ है कि मौजूदा विश्व-व्यवस्था राष्ट्र-राज्य और राष्ट्रीय हित के पुराने पड़ गए सिद्धांत पर टिकी हुई है। अब वक्त आ गया है कि राष्ट्रीय हितों को वैश्विक हितों के आगे कुरबान किया जाए। इस बात को पहचाना जाना चाहिए कि देशों के बीच या देशों के भीतर भी अश्लील समृद्धि और अमानवीय गरीबी एक साथ शांति से नहीं चल सकतीं। जिस तरह अपने सदस्य राष्ट्रों की संप्रभु भावनाओं से कुछ हद तक ऊपर उठकर यूरोपीय संघ का विकास हुआ है, वैसे ही राष्ट्रीय संप्रभुता के कुछ तत्त्वों का परित्याग कर संयुक्त राष्ट्र जैसे किसी वैश्विक संगठन को मजबूत करना होगा, ताकि अमेरिका की आर्थिक या सैन्य ताकत से प्रभावित हुए बिना यह संगठन अफगानिस्तान में नई सरकार बनाने की नैतिक जिम्मेदारी ले सके। यह काम संयुक्त राष्ट्र जैसे किसी सर्वस्वीकृत अंतर्राष्ट्रीय संगठन की मार्फत ही किया जा सकता है। यह निकट भविष्य में भले मुमकिन न हो, लेकिन अगर दुनिया को बचे रहना है तो इसे जल्दी करना होगा। द्वितीय विश्वयुद्ध के बाद किसने सोचा होगा कि अगले पचास वर्षों में यूरोपीय आर्थिक संघ एक हकीकत बन जाएगा?

कुँवरनारायण की कविता का नैतिक स्वर हमारे समय से बहुत आगे है, मगर मुझे नहीं लगता कि यह अव्यावहारिक या अव्यवहार्य है। इसके लिए बस अन्याय और हिंसा को ना कहने का साहस चाहिए, भले ही वह अपने देश में हो रही हो या कहीं और। लंबा अरसा हुआ, कुँवरनारायण ने 'आत्मजयी' में लिखा था :

'नहीं चाहिए तुम्हारा ये आश्वासन
जो केवल हिंसा से अपने को सिद्ध कर सकता है।
नहीं चाहिए वह विश्वास,
जिसकी चरम परिणति हत्या हो।
मैं अपनी अनास्था में अधिक सहिष्णु हूँ,
अपनी नास्तिकता में अधिक धार्मिक,
अपने अकेलेपन में अधिक मुक्त
अपनी उदासी में अधिक उदार।'

'ना' कहने का यह साहस नई नैतिक व्यवस्था की बुनियाद बन सकता है।

अवध से अयोध्या

आज का लखनऊ अवध की संस्कृति से उतना ही अपरिचित है जितनी आज की अयोध्या सच्ची धार्मिकता से। लखनऊ शोरगुल से भरा एक संस्कृतिविहीन शहर हो गया है जिसे लगता है कि उस नफासत भरी तहजीब की जरा भी याद नहीं रह गई है जो उसकी कभी पहचान हुआ करती थी। आज की अयोध्या का वास्ता राम से कहीं ज्यादा अशोक सिंघल से है।

मैं 8 दिसंबर, 2001 को अयोध्या में था जहाँ मुझे एक फिल्म के लिए शोध भी करना था और विमला देवी फाउंडेशन न्यास के कार्यक्रम में भाग भी लेना था। लखनऊ से अयोध्या मैं कुँवरनारायण और उनकी पत्नी के साथ गया था। जब हम अयोध्या पहुँचे, वहाँ छह दिसंबर का हैंगओवर बाकी था। शहर पुलिस चौकियों से घिरा हुआ था। सभी वाहनों की सावधानी से तलाशी ली जा रही थी। रामनगरी की रक्षा में रावण सेना या सशस्त्र पुलिस लगी हुई थी। मुझे कुँवरनारायण की कविता 'अयोध्या : 1992' याद आ गई जिसमें यह पंक्तियाँ हैं :

अयोध्या इस समय तुम्हारी अयोध्या नहीं
देवताओं की लंका है
मानस तुम्हारा चरित नहीं
चुनाव का डंका है।

कविता का अंत इस अनुरोध से होता है कि भगवान राम लौट जाएँ और जाकर महाकाव्यों या धार्मिक ग्रंथों में ही रहें चूँकि हमारी दुनिया, या बल्कि अयोध्या उनके रहने लायक जगह नहीं रह गई है। मुझे नहीं मालूम कि भगवान राम ने कुँवरनारायण के अनुरोध का क्या किया या राम अयोध्या में रहते थे भी या नहीं। मगर इतना स्पष्ट था कि बाबरी मस्जिद के ध्वंस के नौ साल बाद भी अयोध्या एक गुमसुम चुप्पी में डूबी हुई थी। यहाँ तक कि हनुमान गढ़ी और कनक महल जैसे प्रसिद्ध मंदिरों के पहुँचने के रास्तों और सरयू नदी के घाटों पर भी बंदूकधारी सिपाहियों का पहरा था।

लखनऊ के शोरगुल के मुकाबले अयोध्या चुप थी, मगर इस चुप्पी में शांति या सुकून नहीं था।

हालाँकि मैं अयोध्या कभी नहीं गया था, मगर बचपन में मेरे लिए अयोध्या एक वास्तविक जगह थी। मेरी माँ रामायण का नियमित पाठ करती थीं और मैं स्वाभाविक रूप से अयोध्या को और राजा दशरथ और उनके बेटों की कथा को सच्ची मानता था। बड़ा होने पर अयोध्या मिथकीय हो गई जिसमें कविता, संगीत और पुण्य का प्रबुद्ध संगम था। मेरे दिमाग में उसकी वही छवि छह दिसंबर तक बनी रही थी जब बाबरी मस्जिद ढहाई गई थी। इस उत्पाती कृत्य ने मेरी अयोध्या को नष्ट कर दिया। और अब मैं आखिरकार यहाँ था, चुप्पी में कैद अयोध्या नाम के वास्तविक शहर में पहली बार।

इस तनावग्रस्त माहौल में विमलादेवी फाउंडेशन न्यास द्वारा आयोजित कार्यक्रम एक सुखद राहत की तरह आया। इस अवसर पर गंगूबाई हंगल को विमला देवी सम्मान और रमेशचंद्र शाह को द्विजदेव सम्मान दिया जाना था और गिरिजा देवी पर यतींद्र मिश्र द्वारा लिखी गई किताब का लोकार्पण होना था। रमेशचंद्र शाह को गिरिजा देवी ने और गंगूबाई हंगल को विद्यानिवास मिश्र ने ये सम्मान प्रदान किए। कार्यक्रम का उद्‌घाटन कुँवरनारायण ने किया।

जानबूझ कर संक्षिप्त रखे गए अपने उद्‌घाटन भाषण में कुँवरनारायण ने यह उम्मीद जताई कि विमला देवी फाउंडेशन न्यास की साहित्यिक-सांस्कृतिक गतिविधियाँ अयोध्या को एक नई पहचान देंगी और उसे उसकी उस सांप्रदायिक अपकीर्त्ति से ऊपर ले जाएँगी जो बाबरी मस्जिद ध्वंस ने बनाई है। इस उम्मीद में मैं भी साझा करना चाहता हूँ। लेकिन अगर इस न्यास को यह लक्ष्य हासिल करना है तो उसे और भी बहुत कुछ करना होगा।

विमला देवी न्यास की स्थापना अयोध्या के पूर्व राजा विमलेंद्र मोहन प्रताप मिश्र और उनके परिवार द्वारा की गई है। कार्यक्रम का आयोजन महल परिसर में ही किया गया था जो अब भी राजसदन के नाम से जाना जाता है। यह वैसी जगह नहीं है जहाँ अयोध्या के आम जन सहजता से आ जाएँ। यह इस तथ्य से स्पष्ट था कि श्रोताओं के बीच अयोध्या के आम निवासी शायद ही दिखाई पड़ रहे थे। अयोध्या के लोगों की भागीदारी का अभाव तब मुझे एक ज्यादा गंभीर खामी लगने लगी जब मैंने महसूस किया कि श्रोताओं में एक भी मुसलमान नहीं था।

अयोध्या में खासी मुसलमान आबादी है और बाहरी लोगों द्वारा पैदा किए गए आतंक और उकसावों के बावजूद स्थानीय लोगों को ध्यान नहीं आता कि आडवाणी की उस रथयात्रा के पहले, जिसकी परिणति दो साल बाद बाबरी मस्जिद ध्वंस में हुई, कोई सांप्रदायिक तनाव हुआ करता था। अब हिंदुओं और मुसलमानों के बीच एक गहरी खाई पैदा हो चुकी है। इसलिए अगर विमला देवी फाउंडेशन को

अयोध्या की कोई नई और सकारात्मक छवि बनानी है तो इसे अयोध्या और इसके साथ लगे फैजाबाद के स्थानीय लोगों को जोड़ने के लिए गंभीर प्रयास करने होंगे और इसमें सिर्फ कुलीन लोगों को नहीं, बल्कि स्थानीय मुसलमानों को भी शामिल करना होगा। लखनऊ के राजधानी हो जाने के पहले फैजाबाद ही अवध की मूल राजधानी हुआ करता था। आज की अयोध्या को अपनी सांस्कृतिक पहचान फिर से अभिव्यक्त करने के लिए अवध की उतनी ही जरूरत है जितनी राम की।

निश्चय ही अगर गंगूबाई हंगल और गिरिजा देवी ने राजभवन के दरबार हॉल की जगह अयोध्या में बहने वाली सरयू के घाट पर अपना कार्यक्रम किया होता तो अयोध्या और फैजाबाद के लोग कार्यक्रम में ज्यादा तत्परता से शामिल होते। अयोध्या में स्पिक मैके की बड़ी सक्रिय शाखा है जो भारतीय शास्त्रीय संगीत के प्रसार में अग्रगामी भूमिका निभा रही है। इसलिए माना जा सकता है कि शास्त्रीय संगीत में स्थानीय लोगों की कुछ दिलचस्पी जरूर है। इसके अलावा वाराणसी से अयोध्या की निकटता के कारण उसे प्रतिष्ठित शास्त्रीय संगीतज्ञों को आमंत्रित कर सकने का अतिरिक्त लाभ मिलता है। इसलिए अगर विमला देवी फाउंडेशन पुरस्कार समारोह के बाद सरयू के किनारे भारतीय शास्त्रीय संगीत का मुक्ताकाशी वार्षिक कंसर्ट कराने पर विचार करे तो यह उपयोगी हो सकता है। यह एक तरह से शास्त्रीय संगीत को वापस लोगों तक ले जाना होगा जहाँ से उसकी उत्पत्ति हुई है।

लखनऊ से दिल्ली की वापसी यात्रा में मैंने गिरिजा देवी पर यतींद्र मिश्र की लिखी हुई किताब पढ़ी जिसका लोकार्पण विमला देवी फाउंडेशन के कार्यक्रम के दौरान गंगूबाई हंगल ने किया था। किताब का नाम बस 'गिरिजा' है। इसे वाणी प्रकाशन ने सुरुचिपूर्ण ढंग से तैयार किया और छापा है। इतने एहतियात और सुरुचिपूर्ण ढंग से हिंदी में कम किताबें तैयार की जाती हैं।

यतींद्र मिश्र से पहले मेरी कभी मुलाकात नहीं थी हालाँकि हिंदी की मेरी साहित्यिक मित्र मंडली के बीच उनका नाम बीच-बीच में आता था। यतींद्र अयोध्या के पूर्व राजसी परिवार से हैं मगर उनमें पूर्व राजाओं जैसा आमतौर पर दिखाई पड़ने वाला अहंकार कतई नहीं है। उन्होंने हिंदी साहित्य में एम.ए. किया है। वे कवि हैं और भारतीय शास्त्रीय संगीत में उनकी गहरी दिलचस्पी है। वे वैसी ही काव्यात्मक हिंदी बोलते हैं जैसी लिखते हैं।

'गिरिजा' गिरिजा देवी की जीवनी नहीं है, फिर भी उनके जीवन और व्यक्तित्व का उजास और अंतर्दृष्टि से भरा चित्र सुलभ कराती है। मूलतः किताब में कई मुक्ता जैसे क्षण हैं जो जतिन ने उनके साथ गुजारे हैं और एक लंबा साक्षात्कार है जो शायद कई औपचारिक-अनौपचारिक बैठकों के बीच लिया गया है। मेरे लिए यह साक्षात्कार किताब का सर्वश्रेष्ठ हिस्सा है।

यतींद्र को निश्चय ही शास्त्रीय संगीत की, इसके इतिहास और इसकी परंपरा

की समझ है और वे गिरिजा देवी के बड़े प्रशंसक हैं। उन्हें साक्षात्कार लेने की कला भी आती है। वे सरल प्रश्नों से शुरुआत करते हैं और गिरिजा देवी को अल्पज्ञात और ज्यादा जटिल क्षेत्रों तक ले आते हैं। गिरिजा देवी इन जटिल प्रश्नों से उतनी ही सहजता से निबटती हैं जितनी गहराई से सरल प्रश्नों से। परिणाम एक ऐसी छवि के रूप में आता है जो एक ही साथ सरल और विद्वान दोनों है और जिससे गिरिजा देवी और उनके घराने के संगीत को समझने के लिए एक सच्ची अंतर्दृष्टि मिलती है।

इतना तो बहुतों को पता है कि गिरिजा देवी ने तीस के उत्तरार्द्ध में वाराणसी में तब संगीत सीखना शुरू किया था जब संगीत सीखना भले घरों की लड़कियों के लिए अच्छा नहीं माना जाता था। जो बात शायद कम लोगों को मालूम है, वह यह कि कलकत्ता में महज आठ साल की उम्र में उन्होंने एक फिल्म 'याद रहे' में अभिनय किया था। वह एक अस्पृश्य लड़की की भूमिका थी और उन्हें इसलिए दी गई थी कि वे गा सकती थीं। यह वह वक्त था जब फिल्मों में साउंड रेकार्डिंग साथ-साथ चलती थी और पार्श्वगायन की तकनीक नहीं आई थी। यह फिल्म 1939 में पूरी हुई थी। पहली बार ऑल इंडिया रेडियो में उन्होंने 1947 में गाया। मुझे यकीन है कि एआईआर को यह तथ्य मालूम नहीं रहा होगा वरना उसने 1999 में इसकी रजत जयंती मनाई होती।

गिरिजा देवी के दिवंगत पति मधुसूदन दास अपने वक्त में काफी प्रगतिशील व्यक्ति रहे होंगे। उन्होंने गिरिजा को कभी संगीत सीखने से नहीं रोका, बस यह वायदा लिया कि वे कभी नवाबों या महाराजाओं के दरबार में नहीं गाएँगी। गिरिजा ने यह वायदा निभाया है।

कुछ अल्पज्ञात जीवन संबंधी ब्योरों के अलावा, जिन्हें यतींद्र गिरिजा देवी से बड़ी सहजता से निकलवा लेने में कामयाब रहे हैं, यह लंबा इंटरव्यू इस लिहाज से भी महत्त्वपूर्ण है कि इसमें संगीत, संगीतकारों और अपने समय के संगीत से जुड़े लगभग सभी मामलों पर गिरिजा देवी के विचार लिए गए हैं। गिरिजा देवी के जवाब उतने ही सीधे और सरल हैं जितने यतींद्र के सवाल।

यतींद्र : सिद्धेश्वरी देवी की गायकी के बारे में बताइए।

गिरिजा देवी : बहुत निर्भीक गायिका थीं। उनकी आवाज बहुत पाटदार थी। ठुमरी की असली सम्राज्ञी वही थीं।

गिरिजा इस बात को इस तथ्य के बावजूद स्वीकार करती हैं कि वे खुद भी शायद ठुमरी की सर्वाधिक प्रतिभासंपन्न गायिकाओं में एक थीं। उन्होंने शुरुआत खयाल, ध्रुपद, दादरा से की थी, मगर बाद में सुविचारित ढंग से ठुमरी पर ध्यान देना शुरू किया था क्योंकि उन्हें लगता था कि इस शैली में शब्दों और संगीत के जरिए भावनाओं को अभिव्यक्त करने की खासी गुंजाइश मिलती है। यतींद्र आगे

पूछते हैं :

यतींद्र : और बेगम अख्तर?

गिरिजा देवी : वो एकदम बेहोश होकर गाती थीं। उनकी गायकी शृंगारिक अधिक थी। हृदय को छूने वाली। और जो उनकी एक फटती सी आवाज बीच-बीच में हो जाती थी, वही ईश्वरीय देन थी। वो खूबसूरत लगती थी जबकि गायकी में वह दोष माना जाता है।

इस बिंदु से यतींद्र गिरिजा के साथ एक विशाल क्षेत्र की यात्रा पर निकल पड़ते हैं जैसे ठुमरी के लिए उनका आकर्षण, बनारस घराने की खयाल गायकी की विशिष्ट प्रकृति, आज शास्त्रीय संगीत की शिक्षा के लिए गुरु-शिष्य परंपरा की प्रासंगिकता, बनारस में ध्रुपद की अपेक्षया घटती लोकप्रियता के कारण, लोक संगीत और शास्त्रीय संगीत के बीच का संबंध, भैरव और पीलू सरीखे उनके प्रिय राग, संगीत में साहित्यिक स्रोत का इस्तेमाल आदि-आदि। फिर वे दूसरे बड़े गायकों के बारे में उनके विचारों पर लौटते हैं।

अमीर खान के बारे में वे बोलती हैं :

बहुत गहराई थी उनके गाने में। जिसको कहते हैं मेरुदंड की तान वो उन्हीं के वश की बात थी।

और पंडित कुमार गंधर्व के बारे में :

पंडित कुमार गंधर्व बिल्कुल वैसे थे जैसे कोई शापित गंधर्व या भूला भटका योगी इस धरती पर गलती से आ जाता है। इसी तरह से वे भी धरती पर आ गए थे।... भाव प्रदर्शित करने में पंडित जी का कोई सानी नहीं है।

यह लगभग श्रद्धा को छूता हुआ सम्मान है मगर इस साफ समझ के साथ कि क्यों कोई संगीतकार महान कहलाता है।

किताब से यह भी पता चलता है कि ठहाके और उल्लास गिरिजा देवी की प्रकृति में शामिल हैं। किसी छोटी शरारती बच्ची की तरह वे यह कहानी बताती हैं कि कैसे अपनी जरूरत के हिसाब से भारतेंदु हरिश्चंद्र के लिखे गीत के शब्दों में उन्होंने हेरफेर कर दी थी। उनका एक गीत था, 'कहनवा मानो ओ दिलजानी...।' मैंने दिलजानी को हटा दिया और राधारानी को फिट करके ठुमरी गाई, 'कहनवा मानो हे राधारानी।' मेरी यह ठुमरी बहुत लोकप्रिय हुई।

इस वाकये का उल्लेख पहले भी यतींद्र ने किताब के प्रारंभिक हिस्से में किया है। कुछ चुस्त संपादन से इस तरह के दुहरावों से बचा जा सकता था। मगर यह छोटी सी गड़बड़ी है। भारतीय शास्त्रीय संगीतज्ञों पर केंद्रित किताबों के बहुत ही छोटे कैटलॉग में यतींद्र की 'गिरिजा' एक मूल्यवान योग है। जो चीज इसे ज्यादा मूल्यवान बनाती है, वह यह है कि यह किताब एक ऐसे व्यक्ति द्वारा लिखी गई है जिसका संगीत ज्ञान और शब्दों पर एक जैसा अधिकार है।

चुप्पी की आवाजें

पुराने एअर कंडीशनर के शोर से ऊपर जो पहली आवाज मैंने सुनी, वह अजान थी—नमाज के लिए बंदों को पुकारती मुअज्जिन की सदा।

मुसलमान न होने के कारण मुझे बिस्तर छोड़कर नमाज के लिए तैयार होने की कोई मजबूरी नहीं थी। इसकी जगह मैंने बस एसी बंद कर दिया और अजान के संगीत का आनंद लेने के लिए करवट बदल ली। अजान मेरे लिए सबसे संगीतमय आवाजों में से एक है। शुद्ध अरबी उच्चारण में इसमें रेगिस्तान की गूँज सी चली आती है, साथ में पारलौकिकता का एक स्पर्श और धार्मिकता और रोमानियत एक एक मिश्रण। मुझे यकीन है कि इस्लाम में संगीत के निषेध के बावजूद मुसलमानों से संगीत से लगाव अपरिहार्य है, क्योंकि पैदाइश से ही उन्हें अजान के संगीत की खुराक मिलती जाती है।

मैं सातवें अंतर्राष्ट्रीय वृत्तचित्र और लघु फिल्मोत्सव के अतिथि के तौर पर मुंबई सेंट्रल के एक होटल में ठहरा हुआ था। मैंने रूम सर्विस और रिसेप्शन में फोन मिलाकर चाय और अखबार के लिए कहा। 'चाय आपको पाँच मिनट में मिल जाएगी, मगर अखबार के लिए आठ बजे तक इंतजार करना होगा', मुझे बताया गया। मैंने घड़ी देखी, बस साढ़े छह बजे थे। अखबार के लिए डेढ़ घंटे तक इंतजार मेरे लिए खासा लंबा हो जाता। चाय खत्म करने के बाद मैं अखबार ढूँढ़ने होटल से बाहर निकल पड़ा।

हर शहर की अपनी आवाजें होती हैं। काफी पहले पढ़ी हुई आलडुअस हक्सले की 'दोज बैरन लीव्स' में वेज्जा शहर का वर्णन मुझे अब भी याद है। दो धाराओं के संगम पर—जो एक नदी में मिल जाती हैं—बसे छोटे से शहर वेज्जा की अवस्थिति बताने के बाद हक्सले अनायास जोड़ता है, 'वेज्जा में चुप्पी निरंतर बहती नदियों की आवाज है।' मुझे नहीं पता कि वेज्जा कहाँ है, न ही हक्सले का वह उपन्यास अब ठीक से याद है। मगर वेज्जा में बहती नदियों की आवाज से पैदा होनेवाली चुप्पी

के प्रति सजग होने के बाद से, मैं अन्य शहरों को अन्य आवाजों के साथ जोड़ता रहा हूँ।

निश्चय ही कई शहरों को मिलाकर बने मुंबई जैसे महानगरों में कई शहरों की भिन्न-भिन्न आवाजें होती हैं। 1971 तक, जब मैं मुंबई में था, मैं मुंबई के फैशनेबल इलाकों में एक, कफ परेड पर रहा करता था। कफ परेड मछुआरों के एक गाँव और समुद्र से लगी एक बेहद शांत सड़क थी। सुबह टहलने वालों की यह पसंदीदा जगह थी। यहाँ समुद्र से जमीन निकालने-बढ़ाने का काम अभी अपने प्रारंभिक दौर में ही था और कफ परेड और समुद्र के बीच गगनचुंबी इमारतें नहीं थीं। आमतौर पर मेरे फ्लैट की खिड़कियों से जो पहली आवाजें आती थीं वे समुद्र से मछली पकड़कर लौटते अपने आदमियों का स्वागत करती उल्लसित मछुआरनों की होती थीं। फिर सहसा यह आवाज 'बेस्ट' की एक डबल डेकर बस की गड़गड़ाहट में डूब जाती जो कफ परेड पर रुकती थी और फिर चल देती थी। बस के दुबारा चलने से ठीक पहले कंडक्टर द्वारा खींची गई डोरी के कारण घंटी पर पड़ती हथौड़ी की धातुई टन-टन की दो बार आवाज आती। मुझे याद नहीं आता कि कभी ड्राइवर के भोंपू बजाने की आवाज भी सुनाई पड़ी हो।

जब मैं अपने होटल के सामने की सड़क पार करने लगा तो मैं दूसरी आवाजों के प्रति सजग हो गया। 'अरेबिया' नामक रेस्तरां में बीती रात मेज पर औंधे रखी कुर्सियाँ हटाई और आने वाले ग्राहकों के लिए सजाई जा रही थीं। अरेबिया के बगल में पटेल होटल में ग्राहकों को शुद्ध शाकाहारी भोजन—कॉफी, इडली, बड़ा—परोसा जाना शुरू भी हो चुका था।

कुछ टैक्सियाँ काफी सुबह की ट्रेनों से, जो मुंबई सेंट्रल के स्टेशन पर आई होंगी, यात्रियों को लेकर जा रही थीं। मगर कई टैक्सियों की पानी की बाल्टियों से धुलाई चल रही थी। फिर 'बेस्ट' की एक डबल डेकर ने भोंपू बजाया और सड़क पार कर गई। मैंने सहसा महसूस किया कि मेरे कफ परेड वाले दिनों की मुंबई का इस मुंबई से कोई लेना-देना नहीं है।

अखबार का हॉकर अपने माल के साथ बैठा हुआ था। आउटलुक से लेकर सस्ती कामुक पत्रिकाओं तक किसिम-किसिम की पत्र-पत्रिकाएँ, सभी कुछ उसके पास था। मैंने दो अखबार लिए और अपने होटल के सुरक्षित एकांत में चला आया।

सुबह की अजान ने मेरे दिमाग के तहखानों में एक नाभिकीय प्रतिक्रिया सी शुरू कर दी थी। करीब एक दशक पहले मैं दूरदर्शन के लिए 'लुकिंग बियॉन्ड' नाम से एक यात्रा-शृंखला बना रहा था। जो जगहें मैंने चुनी थीं उनमें एक चित्रकूट था जो कुछ मध्य प्रदेश में और कुछ उत्तर प्रदेश में पड़ता है। हम मध्य प्रदेश पर्यटन के टूरिस्ट गेस्टहाउस में ठहरे हुए थे।

मैं मुँह-अँधेरे ही उठ गया था और टहलता हुआ घाटों की ओर चला गया। कुछ

सुबह की चिड़ियों के चहचहाने के अलावा पूरी तरह चुप्पी थी। जैसे ही सूरज क्षितिज पर झलका, मंदिरों की घंटियाँ बजने लगीं।

चित्रकूट में सैकड़ों मंदिर हैं जिनमें एक ब्रह्मा का भी है। पुष्कर से–जहाँ उनका एक और मंदिर है–सृजन प्रारंभ करने से पूर्व ब्रह्मा ने चित्रकूट में यज्ञ किया था। कम से कम स्थानीय पंडों ने हमें यही बताया। मंदिर की घंटियों और आरती की आवाज के बीच बंदरों का एक झुंड शोर करने लगा। मंदिर की घंटियाँ और बंदरों का शोर! यह एक विचित्र मिश्रण था और मेरे दिमाग में यही मिश्रण चित्रकूट की पहचान से जुड़ा रह गया है।

चित्रकूट के अनुभव से नितांत भिन्न मेरा अनुभव चंदेरी का था। मध्य प्रदेश में चंदेरी कभी जैन धर्म का एक महत्त्वपूर्ण पीठ हुआ करता था और वहाँ अब भी बड़ी संख्या में जैन मंदिर हैं। मध्यकाल में यह इस्लाम के असर में आ गया था। इसलिए चंदेरी में कई मस्जिदें और सूफी संतों की मजारें भी हैं।

मैं एक फिल्म बनाने के लिए चंदेरी में था। मैं पहाड़ की चोटी पर बने सर्किट हाउस में ठहरा हुआ था जहाँ से सारा शहर दिखाई पड़ता है। सर्किट हाउस से दो पहाड़ियाँ भी दिखाई पड़ती हैं जो चंदेरी शहर के दो किनारों पर हैं। वस्तुतः सर्किट हाउस से ऐसा लगता है जैसे चंदेरी किसी देवी के दो विराट वक्षों के बीच सिमटा हुआ शहर हो।

मैंने उस दिन की शूटिंग खत्म कर ली थी और सर्किट हाउस लौट आया था। आसमान पर डूबते हुए सूरज की लालिमा थी मगर शहर में बत्तियाँ जल चुकी थीं। मैंने अपने कैमरामैन को इन दो विराट वक्षों के बीच पड़े चंदेरी का शॉट लेने के लिए कैमरा सेट करने को कहा। जब हम यह शॉट ले ही रहे थे, सैकड़ों मंदिरों की घंटियों की आवाज शहर से तिरती हुई आने लगी। कुछ देर बाद एक मधुर अजान की आवाज इन मंदिर की घंटियों के साथ आन मिली और इसने एक जादू सा पैदा कर दिया जिसे मैंने शायद ही कभी पहले अनुभव किया था।

जब मैं दिल्ली लौटा और फिल्म को संपादित करने लगा, मैंने यह मिली-जुली आवाज फिल्म में बनाए रखी। घंटीस्वरों के साथ अजान के इस स्वाभाविक मिश्रण पर दूरदर्शन के एक बुद्धिमान सज्जन ने आपत्ति की कि इससे मुसलमानों की भावनाएँ आहत होंगी। मैंने उन्हें बताया कि ये मिली-जुली आवाजें हिंदू और मुसलमान चंदेरी में रोज सुनते हैं। आप इन्हें अलग क्यों करना चाहते हैं? वे एक विनम्र व्यक्ति थे, उन्होंने कहा : 'सर, मुझे नहीं मालूम कि वास्तविक जीवन में क्या होता है। मेरा सिर्फ दूरदर्शन में चली आ रही नीति से वास्ता है।' खुशकिस्मती से उनके सीनियर में कुछ कम समझ थी और उन्हें ऐसा नहीं लगा कि अजान के साथ मंदिर की घंटियों को मिलाने से इस देश के नाजुक सामाजिक तंतु बिखर जाएँगे। फिल्म बिना आवाज बदले प्रसारित हुई और चंदेरी या कहीं भी न जैन मंदिरों को

और न ही मस्जिदों को कोई नुकसान पहुँचा।

वे सभी आवाजें खुशनुमा नहीं हैं जिन्हें मैं शहरों के साथ जोड़ता हूँ। 1947 तक मेरा बचपन धर्मशाला में बीता। वहाँ एक नाला था जो हमारे घर के पिछवाड़े बहा करता था। सामने की सड़क सिविल लाइन्स तक जाती थी जहाँ सरकारी अफसर रहते थे। एक बच्चे की तरह, मुझे कुछ धुँधला सा एहसास था कि आजादी जैसी कोई चीज मिलने को है। मगर जिन आवाजों के साथ आजादी आ रही थी, वे डरावनी थीं। रात को नाले के पार से मुझे 'हर-हर महादेव' की पुकार सुनाई पड़ने लगती। साथ ही हाथों में मशाल लेकर आगे बढ़ती कुछ धुँधली सी आकृतियाँ भी दिखाई पड़तीं। 'हर-हर महादेव' की पुकारें जवाब 'अल्ला हू अकबर' के नारों से मिलता। सुबह यह अफवाह सुनने को आती कि कुछ हिंदू काट डाले गए हैं या कुछ मुसलमान मार डाले गए हैं।

धर्मशाला में मैं अक्सर बहते पानी की आवाज की चुप्पी सुना करता था। उस सांगीतिक चुप्पी को हर-हर महादेव और अल्ला हू अकबर की आवाजों ने हमेशा-हमेशा के लिए नष्ट कर डाला।

अब निश्चय ही सब कुछ बदल चुका है। अब भारत के हर शहर में दो तरह की आवाजें हैं--एक वे जो चुनावों के दौरान सुनाई पड़ती हैं और दूसरी वे जो अन्यथा सुनने को मिलती हैं। पहली आवाजें वायदों और प्रदूषण से भरी हैं और दूसरी शोर के प्रदूषण से। चुप्पी की आवाजें अब भी हैं मगर वे खास संपन्न लोगों के घरों में बंद हैं। चुप्पी अब बस अमीरों का विलास हो चुकी है।

केवल हिंदुओं का प्रधानमंत्री

गया से हसुआ जाने वाली सड़क हकीकत से ज्यादा भ्रम ही थी। मेरे स्थानीय मेजबान ने चुटकी ली कि सड़क में गड्ढे नहीं हैं, बल्कि गड्ढों में सड़क है। यह सड़क राजगीर को बोधगया से जोड़ने के लिए जापानियों की मदद से तीन साल पहले बनाई गई थी। साफ था कि पैसा वहीं गया जहाँ चारा गया था।

मैं एक डॉक्युमेंटरी फिल्म पर शोध के लिए गया में था। फिल्म पर शोध के सिलसिले में सरयू प्रसाद सिंह से मिलने मैं हसुआ के नजदीक बड़ी पाली गाँव जा रहा था। हम हसुआ शहर में एक सँकरी-सी सड़क में मुड़े। इससे हम तिलइया नाम के एक छोटे से रेलवे स्टेशन तक पहुँचे। स्टेशन के पास ही वे कुछ वृद्ध लोगों के साथ एक पेड़ के नीचे बैठे ताश खेल रहे थे।

वे सत्तर से ऊपर के रहे होंगे। उन्होंने काफी मोटे शीशों वाला चश्मा पहन रखा था और उनके मुँह में शायद ही कोई दाँत था। दाँतों के न होने के कारण उनके शब्दों में थोड़ी अस्पष्टता आ गई थी अन्यथा वे शारीरिक-मानसिक रूप से मुझसे कहीं ज्यादा चुस्त-दुरुस्त थे।

सरयू प्रसाद सिंह ने अपना लगभग सारा जीवन बिहार सरकार के समुदाय विकास विभाग में ग्राम स्तर के कार्यकर्ता के रूप में गुजार दिया था। वे कई साल पहले रिटायर हो चुके थे। गाँव में काम करने के कारण उनमें एक विशिष्ट राजनीतिक अंतर्दृष्टि आ गई थी जिसे मार्क्सवाद और साहित्य में उनकी दिलचस्पी ने और भी समृद्ध किया था। अपने कैशोर्य काल में ही रामधारी सिंह दिनकर की 'हुंकार' के माध्यम से कविता और देवकीनंदन खत्री की 'चंद्रकांता संतति' के जरिए उपन्यास से उनका परिचय हो चुका था। क्या इत्तिफाक था कि हिंदी उपन्यास से मेरा परिचय भी 1953 में तब हुआ था जब जयपुर की पब्लिक लाइब्रेरी में चंद्रकांता संतति मेरे हाथ लग गई थी।

हालाँकि वे बस मैट्रिकुलेट थे, मगर मैं अंदाजा लगा सकता था कि उनके

अध्ययन और उनकी रुचियों का दायरा काफी विस्तृत है। बातचीत के दौरान वे मजे से भीष्म साहनी से लेकर बर्तोल्त ब्रेख्त और महाश्वेता देवी तक को 'कोट' कर रहे थे। वे इंडियन पीपुल्स फ्रंट के सक्रिय सदस्य रहे थे।

'दिनकर के अलावा कौन से दूसरे हिंदी कवि आपको पसंद हैं?' मैंने पूछा। 'हाँ, मैं केदारनाथ सिंह और मंगलेश डबराल को पसंद करता हूँ। बदकिस्मती से आँख खराब हो जाने के चलते अब मेरे लिए पढ़ना दूभर हो गया है।' उन्होंने जवाब दिया।

एक साक्षात्कार में केदारनाथ सिंह से पूछा गया था कि हालाँकि उनकी कविता में गाँव की बहुत उपस्थिति है, क्या यह अपने-आप में विडंबनामूलक नहीं है कि गाँव के लोग इस कविता के पाठक नहीं हैं। केदारनाथ सिंह ने जवाब दिया था कि अपने व्यक्तिगत अनुभव के आधार पर वे कह सकते हैं कि अब गाँव से भी पाठक उभर रहे हैं जो कवि से संवाद करना चाहते हैं। शायद उनका इशारा सरयू प्रसाद सिंह जैसे लोगों की ओर रहा हो।

वे हमारी कार में बैठे और हम एक धूल भरी सड़क से होते हुए उनके गाँव बड़ी पाली की ओर चल दिए। रास्ते में उन्होंने अपनी लिखी कुछ कविताएँ पढ़ीं। इन कविताओं में समकालीन सामाजिक यथार्थ पर खासी टिप्पणियाँ थीं। मैंने उनसे पूछा कि उन्हें अटल बिहारी वाजपेयी की कविताएँ कैसी लगती हैं। उन्होंने कहा कि उनमें भावुकता है विचार नहीं। साफ है कि हाल के वर्षों में न सिर्फ वाजपेयी का कद राजनीतिक के रूप में घटा है, बल्कि उन्होंने कवि के रूप में भी जैसा-तैसा सम्मान खोया है। उनका गाँव रेलवे स्टेशन से करीब दो किलोमीटर दूर है, मगर गाँव तक जाने वाली धूल भरी सड़क बिहार की हालत का आईना बनी हुई थी। वहाँ पहुँचने में हमें आधा घंटा से ज्यादा समय लग गया। बड़ी पाली लगभग दो हजार लोगों का गाँव है जिनमें से करीब आधे मुसलमान हैं। गाँव के बीचोंबीच एक मस्जिद खड़ी है। सरयू प्रसाद ने मुझे बताया कि 1946 को छोड़कर जब कलकत्ता के दंगों की आँच उनके गाँव सहित बिहार के कुछ हिस्सों में चली आई थी, यहाँ कभी तनाव नहीं रहा है।

हम उनके घर के खुले आँगन में बैठ गए जहाँ से हरे खेत दिख रहे थे। धीरे-धीरे गाँव के कुछ और लोग बिना किसी न्योते के आँगन में आकर हमारे साथ बैठ गए। सामुदायिकता का जो बोध हमारे शहरों से गुम हो गया लगता है, वह गाँव में अब भी मौजूद है। कुछ देर बाद मैंने लक्ष्य किया कि हमारे पास आकर बैठे लोगों में कोई भी मुसलमान नहीं है।

'गुजरात में हो रही हत्याओं पर आपके गाँव में क्या प्रतिक्रिया रही है?' मैंने सरयू प्रसाद सिंह से पूछा। वे लंबे समय तक चुप रहे, फिर उन्होंने कहा कि कोई प्रतिक्रिया नहीं हुई है। 'भारत के मुसलमान आज डरे हुए हैं। यह प्रक्रिया बाबरी

मस्जिद के ध्वंस से शुरू हुई थी और अब नए दौर में पहुँच गई है। हिंदुओं ने मुसलमानों का विश्वास खो दिया है।' सरयू प्रसाद सिंह के चेहरे और उनकी आवाज–दोनों में खासी उत्तेजना झलक रही थी। मैंने जान-बूझ कर विषय बदल दिया।

लंबे समय से, मैं शैवाल से मिलना चाह रहा था, जिन्होंने प्रकाश झा की 'दामुल' की कहानी, पटकथा और संवाद लिखे थे। मुझे मालूम था कि वे गया में रहते हैं और किसी सरकारी दफ्तर में काम करते हैं। गया में मेरे होटल वाले उनका पता खोजने में मेरी कोई मदद नहीं कर सके। मैंने सरयू प्रसाद सिंह से पूछा कि क्या वे शैवाल को जानते हैं। वे सिर्फ शैवाल को जानते ही नहीं थे, बल्कि उन्होंने यह प्रस्ताव भी रख डाला कि वे खुद गया आकर मुझे शैवाल के घर ले जाएँगे।

गया की गड्ढेदार सड़क पर हमने दुबारा सफर शुरू किया। हम फिल्मों के बारे में बात करने लगे। सत्यजित राय और श्याम बेनेगल की कई फिल्में उन्होंने देख रखी थीं और उन्हें पसंद भी थीं और 'चोमना गुडी' जैसी दक्षिण भारत से आने वाली कुछ वे फिल्में भी जो फिल्म सोसाइटी सर्किट में आ गई थीं। उनका बेटा गया में रहता था और गया में एक फिल्म सोसाइटी थी जिसके वे सदस्य थे।

गड्ढों के बीच रास्ता खोजने के लिए कार हर दिशा में मुड़ रही थी। सूरज डूबने को था। सड़क पर बहुत कम यातायात था। मैं गुजरात और अटल बिहारी वाजपेयी पर दुबारा लौटने का लोभ संवरण नहीं कर पाया।

मैंने उनसे पूछा कि प्रधानमंत्री के रूप में अटल बिहारी वाजपेयी के बारे में उनकी क्या राय है। उन्होंने तत्काल उत्तर दिया जैसे वे लंबे समय से इस पर विचार करते रहे हों। उन्होंने कहा कि वाजपेयी हमेशा से संघ के आदमी रहे हैं मगर उन्होंने उदारता का मुखौटा ओढ़ रखा है। गोवा में उनके इस वक्तव्य के बाद कि जहाँ भी मुसलमान होते हैं, वहाँ समस्या उठ खड़ी होती है, यह मुखौटा उठ गया है। वे अब बस हिंदुओं के प्रधानमंत्री हैं। यह खासा तीखा वक्तव्य था और एक ऐसे आदमी की ओर से आया था जो एक गाँव में रिटायर्ड जीवन गुजार रहा था। इसने मुझे हतप्रभ कर दिया।

'क्या आपने बर्तोल्त ब्रेख्त को पढ़ा है।' उन्होंने मुझसे पूछा। मैंने कहा, 'हाँ, उनके कई नाटक पढ़े हैं।' उन्होंने ब्रेख्त की एक छोटी-सी कविता हिंदी अनुवाद में सुनाई :

मैंने अपने स्वत्व की रक्षा
के लिए अपनी आत्मा को
गिरवी रखा और सोचा कि जब मैं
इस काबिल हो जाऊँगा तो आत्मा को
वापस छुड़ा लूँगा। लेकिन जब

मैं इस काबिल हुआ कि मैं अपनी
आत्मा को छुड़ा सकूँ तब तक मेरी
आत्मा नीलाम हो चुकी थी।

यही वाजपेयी का ऊहापोह है। इस वक्तव्य के बाद इस विषय पर कहने को कुछ रह नहीं गया था।

हम खासी देरी से गया पहुँचे। अगले दिन हम शैवाल को खोजने गए, मगर शैवाल का पटना तबादला हो चुका था। पटना से उसी दोपहर उनके घर लौटने की बात थी। मगर लंच तक गया से निकल जाने का मेरा कार्यक्रम तय था। मैं शैवाल से मिल नहीं पाया।

सरयू प्रसाद सिंह और मैं वापस हसुआ आए। उन्होंने कहा कि वे हसुआ से अपने गाँव या तो पैदल चले जाएँगे या कोई रिक्शा कर लेंगे। मैंने उन्हें हसुआ बाजार में उतार दिया और वे तत्काल भीड़ में खो गए। मैं सोचता रहा कि जब तक भारत में सरयू प्रसाद सिंह जैसे लोग हैं तब तक उम्मीद बची हुई है, भले ही वह उतनी भंगुर हो जितनी केदारनाथ सिंह की 'अकाल में दूब'।

'है अभी बहुत कुछ है
अगर बची है दूब.....
बुदबुदाते हैं वे
फिर गहरे विचार में
खो जाते हैं पिता।'

ईमानदारी का अहंकार

एक वीरान से स्टेशन पर ट्रेन रुक गई और गार्ड ने घोषणा की, 'सर हमें रात यहीं गुजारनी होगी।' यह एक मालगाड़ी थी और मैं ब्रेक वैन में गार्ड के साथ बैठकर यात्रा कर रहा था। सूरज डूब चुका था मगर आसमान में अब भी काफी चमक थी। एक कमरे की स्टेशन की इमारत और मंगलोरियन टाइल्स से ढँकी उसकी शेड रेलवे पर बनाए गीव पटेल के चित्रों की तरह दिख रही थी।

उस स्टेशन की छवि के साथ गीव पटेल का रिश्ता निश्चय ही बाद में आ जुड़ा था। यह 1963 का साल था। उस वक्त मुंबई के डाक्टर और पेंटर गीव पटेल से मेरी मुलाकात नहीं हुई थी, जो तब बच्चे ही रहे होंगे। वक्त की तहों के बीच की दूरी मिटाने का स्मृति का अपना तरीका होता है।

मैं ब्रेक वैन से उतरा और स्टेशन मास्टर ने मेरा स्वागत किया। वह एक बुजुर्ग सज्जन थे। उन्होंने जल्दबाजी में अपनी वर्दी पहनी थी। साफ तौर पर उन्हें गार्ड ने बताया था कि ट्रेन में एक अफसर भी यात्रा कर रहा है। मैंने पहली श्रेणी के अधिकारी के रूप में हाल ही में रेलवे की नौकरी शुरू की थी और वह स्टेशन मास्टर तीसरी श्रेणी का कर्मचारी था। उस वक्त तक श्रेणी का यह अंतर मेरे लिए बहुत महत्त्वपूर्ण था।

किसी ने लकड़ी की एक कुर्सी लाकर प्लेटफॉर्म पर लगा दी। गार्ड शाम की दिनचर्या से फारिग होने के लिए पहले ही गायब हो चुका था। स्टेशन मास्टर अपने दफ्तर में कोई काम करने में व्यस्त हो गया, जो उसे करना था। मैं प्लेटफॉर्म पर अकेले बैठकर मालगाड़ी की श्वेत-श्याम छाया देख रहा था और उसके स्टीम इंजन की भारी साँस की आवाज सुन रहा था।

इंजन से एक फायरमैन उतरा—दमकते हुए आसमान के परिपार्श्व में एक भुतहा आकृति सरीखा। सिर से पाँव तक वह कोयले की धूल में ढँका हुआ था। सिर्फ इंजन के केबिन से आ रही रोशनी से उसकी आँखें चमक रही थीं। खड़े हुए इंजन

की भारी साँस में निबद्ध वह छवि इन तमाम वर्षों में मेरे भीतर बची हुई है। ऐसा लगता है, जैसे आवाज का इच्छाओं और स्मृतियों के साथ एक गोपन रिश्ता होता है। हाल के कुछ शोध बताते भी हैं कि संगीत को स्मृति बढ़ाने की थेरेपी के रूप में इस्तेमाल किया जा सकता है।

पालनपुर-गाँधीधाम रेलवे को तब माल-परिवहन के लिए ही खोला गया था। इस खंड पर यात्री-सेवाएँ शुरू नहीं हुई थीं। उन दिनों जब भी कोई नई रेलवे लाइन बनती थी, उसे पहले सिर्फ मालगाड़ियों के लिए खोला जाता। इन गाड़ियों के आवागमन से नई पटरी का परीक्षण भी होता और पटरी को सही तरह बैठाने में भी मदद मिलती। जब मालगाड़ियों के जरिए पटरी का पूरी तरह परीक्षण हो जाता तभी उस पर यात्री-परिवहन की इजाजत दी जाती। यात्रियों की सुरक्षा सर्वाधिक महत्त्वपूर्ण थी। नए रेल जोन बनाने की या नई रेल लाइनें शुरू करने की कोई बड़ी जल्दी नहीं थी।

जुलाई, 1962 में मैंने भारतीय रेलवे यातायात सेवा में नौकरी शुरू की थी। मसूरी में सभी सेवाओं के लिए फाउंडेशन कोर्स पूरा कर लेने के बाद मुझे रेलवे के कामकाज के विशेष प्रशिक्षण के लिए पश्चिम रेलवे में नियुक्त किया गया। दो वर्ष के प्रशिक्षण कोर्स में कई तरह के कैप्सूल थे। अन्य सारी चीजों के साथ हमें गुड्स क्लर्क, स्टेशन मास्टर, ट्रैफिक कंट्रोलर, यात्री ट्रेन गार्ड और मालगाड़ी ट्रेन गार्ड का भी प्रशिक्षण लेना था।

बचपन से ही मालगाड़ी का गार्ड किसी यात्री ट्रेन के गार्ड से कहीं ज्यादा, एक रूमानी आकृति की तरह, मुझे लुभाता रहा था। अपने ब्रेक वैन की डेक से हरी या लाल झंडी हिलाते और क्षितिज में गुम हो जाते मालगाड़ी के उस गार्ड की छवि, रहस्य और एकाकी भव्यता से भरपूर थी। दूसरी ओर यात्री ट्रेन का गार्ड अथाह जनसमुद्र में अक्सर जैसे खो जाता सा लगता था।

जिस गार्ड के साथ मैं प्रशिक्षण ले रहा था, वह मध्यवय का एक गुजराती था। वह अपने साथ झोला भरके नमकीन और भुजिया लिए चल रहा था जिसे वह बीच-बीच में चबाता रहता था। उसने मुझे भी यह पेश किया लेकिन मैंने क्लास-वन अधिकारी वाली गर्वीली विनम्रता के साथ मना कर दिया। खाने में साझा करने से बराबरी का एक संबंध बनता है और एक युवा क्लास वन अफसर होने के नाते महज एक गार्ड के साथ बराबरी पर आना मुझे गवारा नहीं था, भले ही मेरी कल्पनाओं में उसकी कैसी भी उदात्त छवि रही हो। इसके अलावा अपने अधीनस्थ कर्मचारी की मेजबानी स्वीकार करना अपनी ईमानदारी को दाँव पर लगाना होता। तब यही खयाल मुझे आया था।

मालगाड़ी के गार्ड को जो-जो काम करने पड़ते हैं उनमें से एक यात्रा की घटनाओं का विस्तार से ब्योरा बनाना होता है, जिसे ट्रेन लॉग कहते हैं। किसी स्टेशन

पर ट्रेन कब पहुँची? कब वहाँ से छूटी। कितने वैगन अलग किए गए और कितने लिए गए। यात्रा के दौरान कोई असामान्य घटना, जैसे पटरी पर कोई बाधा आदि।

चलती हुई मालगाड़ी के आखिरी सिरे से जुड़ी हुई यह पुराने ढंग की, चार चक्कों वाली ब्रेक वैन खासे झटके खा रही थी जैसे ट्रेन से निकलकर और पटरियों से छिटक कर अपनी कोई स्वतंत्र नियति तलाशने को बेताब हो। इस स्थिति में कुछ भी लिखने के लिए बहुत विशेष किस्म का कौशल चाहिए। मैंने देखा कि गार्ड खड़े-खड़े अपनी 'लॉग' भर रहा है। यह लॉग लकड़ी के एक बोर्ड में कसी हुई थी जिसे बाएँ हाथ में लेकर वह गार्ड खड़े-खड़े कुछ ऐसे लिख रहा था जैसे यही लेखन की सर्वाधिक सहज मुद्रा हो।

मैंने उससे पूछा कि वह कैसे इतने आराम से लिख पा रहा है। उसने कहा कि इसमें जरा भी मुश्किल नहीं है। उसने मुझे खड़े होने और कसी हुई लॉग को बाएँ हाथ में पकड़ने को कहा। अब वह शिक्षक हो गया था और मैं नौसिखिया। लिखिए, उसने कहा और मैंने कोशिश की। पेंसिल बार-बार आड़ी-तिरछी-आड़ी-तिरछी भागने लगी। मैं कागज पर कुछ अमूर्त चित्र तो बना रहा था, मगर ऐसा कुछ नहीं जिसे लिखना कहा जा सके।

वह मुझे देखकर मुस्कुराया जैसे कह रहा हो, 'अब देखो मिस्टर क्लास वन अफसर, किस कदर नासमझ और उल्लू हो तुम।' मगर वह एक शरीफ आदमी था और उसने अपने उल्लास के इस लम्हे को बहुत खींचा नहीं। थोड़ा अपने घुटने मोड़िए, उसने मुझे निर्देश दिया। इसके पहले मैंने देखा था कि जब वह खड़े होकर लिख रहा था तब उसके घुटने थोड़े मुड़े हुए थे। मैंने इस पर ध्यान नहीं दिया यह सोचकर कि शायद किसी बीमारी की वजह से उनकी टाँगें टेढ़ी हो गई हैं। सर, अपने पैर थोड़े अलग रखिए और पाँव झुकाइए। फिर देखिए, उसने दुहराया।

जैसा कहा गया था वैसा मैंने किया और फिर लिखने की कोशिश की। अब मेरा लेखन ज्यादा सुस्थिर था। वह गार्ड बाबू जितना बेहतर तो नहीं था, मगर फिर भी संतोषजनक था। मैंने उसे देखा। वह फिर मुस्कुराया। सर, जब आप अपने पैर अलग कर घुटनों को मोड़ते हैं तो आपके पाँव शॉक ऐब्जॉर्बर की तरह काम करने लगते हैं। गाड़ी के झटकों का असर कम हो जाता है, उसने कुछ विनोदी लहजे में मुझे बताया। निश्चय ही मानव शरीर विज्ञान पर यह एक मौलिक अंतर्दृष्टि थी।

समय रुक गया सा लग रहा था, मगर मुझे एहसास था कि प्लेटफॉर्म पर उस कुर्सी पर मुझे बैठे हुए आधा घंटा बीत चुका है। आसमान अब लगभग अँधेरा हो गया था। एक प्वाइंट्स मैन मेरे लिए कुछ स्नैक्स और पीतल के गिलास में चाय ले आया था। मैंने उससे पूछा, 'यह सब कहाँ से लाए हो?' 'स्टेशन मास्टर साहिब ने भिजवाया है', उसने कहा। मालगाड़ी पर यह लंबी यात्रा मेरे लिए खासी मशक्कत वाली साबित हुई थी। मुड़े हुए घुटनों के साथ खड़े-खड़े लिखने की कवायद से मेरा

जोड़-जोड़ दुख रहा था। मुझे चाय की सख्त तलब थी। इसकी उत्पत्ति के बारे में और कोई अनुसंधान किए बिना मैंने चाय पी ली।

कुछ देर बाद स्टेशन मास्टर आए। 'अब कोई गाड़ी नहीं है सर, अब मैं आपकी सेवा कर सकता हूँ,' उन्होंने कहा। वे खड़े रहे। उनके बैठने के लिए और कोई कुर्सी थी भी नहीं। मुझे बैठे रहने में संकोच हो रहा था, जबकि वे खड़े थे। मैं उठ खड़ा हुआ और हम दोनों प्लेटफॉर्म पर टहलने लगे। वे यहाँ एक साल से ज्यादा समय से नियुक्त थे। यहाँ अकेलापन कुछ ज्यादा था। वे अपने रिटायरमेंट की राह देख रहे थे कि इसके बाद वीरमगाम लौटें जहाँ उनका पैतृक घर है। वहाँ उनके बेटे का छोटा सा व्यवसाय भी था। शायद वे धंधे में अपनें बेटे का हाथ बँटा सकें।

अचानक उन्होंने पूछा, 'खाने में आप क्या लेंगे, चावल या चपाती, सर?' 'जो भी मिल जाएगा', मैंने कहा। जब तक वे कुछ कह पाते, मैंने कहा, 'और चाय का कितना पैसा मैं दे दूँ?' जवाब में स्टेशन मास्टर काफी देर चुप रहे। मुझे एहसास हो गया था कि मुझसे कुछ चूक हो गई है। 'चाय मेरे घर से आयी थी सर। इसके लिए पैसा नहीं देना है। यहाँ कोई चाय की दुकान नहीं है। न रेस्तरां है।' उसके बाद मुझसे सांघातिक भूल हुई, 'तो फिर आप खाने के लिए परेशान न हों', मैंने कहा।

साथ चलते-चलते सहसा वे रुक गए। कुछ आगे बढ़कर मैं भी रुक गया और मुड़ा। इस वक्त तक अपनी गलती की विकरालता से मैं खुद भी आहत हो चुका था। इसके पहले कि मैं उन्हें समझाऊँ कि मेरा इरादा उनकी अवमानना करने का नहीं था, वे लगभग फट पड़े, 'सर मैं आपको चाय पिलाकर और खाना खिलाकर घूस नहीं दे रहा हूँ। यह मेरा घर है, सिर्फ रेलवे स्टेशन नहीं। आप मेरे मेहमान हैं। इतने भर से कोई फर्क नहीं पड़ जाता कि आप बड़े अफसर हैं। मैं कुछ महीनों में रिटायर हो जाऊँगा और दुबारा आपके दर्शन शायद हों न हों। मुझे आपसे भला क्या चाहिए?'

जब मैं अपने चयन के बाद नौकरी के लिए घर से जा रहा था तो मेरे पिता ने कहा था, 'मुझे पता है कि तुम ईमानदार बने रहोगे मगर एक सलाह तुम्हें दे दूँ। अपनी ईमानदारी को लेकर अहंकार मत करना। ईमानदारी विनम्रता के साथ अच्छी लगती है, अहंकार के साथ नहीं। सिर्फ भ्रष्ट और अहंकारी ही अपनी ईमानदारी का दिखावा करते हैं।' साफ था कि अपने पिता की सलाह मैंने संजीदगी से नहीं सुनी थी।

मुझे ठीक-ठीक याद नहीं है कि मैंने अपनी अकड़ और नासमझी के लिए किन शब्दों में खेद जताया था। मगर कुछ देर बाद स्टेशन मास्टर, मैं और गार्ड बाबू प्लेटफॉर्म पर बैठकर एक साधारण सा खाना खा रहे थे। आसमान में चाँद उग आया था। स्टीम इंजन की आवाज कम होती हुई मद्धिम आलाप में ढल गई थी। यह मेरे जीवन का एक यादगार भोजन था। खाना, कहने की जरूरत नहीं, स्टेशन मास्टर के घर से आया था।

बीकानेर का सफ़र

आठ वर्ष के अंतराल के बाद मैं बीकानेर आया था। आखिरी बार मैं यहाँ 1994 के शुरुआती दिनों में गया था। अपनी फिल्म 'तर्पण' के लिए लोकेशन तलाश करने, जिसकी शूटिंग अंततः बीकानेर से 120 किलोमीटर दूर सीकर में हुई। स्टेशन से बाहर आते ही जिस पहली चीज पर मेरा ध्यान गया, वह थी सड़कों पर बेतरह बढ़ी हुई भीड़ और इसके साथ शोर। सर्वव्यापी ताँगा गायब हो चुका था। इसकी जगह शोरगुल से भरे आटोरिक्शाओं का सड़कों पर कब्जा था। आटोरिक्शा की रेलमपेल में बीकानेर की निर्भ्रांत शांति बस अतीत के स्मृतिमोह का हिस्सा रह गई थी।

निश्चय ही प्रगति के रास्ते पर बीकानेर ने बड़े डग भरे थे। मगर अक्सर मुझे खयाल आता है कि भारत में प्रगति अपरिहार्यतः शोर-गुल और अटपटे निर्माण कार्यों के साथ क्यों जुड़ी हुई है। यह शाश्वत 'एशियन ड्रामा' नहीं है। श्रीलंका में मुझे शोर-गुल और अनियंत्रित निर्माण का यह मेल देखने को नहीं मिला था जहाँ मैं दो साल पहले गया था। दरअसल श्रीलंका पहले एशियाई देशों में से एक था, जहाँ आजादी के बाद कानून पारित कर कायदे की शौच-सहूलियतों के बिना किसी आवासीय मकान का निर्माण प्रतिबंधित कर दिया गया था।

रेलवे स्टेशन से मेरा होटल ज्यादा दूर नहीं था। होटल के कमरे में बाथरूम को छोड़कर सब कुछ सुचारु और व्यावसायिक था। बाथरूम में एक विशालकाय टब लगा हुआ था जिसे भरने के लिए करीब 400 लीटर पानी की जरूरत पड़ती। इंदिरा गाँधी नहर के पानी ने बीकानेर नाम के इस मरुथली शहर की जल-संरक्षण परंपराओं को नष्ट कर डाला है। बाथरूम के फर्श पर चमचमाता मार्बल लगा हुआ था। शायद यह इस तथाकथित हेरिटेज होटल का विदेशी पर्यटकों को आकृष्ट करने का अभिनव तरीका था जो दूर-दूर तक दिख नहीं रहे थे।

मैं अजीत फाउंडेशन के आमंत्रण पर 'सिनेमा, कला और बाजार' विषय पर व्याख्यान देने, बल्कि इसके सहयोगियों और सदस्यों के साथ संवाद करने बीकानेर

गया था। प्रसिद्ध अर्थशास्त्री प्रोफेसर विजय शंकर व्यास ने सात वर्ष पहले अपने बेटे अजीत की स्मृति में, जिसका एक सड़क दुर्घटना में देहांत हो गया था, अजीत फाउंडेशन की स्थापना की थी। फाउंडेशन का मुख्य मकसद समुदाय की बौद्धिक और सामाजिक सजगता बढ़ाने में मदद करना है। विभिन्न विधाओं के लोगों के साथ संवाद श्रृंखला इसके अनूठे कार्यक्रमों में एक है।

मुझे अचरज हुआ कि जो विषय मैंने चुना था, उसमें बीकानेर के लोग इतनी दिलचस्पी दिखा रहे हैं। एक संक्षिप्त व्याख्यान के बाद शुरू हुई चर्चा दो घंटे तक चली और अगले दिन फिर बढ़ाई गई। मुझे मालूम हुआ कि कभी बीकानेर में सक्रिय फिल्म सोसायटी हुआ करती थी। मैंने अजीत फाउंडेशन को सलाह दी कि फाउंडेशन के तहत एक फिल्म क्लब शुरू करना चाहिए जिसे कम खर्च में चलाया जा सकता है चूँकि संजीदा कलात्मक लक्ष्यों वाली फीचर फिल्में और डॉक्युमेंटरी अब बड़ी संख्या में वीडियो-कैसेट, वीसीडी और डीवीडी पर सुलभ हैं। उम्मीद करनी चाहिए कि अजीत फाउंडेशन यह गतिविधि हाथ में लेगा ताकि लोगों को पता चले कि दुनिया में हालीवुड और बालीवुड जैसे सिनेमा ही नहीं हैं।

फाउंडेशन की एक निहायत मौलिक योजना ताँगा पुस्तकालय है। हर रोज दो ताँगों पर पुस्तकें और पत्रिकाएँ लेकर पुस्तकालय की युवा महिला कार्यकर्ता शहर के विभिन्न हिस्सों में जाती हैं। हर ताँगा विभिन्न मोहल्लों में नियत जगह पर तयशुदा समय तक रुकता है। स्थानीय लोग जिनमें मुख्यतया महिलाएँ और बच्चे हैं, पाँच रुपये का नाममात्र शुल्क देकर पुस्तकालय के सदस्य बन सकते हैं। वे अपने घर के पास ही इस पुस्तकालय से किताबें और पत्रिकाएँ ले सकते हैं।

मैं दो मोहल्लों में ताँगा पुस्तकालय के साथ गया और मैंने पाया कि लोगों की पुस्तकालय में सच्ची दिलचस्पी है और यह वाकई सजगता बढ़ाने में मददगार है। किताबों और पत्रिकाओं के पढ़े जाने से एक तरंग का सा प्रभाव भी बन रहा था। एक लड़की की माँ ने मुझे बताया कि उसने जीवन में पहली बार प्रेमचंद का 'गोदान' तब पढ़ा, जब उसकी बेटी इसे ताँगा पुस्तकालय से लेकर आई। अजीत फाउंडेशन अब मोहल्ला समितियाँ गठित करने की प्रक्रिया में है और उन्हें विभिन्न मोहल्लों में इस चलंत पुस्तकालय की स्थिर शाखाएँ बनाने के लिए प्रेरित कर रहा है। इन पुस्तकालयों के लिए किताबों की आपूर्ति फाउंडेशन द्वारा की जाती है और इन्हें बारी-बारी से एक जगह से दूसरी जगह भेजा जाता है।

ताँगा क्यों? शुरू में एक आटोरिक्शा या जीप का इस्तेमाल करने की सलाह आई थी। खुशकिस्मती से यह नेक ख्याल छोड़ दिया गया। ताँगे सिर्फ पर्यावरण के लिहाज से ही उपयुक्त नहीं हैं, बल्कि वे बीकानेर के पुराने हिस्से की तंग गलियों में उन बच्चों को डराए बिना आसानी से दाखिल हो सकते हैं जिनके लिए गलियाँ ही खेल का मैदान हैं।

मेरे अजीत फाउंडेशन का आमंत्रण स्वीकार करने की एक वजह उरमूल ट्रस्ट था। 1987-88 के आसपास मैंने गैरसरकारी या स्वैच्छिक संगठनों पर बीस लघु-फिल्मों की एक शृंखला तैयार की थी। शृंखला का नाम था 'धूप की लकीरें' और इसका मकसद वैसे लोगों की सफलता की कहानियाँ प्रस्तुत करना था, जो सामाजिक या आर्थिक विकास की सारी समस्याओं के लिए सिर्फ सरकार पर दोषारोपण करते रहने की जगह आपस में मिल बैठ कर अपनी समस्याओं का समाधान कर रहे थे। 1984 में गठित उरमूल ट्रस्ट उन संस्थाओं में एक था जिन पर मैं फिल्म बनाना चाहता था, मगर बना नहीं सका। बहरहाल, आमतौर पर स्वैच्छिक संगठनों में और विशेष रूप से उरमूल ट्रस्ट में मेरी दिलचस्पी बनी रही और वस्तुतः बीते वर्षों में प्रगाढ़ ही हुई। मैंने अपनी बीकानेर यात्रा का आखिरी दिन उरमूल ट्रस्ट की गतिविधियाँ देखने के लिए ही रखा था।

उरमूल ट्रस्ट के सचिव अरविंद ओझा उन दिनों बीकानेर में नहीं थे जब मैं वहाँ था। उन्होंने मुझे काम दिखाने का दायित्व पुष्पा पुरोहित और रामप्रसाद हर्ष पर छोड़ा था। हम बीकानेर-जैसलमेर राष्ट्रीय राजमार्ग पर बज्जू के लिए चल पड़े, जहाँ उरमूल की ही अनुषंगी संस्था उरमूल सीमांत का 'फील्ड सेंटर' है। बीकानेर से करीब 45 किलोमीटर आगे, सांखला फांटा (मोड़) पर हम राजमार्ग छोड़कर बज्जू के लिए दाएँ मुड़े। सड़क और भूदृश्य बदल गए। सड़क ऊबड़-खाबड़ हो गई और भूदृश्य ज्यादा बीहड़ हो गया। यहाँ जीवन या बसावट के कोई निशान नहीं थे, सिर्फ कभी-कभार मवेशियों के झुंड दिखाई पड़ते थे जो मानसून के दगा दे जाने के कारण भुखमरी के ही शिकार थे। हालाँकि सितंबर के अंतिम दिन थे, मगर बाहर का तापमान 40 डिग्री को छू रहा था।

मैंने पुष्पा से पूछा कि वह कैसे उरमूल से जुड़ी। वह खुली और मुखर महिला थी। उसके पति अंशकालिक फोटोग्राफर थे और उसे घर की आय बढ़ाने के लिए काम चाहिए था। वह पढ़ी-लिखी थी। उसने विज्ञापन देखकर काम के लिए आवेदन किया और उसे नौकरी मिल गई। शुरू में उरमूल के व्यापक लक्ष्यों में उसकी कोई बड़ी दिलचस्पी नहीं थी। बाद में, उसमें जागरूकता-सी आई। अब मैं देख सकता था कि वह एक बदली हुई शख्स है। घर में अब भी वह अपने पति के बड़े भाइयों के आगे परदा करती है मगर यहाँ वह मुझे उरमूल की गतिविधियाँ बता रही, आत्मविश्वास से युक्त और पूरी तरह अपने लक्ष्यों से जुड़ी हुई स्त्री थी। यह, मैं मानता हूँ, वास्तविक सशक्तिकरण था।

सांखला फांटा से और 40 किलोमीटर चलने के बाद हम बज्जू में उरमूल सीमांत के 'फील्ड सेंटर' में दाखिल हुए। यह खासा बड़ा केंद्र है जिसमें कंप्यूटर की सुविधाओं से युक्त दफ्तर, अविवाहित कर्मचारियों और प्रशिक्षुओं के लिए छात्रावास की सुविधा और कुछ आवासीय क्वार्टर हैं। पूरे परिसर में एक खास तरह का खुलापन

और सक्रियता है जो उरमूल के जमीनी नजरिए के माकूल लगता है।

उरमूल ट्रस्ट उत्तरी राजस्थान मिल्क यूनियन से निकला था जिसकी स्थापना 1972 में आपरेशन फ्लड या दुग्ध क्रांति के एक हिस्से के रूप में हुई थी। अस्सी के दशक के शुरुआती वर्षों में इस बंजर इलाके में, खासतौर पर बच्चों और स्त्रियों को ध्यान में रखते हुए जमीनी विकास कार्य शुरू करने के लिए उरमूल डेयरी ने संजय घोष को आमंत्रित किया, जो उन दिनों गुजरात में काम कर रहे थे। संजय घोष की पहल पर इस उद्देश्य के लिए एक अलग ट्रस्ट स्थापित करने के लिए डेयरी तीन पैसे प्रति लीटर का योगदान करने को राजी हो गई। उरमूल ट्रस्ट ने प्राथमिक स्वास्थ्य सेवाओं के साथ शुरुआत की, जिनका उस इलाके के सुदूर गाँवों में कोई अस्तित्व नहीं था। उन्होंने बीकानेर के डिस्ट्रिक्ट कलेक्टर और चीफ मेडीकल एंड हेल्थ आफिसर को ट्रस्ट के 'एक्स-ओफिसियो' सदस्य के रूप में जोड़ा। इस तरह शुरू से ही उन्होंने बिना कोई निर्भरता बनाए सरकार के साथ ट्रस्ट का करीबी सहयोग सुनिश्चित किया। यह रणनीति अलवर जिले में राजेंद्र सिंह की रणनीति से नितांत भिन्न थी जिन्होंने शुरू से ही स्थानीय सरकारी संस्थाओं को नजरअंदाज किया और खासा विरोध झेला।

1987 के सूखे के बाद, जिसमें पश्चिमी राजस्थान में बहुत बड़ी संख्या में मवेशियों का सफाया हो गया, ट्रस्ट को अपनी गतिविधियों का विस्तार करना पड़ा। अब प्राथमिक स्वास्थ्य और बच्चियों की शिक्षा के अलावा सूखा राहत और आय-उत्पादन के क्षेत्र में भी उसे आना पड़ा।

जब मैं बज्जू पहुँचा तो मैंने देखा कि करीब 80 किशोरियाँ उरमूल सीमांत केंद्र में एक बालिका-शिविर में हिस्सा ले रही हैं। शिविर में उन्हें पाँच से छह महीने के भीतर पाँचवीं कक्षा तक की शिक्षा सुलभ कराने के लिए एक गहन आवासीय 'कोर्स' चल रहा था। यह नामुमकिन प्रतीत हो सकता है मगर जब मैंने लड़कियों से बात की तो पाया कि यहाँ महज छह सप्ताह से रहते हुए, वे हिंदी पढ़ने लगी थीं, अंकगणित कर रही थीं और अंग्रेजी के अक्षर पढ़ रही थीं।

मैंने पुष्पा से पूछा कि शिविर में बच्चों को लाते हुए उन्हें किन समस्याओं का सामना करना पड़ा। उसने मुझे बताया कि सबसे बड़ी समस्या अभिभावकों को इसके लिए राजी करने की थी कि लड़कियाँ घर से दूर शिविर में रहेंगी। खुशकिस्मती से उरमूल को स्थानीय लोगों का विश्वास और भरोसा हासिल है और इसी वजह से अभिभावक बच्चियों की शिविर में भेजने को तैयार हुए। अभिभावकों को सप्ताह में एक बार अपनी बच्चियों से मिलने के लिए प्रोत्साहित किया जाता है। मुलाकात के दिन वे मिठाई या कपड़े जैसी छोटी-छोटी सौगातें लेकर आते थे। घर में अक्सर भेदभाव की शिकार रहने वाली बच्ची बाहर रहकर अब एक महत्त्वपूर्ण लड़की हो गई थी। पहले शिविर के बाद यह बात फैल गई कि शिविर उनकी बच्चियों के लिए

उपयोगी था और सुरक्षित भी।

और हाँ, लड़कियों के लिए एक और समस्या थी। इन बंजर इलाकों में कोई सब्जी नहीं उगती है। इसलिए घर पर रोज के खाने में हरी सब्जी खाने का कोई चलन नहीं था। बस रोटी, नमक, मिर्च, दूध और दही। शिविर में उन्हें सब्जियों सहित ज्यादा संतुलित खुराक मिली। लड़कियाँ सब्जी नहीं खाना चाहती थीं, क्योंकि उन्होंने पहले कभी इसे चखा नहीं था। काफी समझाने-बुझाने के बाद वे हरी सब्जी खाने लगीं और अब उन्हें इसका स्वाद आने लगा है। क्या जब योजना भवन में बैठे हमारे योजनाकार या ग्रामीण विकास मंत्रालय में बैठे ऊँचे अफसर स्कूली बच्चों के लिए 'मिड डे मील' जैसी योजना बनाते हैं तो उन्हें ऐसी समस्याओं का अंदाजा होता है? मुझे नहीं लगता कि होता होगा।

कल्लू कुम्हार की उनाकोटी

ध्वनि में यह अद्‌भुत गुण है कि एक क्षण में ही वह आपको किसी दूसरे समय-संदर्भ में पहुँचा सकती है। मैं उनमें से नहीं हूँ जो सुबह चार बजे उठते हैं, पाँच बजे तक तैयार हो लेते हैं और फिर लोधी गार्डन पहुँचकर मकबरों और मेम साहबों की सोहबत में लंबी सैर पर निकल ज़ाते हैं। मैं आमतौर पर सूर्योदय के साथ उठता हूँ, अपनी चाय खुद बनाता हूँ और फिर चाय और अखबार लेकर लंबी अलसायी सुबह का आनंद लेता हूँ। अक्सर अखबार की खबरों पर मेरा कोई ध्यान नहीं रहता। यह तो सिर्फ दिमाग को कटी पतंग की तरह यों ही हवा में तैरने देने का एक बहाना है। दरअसल इसे कटी पतंग योग भी कहा जा सकता है। इसे मैं अपने लिए काफी ऊर्जादायी पाता हूँ और मेरा दृढ़ विश्वास है कि संभवतः इससे मुझे एक और दिन के लिए दुनिया का सामना करने में मदद मिलती है–एक ऐसी दुनिया का सामना करने में जिसका कोई सिर-पैर समझ पाने में मैं अब खुद को असमर्थ पाता हूँ।

अभी हाल में मेरी इस शांतिपूर्ण दिनचर्या में एक दिन खलल पड़ गया। मैं जगा एक ऐसी कानफाडू आवाज से, जो तोप दगने और बम फटने जैसी थी, गोया जॉर्ज डब्लू बुश और सद्दाम हुसैन की मेहरबानी से तीसरे विश्वयुद्ध की शुरुआत हो चुकी हो। खुदा का शुक्र है कि ऐसी कोई बात नहीं थी। दरअसल यह तो महज स्वर्ग में चल रहा देवताओं का कोई खेल था, जिसकी झलक बिजलियों की चमक और बादलों की गरज के रूप में देखने को मिल रही थी।

मैंने खिड़की के बाहर झाँका। आकाश बादलों से भरा था जो सेनापतियों द्वारा त्याग दिए गए सैनिकों की तरह आतंक में एक-दूसरे से टकरा रहे थे। विक्षिप्तों की तरह आकाश को भेद-भेद देने वाली तड़ित के अलावा जाड़े की अलस्सुबह का ठंडा भूरा आकाश भी था, जो प्रकृति के ताडंव को एक पृष्ठभूमि मुहैया करा रहा था। इस तांडव के गर्जन-तर्जन ने मुझे तीन साल पहले त्रिपुरा में उनाकोटी की एक शाम में पहुँचा दिया।

दिसंबर 1999 में 'ऑन द रोड' शीर्षक से तीन खंडों वाली एक टीवी शृंखला बनाने के सिलसिले में मैं त्रिपुरा की राजधानी अगरतला गया था। इसके पीछे बुनियादी विचार त्रिपुरा की समूची लंबाई में आरपार जाने वाले राष्ट्रीय राजमार्ग-44 से यात्रा करने और त्रिपुरा की विकास संबंधी गतिविधियों के बारे में जानकारी देने का था।

त्रिपुरा भारत के सबसे छोटे राज्यों में से है। चौंतीस प्रतिशत से ज्यादा की इसकी जनसंख्या वृद्धि दर भी खासी ऊँची है। तीन तरफ से यह बांग्लादेश से घिरा हुआ है और शेष भारत के साथ इसका दुर्गम जुड़ाव उत्तर-पूर्वी सीमा से सटे मिजोरम और असम के द्वारा बनता है। सोनामुरा, बेलोनिया, सबरूम और कैलासशहर जैसे त्रिपुरा के ज्यादातर महत्त्वपूर्ण शहर बांग्लादेश के साथ इसकी सीमा के करीब हैं। यहाँ तक कि अगरतला भी सीमा चौकी से महज दो किलोमीटर पर है। बांग्लादेश से लोगों की अवैध आवक यहाँ जबर्दस्त है और इसे यहाँ सामाजिक स्वीकृति भी हासिल है। यहाँ की असाधारण जनसंख्या वृद्धि का मुख्य कारण भी यही है। असम और पश्चिम बंगाल से भी लोगों का प्रवास यहाँ होता ही है। कुल मिलाकर बाहरी लोगों की भारी आवक ने जनसंख्या संतुलन को स्थानीय आदिवासियों के खिलाफ ला खड़ा किया है। यह त्रिपुरा में आदिवासी असंतोष की मुख्य वजह है।

पहले तीन दिनों में मैंने अगरतला और उसके इर्द-गिर्द शूटिंग की, जो कभी मंदिरों और महलों के शहर के रूप में जाना जाता था। उज्जयंत महल अगरतला का मुख्य महल है, जिसमें अब वहाँ की राज्य विधानसभा बैठती है। राजाओं से आम जनता को हुए सत्ता हस्तांतरण को यह महल अब नाटकीय रूप में प्रतीकित करता है। इसे भारत के सबसे सफल शासक वंशों में से एक, लगातार 183 क्रमिक राजाओं वाले त्रिपुरा के माणिक्य वंश का दुखद अंत ही कहेंगे।

त्रिपुरा में लगातार बाहरी लोगों के आने से कुछ समस्याएँ तो पैदा हुई हैं, लेकिन इसके चलते यह राज्य बहुधार्मिक समाज का उदाहरण भी बना है। त्रिपुरा में उन्नीस अनुसूचित जनजातियों और विश्व के चारों बड़े धर्मों का प्रतिनिधित्व मौजूद है। अगरतला के बाहरी हिस्से पैचारथल में मैंने एक सुंदर बौद्ध मंदिर देखा। पूछने पर मुझे बताया गया कि त्रिपुरा के उन्नीस कबीलों में से दो, यानी चकमा और मुघ महायानी बौद्ध हैं। ये कबीले त्रिपुरा में बर्मा या म्यांमार से चटगाँव के रास्ते आए थे। दरअसल इस मंदिर की मुख्य बुद्ध प्रतिमा भी 1930 के दशक में रंगून से लाई गई थी।

अगरतला में शूटिंग के बाद हमने राष्ट्रीय राजमार्ग-44 पकड़ा और टीलियामुरा कस्बे में पहुँचे जो दरअसल कुछ ज्यादा बड़ा हो गया गाँव ही है। यहाँ मेरी मुलाकात हेमंत कुमार जमातिया से हुई जो यहाँ के एक प्रसिद्ध लोकगायक हैं और जो 1996 में संगीत नाटक अकादेमी द्वारा पुरस्कृत भी हो चुके हैं। हेमंत कोकबारोक बोली में

गाते हैं जो त्रिपुरा की कबीलाई बोलियों में से है। जवानी के दिनों में वे पीपुल्स लिबरेशन ऑर्गनाइजेशन के कार्यकर्ता थे। लेकिन जब उनसे मेरी मुलाकात हुई तब वे हथियारबंद संघर्ष का रास्ता छोड़ चुके थे और चुनाव लड़ने के बाद जिला परिषद के सदस्य बन गए थे।

जिला परिषद ने हमारी शूटिंग यूनिट के लिए एक भोज का आयोजन किया। यह एक सीधा-सादा खाना था जिसे सम्मान और लगाव के साथ परोसा गया था। भारत की मुख्य धारा में आई मुँहजोर और दिखावेबाज संस्कृति ने अभी त्रिपुरा के जन-जीवन को नष्ट नहीं किया है। भोज के बाद मैंने हेमंत कुमार जमातिया से एक गीत सुनाने का अनुरोध किया और उन्होंने अपनी धरती पर बहती शक्तिशाली नदियों, ताजगी भरी हवाओं और शांति का एक गीत गाया। त्रिपुरा में संगीत की जड़ें काफी गहरी प्रतीत होती हैं। गौरतलब है कि बॉलीवुड के सबसे मौलिक संगीतकारों में एक एस.डी. बर्मन त्रिपुरा से ही आए थे। दरअसल वे त्रिपुरा के राजपरिवार के उत्तराधिकारियों में से थे।

टीलियामुरा शहर के वार्ड नं 3 में मेरी मुलाकात एक और गायक मंजु ऋषिदास से हुई। ऋषिदास मोचियों के एक समुदाय का नाम है। लेकिन जूते बनाने के अलावा इस समुदाय के कुछ लोगों की विशेषज्ञता थाप वाले वाद्यों, जैसे तबला और ढोल के निर्माण और उनकी मरम्मत के काम में भी है। मंजु ऋषिदास आकर्षक महिला थीं और रेडियो कलाकार होने के अलावा नगर पंचायत में अपने वार्ड का प्रतिनिधित्व भी करती थीं। वे निरक्षर थीं लेकिन अपने वार्ड की सबसे बड़ी आवश्यकता यानी स्वच्छ पेयजल के बारे में उन्हें पूरी जानकारी थी। नगर पंचायत को वे अपने वार्ड में नल का पानी पहुँचाने और इसकी मुख्य गलियों में ईंटें बिछाने के लिए राजी कर चुकी थीं।

हमारे लिए उन्होंने दो गीत गाए और इसमें उनके पति ने शामिल होने की कोशिश की क्योंकि मैं उस समय उनके गाने की शूटिंग भी कर रहा था। गाने के बाद वे तुरंत एक गृहिणी की भूमिका में भी आ गईं और बगैर किसी हिचक के हमारे लिए चाय बनाकर ले आईं। मैं इस बात को लेकर आश्वस्त हूँ कि किसी उत्तर भारतीय गाँव में ऐसा होना संभव नहीं है क्योंकि स्वच्छता के नाम पर एक नए किस्म की अछूत-प्रथा वहाँ अब भी चलन में है।

त्रिपुरा के हिंसाग्रस्त मुख्य भाग में प्रवेश करने से पहले, अंतिम पड़ाव टीलियामुरा ही है। राष्ट्रीय राजमार्ग-44 पर अगले 83 किलोमीटर यानी मनु तक की यात्रा के दौरान ट्रैफिक सी.आर.पी.एफ. की सुरक्षा में काफिलों की शक्ल में चलता है। मुख्य सचिव और आईजी, सी.आर.पी.एफ. से मैंने निवेदन किया था कि वे हमें घेरेबंदी में चलने वाले काफिले के आगे-आगे चलने दें। थोड़ी ना-नुकुर के बाद वे इसके लिए तैयार हो गए लेकिन उनकी शर्त यह थी कि मुझे और मेरे कैमरामैन

को सी.आर.पी.एफ. की हथियारबंद गाड़ी में चलना होगा और यह काम हमें अपने जोखिम पर करना होगा।

काफिला दिन में 11 बजे के आसपास चलना शुरू हुआ। मैं अपनी शूटिंग के काम में ही इतना व्यस्त था कि उस समय तक डर के लिए कोई गुंजाइश ही नहीं थी जब तक मुझे सुरक्षा प्रदान कर रहे सी.आर.पी.एफ. कर्मी ने साथ की निचली पहाड़ियों पर इरादतन रखे दो पत्थरों की तरफ मेरा ध्यान आकृष्ट नहीं किया। 'दो दिन पहले हमारा एक जवान यहीं विद्रोहियों द्वारा मार डाला गया था', उसने कहा। मेरी रीढ़ में एक झुरझुरी सी दौड़ गई। मनु तक की अपनी शेष यात्रा में मैं यह खयाल अपने दिल से निकाल नहीं पाया कि हमें घेरे हुए सुंदर और अन्यथा शांतिपूर्ण प्रतीत होने वाले जंगलों में किसी जगह बंदूकें लिए विद्रोही भी छिपे हो सकते हैं।

त्रिपुरा की प्रमुख नदियों में से एक मनु नदी के किनारे स्थित मनु एक छोटा कस्बा है। जिस वक्त हम मनु नदी के पार जाने वाले पुल पर पहुँचे, सूर्य मनु के जल में अपना सोना उँड़ेल रहा था। वहाँ मैंने एक और काफिला देखा। एक साथ बँधे हजारों बाँसों का एक काफिला किसी विशाल ड्रैगन जैसा दिख रहा था और नदी पर बहा चला आ रहा था। डूबते सूरज की सुनहरी रोशनी उसे सुलगा रही थी और हमारे काफिले को सुरक्षा दे रही सी.आर.पी.एफ. की एक समूची कंपनी के उलट इसकी सुरक्षा का काम सिर्फ चार व्यक्ति सँभाले हुए थे।

अब हम उत्तरी त्रिपुरा जिले में आ गए थे। यहाँ की लोकप्रिय घरेलू गतिविधियों में से एक है अगरबत्तियों के लिए बाँस की पतली सींकें तैयार करना। अगरबत्तियाँ बनाने के लिए इन्हें कर्नाटक और गुजरात भेजा जाता है। उत्तरी त्रिपुरा जिले का मुख्यालय कैलासशहर है, जो बांग्लादेश की सीमा के काफी करीब है।

मैंने यहाँ के जिलाधिकारी से मुलाकात की, जो केरल से आए एक नौजवान निकले। वे तेजतर्रार, मिलनसार और उत्साही व्यक्ति थे। चाय के दौरान उन्होंने मुझे बताया कि टी.पी.एस. (टरू पोटेटो सीड्स) की खेती को त्रिपुरा में, खासकर उत्तरी जिले में किस तरह सफलता मिली है। आलू की बुआई के लिए आमतौर पर पारंपरिक आलू के बीजों की जरूरत दो मीट्रिक टन प्रति हेक्टेयर पड़ती है। इसके बरक्स टीपीएस की सिर्फ 100 ग्राम मात्रा ही एक हेक्टेयर की बुआई के लिए काफी होती है। त्रिपुरा से टी.पी.एस. का निर्यात अब न सिर्फ असम, मिजोरम, नगालैंड और अरुणाचल प्रदेश को, बल्कि बांग्लादेश, मलेशिया और विएतनाम को भी किया जा रहा है। कलेक्टर ने अपने एक अधिकारी को हमें मुराई गाँव ले जाने को कहा, जहाँ टी.पी.एस. की खेती की जाती थी।

फिर जिलाधिकारी ने अचानक मुझसे पूछा, 'क्या आप उनाकोटी में शूटिंग करना पसंद करेंगे?' यह नाम मुझे कुछ जाना-पहचाना सा लगा, लेकिन इसके बारे में मुझे कोई जानकारी नहीं थी। जिलाधिकारी ने आगे बताया कि यह भारत का

सबसे बड़ा नहीं तो सबसे बड़े शैव तीर्थों में से एक है। संसार के इस हिस्से में जहाँ युगों से स्थानीय आदिवासी धर्म ही फलते-फूलते रहे हैं, एक शैव तीर्थ? जिलाधिकारी के लिए मेरी उत्सुकता स्पष्ट थी। 'यह जगह जंगल में काफी भीतर है हालाँकि यहाँ से इसकी दूरी सिर्फ नौ किलोमीटर है।' अब तक मेरे ऊपर इस जगह का रंग चढ़ चुका था। टीलियामुरा से मनु तक की यात्रा कर लेने के बाद मैं खुद को ज्यादा साहसी भी महसूस करने लगा था। मैंने कहा कि मैं निश्चय ही वहाँ जाना चाहूँगा और यदि संभव हुआ तो इस जगह की शूटिंग करना भी मुझे अच्छा लगेगा।

अगले दिन जिलाधिकारी ने सारे सुरक्षा इंतजाम किए और यहाँ तक कि उनाकोटी में ही हमें लंच कराने का प्रस्ताव भी रखा। वहाँ हम सुबह नौ बजे के आसपास पहुँच गए लेकिन एक घंटे हमें इंतजार करना पड़ा क्योंकि खासे ऊँचे पहाड़ों से घिरी होने के चलते इस जगह सूरज की रोशनी दस बजे ही पहुँच पाती है।

उनाकोटी का मतलब है एक कोटि, यानी एक करोड़ से एक कम। दंतकथा के अनुसार उनाकोटी में शिव की एक कोटि से एक कम मूर्तियाँ हैं। विद्वानों का मानना है कि यह जगह दस वर्ग किलोमीटर से कुछ ज्यादा इलाके में फैली है और पाल शासन के दौरान नवीं से बारहवीं सदी तक के तीन सौ वर्षों में यहाँ चहल-पहल रहा करती थी।

पहाड़ों को अंदर से काटकर यहाँ विशाल आधार-मूर्तियाँ बनी हैं। एक विशाल चट्टान ऋषि भगीरथ की प्रार्थना पर स्वर्ग से पृथ्वी पर गंगा के अवतरण के मिथक को चित्रित करती है। गंगा अवतरण के धक्के से कहीं पृथ्वी धँसकर पाताल लोक में न चली जाए, लिहाजा शिव को इसके लिए तैयार किया गया कि वे गंगा को अपनी जटाओं में उलझा लें और इसके बाद इसे धीरे-धीरे पृथ्वी पर बहने दें। शिव का चेहरा एक समूची चट्टान पर बना हुआ है और उनकी जटाएँ दो पहाड़ों की चोटियों पर फैली हैं। भारत में शिव की यह सबसे बड़ी आधार-मूर्ति है। पूरे साल बहने वाला एक जल प्रपात पहाड़ों से उतरता है जिसे गंगा जितना ही पवित्र माना जाता है। यह पूरा इलाका ही शब्दशः देवियों-देवताओं की मूर्तियों से भरा पड़ा है।

इन आधार-मूर्तियों के निर्माता अभी चिह्नित नहीं किए जा सके हैं। स्थानीय आदिवासियों का मानना है कि इन मूर्तियों का निर्माता कल्लू कुम्हार था। वह पार्वती का भक्त था और शिव-पार्वती के साथ उनके निवास कैलाश पर्वत पर जाना चाहता था। पार्वती के जोर देने पर शिव कल्लू को कैलाश ले चलने को तैयार हो गए लेकिन इसके लिए शर्त यह रखी कि उसे एक रात में शिव की एक कोटि मूर्तियाँ बनानी होंगी। कल्लू अपनी धुन के पक्के व्यक्ति की तरह इस काम में जुट गया। लेकिन जब भोर हुई तो मूर्तियाँ एक कोटि से एक कम निकलीं। कल्लू नाम की इस मुसीबत से पीछा छुड़ाने पर अड़े शिव ने इसी बात को बहाना बनाते हुए कल्लू कुम्हार को अपनी मूर्तियों के साथ उनाकोटी में ही छोड़ दिया और चलते बने।

इस जगह की शूटिंग पूरी करते शाम के चार बज गए। सूर्य के ऊँचे पहाड़ों के पीछे जाते ही उनाकोटी में अचानक भयावना अंधकार छा गया। मिनटों में जाने कहाँ से बादल भी घिर आए। जब तक हम अपने उपकरण समेटें, बादलों की सेना गर्जन-तर्जन के साथ कहर बरपाने लगी। शिव का तांडव शुरू हो गया था जो कुछ-कुछ वैसा ही था, जैसा मैंने तीन साल बाद जाड़े की एक सुबह दिल्ली में देखा और जिसने मुझे एक बार फिर उनाकोटी पहुँचा दिया था।

संसार

न, कोई बदमाशी नहीं

प्रिय विभा,

मैं यह पत्र अपने होटल लिस्बन के बार में बैठा लिख रहा हूँ। इतवार के रोज यहाँ पहुँचने का इरादा शायद ठीक नहीं रहा। इतवार को यहाँ कोई काम नहीं करता। वैसे पुर्तगाली लोग काम के दिनों में भी काम करने के लिए नहीं जाने जाते, जैसा हमारा हाल है। हवाई अड्डे पर मुझे लेने कोई नहीं आया। इतवार को यहाँ पहुँचने का कार्यक्रम मैंने इसलिए बनाया था कि मैं एक दिन बचा लूँगा। मगर लगभग सारा दिन होटल तलाशने और व्यवस्थित होने में निकल गया। यह होटल–होटल लिस्बन–मुझे महज इसलिए जँचा कि इसका नाम याद रखना आसान है और किराया–कोई सत्तर डॉलर–मेरे बजट के भीतर है। होटल बेहद आरामदेह साबित हुआ। इसमें पुरानेपन की एक कशिश है–बड़े कमरे, उनसे जुड़े संगमरमरी टाइलों वाले गुसलखाने और अँग्रेजी में कामचलाऊ बातचीत कर लेने वाले दोस्ताना कर्मचारी। हाँ, अँग्रेजी यहाँ उतनी नहीं बोली जाती जितना हम मानकर चलते हैं। यह होटल लिस्बन के जाने-माने पर्यटन स्थल रोसियो के करीब स्थित है।

लेकिन यहाँ पहुँचते ही तुम्हें मैं यह पत्र क्यों लिख रहा हूँ? अकेलापन है, इसलिए? नहीं, यह बात नहीं है तनिक धीरज रखो, पहले उतना बताता हूँ जितना मैंने अब तक यहाँ देखा। जब मैं स्कॉच (एक भारतीय इसके अलावा विदेश में क्या पिएगा?) के लिए बार काउंटर पर पहुँचा, मैंने देखा काउंटर के सिरे पर एक आकर्षक महिला बैठी कोई किताब पढ़ रही है। मैं काउंटर के दूसरे सिरे पर बैठ गया और शीशे में उसका अक्स निहारने लगा। तभी उसने किताब से सिर उठाया और शीशे में हमारी निगाहें मिलीं। दिल्ली विद्युत बोर्ड मार्का हल्का-सा करंट मेरे शरीर से होकर गुजर गया। वह मुस्कुराई और अपना सिर हिलाकर वापस अपने में खो गई। फिर उसने सिर उठाकर दोबारा देखा। मुझे नहीं पता कि क्या यह कोई आमंत्रण था, मगर सच कहूँ तो मेरा उसके साथ की सीट पर जाकर बैठने को मन हुआ।

और तब मुझे याद आया कि तुमने हवाई अड्डे पर मुझे विदा करते हुए क्या कहा था। तुमने कहा था–'कोई बदमाशी नहीं'। साफ और ऊँचे स्वर में, किसी भद्र

फुसफुसाहट की तरह नहीं कि मैं जता सकूँ मैंने कुछ नहीं सुना। यहाँ तक कि मुझे छोड़ने आए मेरे एनसीईआरटी वाले दोस्त प्रो. अर्जुन देव ने भी तुम्हारी उस कड़ी चेतावनी को साफ सुना था और वह शरारत से मुस्कुराया था–उस बार वाली ब्राजीलियन औरत से बिल्कुल उलट ढंग से। हाँ, वह ब्राजीलियन थी जैसा मुझे बाद में पता चला। पर वह एक अलग कहानी है। बहरहाल, अपने उत्साह पर काबू रखते हुए बजाय उसके पास जा बैठने के मैं उठा और एक कोने की टेबल पर आकर बैठ गया जहाँ से अब यह पत्र लिख रहा हूँ।

ऐसा नहीं है कि हमारा एनसीईआरटी वाला दोस्त, जो हाल तक मानविकी और समाज-विज्ञान विभाग का अध्यक्ष था, कोई सरल आदमी हो। विदा होते वक्त उसने मुझे खाकी कागज में लिपटा एक पैकेट दिया था और यह हिदायत भी की थी कि मैं उसे हवाई जहाज में खोलूँ। जल्द ही सीट बेल्ट से बँधकर और विमान परिचारिका की ओढ़ी हुई मुस्कानों से उबरकर मैंने वह पैकेट खोला। यह डॉक्टर कृष्ण गोपाल रस्तोगी की आत्मकथा 'आपबीती' की एक फोटोकापी थी।

तुम पूछोगी, अब यह डॉक्टर रस्तोगी क्या बला है और उस ब्राजीलियन औरत की कहानी से इसका क्या ताल्लुक है? जरा ठहरो, पहले मुझे बार से अपना गिलास भर लाने दो। हालाँकि मुझे यहाँ टेबल पर बैठे शराब मिल सकती है पर आप खुद जा कर लें, इसका अपना मजा है। और वह सुंदर स्त्री भी तो वहीं बैठे अब तक किताब पढ़ रही है!

आधे घंटे के सुखद व्यवधान के बाद मैं यह पत्र आगे शुरू कर रहा हूँ। दरअसल, हुआ क्या था कि जब मैं बार काउंटर पर पैसा चुका रहा था, उस स्त्री ने अचानक मुझसे पूछा–

'क्या आप भारत से हैं?'

'जी, पर आपने कैसे अंदाज लगाया?'

'मैं कुछ समय दिल्ली में रही हूँ। दिल्ली में आदमी औरतों को कुछ खास ढंग से घूर कर देखते हैं। खासकर तब जब कोई औरत अकेली हो!'

परिचय की शुरुआत बहुत अच्छी नहीं रही, मैंने सोचा। पर मैं आसानी से हार मानने वाला नहीं था।

'माफ कीजिएगा, मेरा कोई घूरने का इरादा नहीं था।'

'माफी माँगने की बात नहीं है। दरअसल, यह मुझे कुछ तारीफ जैसा ही लगता है। क्या आप अकेले हैं?'

'हाँ', मैंने थोड़ी निरीहता से कहा क्योंकि मैं किसी औरत–चाहे वह भारतीय हो या ब्राजीलियन–के इस किस्म के निमंत्रण का कतई आदी नहीं था।

'मैं कैटरीना हूँ। ब्राजील की हूँ और आर्ट रेस्टोरेशन का काम करती हूँ।'

उसका पूरा नाम मेरी पकड़ में नहीं आया और न ही उसकी कोई जरूरत थी। मैंने कहा—'मैं डॉक्युमेंटरी फिल्में बनाता हूँ। कुछ फिल्में मैंने भारतीय कला पर भी बनाई हैं।'

'वाकई?'

उसकी यह प्रतिक्रिया मुझे कुछ ब्रिटिश किस्म की लगी। लेकिन इससे पहले कि मैं इसके बारे में कुछ सोच पाता, उसने आगे कहा, 'देखिए, अगर आपका कोई और कार्यक्रम नहीं है तो क्या आप रोसियो में मेरे साथ घूमना चाहेंगे? एँडोरा में हम खाना खा सकते हैं। यहाँ की 'अरोज द चैमे' डिश काफी प्रसिद्ध है जो कि मछली होती है और फ्रैंगो पिरिपिरि भी, जो सब्जियों और चावल के साथ बनाया गया चिकन होता है।'

'इससे अच्छा और क्या हो सकता है। लेकिन पहले मैं यह चिट्ठी तो पूरी कर लूँ जो मैं अपनी पत्नी को लिख रहा हूँ।'

मेरा ख्याल था कि मेरी इस बात से उसे थोड़ी निराशा होगी, पर ऐसा दिखा नहीं। इसके बजाय वह मजे से मुस्कुराई और उसी खास अदा में उसने एक बार फिर सिर हिलाया।

लेकिन मैं डॉक्टर रस्तोगी की तरफ वापस आता हूँ। डॉ. रस्तोगी एनसीईआरटी में सलाहकार थे, या शायद अब भी हों। वे बहुत पढ़े-लिखे आदमी हैं—हिंदी और अँग्रेजी में एम.ए., तमिल में डिप्लोमा और भाषा विज्ञान में पी-एच.डी.। 13 साल की उम्र में उन्होंने संघ की शाखा में जाना शुरू किया, मात्र 17 साल की उम्र में वे उसके प्रचारक बने और जब उन्होंने पहली हत्या की तब उनकी उम्र बीस से भी कम की थी।

चौंको मत, मैं यह सारा अपने से बनाकर नहीं कह रहा हूँ। अपनी 'आपबीती' की पृष्ठ संख्या 46 पर डॉ. रस्तोगी ने उस घटना का वर्णन किया है, जो तब घटी जब वे हरिद्वार और रुड़की के बीच एक मुस्लिम बस्ती पर किए गए हमले में 250 स्वयंसेवकों की ब्रिगेड का नेतृत्व कर रहे थे। डॉ. रस्तोगी लिखते हैं :

'उस संघर्ष में एक विचित्र घटना घटी। जब एक घर में मार-काट हो रही थी, एक अत्यंत सुंदर युवती दिखाई दी। उसे देखकर आक्रमणकारियों में से कुछ का मन डोल गया। वे स्थिति की भयंकरता और संघर्ष का उद्देश्य भूल गए और उस युवती पर अधिकार जमाने के लिए परस्पर लड़ने लगे। मैं कुछ क्षण के लिए किंकर्तव्यविमूढ़ हो गया। पर फिर मुझे एक उपाय सूझा। मैंने आक्रमणकारियों को डराया-धमकाया, गालियाँ भी दीं और झगड़े की जड़ उस युवती को गोली मार दी। मैंने सोचा 'न होगा बाँस और न बजेगी बाँसुरी'।'

यह पढ़ने के बाद मैं मानता हूँ कि डॉ. रस्तोगी के प्रत्युत्पन्नमतित्व और स्पष्ट दृष्टि से मैं प्रभावित हुआ। अब जबकि हमारे प्रधानमंत्री ने जनरल मुशर्रफ को भारत आने का न्योता दिया है उन्हें डॉ. रस्तोगी को अपना सलाहकार नियुक्त करने के

बारे में गंभीरता से विचार करना चाहिए। मुझे यकीन है कि भारत और पाकिस्तान के बीच की तमाम समस्याओं को सुलझाने के लिए वे कश्मीर को पूरी तरह नष्ट कर देने की सलाह प्रधानमंत्री को पूरी शिद्दत से देंगे। न होगा बाँस न बजेगी बाँसुरी।

यहाँ मैं फिर बहा जा रहा हूँ। ब्राजीलियन औरत वाला सूत्र कहाँ गया? जरा धैर्य रखो न। 62 से ऊपर की उम्र में मैं न तो उतना चंचल हूँ और न वैसा साफ दृष्टि वाला जैसे कि डॉ. रस्तोगी तब थे जब उन्होंने उस युवती को गोली मारी थी। 1966 में डॉ. रस्तोगी दस महीने के लिए अमेरिका गए। हवाई अड्डे पर उन्हें विदा देने उनके पिता और उनकी पत्नी आए। पृष्ठ 84 पर वे लिखते हैं :

'वे दोनों अत्यंत गद्गद थे। अत्यंत भावुक होकर मुझसे पत्नी ने कान में कहा था—अमेरिका में मेरे बिना परेशान न होना और अपनी आवश्यकता पूरी कर लेना। पत्नी का मुक्त कथन सुनकर उनके प्रति मेरी निष्ठा और बढ़ गई। उनके इस कथन ने अपने आप पर संयम रखने में सहायता की।'

डॉ. रस्तोगी की पुस्तक में अपने 'आशीर्वचन' में के.एस. सुदर्शन ने इसे एक दिल को छू लेने वाले उदाहरण के बतौर उद्धृत किया है कि कैसे 'एक सुशील, सुघड़, सुशिक्षित गृहिणी परिवार को कितना आनंदमय बना देती है।'

उम्मीद है कि कम से कम अब डॉ. रस्तोगी की जीवन कथा ब्राजीलियन स्त्री के साथ सूत्रबद्ध हो गई होगी। जब से मैंने यह दास्तान पढ़ी है मैं यह सोच रहा हूँ कि मेरे एनसीईआरटी वाले दोस्त ने मेरे बजाय यह किताब तुम्हें क्यों नहीं दी। तुम संघ के सुशील, सुघड़, सुशिक्षित गृहिणी के आदर्श से संभवतः कुछ प्रेरित हुई होतीं और हवाई अड्डे पर 'कोई बदमाशी नहीं'—ये शब्द शायद मुझसे न बोलतीं।

लेकिन अभी मुझे उदास होने की जरूरत नहीं है। मुझे भरोसा है कि भारत की औरतें क्या महसूस करती हैं, इस पर तवज्जो न देकर संघ और सरकार में उसके मंत्री एनसीईआरटी की मदद से स्कूलों के जरिए और बेशक दूरदर्शन के जरिए भी वैसे आदर्शों की पुनर्रचना करेंगे। दुर्भाग्य से शायद इसमें एक लंबा समय लगे। तब तक मैं क्या करूँ?

मेरी तात्कालिक समस्या यह है कि मैं रोसियो में घूमने-फिरने और एँडोरा में खाने के निमंत्रण का क्या करूँ। मैं उतना स्पष्ट दिमाग का नहीं हूँ कि कैटरीना को गोली मारकर इस मुश्किल को हल कर लूँ। न रहेगा बाँस, न बजेगी बाँसुरी। इसमें बेचारे बाँस का क्या दोष कि कोई उसकी बाँसुरी बनाना चाहता है। यदि मैं कभी किसी ऐसे वरिष्ठ संघ नेता से मिला जिसकी पत्नी विदेश अकेली जा रही हो तो मैं निश्चित ही उससे पूछूँगा कि क्या वे अपनी पत्नी को वैसी ही दोस्ताना सलाह देंगे जैसी कि डॉ. रस्तोगी की पत्नी ने उन्हें दी थी।

रोसियो और पुर्तगाली खाने के बारे में बाकी बातें अगले पत्र में—बशर्ते रोसियो की तफरीह से मैं बाइज्जत लौट आऊँ। इस बीच ठीक से रहना और हाँ, कोई बदमाशी नहीं।

अदृश्य मुसलमान

परवेज मुशर्रफ की ताजा यात्रा का एक लगभग अलक्षित परिणाम यह रहा कि भारतीय दृश्य-श्रव्य माध्यमों पर मुसलमानों के चेहरे ज्यादा दिखने लगे। ठीक है कि भारतीय टीवी पर दिखने वाले ज्यादातर मुसलमान पाकिस्तानी थे, मगर कुछ भारतीय मुसलमान भी टीवी पर नजर आए।

इस बात से मुझे कई सवाल पूछने की इच्छा हुई। भारतीय मुसलमान कहाँ छुपे रहते हैं? मीडिया में भारतीय मुसलमानों की उपस्थिति इतनी कम क्यों है जबकि हर आठवाँ भारतीय मुसलमान है? क्या हिंदू बहुसंख्यकों ने वाकई मुसलमानों को समान भारतीय के रूप में स्वीकार कर लिया है? क्या भारतीय मुसलमान वाकई राष्ट्रीय नक्शे का सम्मानित हिस्सा हो पाए हैं या फिर उनके साथ अब तक बाहरी लोगों जैसा सलूक ही किया जाता है जिनसे पढ़े-लिखे हिंदू भी एक सीमा तक ही सामाजिक सरोकार रखते हैं?

मैं न राजनीतिक विश्लेषक हूँ न ही समाजशास्त्री हूँ। इसलिए, मुझे नहीं लगता कि मुझमें इसका जवाब देने की लियाकत है। न ही मैं इतना चतुर हूँ कि अपने पास उत्तर होने का दिखावा कर सकूँ हालाँकि रोज मैं टीवी पर जयललिता से लेकर जीवन बीमा निगम तक—हर विषय पर विशेषज्ञ बने बैठे काबिलों को देखता हूँ। ज्यादा से ज्यादा मैं यही कर सकता हूँ कि इस उम्मीद में अपने अनुभव को अपने पाठकों से बाँट लूँ कि एक औसत भारतीय हिंदू होने के नाते मेरा अनुभव बहुत अलग नहीं होगा।

मेरा शुरुआती बचपन धर्मशाला में बीता। मेरे पिता सरकारी नौकरी में थे। हमारे एक पड़ोसी सज्जन थे जो काजी साहब कहलाते थे। मुझे उनका पूरा नाम याद नहीं है हालाँकि उनकी बहुत इज्जत थी। यह इस बात से स्पष्ट था कि विभाजन के वक्त कुछ स्थानीय लोग उनकी हिफाजत के खयाल से इकट्ठा होकर अमृतसर की सरहद तक उन्हें छोड़ने गए।

काजी साहब और मेरे पिता मित्र थे। हालाँकि मेरे पिता उदार विचारों वाले

व्यक्ति थे, मेरी माँ बाहरी व्यक्तियों के सामने परदा करती थीं और उनका बहुत शिद्दत से मानना था कि मुसलमान अछूतों से भी गए-बीते होते हैं। काजी साहब को अपने प्रति मेरी माँ के इस नजरिए का अहसास था लेकिन वे हँसी-खुशी इसे स्वीकार कर लेते थे। हर दीवाली वे बिला नागा हमारे घर आते और उनके साथ मिठाई का डब्बा लिए एक ब्राह्मण लड़का होता। परदे के पीछे वे मेरी माँ को संबोधित करते, 'भाभीजान दीवाली मुबारक हो! ये कुछ मिठाई लाया हूँ। खालिस देसी घी की है, खालिस ब्राह्मन के हाथ। ये बिल्कुल नापाक नहीं है।'

लंबे समय तक इस कहानी को मैं हिंदू-मुस्लिम सौहार्द की मिसाल की तरह पेश किया करता था। बाद में इस कहानी की नैतिकता पर मेरे भीतर प्रश्न उठने लगे। यह वाकई सौहार्द है या केवल सहनशीलता? सौहार्द का मतलब परस्पर बराबरी का सम्मान और लगाव होता है, सहनशीलता का मतलब जरूरत के दबाव में भिन्नता को स्वीकार भर कर लेना होता है। इस कहानी की नैतिक सीख मेरी माँ के नजरिए के प्रति काजी साहब की सहनशीलता थी। इसमें सौहार्द की सुगंध नहीं थी।

चूँकि विभाजन के पूर्व सांप्रदायिक तनाव ने धर्मशाला का तापमान भी बढ़ा दिया था, मेरे पिता ने परिवार को अंबाला के नजदीक अपने गाँव में भेज दिया। तब मैं आठ साल का था। मेरे गाँव से मुसलमानों का सफाया हो चुका था। गाँव में गुजारे गए तीन वर्षों के दौरान किसी मुसलमान से मेरी मुलाकात नहीं हुई। न ही गाँव को मुसलमानों का न होना अखरता था, सिवा तब के जब किसानों को खेती के औजार मरम्मत कराने की जरूरत पड़ती थी, चूँकि गाँव का अकेला लोहार परिवार एक मुसलमान परिवार था जो पाकिस्तान चला गया था।

धर्मशाला में मैंने हिंदी के साथ उर्दू की पढ़ाई की। मगर मेरे गाँव के स्कूल में तीसरी जमात से उर्दू की पढ़ाई अचानक बन्द कर दी गई। मुझे यह तब नहीं पता था कि आजाद भारत में उर्दू सिर्फ मुसलमानों की भाषा बन चुकी थी।

जालंधर में भी यही स्थिति बनी रही जहाँ मैं तीन साल बाद अपने पिता के पास आया और फिर जयपुर में भी जहाँ मेरे पिता का तबादला हो गया था और जहाँ मैं 1952 में महाराजा कॉलेज में दाखिला लेने गया था। 1954 में मैं ग्रेजुएशन करने अंबाला लौटा। मेरे कॉलेज में कोई मुसलमान छात्र नहीं था। इस तरह 1947 से लेकर 1956 तक जब मैंने बी.ए. की पढ़ाई पूरी की, मेरा एक भी मुसलमान से साबिका नहीं हुआ या जान-पहचान नहीं हुई।

1956 में जाकर, जब मैं एम.ए. करने दिल्ली आया, तो मुसलमानों से मेरा दोबारा वास्ता पड़ा। मुझे यकीन है कि यह खास संकीर्ण वातावरण में पले किसी एक बच्चे का अनुभव नहीं है, बल्कि पंजाब, हरियाणा, हिमाचल प्रदेश और राजस्थान और उत्तर प्रदेश के कुछ हिस्सों में पचास और साठ के दौरान बड़ी हुई कई पीढ़ियों का

आम अनुभव है।

दिल्ली में मैंने दो मुसलमान दोस्त बनाए और एक बेहद विशिष्ट मुसलमान प्राध्यापक डॉ. के.एम. अशरफ के अधीन पढ़ाई की जिन्होंने मेरे सोचने के ढंग पर बहुत गहरा असर डाला। डॉ. अशरफ कम्युनिस्ट पार्टी के सदस्य थे और उन्होंने एक ब्रिटिश महिला से शादी की थी। दोनों मुसलमान दोस्तों में एक सक्रिय कम्युनिस्ट हो गया। दूसरा, जो कुछ ज्यादा पारंपरिक था, अलीगढ़ मुस्लिम विश्वविद्यालय में इतिहास का रीडर हो गया। मुझे याद नहीं है कि कभी मैं उसके घर खाना खाने या ईद मनाने गया हाऊँ।

जनरल मुशर्रफ की यात्रा ने मुझे अहसास कराया कि अब भी आम मुसलमानों से मेरे संपर्क उतने ही सुदूर और अनियमित बने हुए हैं जितने चार दशक पहले थे। मेरे सामने यह बहुत स्पष्ट नहीं है कि यह क्यों और कैसे हुआ। मैं बड़ी ईमानदारी के साथ कह सकता हूँ कि होश में या बदहोशी में, सोते या जागते मैं कभी भी सांप्रदायिक ढंग से काम या व्यवहार नहीं कर सकता और फिर भी हिंदू-मुसलमान के बीच की सामाजिक खाई मैं पार नहीं कर पाया। नतीजतन ज्यादातर पढ़े-लिखे हिंदुओं की तरह इस्लाम या इस्लामी जीवन पद्धति के मुकाबले ईसाइयत से मेरा परिचय कहीं ज्यादा है।

मैंने तय किया कि इसको लेकर कुछ करना चाहिए और नासिर साहब से मिलने चला गया जो एक शैक्षणिक संस्थान में काम करते हैं और जिनसे कभी-कभार दोस्तों के साथ ड्रिंक पर मेरी मुलाकात होती रही थी। नासिर साहब गालिब के अनुयायी हैं, 'मैं आधा मुसलमान हूँ, शराब पीता हूँ सूअर नहीं खाता।' जिस दिन हम उनके घर बैठे, पानी बरस रहा था। बातचीत कुछ इस तरह चली :

नासिर : 'तो आप इस्लाम और हिंदुस्तान में रहने वाले मुसलमानों के तौर-तरीकों के बारे में और ज्यादा जानना चाहते हैं?' मैंने सिर हिलाया। एक अंतराल के बाद नासिर साहब दुबारा मुखातिब हुए।

'मुझे बताइए, ईद कितनी तरह की होती है, दो या तीन तरह की?'

'अरे नासिर साहब। इतना तो मैं भी जानता हूँ कि ईद दो तरह की ही होती है, ईद-उल-फितर और बकरीद।' नासिर साहब को ऐसी ही शुरुआत का इंतजार था।

'आप एक तालीमयाफ्ता बेवकूफ हैं बिक्रम साहब। तीन तरह की ईद होती है।' यह मेरे लिए बिल्कुल अप्रत्याशित था। मेरे भावों से जरूर जाहिर हुआ होगा कि मैं बौखला गया था हालाँकि मुझे थोड़ी तसल्ली इस बात पर हुई कि मेरे नाम के साथ साहब जोड़ा गया। आघात को कुछ कम करने के लिए उन्होंने मुझसे पूछा कि मैं कॉफी लेना पसंद करूँगा या कौन्येक। मैंने कहा, 'पहले कॉफी लूँगा और बाद में कौन्येक।' ये या वोह के हालात से निबटने का अच्छा रास्ता यह हो सकता है कि आप दोनों

को पसंद कर लें।

कुछ देर बाद नासिर साहब कॉफी और कौन्येक की एक बोतल लिए लौटे। पानी बरसना बंद हो चुका था। बस थोड़ी सी बूँदा-बाँदी हो रही थी मानो सारा जग यह बातचीत सुनने के लिए चुप हो रहा हो। जहाँ उन्होंने बात अधूरी छोड़ी थी, वहीं से शुरू की।

'ईद-उल-फितर, जैसा कि आपको पता है, रमजान के बाद मनाया जाता है। रमजान इदात या इबादत या ध्यान का महीना है। यह वही महीना है जब पैगंबर पर कुरान का पहली बार नाजिल हुआ और इसलिए अरबी कैलेंडर का यह महीना, रमदान या रमजान पाक महीना हो गया।'

मुझे खयाल आया कि खुदा का शुक्र है कि यह रमजान का महीना नहीं है वरना नासिर ने मुझे कौन्येक पेश नहीं की होती। यहाँ तक कि नासिर जैसे आधे मुसलमान भी रमजान को संजीदगी से लेते हैं। नासिर बोल रहे थे, 'और इस्लाम में बकरीद जैसी कोई चीज नहीं है। यह ईद-उल-अदहा है जो रमजान के दो महीने ग्यारह दिन बाद मनाया जाता है। रमजान के दो महीने दस दिन बाद हज का दिन आता है और ईद-उल-अदहा हज पूरा होने का जश्न है। बकरीद इद-उल-अदहा का ही हिंदुस्तानी नाम है।'

यह वाकई मुझे पता नहीं था। इस वक्त तक नासिर साहब ने मेरे गिलास को फिर से कौन्येक से भर दिया था और वे जो कह रहे थे उसे मैं और ज्यादा ध्यान से सुन रहा था। बाहर बारिश पूरी तरह बंद हो चुकी थी। बस भीगे पत्तों से रास्ते पर गिरती बूँदों की टपाटप सुनाई दे रही थी और पड़ोस के किसी घर से किसी फिल्मी गीत की आवाज तैरती हुई आ रही थी।

'और तीसरी?' मैंने पूछा।

'ईद-मिलादुल-नबी', वे कुछ शरारत से मुस्कुराए। मुझे संदेह हुआ कि कहीं कुछ गड़बड़ है।

'क्या यह बारा वफात नहीं है—पैगंबर की पैदाइश का दिन?'

'हाँ, वही है, मगर हमारे ज्यादातर हिंदू दोस्त सोचते हैं कि यह तीसरी ईद है। दरअसल, इस्लामी रवायत के मुताबिक पैगबर की पैदाइश का दिन ही उनके इंतकाल या वफात का भी दिन है। इसलिए सभी मुसलमान इसे जश्न की तरह नहीं मनाते।'

आचार्य रजनीश ने कभी कहा था कि सच्चा धर्म शराब की तरह होता है। यह तुम्हारे समूचे अस्तित्व में फैल जाता है और शरीर और मन के कण-कण से बोलता है। अब तक कौन्येक ने नासिर को भी कुछ नरम कर दिया था। ऐसा लग रहा था जैसे उसे मेरे अज्ञान का मजा लेने में बहुत दिलचस्पी नहीं रह गई है।

'और शिया और सुन्नी में क्या फर्क है?' मैंने पूछा।

'पैगंबर के इंतकाल के बाद कुछ लोग हजरत अली को खलीफा बनाना चाहते

थे। अली की शादी पैगंबर की बेटी फातिमा से हुई थी। मगर अबु बक्र खलीफा हो गए जिनकी सबसे छोटी बेटी आयशा की शादी पैगंबर से हुई थी। अली उलेमा भी थे और सिपाही भी, मगर खिलाफत की लड़ाई में वे अबु बक्र से हार गए। आखिरकार अली खलीफा हो गए मगर बाद में अबु बक्र के बाद ओमर आए और ओमर के बाद उस्मान। अली चौथे खलीफा थे मगर शिया उन्हें पहला और आखिरी खलीफा मानते हैं।'

'शिया नाम आया कैसे?'

'अरबी में शिया का मतलब होता है साथ देने वाला। शिया-ने-अली का मतलब हुआ अली का साथ देने वाले। अली के बड़े बेटे को जहर दे दिया गया। कर्बला की जंग में अली के छोटे बेटे हुसैन मारे गए। अली के दल में औरतों और बच्चों सहित बस बहत्तर लोग थे। उन सबको यजीद के सिपाहियों ने मार डाला जो दमिश्क का था और मुसलमानों के नेता के रूप में उभर चुका था।'

नासिर सहसा उदास दिखे। उनके मिजाज में आए इस बदलाव की वजह का मैं कोई अनुमान नहीं लगा सका। शायद उनके दिमाग में कर्बला की त्रासद लड़ाई की तस्वीर आ गई थी। एक विराम के बाद उन्होंने फिर बोलना शुरू किया।

'मैं सुन्नी हूँ। सुन्नी शियाओं से नफरत करते हैं। दरअसल सुन्नियों के यहाँ एक कहावत चलती है कि अगर रास्ते में साँप और शिया मिले तो पहले शिया को मारो। मुझे यकीन है कि शियाओं के बीच भी सुन्नियों को लेकर ऐसी ही कहावत है। हर साल मुहर्रम के मौके पर प्रधानमंत्री की कान्स्टुएंसी, लखनऊ में यह नफरत फूटती है। मैं किसी से नफरत नहीं करता क्योंकि मैं महज आधा मुसलमान हूँ।'

वे उठकर एक बर्तन में बर्फ ले आए। कौन्येक ऐसी चीज है जिसे बर्फ के साथ लेने का चलन आम तौर पर नहीं है। लेकिन कमबख्त फर्क क्या पड़ता है। हम लोग दिन में पी रहे थे और मैं और नासिर दोनों ऐसी गर्मजोशी से भरे हुए थे जो किसी भी किस्म की नफरत को पिघला सकती है।

'क्या आपने वह कव्वाली सुनी है : अली दा पहला नंबर?' मैंने उत्तर भारत की शैली में हाँ में सिर हिलाया, हालाँकि मेरा मन हुआ कि दक्षिण भारत की शैली में सिर हिलाऊँ जिसका मतलब उत्तर भारतीय शैली में ना हो जाता।

'एक बार एक शिया कव्वाल पार्टी मस्ती में यही गीत गा रही थी, अली दा पहला नंबर। जब गाना अपनी ऊँचाई पर पहुँचा तब अचानक कोई आकर कव्वाली मास्टर के कान में कुछ फुसफुसाया। गाना अचानक बदलकर 'अली दा चौथा नंबर' हो गया। असल में यह सुन्नियों का इलाका था।'

हम दोनों हँस पड़े। मगर मुझे अहसास था कि नासिर की बात अभी खत्म नहीं हुई है।

'बिक्रम साहब आप क्या हिंदू-मुसलमान की दोस्ती की बात करते हैं। यहाँ तो

मुसलमान मुसलमान को नहीं पहचानता। सिर्फ जानने से दोस्ती नहीं हो सकती। कुछ और भी चाहिए। जब आपके आसपास की हर चीज नफरत फैलाती हो, चाहे यह तालीम हो, मजहब हो या सियासत, मुसलमानों को ज्यादा बेहतर ढंग से जानना भर काफी नहीं है। आप सिखों को तो जानते हैं तो 1984 में हिंदुओं ने सिखों को क्यों मारा? ये हिंदुओं और सिखों में दरार क्यों पैदा हुई?' इस सवाल का मेरे पास कोई जवाब नहीं था। मैंने उनका शुक्रिया अदा किया और रुखसत ली। बाहर आसमान में अब भी घने बादल छाए हुए थे। दोपहर में ही अँधेरा था।

नासिर ने ठीक कहा था। अपने देश में बढ़ रही सांप्रदायिक खाई की वजहों का अतिसरलीकरण करने की प्रवृत्ति हमारे भीतर रही है। सामाजिक स्तर पर मुसलमानों को जानने से शायद थोड़ी मदद मिले। मगर इससे बस शुरुआत हो सकती है। जबकि काफी कुछ किए जाने की जरूरत है। असली लड़ाई रूढ़िवाद, कट्टरता, असहनशीलता की शिक्षा और वोट बैंक की राजनीति के खिलाफ है। मुझे नहीं पता कि कैसे यह लड़ाई लड़ी जा सकती है, मगर इतना स्पष्ट है कि हमें छीन-झपट की नहीं, बल्कि वह संस्कृति तैयार करनी होगी, जिसे कुँवरनारायण ने 'जगह दूँगा साथ चलने वालों को' कहकर बताया है।

जब मैं मेन रोड पर पहुँचा तो मैंने देखा कि भीड़ ने आधा रास्ता जाम किया हुआ है। एक ऑटोरिक्शे से कार को खरोंच आ गई थी। ऑटोरिक्शा ड्राइवर और कार का मालिक दोनों इसी पर झगड़ा कर रहे थे। भीड़ यह नजारा देख रही थी। ना किसी हिंदू ने सूअर मारकर मस्जिद में फेंका था। ना ही किसी मुसलमान ने गाय काटी थी। लेकिन लड़ाई फिर भी जारी थी।

क्योंकि ससुर भी कभी दामाद था

4 नवंबर, 2001

श्री यू.आर. राव
अध्यक्ष, प्रसार भारती,
दूरदर्शन भवन, नई दिल्ली।

प्रिय श्री राव,

प्रसार भारती में आपका स्वागत है—उस संस्थान में, जिसे जन्म के बाद साँस लेने की भी इजाजत नहीं दी गई और जो कुछ हलकों में अभी ही ऐसी बदनामी का शिकार हो गया है कि उसे दफनाने की तैयारी की जा रही है। मगर आप एक वैज्ञानिक हैं राव साहब और मुझे उम्मीद है कि आप यह समझ पाएँगे कि जनता के पैसे से बने और सार्वजनिक प्रसारण के लिए समर्पित एक स्वायत्त इलेक्ट्रॉनिक मीडिया की अवधारणा को कायदे से परीक्षण का मौका तक नहीं दिया गया। प्रसाद भारती को कोसने की जगह इसे इसके गलत निंदकों से तुरंत बचाने और रास्ते पर लाने की जरूरत है।

आप पूछेंगे, कैसे शुरुआत की जाए। एक प्रमुख साप्ताहिक में प्रकाशित आपके एक ताजा इंटरव्यू से मुझे कुछ उम्मीद बँधती है। इस इंटरव्यू में आप शुरू में ही यह कहते हैं कि प्रसार भारती एक सार्वजनिक प्रसारण सेवा है और इसलिए इसके कार्यक्रम निजी चैनलों जैसे नहीं हो सकते। मैं आपको कुछ सलाह देना चाहूँगा ताकि नए सिरे से विचार-विमर्श की प्रक्रिया शुरू हो सके।

'प्रसार भारती को क्या करना चाहिए' इस सवाल का जवाब यह सवाल उठाकर खोजा जा सकता है कि प्रसार भारती को क्या 'नहीं' करना चाहिए।

सबसे पहले प्रसार भारती और खासकर इसके अंग दूरदर्शन को स्टार, जी या सोनी जैसे निजी चैनलों के साथ मुकाबला नहीं करना चाहिए। आप 'क्योंकि सास भी कभी बहू थी' से कैसे मुकाबला कर सकते हैं? शायद 'क्योंकि ससुर भी कभी

दामाद था' बनाकर। दूरदर्शन 'तूतूमैंमैं' से कैसे आगे निकलेगा? मेरे ख्याल में 'मैंमैंतूतू' बनाकर। मैं मजाक नहीं कर रहा हूँ। प्रसार भारती के कुछ हाल के कार्यकारी अधिकारियों, यानी सीईओ का यही रवैया रहा है।

सवाल यह नहीं है कि दूरदर्शन इन कार्यक्रमों का मुकाबला कैसे करे, बल्कि यह है कि आखिर वह ऐसा क्योंकर करे। मुझे कभी सुनने में नहीं आया कि यू.आर. अनंतमूर्ति या निर्मल वर्मा बाजारू साहित्य के लेखकों से प्रतिस्पर्द्धा कर रहे हैं। मत समझिए कि मेरा बाजारू साहित्य या हल्के मनोरंजन से कोई विरोध है। यह मनबहलाव कर सकता है और कभी-कभी इसकी अतिरिक्त खुराक आपको इतनी बोरियत से भर सकती है कि आपमें कुछ अलग चाहने की भूख पैदा हो जाए। संकट यह है कि हमारे टीवी पर घटिया, सतही मनोरंजन इतनी प्रचुर मात्रा में छा गया है कि इसने छोटे परदे से किसी भी किस्म के बौद्धिक, कलावादी आवेग की संभावना को बेदखल कर डाला है।

दूरदर्शन और आकाशवाणी को ऐसे स्तरीय कार्यक्रमों पर ध्यान केंद्रित करना चाहिए जो विज्ञापनदाताओं के इस नजरिए से प्रभावित न हों कि दर्शक क्या चाहता है। जैसा कि प्रसार भारती के कामकाज पर बनी पुनरीक्षण समिति ने—जिसके एक सदस्य प्रसारण की दुनिया की एक प्रमुख हस्ती किरन कार्निक भी थे—कहा था कि एक सार्वजनिक प्रसारण सेवा का लक्ष्य उच्चस्तरीय कार्यक्रमों के निर्माण के जरिए अपने व्यावसायिक प्रतिद्वंद्वियों के व्यवहार को प्रभावित करना होना चाहिए न कि अपने तथाकथित प्रतिस्पर्द्धियों की नकल करना। और राव साहब, यह न भूलिए कि अतीत में दूरदर्शन ने ऐसे बेहद स्तरीय कार्यक्रम बनवाए हैं जो दूसरों के लिए मानक बनते रहे हैं। इनमें शंकर नाग का 'मालगुडी डेज', श्याम बेनेगल का 'भारत एक खोज' और गोविंद निहलानी का 'तमस' शामिल हैं। ये सब धारावाहिक विशिष्ट साहित्यिक कृतियों पर आधारित थे और बेहद विश्वसनीय और प्रतिभाशाली लोगों द्वारा बनाए गए थे।

दूसरी बात यह कि दूरदर्शन को तथ्यपरक कार्यक्रम-निर्माण और शोधपरक वृत्तचित्रों को हतोत्साहित नहीं करना चाहिए। वस्तुतः सारी दुनिया में तथ्यपरक कार्यक्रम—जरूरी नहीं कि वे मेज पर की जाने वाली चर्चा मार्का हों—सार्वजनिक टी.वी. कार्यक्रमों का महत्त्वपूर्ण हिस्सा हैं। ऐसे कार्यक्रमों से कई बार विवाद पैदा होते हैं। मेरी सलाह है कि प्रसार भारती में इतनी हिम्मत होनी चाहिए कि वह विवादों से डरे नहीं। दूरदर्शन और आकाशवाणी को लोकप्रियता अर्जित करने के लिए विवाद नहीं चाहिए, मगर इससे बचने के लिए उन्हें सत्य को तोड़ना-मरोड़ना या दबाना भी नहीं चाहिए।

मसलन, हाल ही में एनसीईआरटी ने इतिहास की स्कूली पाठ्य-पुस्तकें लिखने के लिए खासा विचित्र नजरिया विकसित किया है। उसे लगता है कि जो कुछ भी

विवादास्पद है या जिससे हमारे समाज के किसी एक हिस्से के या किसी खास समुदाय की भावनाओं के आहत होने की आशंका है, उसे पाठ्यक्रम से बाहर रखना चाहिए। मुझे आशंका है कि जब इतिहास की नई पाठ्य-पुस्तकें आएँगी, वे इतनी स्वच्छ होंगी कि ना ही सिर्फ वे बेमानी होंगी बल्कि ऐतिहासिक दृष्टि से बुरी तरह तोड़ी-मरोड़ी हुई भी होंगी।

दूरदर्शन भी बहुत कुछ अपने तथ्यपरक कार्यक्रमों के मामले में इसी रवैये पर चलता रहा है और यही चीज इसके कार्यक्रमों को उबाऊ और अविश्वसनीय बनाती है। सार्वजनिक प्रसारण सेवा के रूप में दूरदर्शन और आकाशवाणी की यह जवाबदेही है कि वे अपने श्रोताओं को सच तक पहुँचने में मदद करें। अगर इस प्रक्रिया में विवाद पैदा होता है तो होता रहे, जब तक इसके पीछे कोई दुर्भावना न हो और प्रसारणकर्ता द्वारा अख्तियार किया गया रवैया शोधपरक तथ्यों पर टिका हो।

कार्यक्रमों के सिलसिले में जो तीसरी चीज खासकर दूरदर्शन में नहीं होनी चाहिए, वह यह कि इसके ज्यादातर कार्यक्रमों को दूरदर्शन केंद्रों से आना चाहिए, मंडी हाउस से नहीं। आकाशवाणी दूरदर्शन की तुलना में कहीं ज्यादा असरदार ढंग से विकेंद्रीकरण और स्थानीय समुदायों से करीबी संबंध की नीति पर चलती रही है। इसके उलट, मंडी हाउस खुद को समूची रचनात्मकता और विवेक का उत्स समझता है।

अपनी तकनीकी फितरत के कारण ही सैटेलाइट टीवी में मुंबइया फिल्मों की तरह देश के सभी हिस्सों और समाज के सभी वर्गों को खुश करने के लिए न्यूनतम साझा तत्त्व पर आधारित कार्यक्रम बनाने की प्रवृत्ति होती है। निजी चैनल जो मूलतः सैटेलाइट चैनल हैं, इसी सिद्धांत पर काम करते हैं। मगर दूरदर्शन की ऐसी कोई मजबूरी नहीं है क्योंकि उसे टेरेस्ट्रियल लिंक का लाभ मिला हुआ है। इसलिए बड़ी संख्या में ऐसे उच्च स्तरीय कार्यक्रमों का निर्माण संभव है जिसमें स्थानीय समुदायों की जरूरत और आंचलिक प्रतिभाओं की शिरकत का ध्यान रखा जा सके। किसी एक स्रोत से नियंत्रित कार्यक्रमों के खतरे दूरदर्शन के समाचार चैनल की घोर नाकामी से उजागर हो चुके हैं।

जहाँ तक कार्यक्रमों का सवाल है, मैं एक और निषेध जोड़ना चाहूँगा। कृपया, अखबारों के संपादकों को कार्यक्रम निर्माण की जिम्मेदारी न दें। राजनीतिकों और आला अफसरों के दबाव में डीडी न्यूज ने करेंट अफेयर्स से जुड़े कार्यक्रम कई संपादकों को सौंप दिए थे। इसे प्रेस, खासकर अँग्रेजी प्रेस से मैत्री गाँठने का एक असरदार जरिया माना जाता था।

अपने विवेक से भारत सरकार ने क्रॉसमीडिया की मिल्कियत पर अंकुश की नीति को स्वीकार नहीं किया है जिसके तहत प्रिंट मीडिया के मालिकान को इलेक्ट्रॉनिक मीडिया या इलेक्ट्रॉनिक मीडिया के मालिकान को प्रिंट मीडिया चलाने

की इजाजत नहीं दी जाती है। लेकिन इसका मतलब यह नहीं कि दूरदर्शन वरिष्ठ पत्रकारों को कार्यक्रम निर्माण की पेशकश देकर प्रेस का समर्थन हासिल करने की नीति पर चले। अखबारों के पत्रकारों को निश्चय ही किन्हीं खास मुद्दों पर विशेषज्ञ टिप्पणी के लिए बुलाया जा सकता है मगर उन्हें कार्यक्रमों का प्रस्तोता या निर्माता नहीं बनाया जाना चाहिए। अगर किसी एक चीज ने डीडी न्यूज की विश्वसनीयता को नष्ट किया तो वह बड़ी संख्या में पालतू संपादकों और वरिष्ठ पत्रकारों की उपस्थिति थी।

अब कार्यक्रम से अलग और क्षेत्रों की बात करें। किसी आईएएस या पूर्व आईएएस को अपना कार्यकारी अधिकारी न बनाएँ। बीते लगभग दस वर्षों से प्रसार भारती के सबसे बड़े अभिशापों में यह एक रहा है। किसी आईएएस अफसर का बुनियादी प्रशिक्षण कानून-व्यवस्था के मामलों से जुड़ा होता है। जिला कलेक्टर या मजिस्ट्रेट के रूप में वे राजनीतिकों से संबंध बनाने और कमजोरों की जगह ताकतवर लोगों की सेवा करने की कला भी सीखते हैं। निश्चय ही इसके अपवाद हैं मगर वे शायद ही कभी शिखर पर पहुँच पाते हैं और प्रसार भारती का मुख्य कार्यकारी अधिकारी बनने योग्य समझे जाने की हैसियत अर्जित कर पाते हैं। अतिरिक्त सचिव या सचिव के ओहदे तक पहुँचते-पहुँचते वे किसी भी पेशेवर क्षेत्र में विशेषज्ञ हुए बिना--प्रसारण की बात तो छोड़ ही दें--कई तरह के असंबद्ध कामों का जिम्मा सँभाल चुके होते हैं। एक काम से फलाँग कर दूसरे काम तक पहुँचने का आदी कोई प्रशासनिक अधिकारी किसी भी मुद्दे और उसकी संभावना को उसकी गहराई और जटिलता में देखने की योग्यता विकसित नहीं कर पाता। इसलिए वह हर मुद्दे को कुछ तुच्छताओं--मसलन अनुशासन या कानून व्यवस्था--तक महदूद कर देता है और फिर उसके समाधान की सोचता है।

प्रसारण एक बेहद जटिल क्षेत्र है जिसमें आज्ञापालन और एकरूपता का नहीं, बल्कि कई चीजों के साथ-साथ विविधता और असहमति का मोल जुड़ा होता है। एक प्रसारणकर्त्ता या मीडिया प्रमुख को समस्याओं को अवसर समझना होता है। उसे प्रतिभाओं और परिकल्पनाओं की तलाश रहती है। वह उन्हें पोषण देता है और उन्हें मुसीबत समझने की जगह उनका इस्तेमाल करता है। यह कल्पना करना नामुमकिन है कि उत्तर स्वाधीनता काल में सामंती सूबेदारों का संरक्षण खत्म हो जाने के बाद भारतीय शास्त्रीय संगीत कैसे फूलता-फलता अगर उसे आकाशवाणी का सहयोग न मिला होता। काश कि मैं किसी कला-रूप के विकास में दूरदर्शन की भूमिका को लेकर भी ऐसा ही कुछ कह पाता।

सिनेमा को लें। सत्तर के दशक के बाद नया जर्मन सिनेमा मुख्यतया जर्मन राष्ट्रीय टेलीविजन के सहयोग के कारण ही विकसित हुआ। शुरू में भारत में दूरदर्शन ने राष्ट्रीय चैनल पर सभी भारतीय भाषाओं को राष्ट्रीय पुरस्कार प्राप्त फिल्मों के

प्रसारण का बीड़ा उठाया था। खासकर गैरहिंदी भाषी फिल्मों के लिए दर्शकों की कमी के नाम पर इस नीति का जल्दी ही परित्याग कर दिया गया। किसी सार्वजनिक प्रसारण सेवा की एक मुख्य जिम्मेदारी यह भी है कि वह आम लोगों का आस्वाद विकसित करे और अल्पमतीय श्रोतावर्ग के लिए भी खुराक मुहैया कराए। इस बात को पूरी तरह भुला दिया गया। यह भी भुला दिया गया कि फिल्म चाहे कन्नड़ में हो या मलयालम में, राष्ट्रीय पुरस्कार जीत लेने के बाद इसे आंचलिक फिल्म के रूप में नहीं, बल्कि राष्ट्रीय फिल्म के रूप में देखा जाना चाहिए।

भारतीय प्रशासनिक सेवा से आने वाले प्रसार भारती के एक के बाद एक कार्यकारी अधिकारियों ने स्तरीय कार्यक्रमों के निर्माण से नए मानक बनाने की जगह प्रसारण-समय बेचकर दूरदर्शन की कमाई में इजाफा करने को ही अपनी कामयाबी बताया है। प्रसारण-समय बेचना एक सामान्य प्रबंधकीय काम है जबकि दूसरा एक ज्यादा सृजनात्मक काम है जिसमें आमतौर पर आईएएस अधिकारी से बिल्कुल भिन्न मानसिकता की जरूरत होती है। ऐसा लगता है जैसे कार्यकारी अधिकारियों के दिमाग में यह बात आती ही नहीं कि प्रसार भारती का मुख्य काम प्रसारण-समय बेचना नहीं बल्कि कार्यक्रमों के एक ऐसे वैकल्पिक स्तर का निर्माण करना है जिसमें व्यावसायिक प्रसारणकर्ताओं की दिलचस्पी नहीं है।

इससे संबद्ध एक मुद्दा जवाबदेही का है। आईएएस कैडर से आया हुआ सीईओ प्रसार भारती बोर्ड के प्रति जवाबदेह नहीं है। न उसकी नियुक्ति और न ही निरंतरता बोर्ड पर निर्भर करती है। राव साहब, जब प्रसार भारती बोर्ड के पास अपना सीईओ नियुक्त करने तक का अधिकार नहीं है तो यह किसी उपलब्धि के बारे में सोच ही कैसे सकता है?

आखिर में जनाब राव साहब, अपने कर्मचारियों पर अविश्वास न करें और उनका मनोबल न गिराएँ। दूरदर्शन में जरूरत से ज्यादा स्टाफ है और इसके लोगों की क्षमता आकाशवाणी वालों से कम नहीं है। समस्या क्षमता की नहीं, मनोबल की है। इस माध्यम की दृश्यता और इसमें लगने वाले पैसे की वजह से दूरदर्शन के वरिष्ठ अधिकारियों को भी अपनी पहल पर काम करने की इजाजत नहीं है। सब कुछ समितियों से बँधा है। हर मामला विवेक और ईमानदारी के उस उत्स तक ले जाया जाता है जिसे सीईओ कहते हैं। कोई दूसरा अधिकारी कोई फैसला नहीं कर सकता। इसलिए कोई नहीं सोचता, कम-से-कम रचनात्मक ढंग से तो नहीं सोचता। दूरदर्शन में कार्यरत लोग कार्यक्रम निर्माता नहीं रह गए हैं, फाइलसवार हो गए हैं। इसका समाधान उनके बीच अधिकारों का बँटवारा कर और निश्चित कार्यक्रमों के लिए स्पष्ट जवाबदेही देकर ही किया जा सकता है। हो सकता है, तब ताकत का कभी-कभार दुरुपयोग हो, मगर वह आज समितियों की आड़ में हो रहे निरंतर दुरुपयोग से तो बेहतर होगा। आज की स्थिति में किसी को जवाबदेह नहीं ठहराया

जा सकता मगर हर कोई संदेह के घेरे में है।

सूचना और प्रसारण मंत्रालय और मंडी हाउस के अभिलेखागारों में अनगिनत रपटें और सुझाव दफन हैं। इसलिए कृपया यह तय करने के लिए कोई नई समिति गठित न करें कि क्या करने की जरूरत है।

क्यों मैं यह सलाह दूँ कि आप प्रसार भारती के कामकाज पर बनी पुनरीक्षण समिति की रपट पढ़कर शुरुआत करें जो अभी हाल ही की है। किरन कार्निक के अलावा एन.आर. नारायणमूर्त्ति और शुनू सेन इसके सदस्य थे। इस समिति का एक बुनियादी दृष्टिकोण यह था कि सार्वजनिक प्रसारण सेवा सिर्फ बाजार की शक्तियों पर निर्भर नहीं होती, बल्कि उसे दर्शकों की उन जरूरतों और दिलचस्पियों का भी ध्यान रखना चाहिए जिन्हें विज्ञापनों द्वारा प्रेरित कार्यक्रमों से पूरा नहीं किया जा सकता। मैं उद्धृत करता हूँ, 'चुनौती ऐसे कार्यक्रम प्रस्तुत करने की है जो अर्थपूर्ण और आवश्यकता-प्रेरित हों और साथ ही ठीकठाक संख्या में दर्शकों को आकृष्ट कर सकें।'

साधनों की कमी को देखते हुए कम-से-कम दूरदर्शन के लिए यह जरूरी नहीं कि वह 24 घंटे का प्रसारण करे। इसलिए डीडी न्यूज को बंद करना सही है। मगर यह जो भी प्रसारित करे, उसे ऐसे मानक बनाने चाहिए जिसकी बराबरी करने को निजी प्रसारणकर्ता भी बाध्य हो। चौबीस घंटे कूड़ा प्रसारित करने से बेहतर कुछ ही घंटों के लिए कुछ अच्छी चीज प्रसारित करना है। राव साहब कभी-कभी कम करना ही ज्यादा होता है। आपकी स्थिति ऐसी ही है।

आपका,
के. बिक्रम सिंह

एक अलग यथार्थ

यथार्थ क्या है? यह एक ऐसा सवाल है जो कई अलग-अलग परिप्रेक्ष्यों में पूछा जा सकता है—दार्शनिक, वैज्ञानिक, वैधानिक, तत्त्वमीमांसा और रोजमर्रा के परिप्रेक्ष्यों में। मैं यह सवाल रोजमर्रा के नजरिए से पूछता हूँ। क्या किसी व्यक्ति के लिए किताब, बल्कि किताबें, उतनी ही वास्तविक हो सकती हैं जितना जिया हुआ अनुभव या हमारे आस-पास का यथार्थ हुआ करता है? शायद हो सकती हैं। हममें से ज्यादातर लोगों ने, जिन्हें पढ़ने का शौक रहा है, किताबों के 'यथार्थ' को अनुभव किया है, कम-से-कम कुछ किताबों के।

यह साठ के दशक के उत्तरार्द्ध की बात है जब मुंबई में काम करते हुए मेरा वास्ता मैक्सिको के सिद्ध डॉन हुआन के शिक्षण पर लिखी गई कारलोस कास्तेनेदा की किताबों से पड़ा। मुझे अब भी याद है कि मुंबई की जहाँगीर आर्ट गैलरी में चल रही एक पुस्तक प्रदर्शनी के दौरान मैंने बस इत्तिफाक से उनकी पहली किताब 'द टीचिंग्ज ऑव डॉन हुआन : अ याकुवी वे ऑव नॉलेज' उठा ली थी। तब तक मुझे कारलोस कास्तेनेदा या याकुवी जनजाति के उनके गुरु डॉन हुआन के बारे में कुछ भी मालूम नहीं था। मैं बस किताब के अनूठे कवर-डिजाइन और उसके ब्लर्ब से आकर्षित हुआ था। इससे मेरे जीवन के सबसे दीर्घ प्रेम प्रसंग की शुरुआत हुई जो दो दशकों से ज्यादा लंबे समय तक चलता रहा और इसे लगातार 'अ सेपरेट रियलिटी', 'जर्नी टु इक्सतलान' 'टेल्स ऑव पावर', 'द ईगल्स गिफ्ट', और 'द फायर फ्रॉम विदिन' जैसी उनकी अन्य किताबों से खुराक मिलती रही।

कारलोस कास्तेनेदा एक गहरे मानववादी, नायाब किस्सागो और विचारवेत्ता निकले और डॉन हुआन मेरे लिए आधुनिक समय के एक सर्वाधिक मौलिक और विवेकशील व्यक्ति हो गए। मुझे अब भी नहीं पता है कि वास्तव में उनका कोई शारीरिक अस्तित्व था भी या वे कास्तेनेदा की कल्पना की उपज थे। एक समय कास्तेनेदा पर एक विद्वत्तापूर्ण कपट का इल्जाम लगा था—एक मनगढ़ंत कहानी को तथाकथित सत्य घटना की तरह प्रस्तुत करने का। मगर वह विवाद जल्दी ही खत्म

हो गया क्योंकि डॉन हुआन का संसार अविश्वसनीय हो सकता है, मगर वह फिर भी वास्तविक है। वह एक 'अलग यथार्थ' है। इसी में इसकी प्रासंगिकता और इसका मूल्य निहित है।

भारत जैसे देश में, जहाँ एक साथ इतनी संस्कृतियाँ फल-फूल रही हैं, रहने वाले किसी व्यक्ति के लिए यह रोजमर्रा का अनुभव है कि संसार को भिन्न-भिन्न जगहों पर भिन्न-भिन्न लोग अलग-अलग तरह से देखते और समझते हैं। मसलन, बस्तर के मौरिया लोगों की निगाह में दुनिया जैसी है, वह हिंदुओं के संसार से नितांत भिन्न है। डॉन हुआन के अभिभावकत्व में कारलोस कास्तेनेदा हमें याकुवी गुरुओं की दुनिया में ले चलते हैं जो हमारी दुनिया से उतनी ही भिन्न है जितने भिन्न ईसा मसीह से कृष्ण हैं।

डॉन हुआन की दुनिया के केंद्र में यह विश्वास है कि यह संसार सिर्फ भौतिक वस्तु नहीं है, बल्कि एक जादुई जगह भी है। इस संसार में ऊर्जा के अनंत क्षेत्र हैं। मगर मनुष्य सीमित ऊर्जा के साथ जन्म लेते हैं और वे अपने आस-पास ऊर्जा के इन विशाल क्षेत्रों का अनुभव करने और उनमें उतरने में सक्षम नहीं होते। सिद्धि या 'सौरसरी' इन ऊर्जा क्षेत्रों का इस्तेमाल करने के सामर्थ्य के अलावा कुछ नहीं है जिनकी जरूरत साधारण संसार को देखने के लिए नहीं पड़ती। हर कोई यह सामर्थ्य हासिल कर सकता है बशर्ते वह अपने-आप में और इस प्रकृति में भरोसा करता हो। जैसा डॉन हुआन कहते हैं, 'बस हमें एक गुरु की जरूरत है जो विश्वास दिला सके कि हमारे आस-पास अपरिमित शक्ति है और हम इसे प्राप्त कर सकते हैं।' ज्ञान प्राप्त करने के लिए एक गुरु की जरूरत पड़ती ही है।

यह शक्ति प्राप्त कर लेने के बाद क्या होता है, कारलोस कास्तेनेदा पूछते हैं। डॉन हुआन का उत्तर शक्ति की भारतीय अवधारणा के बेहद करीब है, 'हम देखना यानी महसूस करना शुरू करते हैं—किसी अन्य चीज को कल्पना की तरह नहीं, बल्कि ठोस और वास्तविक की तरह। फिर हम शब्दों का इस्तेमाल किए बिना जानने लगते हैं। इस बढ़ी हुई चेतना का, इस निःशब्द ज्ञान का हममें से कोई क्या करता है, यह उसकी मनोवृत्ति पर निर्भर करता है।' शायद तीव्र प्रेम या खतरे के क्षणों में हम थोड़ी देर के लिए उस विकसित या उच्चतर चेतना का अनुभव करते हैं जो हमें एक विराट विश्व से जोड़ती है। दुर्भाग्य से यह चेतना ज्यादा देर नहीं रहती और हम फिर एक तरह की ऊब के शिकार हो जाते हैं। या फिर नशे पर निर्भर करने लगते हैं। याकुवी गुरुओं के लिए जादू और कुछ नहीं है बल्कि उस चीज को महसूस करने का सामर्थ्य है जिसे सामान्य ढंग से महसूस नहीं किया जा सकता।

इस वैकल्पिक यथार्थ में दाखिल होने के लिए डॉन हुआन सम्मोहनकारी वनस्पतियों की मदद लेने की सलाह देते हैं। इन वनस्पतियों में पीयोट, धतूरा और कुछ तरह के मशरूम हैं। वे कारलोस कास्तेनेदा को इन्हें लेने के लिए प्रेरित करते

हैं क्योंकि वे उन्हें 'शक्तिदायी वनस्पतियाँ' मानते हैं मगर डॉन हुआन का मकसद, सम्मोहन पैदा करना नहीं, बल्कि अपने छात्र के लिए 'चेतना' को बदलना है ताकि उसके लिए उसके चारों ओर पसरे चेतना के विशाल क्षेत्र वास्तविक हो सकें।

वस्तुतः मैक्सिकन इंडियन लोगों द्वारा इस्तेमाल की जाने वाली औषधीय वनस्पतियों पर अपने शोध के दौरान ही कारलोस कास्तेनेदा पहली बार 1960 में डॉन हुआन से मिले थे जब वे एक ग्रेहाउंड बस का इंतजार कर रहे थे। कास्तेनेदा के नजरिए से पहली मुलाकात बेकार थी। एक खासी पारंपरिक संस्कृति से आए व्यक्ति को देख रहे एक आम शहरी आदमी की तरह कास्तेनेदा अपना ज्ञान बघारने में व्यस्त थे और डॉन हुआन चुपचाप, बिना कुछ कहे सुन रहे थे, जैसे एक अयोग्य व्यक्ति के साथ अपना ज्ञान बाँटना उन्हें गवारा न हो। कास्तेनेदा की पहल पर लगभग साल भर तक होने वाली लगातार मुलाकातों के बाद ही डॉन हुआन उन्हें कुछ सिखाने को तैयार हुए।

कास्तेनेदा पेयोटे के बारे में जानना चाहते थे। पेयोटे एक तरह का कैक्टस है और इसका प्रमुख रसायन मेस्कैलिन है। यह चेतना को उत्तेजित करने वाला तत्त्व है और एलडुअस हक्सले भी उन लोगों में थे जिन्होंने इसका प्रयोग किया था। हक्सले को मालूम था कि मैक्सिकन इंडियन अपने धार्मिक उत्सवों में पेयोटे का इस्तेमाल किया करते थे। यह पूरी तरह विषहीन माना जाता है।

डॉन हुआन कास्तेनेदा को तुरंत पेयोटे के बारे में बताने को तैयार नहीं हुए क्योंकि इस ज्ञान को सहेजने की कास्तेनेदा की क्षमता और बुद्धि को लेकर उन्हें संदेह था। ज्ञान चाहने वाले पात्र के उद्देश्य और उसकी पवित्रता के बारे में गुरु आश्वस्त होना चाहते थे। इसकी जगह डॉन हुआन कास्तेनेदा की कई तरह से परीक्षा लेते हैं—कुछ ऐसी परीक्षाएँ जो सांसारिक भी हैं और रहस्यमयी भी।

जो पहली परीक्षा मैक्सिको का यह गुरु कास्तेनेदा की लेता है, वह गुरु के घर में ऐसा स्थान खोजना है जहाँ कास्तेनेदा बिना थकान महसूस किए बैठ सके। कास्तेनेदा के लिए यह खोज आँखों से चीजों को सीधे देखने की जगह आँखों से महसूस करने से होती है। कई दफा की भूल-चूक और जमीन पर कलाबाजियाँ खाने के बाद कास्तेनेदा ऐसी जगह खोज ही निकालता है।

एक बार प्रशिक्षण शुरू हो जाने के बाद डॉन हुआन कास्तेनेदा को बताते हैं कि उनके शिक्षण का मकसद उन्हें यह बताना नहीं है कि कैसे पेयोटे जैसे पौधे काम करते हैं। बल्कि यह 'दिखाना है कि कैसे ज्ञानी हुआ जाए।' काफी समय बाद कास्तेनेदा उन बुनियादी अवधारणाओं तक पहुँचते हैं जिन पर डॉन हुआन के शिक्षण की संरचना टिकी है। इनमें लगातार सीखना, गहन दत्तचित्तता, मस्तिष्क की स्पष्टता, कठोर श्रम, एक योद्धा की निष्कलुषता और एक साथी की जरूरत शामिल हैं।

दो दशकों से ऊपर की उस अवधि में जब मैं कारलोस कास्तेनेदा के लेखन से और उन किताबों की मार्फत खुलने वाली डॉन हुआन की दुनिया से जुड़ा हुआ

था, मुझे इस दुनिया में किसी सर्वव्यापी ईश्वर के अस्तित्व का कोई उल्लेख नहीं मिला। उस ईश्वर का, जो सृजन करता है, संरक्षण करता है, और संहार करता है। उस ईश्वर का जिसकी मर्जी के बिना दुनिया में एक पत्ता भी नहीं हिल सकता। एक हिंदू के रूप में पैदाइश और लालन-पालन के कारण ये अवधारणाएँ मेरे सांस्कृतिक मानस का हिस्सा थीं। मगर जैसे-जैसे मैं बड़ा हुआ, मुझे ये धारणाएँ दमनकारी लगने लगीं चूँकि ये स्वतंत्र मानस का और इसलिए जीवन की अर्थवत्ता का निषेध करती लगती हैं। एक सर्वव्यापी ईश्वर ने मेरे लिए दुनिया को अर्थहीन बना डाला था।

मगर डॉन हुआन की दुनिया में ऐसी कोई दमनकारी उपस्थिति नहीं थी। और फिर भी यह भौतिक शास्त्र की दुनिया तक सीमित नहीं थी, उस नितांत बुनियादी स्तर तक जहाँ हर वस्तु बोधविहीन ऊर्जा का एक रूप है। डॉन हुआन के लिए ऊर्जा जीवित और चेतन है और इसका प्रसार सर्वत्र है। जीवित और निर्जीव के बीच का फर्क हमारी सीमित चेतना की उपज है। यह चीजों की प्रकृति में निहित नहीं है।

मेरे लिए यह बताना मुश्किल है कि इन किताबों ने मुझे क्या सिखाया है, मगर बीते वर्षों में किन्हीं गोपन तरीकों से वे मेरे मस्तिष्क में घुलती रही हैं और मेरी चेतना का हिस्सा हो गई हैं। मैं बार-बार उन किताबों तक लौटा हूँ और उन्हें जहाँ-तहाँ से खोलकर मैंने उनके संगीत का स्वाद लिया है, अपनी आँखों से उनकी खुशबू को महसूस किया है। वे मुझे दूसरी दुनियाओं में भी ले जाती रही हैं। साठ के दशक तक दुनिया की मेरी समझ कमोबेश एशिया, यूरोप और अमेरिका तक सीमित थी। यहाँ तक कि कनाडा भी मेरी चेतना का हिस्सा नहीं था। मैक्सिको और दक्षिण अमेरिका का अस्तित्व मेरे यूरोपीय इतिहास के अध्ययन में बस फुटनोट्स की तरह था। उनके जीवन, संस्कृति या इतिहास के बारे में मुझे कोई जानकारी या दिलचस्पी नहीं थी। कास्तेनेदा और डॉन हुआन ने मेरे लिए मैक्सिको, ब्राजील और पेरू की पुरातन संस्कृतियों की दुनिया खोल दी।

'द टीचिंग्ज ऑव डॉन हुआन' के पहले संस्करण की भूमिका में वाल्टर गोल्डस्मिथ लिखता है, 'अपनी दुनिया से अलग दुनियाओं में दाखिल होने का और इसलिए मानव विज्ञान का भी—केंद्रीय महत्त्व इस तथ्य में निहित है कि इसके अनुभव से हम यह समझ पाते हैं कि हमारी दुनिया भी एक सांस्कृतिक संरचना ही है।' एक सांस्कृतिक संरचना के रूप में हमारी अपनी दुनिया के पास इस बात का कोई तर्क नहीं है कि वह डॉन हुआन की, या छत्तीसगढ़ की मौरिया या बेगा जनजातियों की दुनियाओं के मुकाबले अपनी उद्दंड श्रेष्ठता का दावा करे। अगर हम इस प्राथमिक तथ्य को गले के नीचे उतार सकें तो विकास के प्रति समूचा नजरिया बदल जाएगा। अलबत्ता वह एक अलग विषय है, अलग विमर्श है।

इस बार कारलोस कास्तेनेदा तक मेरी वापसी बहुत संयोग से हुई। घर में कुछ

तोड़फोड़ के काम के कारण मुझे अपनी किताबों को नए सिरे से व्यवस्थित करना पड़ा। इसी दौरान मैंने उन किताबों के ढेर पर ज्यादा करीबी नजर दौड़ाई जिन्हें मैंने खरीदा था या जो मुझे दोस्तों से उपहार में मिली थीं, वे किताबें जो मैं पढ़ना चाहता रहा था मगर कभी पढ़ नहीं पाया। साल दर साल यह ढेर बड़ा होता गया है और बेशक, वक्त खत्म हो रहा है। किताबों के इस ढेर में मुझे कारलोस कास्तेनेदा की एक और किताब मिली, 'पावर ऑव साइलेंस', जिसके साथ व्याख्यामूलक उपशीर्षक लगा है, 'फर्दर लॅसन्ज ऑव डॉन हुआन'। यह किताब पहली बार 1987 में छपी थी। और इसे 1988 में मेरे बेटे ने खरीदा था।

शायद एक बार फिर इसे पढ़ने और उन चार चमकते बिंदुओं को अनुभव करने का वक्त आ गया है जो एक सिद्ध का अस्तित्व रचते हैं—शांति, संगति, हास और ज्ञान। क्या अद्भुत योग है! रामकृष्ण परमहंस इस पर प्रसन्न हुए होते।

पिकासो और होर

प्रसिद्ध लोग अपनी मृत्यु के बाद भी हमारे समय पर अपना अधिकार जारी रखते हैं। मैं उन प्रसिद्ध लोगों की बात नहीं कर रहा जो अखबारों के तीसरे पेज पर शुक्रवार को प्रकट होते हैं, शनिवार को इंडिया हैबीटाट या इंडिया इंटरनेशनल सेंटर के बार में शेखियाँ बघारते हैं और सोमवार तक भुला दिए जाते हैं। हाँ, उनकी फिर से प्रकट होने की उम्मीद शायद बची रहती है। मैं उन प्रसिद्ध लोगों की बात कर रहा हूँ जिनमें महानता का एक कण रहता है, यानी वे लोग, जिन्होंने अपने तरीके से इस दुनिया को थोड़ा-सा बेहतर बनाया है। मैं पिकासो और सोमनाथ होर सरीखे लोगों की बात कर रहा हूँ।

जब 14 दिसंबर, 2001 को राष्ट्रीय संग्रहालय में पिकासो की प्रदर्शनी लगी तो मैं उसे देखने का बहुत इच्छुक नहीं था। यूरोप की अपनी यात्राओं में मैं पिकासो को काफी देख चुका था और उन पर लिखी हुई कई हजार किताबों में से कुछ को पढ़ भी चुका था। पिकासो के बारे में जानने के लिए नई बात क्या थी? आखिरकार कला में मेरी रुचि सामान्य किस्म की है, कला के अध्येता जैसी नहीं। लेकिन पिकासो भी आखिर कोई ऐसे-वैसे कलाकार नहीं थे। एक बार उन्होंने कहा था, 'मैं पेंटर बनना चाहता था और 'पिकासो बन गया'। तब दिल्ली में पिकासो को अनदेखा करना कैसे मुमकिन था?

मैं उद्घाटन समारोह में नहीं जा पाया। और फिर कोई न कोई बात ऐसी होती गई कि 'मेटामोर्फोसेस' नाम की पिकासो प्रदर्शनी को देखना टलता ही रहा। अंततः प्रदर्शनी खत्म होने के एक हफ्ते पहले मैंने उसे देख ही डाला और इसकी मुझे खुशी है। मेटामोर्फेसेस में पिकासो की एनग्रेविंग्ज और एचिंग्ज देखना मेरे लिए एक खोज की तरह था।

एनग्रेविंग और एचिंग ग्राफिक कला की उस श्रेणी में आते हैं जिसे अब प्रिंट बनाने की कला कहा जाता है। ग्राफिक्स का इस्तेमाल प्रिंट माध्यम के अलावा फिल्म, टेलीविजन और कंप्यूटरों में भी किया जाने लगा है, इसलिए इस शब्द के

अर्थ ज्यादा व्यापक हो गए हैं। इसलिए वुडकट, लीथोग्राफी, सिल्क स्क्रीन या इटैग्लियो जैसी विधियों से मूल कृतियाँ बनाने वाले कलाकार अब ग्राफिक कला की बजाय इसे प्रिंट-मेकिंग-कला कहना ज्यादा पसंद करते हैं।

प्रिंट-मेकिंग-कला की तकनीकों से कलाकार एक ही बार कई प्रिंट्स बना सकते हैं। हर प्रिंट पर क्रमसंख्या लिखी जाती है, उस पर कलाकार दस्तखत करता है और हरेक को मूल कृति माना जाता है। इस वजह से प्रिंट बनाने की कला को कभी-कभी बहुलमूल कृतिय कला भी कहा जाता है। मूल प्रिंट में कोई भी आकृति उसकी निर्माण कला की विशिष्ट प्रक्रियाओं को ध्यान में रखते हुए शुरू से ही एक प्रिंट के रूप में कल्पित की जाती है। इसलिए एक मूल प्रिंट फोटो-रासायनिक प्रक्रिया से उपलब्ध की गई प्रतिलिपियों या किसी मूल तैलचित्र या जलरंग की प्रतिलिपियों से अलग होता है जिन्हें कभी-कभी भूल से हम प्रिंट कह देते हैं।

यूरोप में प्रिंट बनाने की कला बहुत पुरानी है। पिकासो से भी बहुत पहले अल्ब्रैख्ट ड्यूरर, गोया और रैम्बरां ने काफी गंभीरता से प्रिंट बनाने की साधना की। लेकिन पिकासो निस्संदेह बीसवीं शताब्दी के सबसे ज्यादा प्रिंट बनाने वालों में थे। पिकासो ने 1904 के आसपास प्रिंट बनाने में हाथ आजमाना शुरू किया जब वे बिल्कुल युवा थे। यह उनकी पेंटिंग का ब्लू पीरियड भी था। तीस के अंत और शायद चालीस के दशक तक भी वे प्रिंट बनाते रहे। इस दौर में उन्होंने एक हजार से ज्यादा प्रिंट बनाए, जिनमें वुडकट, एंग्रेविंग, एचिंग और लिथोचित्र शामिल थे। इनमें से करीब बीस एचिंग्ज और एकवाटिण्ट प्रिंट दिल्ली की इस प्रदर्शनी में शामिल थे।

ये प्रिंट मुख्यतः पिकासो की दो परिचित श्रृंखलाओं के हैं, मूर्तिकार श्रृंखला और मिनोतार यानि नर-वृषभ श्रृंखला। ये दोनों श्रृंखलाएँ कलाकार और उसकी दुविधाओं को दर्शाती हैं। एक हद तक दोनों श्रृंखलाएँ आत्मकथात्मक हैं। मसलन मिनोतार श्रृंखला में पिकासो मिनोतार के मिथक की महज पुनर्व्याख्या नहीं करते बल्कि अपने को नर-वृषभ के रूप में भी देखते हैं और फिर 'नर-वृषभ और युवा स्त्री' 'स्त्री पर आक्रमण करता हुआ नर-वृषभ' जैसी विविध नाटकीय मुठभेड़ों की भी रचना करते हैं।

मिनोतार दरअसल एक यूनानी पौराणिक मिथक है जिसका सिर बैल जैसा है और बाकी शरीर आदमी का और वह मनुष्य का मांस खाता है। पिकासो का नर-वृषभ पुरुषत्व से भरपूर है लेकिन वह दानवी कसौटी पर खरा नहीं उतरता। दरअसल पिकासो के इस नर-वृषभ का एक त्रासद आयाम भी है। 1934 में उन्होंने ताँबे की प्लेट पर दो एचिंग की थीं, जिनके शीर्षक 'अंधे नर-वृषभ को रास्ता दिखाती बच्ची' और 'रात के अँधेरे में नर-वृषभ को रास्ता दिखाती बच्ची' थे। इन एचिंग्ज में वह दानवाकार नर-वृषभ एक लाचार प्राणी जैसा है जो एक बच्ची की मदद से ही अपना रास्ता खोज पाता है।

पिकासो का जन्म 1881 में हुआ था। 1934 में इन एचिंग्ज की रचना के समय पिकासो पचास पार कर चुके थे। उनकी विश्वदृष्टि बदल रही थी और वे अपने समय की राजनीतिक उथल-पुथल की तरफ खिंचते चले जा रहे थे। अप्रैल 1931 में स्पेन में गणतंत्र की स्थापना के बाद वह देश हिंसक सामाजिक-राजनीतिक परिवर्तनों से गुजर रहा था। 1934 में राजतंत्रवादियों ने गणतंत्रवादी-समाजवादी सरकार का तख्ता पलट दिया और फिर राजनीतिक दमनचक्र शुरू हुआ। आखिर इसकी वजह से स्पेन गृहयुद्ध से घिर गया और जनरल फ्रैंको ने सत्ता पर कब्जा कर लिया।

गेर्निका नामक कस्बे पर बमबारी और पिकासो की विशाल और महत्त्वपूर्ण कलाकृति गेर्निका इसी घटनाक्रम के भविष्य में छिपी थी और जनवरी 1937 में बनाई गई वह एचिंग श्रृंखला भी, जिसका नाम 'फ्रैंको के सपने और झूठ' है। इन एचिंग्ज में पिकासो राजनीतिक ही नहीं बल्कि खासे पोलिमिकल भी नजर आते हैं। यह पिकासो के अंधे नर-वृषभ और एक बच्ची का ही एक तार्किक विकास था जिसमें पिकासो शांति और मासूमियत की सिफारिश कर रहे थे। नर-वृषभ अपने लिए कोई दिशा टटोलते कलाकार पिकासो का रूपक तो था ही, वह अपनी नियति की खोज के लिए संघर्ष करते स्पेन का भी रूपक बन गया।

मैं शायद पिकासो की मिनोतार श्रृंखला में कुछ ज्यादा ही राजनीतिक अर्थ पढ़ रहा हूँ। लेकिन प्रिंट बनाने की कला का राजनीति से काफी गहरा संबंध रहा है। आकृतियों की बहुलता रच पाने की जो क्षमता इस माध्यम में है, उसके चलते यह एक ऐसी कला है जो लोगों तक आसानी से पहुँच जाती है और प्रचार का माध्यम भी बन सकती है।

भारत में चित्त प्रसाद (जन्म : 1915) ने मजदूरों और किसानों की बदहाली का चित्रण करने और कम्युनिस्ट पार्टी के उद्देश्यों के पक्ष में वुडकट प्रिंट्स का व्यापक पैमाने पर इस्तेमाल किया था। वे 1943 में बंगाल के अकाल की मानव-निर्मित त्रासदी से बहुत विचलित हुए थे और उनके प्रिंट गरीबों और कमजोर लोगों के शोषण के विरुद्ध गुस्से और विद्रोह की अभिव्यक्ति बन गए।

इसी तरह सोमनाथ होर ने भी, जो कि शायद भारत के सबसे बड़े प्रिंट चित्रकार हैं, अपनी कला को उत्पीड़ित मनुष्य की अभिव्यक्ति का माध्यम बनाया। चिटागांग में 1921 में जन्मे होर ने जानबूझकर प्रिंट कला को इसीलिए चुना क्योंकि इस माध्यम में बहुत ज्यादा संभावनाएँ हैं और वे अपनी कला को व्यापक समाज के लिए सुलभ बनाना चाहते थे।

होर इन दिनों शांतिनिकेतन में रहते हैं। भारत में प्रिंट कला पर एक फिल्म के सिलसिले में शोध करने के लिए मैं पिछले साल के अंत में शांतिनिकेतन गया था। मैंने सोमनाथ होर के बारे में पढ़ा था और उनका काम भी देखा था लेकिन उनसे

कभी मिला नहीं था। जब मैंने के.जी. सुब्रह्मण्यन यानी मणि दा—जैसा कि मैं उन्हें कहता हूँ—से कहा कि मैं सोमनाथ होर से मिलना चाहता हूँ तो वे बोले कि होर काफी बीमार हैं और उनसे मिलना मुश्किल ही होगा। मैंने मणि दा से आग्रह किया कि वे सोमनाथ होर तक मेरा अनुरोध पहुँचा दें और कला में मेरी अभिरुचि और मेरे तात्कालिक उद्देश्य के बारे में भी कुछ बता दें।

अगली सुबह मैंने सोमनाथ होर को फोन करके मुलाकात का समय माँगा। उन्होंने खुद फोन उठाया। उनकी आवाज खरखरी थी लेकिन कमजोर नहीं। वे आधा घंटा समय देने के लिए तैयार हुए और विनम्रता से बोले कि अपने अस्वास्थ्य के कारण ज्यादा समय नहीं दे पाएँगे।

शांतिनिकेतन जाने से पहले मैंने सोमनाथ होर की पृष्ठभूमि का अध्ययन किया था। वे कम उम्र में ही कम्युनिस्ट पार्टी में शामिल हो गए थे और पीसी जोशी की सलाह पर उन्होंने गवर्नमेंट कॉलेज ऑफ आर्ट से कला और प्रिंट कला की शिक्षा ली। बाद में वे 1958 से 1967 तक दिल्ली के कॉलेज ऑफ आर्ट में ग्राफिक विभाग के अध्यक्ष रहे। दिनकर कौशिक के आग्रह पर 1968 में वे शांतिनिकेतन के कला भवन में आ गए। उन्हीं की देखरेख में कला भवन का ग्राफिक विभाग प्रिंट कला के एक अत्यंत महत्त्वपूर्ण केंद्र के रूप में उभर सका।

मैंने सलिल साहनी के शांतिनिकेतन के स्टूडियो में उनका बनाया हुआ सोमनाथ होर का एक मूर्तिशिल्प भी देखा था। वह आसमान की ओर उठती हुई एक आकृति थी जो हल्की सी झुकी हुई थी और उसके चेहरे पर एक उदास लेकिन बहुत सघन अभिव्यक्ति थी।

अपनी इस सारी तैयारी के बावजूद जब मैं सोमनाथ से सचमुच मिला तो एक कलाकार और व्यक्ति दोनों रूपों में वह मेरे लिए सुखद आश्चर्य की तरह थे। वे बिल्कुल दुबले और झुके हुए तो थे ही, वे एक धुँधली सफेद शॉल ओढ़े कुर्सी पर बैठे थे और उनके सिर पर नीचे से मुड़ी हुई ऊनी टोपी थी। उनके चेहरे पर उनकी आँखें सबसे अधिक प्रभावशाली थीं। वे स्नेहिल और दुर्लभ ढंग से चमक रही थीं।

तुरंत ही हमारा तालमेल बन गया। उनके प्रति मेरी श्रद्धा स्पष्ट थी और उनके व्यवहार में भी इतना स्वतःस्फूर्त, स्नेह और गर्मजोशी थी कि आधे घंटे की हमारी मुलाकात एक घंटे से भी ज्यादा खिंच गई। आखिरकार मैंने ही उनसे विदा ली क्योंकि मुझे लग रहा था कि कहीं उन्हें बहुत थकान न हो जाए।

सोमनाथ होर कभी विदेश नहीं गए। उन्होंने हमेशा सीमित औजारों और सामग्री से काम किया। जिस तरह की सामग्री की जरूरत उन्हें पड़ती थी वह अगर उपलब्ध न होती तो वे उसे बना लेते थे। उस जमाने में गैर-अम्लीय कागज भारत में नहीं मिलता था। उन्होंने हाथ से बने गैर-अम्लीय कागज के उत्पादन की एक छोटी-सी यूनिट शांतिनिकेतन में लगाई और महँगी धातु की प्लेटों की बजाय सीमेंट

के साँचों का इस्तेमाल शुरू किया। इन्हीं साँचों से उन्होंने 'जख्म' सीरीज के प्रिंट बनाए जो भारतीय प्रिंट कला के इतिहास में अविस्मरणीय हैं।

अफसोस की बात है कि प्रिंट कला में शानदार काम करने वाले सोमनाथ होर, ज्योति भट्ट, लक्ष्मा गौड़ और अनुपम सूद जैसे कलाकारों के बावजूद भारत में इस कला की ओर बहुत ध्यान नहीं दिया गया। अपने यहाँ कला का जो थोड़ा-बहुत बाजार है उसमें भी मूल प्रिंट की कला को बहुत महत्त्व नहीं दिया जाता। यह तय है कि अगर उच्चकोटि की कला को हम कारपोरेट दफ्तरों या पाँच सितारा होटलों की कैद से छुड़ाना और उसे साधारण जन तक पहुँचाना चाहते हैं तो यह प्रिंट कला के जरिए ही हो सकता है।

पिकासो से लेकर सोमनाथ होर तक इस चर्चा में शायद मैं कुछ ज्यादा बहक गया हूँ। मेरा उद्देश्य पिकासो और होर की तुलना करना नहीं है। दोनों कलाकारों की जड़ें अपनी-अपनी संस्कृति और समय में हैं और दोनों की प्रतिभा भी एक-दूसरे से बहुत अलग है। मेरा मकसद सिर्फ यह रेखांकित करना है कि पिकासो और होर जैसे भिन्न किस्म के कलाकारों ने भी प्रिंट कला में काम किया है और इस कला को भारत में उचित महत्त्व मिलना चाहिए।

इन दोनों की कला यात्रा में एक विडंबनात्मक समानता जरूर है, हालाँकि वह एक दिलचस्प अंतर को बताती है। पिकासो अपनी युवावस्था में राजनीति से दूर ही रहे लेकिन अधेड़ उम्र में पहुँचकर 1944 में कम्युनिस्ट पार्टी में शामिल हो गए। सोमनाथ होर युवावस्था में ही कम्युनिस्ट पार्टी में शामिल हो गए थे लेकिन अधेड़ होने पर उन्होंने पार्टी छोड़ दी।

बार में विचार

शहर में अकेले होना गाँव में अकेले होने से नितांत भिन्न अनुभव होता है। शहर के अकेलेपन में जहाँ एक बोरियत है, वहीं गाँव के अकेलेपन में एकांत का एक तत्त्व है। गाँव में कुछ समय अकेले अपने साथ गुजारना आम जीवन का हिस्सा है, जबकि शहर में अकेले होना अक्सर विफलता की, बल्कि सामाजिक अस्वीकृति की भी एक निशानी है।

गाँव के अपने बचपन में मैं अक्सर अपने स्कूल से लगी एक झील के पास अकेले बैठा करता था। गर्मी के मौसम में झील पर हरे पत्तों और पीले फूलों की परत बन जातीं। स्कूल की दीवार के सहारे टिककर मैं तालाब में एक कंकड़ फेंकता। पानी में गिरते ही इससे 'प्लाक' की एक सांगीतिक ध्वनि होती। एक वृत्त बन जाता और फैलने लगता। फिर मैं दूसरा पत्थर फेंकता जिससे फिर 'प्लाक' की एक ध्वनि होती और एक और वृत्त बनता। दोनों वृत्त कुछ हद तक एक-दूसरे की सरहद में दाखिल होते, लेकिन वे अपनी नियति को ही प्राप्त होते : फैलना, धुँधला पड़ना और गुम हो जाना। मैं पानी में बनते और एक-दूसरे पर चढ़ते इन वृत्तों का खेल घंटों बिना ऊबे खेलता रहता। बाद में जब मैं बड़ा हुआ और शहर वाला हो गया, झील में कुछ हद तक एक-दूसरे से जुड़ते इन वृत्तों की छवि मेरे लिए नागर समाज में मानवीय संबंधों का रूपक बन गई।

तब ऊब शब्द मेरी शब्दावली का हिस्सा नहीं था। वस्तुतः यह ग्राम्य शब्दावली का ही हिस्सा नहीं था। ऊब का मतलब है कि दिमाग को निरंतर किसी उद्दीपन की लत लगी हुई है और जब भी मस्तिष्क के इस अविराम उद्दीपन में कोई रुकावट आती है, हम ऊबने लगते हैं। अपने बचपन में ग्राम्य समाज में हम इस तरह के उद्दीपन के आदी नहीं बने थे। टेलीविजन नहीं था और कुछ ही रेडियो थे। उत्सवों का एक मौसमी चक्र हुआ करता था, कुछ शादियाँ और गर्मियों में तमाशा पार्टियाँ। बाकी यह एक शांत दिनचर्या थी जो न उत्तेजना पैदा करती थी न ऊब।

इस दिनचर्या की बेहतरीन मिसाल मेरे दादा जी का जीवन था। हमारा बिखरते

हुए भूपतियों का एक संयुक्त परिवार था। संयुक्त परिवार इतना बड़ा हो गया था कि जमीन से उसकी जरूरतें आराम से पूरी नहीं हो पाती थीं। इसीलिए मेरे पिता की तरह परिवार के कुछ सदस्य सरकारी नौकरी में चले आए थे। फिर भी परिवार के बुजुर्ग सदस्यों के पास फुरसत का काफी वक्त हुआ करता था। सुबह के भोजन और खेतों का एक चक्कर लगा लेने के बाद मेरे दादा चौपाल या बैठक में हुक्का गुड़गुड़ाते हुए आराम फरमाते। वे घंटों दीवान पर टिके बैठे रहते। चूँकि वे ज्यादातर लोगों से कहीं बड़े थे और सामंती व्यवस्था में ठाकुर थे, उनसे डर का एक भाव जुड़ा हुआ करता था। हालाँकि चौपाल से गाँव की मुख्य सड़क दिखाई पड़ती थी मगर कम ही लोग उनके पास गपशप के लिए आने की हिम्मत करते। गुजरने वाले बस उनका अभिवादन करते, 'राम-राम ठाकुर साहेब' और आगे बढ़ जाते। वे भद्रता से उनकी राम-राम कबूल करते लेकिन और उनके बीच बातचीत नहीं होती।

इतने वर्षों बाद भी मुझे, पूरे सुकून के साथ और बिना ऊब या अकेलापन महसूस किए दीवान पर उनका अकेले बैठे रहना याद है। यह छवि मुझे शहर में कभी देखने को नहीं मिली। भविष्य में भी शायद ही मिल पाए।

करीब आधी सदी से ज्यादा समय के बाद सहसा वह छवि मेरी चेतना में तिरती चली आई, जब मैं दिल्ली जिमखाना क्लब में बैठकर वोद्का और ऑरेंज जूस की चुस्कियाँ ले रहा था, कद्रदान इसे स्क्रूड्राइवर बोलते हैं। स्वीकार करूँ कि मुझे बार जाना अच्छा लगता है, अक्सर वहाँ अकेले बैठना भी। मशहूर फिल्मकार रॉबर्ट ब्रेसों ने कभी कहा था, 'रेस्तरां गपशप की जगह होता है और बार चिंतन की।' मुझे यह ख्याल लुभाता है, अलबत्ता मैं अक्सर इस सिद्धांत पर अमल नहीं कर पाता।

दिल्ली के जिमखाना का बार खासा बड़ा है और आम तौर पर भरा रहता है। बहरहाल, कोई हिंदू पर्व आया नहीं कि बार में रोजाना आने वाले बहुत सारे लोग कृष्ण की रसीली राह का अनुसरण करने की जगह राम के पवित्र पथ के अनुगामी हो जाते हैं। दूसरे शब्दों में, ऐसे धार्मिक दिनों में ज्यादातर हिंदू शराब से मुँह मोड़ लेते हैं।

वह दिन ऐसा ही कोई दिन रहा होगा। बार लगभग खाली था। मैं बार काउंटर पर एक लंबे स्टूल पर बैठा था। जिमखाना बार में यह खास तौर पर लुभावनी जगह है। बार की सारी चौड़ाई को काटता हुआ यह काउंटर बना हुआ है। आप जब तक चाहें, शराब की बोतलों में या आईने में अपना चेहरा देखते हुए खोए रह सकते हैं। चलन यह है कि अगर आप बार काउंटर पर अकेले बैठे हैं, तो कोई आपको तंग नहीं करेगा।

मैं किसी खास विषय पर नहीं सोच रहा था। रजनीश जो पहले आचार्य, फिर भगवान और अंततः ओशो बन गए, ध्यान का एक तरीका सिखाया करते थे। इसमें आपको किसी खास विचार पर एकाग्र होने को नहीं, बल्कि तरह-तरह के विचारों को, उन पर टिके बिना, आने-जाने देने के लिए कहा जाता था। अनजाने ही मैं इसी

तरह के ध्यान में चला गया था। बार की आवाजें दूर चली गई थीं और अन्य लोग धुँधले पड़ गए थे। मैं बिना किसी चीज पर ध्यान टिकाए, अस्पष्टता से आईने में देख रहा था।

अपनी आँख की किनारी से मैंने देखा कि कोई ड्रिंक के लिए बार काउटंर की तरफ आ रहा है। आईने में हमारी नजरें मिलीं और एक तत्काल संपर्क सा बना। मुझे अक्सर इस बात पर अचरज होता रहा है कि संप्रेषण के लिए आँख मिलाना इतना महत्त्वपूर्ण क्यों हो जाता है। यहाँ तक कि कुत्ते और बिल्ली भी अगर आपसे संपर्क बनाना चाहते हैं तो सीधे आपकी आँखों में देखते हैं। वे आपकी गर्दन या आपके सिर को क्यों नहीं देखते? बहरहाल, यह विषयांतर है।

उसने कहा, 'हलो'। मैंने भी 'हलो' कहा और आँखें हटा लीं। वह अपने ड्रिंक की प्रतीक्षा करता वहीं पर खड़ा रहा। उसने भी वोद्का और ऑरेंज जूस का आर्डर दिया था, वही जो मैं पी रहा था। वे हल्के झुके हुए, एक लंबे सिख सज्जन थे और पूरी बाँह की कमीज और नेकटाई के साथ उन्होंने बहुत करीने से कपड़े पहन रखे थे। जब उनकी वेटर से बातचीत चल रही थी, मैं आईने में उनको देखने से खुद को रोक नहीं पाया। वे उम्रदराज थे, निश्चय ही मुझसे ज्यादा। मगर उनके चेहरे पर एक फीकापन था जिसका उनकी उम्र से कोई वास्ता नहीं था। यह ऐसा चेहरा था जिससे जीवन निचुड़ चुका था। साथ ही यह ऐसा चेहरा था जिसके पास एक भरे-पूरे जीवन की गहरी स्मृतियाँ थीं। मुझे अपनी निगाह हटाने में थोड़ी देर हो गई। हमारी आँखें फिर मिल गईं। मेरी तरफ मुड़कर अपना गिलास उठाते हुए उन्होंने मुझसे 'चियर्स' कहा और मेरे बगल के स्टूल पर बैठ गया।

कुछ अंतराल के बाद उन्होंने अपना परिचय दिया। वे एक रिटायर्ड बिजनेसमैन थे। आयात-निर्यात का उनका फूलता-फलता व्यवसाय हुआ करता था मगर अब वे फुरसत की जिंदगी बिता रहे थे। ऐसा करते हुए उन्हें खुश होना चाहिए था मगर उनकी जबरन मुस्कुराहट के पीछे हल्की सी उदासी थी। मेरी अनिच्छा के बावजूद वे मुझे बातचीत में घसीट रहे थे हालाँकि वी.एस. नायपाल या किसी दुराग्रही मूर्ख की तरह पेश आने का मेरा कोई इरादा नहीं था।

मैंने जवाब में वही घिसा-पिटा सवाल पूछा, आप दिल्ली में कहाँ रहते हैं? उन्होंने बताया कि वसंत विहार में उनका एक विशाल घर है। मेरी ओर से किसी किस्म की उत्सुकता न जताने के बावजूद उन्होंने जोड़ा कि उनके घर में पाँच बेडरूम हैं, एक सर्वेंट क्वार्टर और एक गैरेज भी। उन्होंने अपना गिलास खत्म कर लिया था और बारटेंडर ने उनसे बिना पूछे चुपचाप इसे भर दिया था। हमारी बातचीत में एक विराम आया और फिर उन्होंने बात जहाँ खत्म की थी, वहीं से शुरू की। 'मैं अकेले रहता हूँ। पाँच कमरे, तीन नौकर, दो दरबान, एक ड्राइवर और एक कुत्ता मेरा साथ देते हैं।' उनकी आँखें नम हो चुकी थीं और अब वे मुझसे आँख मिलाने से बच रहे थे।

मैंने उन्हें कुछ देर के लिए चुप रहने दिया, हालाँकि मुझे मालूम था कि वे मेरी ओर से चुप्पी तोड़ने और उनके अकेलेपन में साझा करने का इंतजार कर रहे थे। 'आपकी पत्नी और आपके बच्चे?' मैंने पूछा। 'तीन साल पहले मेरी पत्नी गुजर गई। वह एक भली औरत थी। वह जब तक थी, तब तक सब कुछ ठीक था।' वे एक बार फिर चुप्पी में डूब गए। उन्होंने अपने बच्चों के बारे में कुछ नहीं कहा।

मैं एक अजीबोगरीब विकट परिस्थिति में फँसा हुआ था। कहाँ मैं बार में ब्रेसों स्टाइल में चिंतन करना चाह रहा था और कहाँ ये सज्जन थे, मुझसे बुरी तरह बात करने को बेताब। मगर बात आगे बढ़ाने के लिए उम्मीद मुझसे पाले हुए। विषय बदलने के लिए मैंने पूछा, 'क्या मेरी ओर से ड्रिंक लेना पसंद करेंगे?' उन्होंने कहा, 'नहीं-नहीं, यह अवसर मुझे दीजिए।' बार वाला तत्परता से हम दोनों के लिए ड्रिंक ले आया।

बिना उकसावे के, उन्होंने बात आगे बढ़ाई। शायद मेरे उनका ड्रिंक, कबूल कर लेने से उन्हें यह आश्वस्ति मिली कि उनका साथ या उनसे संवाद मुझे बिल्कुल नापसंद नहीं है। 'मेरे दो बेटे हैं। दोनों स्टेट्स में हैं।' उन्होंने कहा। 'एक सॉफ्टवेयर इंजीनियर है और दूसरा डिपार्टमेंटल स्टोर चलाता है। दोनों की शादी हिंदुस्तानी लड़कियों से हुई है। मैंने खुद उनकी शादी तय की थी। वे बड़े आज्ञाकारी बच्चे हैं।'

'वे आपसे मिलने हिंदुस्तान नहीं आते?' मैंने पूछा और पूछते-पूछते मुझे अहसास हो गया कि मैंने बार के अपने इस साथी की दुखती हुई रग को छू लिया है। 'पहले साल में एक-दो बार वे आते थे। अब नहीं आते। मेरे पोते अब वहाँ कॉलेज में पढ़ रहे हैं और अपनी छुट्टियों में वे हिंदुस्तान नहीं आना चाहते। बच्चे चिड़ियों जैसे होते हैं, उड़ जाते हैं।' मुझे खलील जिब्रान की कविता 'द प्रॉफेट' का ख्याल आया जिसमें वे कहते हैं, 'बच्चे हमसे होते हैं और हमारे लिए नहीं होते।' उन्होंने अपना ड्रिंक खत्म कर लिया था। बारमैन ने दस्तखत के लिए बिल उनकी ओर बढ़ाया। साफ था कि वे यहाँ नियमित आते हैं और बारमैन एक सुनिश्चित चलन का ही पालन कर रहा था—लंच के समय तीन ड्रिंक। बस विनम्रतापूर्वक मैंने उन्हें अपने साथ लंच करने का न्योता दिया मगर उन्होंने मना कर दिया। उन्होंने कहा कि वे रुक नहीं सकते क्योंकि ड्राइवर इंतजार कर रहा है। वे अपने ड्राइवर का इस तरह उल्लेख कर रहे थे जैसे वह उनका दोस्त हो। शायद वह हो भी, मुझे क्या मालूम।

उनके जाने के बाद मैंने बारटेंडर से पूछा कि क्या ये सज्जन शाम को लौटेंगे? बार वाले ने बताया कि वे कभी शाम को नहीं आते। मैंने बार में अपना चिंतन नए सिरे से शुरू किया। वह क्या चीज है जो इस सिख सज्जन को मेरे दादा जी से जोड़ती है? मेरे पास कोई स्पष्ट उत्तर नहीं है मगर मुझे पता है कि शहर में तीन नौकरों, दो दरबानों, एक ड्राइवर और एक कुत्ते के साथ पाँच कमरों वाले मकान में अकेले रहना कितना भयानक अकेलापन झेलना है।

काले पादरी की अजीब दास्तान

अंबिकापुर से मेरा अजीब सा रिश्ता है हालाँकि वहाँ मैं कभी गया नहीं हूँ। कई साल पहले एक सुबह मेरी नींद खुली तो मेरे मन में यह नाम गूँज रहा था। मैंने जंगलों और पहाड़ियों से घिरी किसी जगह का सपना देखा था जिसके बीच में एक झील थी। बौद्ध भिक्षुओं और प्राचीन गुफाओं की कुछ अस्थिर सी छवियाँ थीं। न जाने कैसे यह सब कुछ अंबिकापुर नाम से जुड़ा हुआ था।

उस वक्त तक मुझे बस इतना ही मालूम था कि अंबिकापुर मध्य प्रदेश में कहीं कोई जगह है। प्राचीन काल में यह एक समृद्ध राज्य की राजधानी था। आने वाले वर्षों में टुकड़ा-टुकड़ा जानकारियाँ मुझ तक आती रहीं। मुझे मालूम हुआ कि मध्य प्रदेश के एक मुख्य सचिव अंबिकापुर के पूर्व शाही परिवार से जुड़े हुए थे। अपनी एक भोपाल-यात्रा के दौरान मैंने उनसे संपर्क करने की कोशिश की, मगर वे शहर से बाहर गए हुए थे। बाद में मुझे पता चला कि अंबिकापुर सरगूजा जिले में पड़ता है और मेरे मित्र अशोक वाजपेयी कभी वहाँ के जिलाधिकारी हुआ करते थे।

एक बार तो मैंने अंबिकापुर जाने की योजना भी बनाई थी। मगर तभी मैंने खबर पढ़ी कि कुछ आवारा रईसजादों ने अंबिकापुर की एक कॉलेज छात्रा को जान-बूझ कर जीप से कुचल डाला था। सहसा अंबिकापुर मेरे लिए एंक अन्य असभ्य शहरों जैसा हो गया और मुझे उस जगह के बारे में और जानने की कोई दिलचस्पी नहीं रह गई। वस्तुतः तीन साल पहले मैं अनूपपुर जरूर गया था, जहाँ से बिश्रामपुर के लिए गाड़ी मिलती है और वहाँ से एक बस अंबिकापुर के लिए। मगर न जाने क्यों मैं खुद को अंबिकापुर जाने के लिए तैयार नहीं कर सका। इसकी जगह मैंने अनूपपुर से पेंड्रा रोड की ट्रेन पकड़ी जो उस अमरकंटक के लिए रेलमार्ग का आखिरी स्टेशन है जहाँ से नर्मदा निकलती है। जो कुछ दिन वहाँ मैंने गुजारे, वे सुकून और शांति से भरे-पूरे रहे। अंबिकापुर अमरकंटक से काफी नजदीक है लेकिन वहाँ मेरी चेतना से अंबिकापुर दूर ही रहा।

फिर एक अजीब घटना घटी। कुछ दिन पहले डाक से मेरे पास एक किताब

आई, 'काला पादरी'। यह तेजिंदर का उपन्यास है। किताब अनूपपुर रेलवे स्टेशन से शुरू होती है और बिश्रामपुर रेलवे स्टेशन पर खत्म हो जाती है। कहानी लगभग पूरी तरह अंबिकापुर की पृष्ठभूमि में केंद्रित है। एक बार पढ़ना शुरू करने के बाद मैं इसमें पूरी तरह रम गया और अंबिकापुर से जुड़े मेरे सारे सरोकार और स्मृतियाँ सजीव हो उठे।

'काला पादरी' एक जनजातीय संस्कृति के आधुनिक दुनिया से हो रहे टकराव की कहानी है जिसकी नुमाइंदगी एक सिरे पर ईसाइयत द्वारा की जा रही है और दूसरे सिरे पर समकालीन भारत में राजनीतिक उपकरण की तरह विकसित हुए हिंदू कट्टरपंथ द्वारा। यह किताब प्रासंगिक भी है और उद्वेलित भी करती है। यह इसलिए प्रासंगिक है कि इसमें हमारी लोकतांत्रिक प्रक्रियाओं के पूरी तरह नैतिकता-निरपेक्ष चेहरे का विश्वसनीय अंकन हुआ है। यह उद्वेलित करता है क्योंकि यह उपन्यास बताता है कि अल्पसंख्यक धर्मों के नेता भी उतने ही क्रूर हो सकते हैं जितना हिंदू कठमुल्ला नेतृत्व।

अँग्रेजों के समय में मिशनरियों ने बड़ी संख्या में अंबिकापुर और उसके आसपास के आदिवासियों का धर्मांतरण कर उन्हें ईसाई बनाया था। फादर जेम्स खाखा हालाँकि अब ईसाई हैं, लेकिन वे उतने ही आदिवासी हैं जितने उनके गैर-ईसाई भाई-बंधु।

अंबिकापुर के आसपास के गाँवों में सूखे और अकाल का प्रकोप है। हिंदू व्यापारियों और चर्च के गोदाम अनाज से भरे हुए हैं। हिन्दू गोदाम का अनाज कालाबाजारी के लिए है और चर्च का सिर्फ ईसाइयों के लिए।

फादर जेम्स खाखा को पता है कि गैरईसाई आदिवासियों को अनाज देकर चर्च बहुत सारे लोगों का जीवन बचा सकता है, लेकिन इसमें चर्च की कोई दिलचस्पी नहीं है। जब फादर जेम्स इस मुद्दे को बिशपस्वामी के सामने उठाते हैं, तो उन्हें दो टूक जवाब मिलता है कि चर्च की जिम्मेदारी सिर्फ अपने अनुयायियों के प्रति है। 'हमें ज्यादा से ज्यादा लोगों को अपने धर्म में लाना है। ईश्वर ने यही कर्तव्य पूरा करने के लिए हमें धरती पर भेजा है। इसलिए अगर कुछ लोग भूख से मर जाते हैं तो यह भी ईश्वर की इच्छा ही है।'

बदकिस्मती से विहिप, बजरंग दल जैसों और उनके खेमे के राजनीतिकों द्वारा प्रदूषित किए गए मौजूदा माहौल में अल्पसंख्यक बुनियादपरस्ती को उजागर करना हिंदू सांप्रदायिकता के हाथ एक खतरनाक हथियार देना है। मगर यह जोखिम तो उठानी ही पड़ेगी। अब वक्त आ गया है कि सभी किस्म के मजहबी कठमुल्लेपन और राजनीतिक उद्देश्यों के लिए धर्म के इस्तेमाल की सीधे निंदा की जाए।

तेजिंदर वैसे तो सिख हैं मगर सिंह या कोई सरनेम नहीं लगाते। वे दूरदर्शन में काम करते हैं। यह उनका चौथा उपन्यास है। इसके अलावा उनका एक कहानी-संग्रह

'घोड़ा बादल' और एक कविता संग्रह 'बच्चे अलाव ताप रहे हैं' प्रकाशित हो चुके हैं। मुझे उनके बाकी लेखन से गुजरने का मौका नहीं मिला, लेकिन 'काला पादरी' निश्चित रूप से उनकी प्रतिभा की प्रभावशाली मौलिकता का निदर्शन कराता है। तेजिंदर कथ्य या कथा-विधान से कहीं ज्यादा वातावरण, विचारों और चरित्रों पर ध्यान केंद्रित करते हैं। और यही चीज है जो 'काला पादरी' को पढ़ने के लिहाज से स्मरणीय अनुभव बनाती है।

पता नहीं क्यों, 'काला पादरी' से मुझे एक और किताब की याद हो आई जिसे मैंने काफी समय पहले पढ़ा था और जो आज भी मेरे मन पर छाई हुई है। यह किताब है 'स्ट्रेंज केस ऑफ बिली बिस्वास' यानी 'बिली बिस्वास की अजीब दास्तान' और इसके लेखक हैं अरुण जोशी। अरुण जोशी, जो कुछ साल पहले गुजर गए, अँग्रेजी के सर्वाधिक संवेदनशील भारतीय लेखकों में थे। यह अफसोस की बात है कि दिल्ली और नीमराणा में हाल ही में संपन्न हुए लेखकों के मेले में मुझे अरुण जोशी का कोई जिक्र सुनने को नहीं मिला।

'स्ट्रेंज केस ऑफ बिली बिस्वास' भी एक स्तर पर आदिम जनजातीय संस्कृति और आधुनिक भौतिकवादी सभ्यता के बीच टकराव पर केंद्रित है। मगर यहाँ यह टकराव कहीं ज्यादा निजी स्तर पर घटित होता है। यह सभ्य दुनिया छोड़ना चाहने वाले एक व्यक्ति और उसके परिवार के बीच के टकराव की कहानी है। कहीं ज्यादा बुनियादी स्तर पर यह मनुष्य की खुद को समझे जाने की असंभव इच्छा और उसे समझने के उतने ही व्यर्थ प्रयत्न के बारे में है। इस उपन्यास का कथा-विन्यास जितना मजबूत है, उतना ही इसके चरित्र, वातावरण और विचार भी।

बिली या बल्कि विमल बिस्वास भारतीय समाज के ऊँचे तबके से आता है। अमेरिका में मानव विज्ञान पढ़ने और न्यूयार्क के हैरलेम में कई साल गुजारने के बाद वह भारत लौटता है और दिल्ली विश्वविद्यालय में मानव विज्ञान पढ़ाने लगता है। उसका दोस्त, जो कहानी कह रहा है, आईएएस हो जाता है।

दिल्ली के सभ्य समाज में बिली मिसफिट है। इसकी जगह उसे आदिम जनजातीय संस्कृति अप्रतिरोध्य वेग से खींचती है। अध्यापन के सिलसिले में वह छात्रों के एक समूह को अपने प्राकृतिक निवास में रह रही एक जनजाति के अध्ययन के लिए मध्य भारत के अंदरूनी हिस्सों के अभियान पर ले जाता है। और एक रात बिली बिस्वास शिविर से गायब हो जाता है। अभियान के सदस्य थक-हार कर मान लेते हैं कि वह मर गया है और दिल्ली लौट आते हैं। लेकिन सभ्य दुनिया, जिसका प्रतिनिधित्व उसकी पत्नी और पिता कर रहे हैं, यह मानने को तैयार नहीं होती।

कई साल बाद बिली से दुबारा हमारी मुलाकात एक जनजाति के बीच होती है जो सूखा और अकाल झेल रही है। बिली अब उस जनजाति का नेता है और उसका दोस्त वहाँ का जिलाधिकारी। बिली की पत्नी और उसके जज पिता के दबाव

में जिला प्रशासन बिली को असभ्य दुनिया से बचाने के इरादे के साथ उसका पीछा करने लगता है। मगर बिली को यह बचाव मंजूर नहीं है। फिर अपरिहार्य तो घटना ही था—आदिवासियों और प्रशासन के बीच संघर्ष में बिली पुलिस द्वारा मारा जाता है।

'द स्ट्रेंज केस ऑफ बिली बिस्वास' 1971 में पहली बार छपा था और मैंने उसी समय के आसपास इसे पढ़ा होगा। अगले दो दशकों तक अरुण जोशी की 'द अप्रेंटिस' और 'द लास्ट लेबिरिंथ'—जिस पर उन्हें साहित्य अकादेमी पुरस्कार मिला—जैसी अन्य किताबें पढ़ते हुए मैं इस किताब तक बार-बार लौटता रहा।

यह नब्बे के दशक के शुरुआती वर्ष थे जब मुझे इस किताब पर आधारित एक फिल्म बनाने का ख्याल आया। इस फिल्म के लिए खासे बड़े बजट की जरूरत थी चूँकि इसकी लोकेशन भारत और अमेरिका दोनों जगहों पर थी। किसी भी सूरत में इसे एन.एफ.डी.सी. की वित्तीय मदद से बनाया नहीं जा सकता था। मैंने कहानी पर काम किया और फिर फारूक ढौंढी से संपर्क किया जो तब लंदन में चैनल-4 के कमीशनिंग एडीटर थे। फारूक ढौंढी ने किताब पढ़ी थी और उन्हें यकीन था कि इस पर अच्छी फिल्म बन सकती है। वे सिद्धांत रूप में फिल्म की वित्तीय मदद के लिए राजी हो गए।

मैं खुशी-खुशी भारत लौटा और तब मेरी समस्याएँ शुरू हो गईं। मेरी नासमझी थी कि चैनल-4 से संपर्क करने से पहले मैंने इस किताब के अधिकार लेने का ख्याल नहीं रखा था। हालाँकि अरुण जोशी तब गुजर चुके थे, मैं उनके बेटे को अच्छी तरह जानता था और वे बहुत भले व्यक्ति थे। बदकिस्मती से फिल्म या टेलीविजन अधिकारों को लेकर प्रकाशक के साथ उनका अनुबंध बहुत अस्पष्ट था। मैं दो साल तक प्रकाशक के पीछे लगा रहा। वह ना-नुकुर, टालमटोल करता रहा। उसने न ना कही न हाँ। इसी बीच फारूक ढौंढी ने चैनल-4 छोड़ दिया और फिल्म बनाने का ख्याल हवा हो गया। आज भी मैं वह फिल्म बनाने के लिए कुछ भी दाँव पर लगा सकता हूँ। है कोई कद्रदां जो हाथ बँटाए।

जैसा कि बिली बिस्वास ने किताब में कहा था, 'शायद हम सभी की आँखों के सामने, देर-सवेर, जीवन में कभी-न-कभी कोई साया प्रकट होता है। कुछ डरे हुए, इससे दूर होने की प्रार्थना करते हैं। दूसरे, शुतुरमुर्ग की तरह, अपना सिर बालू में गाड़ लेते हैं।' कुछ बिली बिस्वास की तरह भी होते हैं जो धरती के आखिरी सिरे तक साये का पीछा करते रहते हैं। उन्हें इस बात से वास्ता नहीं होता कि दुनिया उन्हें समझ रही है या नहीं।

एक चीनी भट्ठेवाला

मेरी जानकारी में बहुत कम लोग ऐसे हैं जो तकनीक को इतना दिलचस्प बना सकते हैं जितना डॉ. अरुण कुमार बना देते हैं। वे मेटलर्जिस्ट या धातु विज्ञान के विशेषज्ञ हैं। उन्होंने ब्रिटेन और भारत के आणविक ऊर्जा प्रतिष्ठानों में काम किया है। दिल्ली की एक वकील से विवाह करने के बाद वे दिल्ली चले आए और बिजली का सामान बनाने वाली एक निजी कंपनी में काम करने लगे। यहाँ वे बहुत संतुष्ट नहीं थे। कुछ साल बाद वे डेवलपमेंट आल्टरनेटिव्ज या डीए नामक दिल्ली में काम कर रहे एक स्वैच्छिक संगठन में चले गए।

इस स्वैच्छिक संगठन में वे काफी कम वेतन पर आए थे। मगर सभी अच्छे और रचनात्मक लोगों की तरह वे भी कुछ झक्की हैं। डीए में वे काफी समृद्ध हुए। अब उनकी रुचियाँ काफी विस्तृत हैं और इनमें कचरे से हस्तनिर्मित कागज तैयार करना, बुनकरों के लिए बेहतर करघे का निर्माण, जैव अवशिष्ट से बिजली बनाना, मिट्टी का स्थापत्य और कई अन्य तकनीकें शामिल हैं जो भारत के सामाजिक-आर्थिक विकास की जरूरतों के संदर्भ में प्रासंगिक हो सकती हैं।

हम बहुत लंबे समय बाद मिल रहे थे और मेरी यह जानने में दिलचस्पी थी कि वे इस बीच क्या करते रहे हैं। अरुण मेरी ही तरह ड्रिंक का आनंद लेते हैं। इससे उनके वैज्ञानिक मिजाज पर कोई फर्क नहीं पड़ता, अलबत्ता मेरी डायबिटीज बढ़ जाती है। उन्हें रम पसंद है।

'बाकी कामों के साथ-साथ मैं ईंटें भी बनाता रहा हूँ।' उन्होंने कहा। बात कुछ जमती नहीं लग रही थी। मैंने औपचारिकता में हुंकारा भरा जिसे शायद वे बड़ी आसानी से विषय में मेरी दिलचस्पी का बायस मान बैठे होंगे।

आपको पता है, हर साल हमारे ईंट भट्ठों में कितना कोयला जलाया जाता है? इस विषय से पूरी तरह अनजान मैंने निश्चय ही अपनी अनभिज्ञता जाहिर की होगी। हर साल एक करोड़ साठ लाख टन। 25 लाख टन उपलों और लकड़ी की बात तो जाने ही दीजिए। अरुण ने मुझे बताया। और क्या आपको आगे यह पता

है कि भारत में जो तकनीक हम इस्तेमाल करते हैं, उसके मुकाबले चीन की ईंट भट्ठा तकनीक में तीस फीसदी से ज्यादा ऊर्जा बचती है और अगर इसे यहाँ व्यापक तौर पर इस्तेमाल किया जाए तो हर साल पचास लाख टन कोयला बचाया जा सकता है।

उन्होंने धड़ाधड़ आँकड़े दे मारे और मैं आँकड़ों वाला आदमी नहीं हूँ। वस्तुतः मैं पक्की ईंटों की तकनीक से पूरी तरह अनजान भी नहीं हूँ। इतिहास में एम.ए. करते हुए वास्तुशिल्प का इतिहास पढ़ने के दौरान मैंने पढ़ा था कि पक्की ईंट निर्माण की तकनीक सबसे पहले, करीब 3000 ईसा पूर्व मेसोपोटामिया, यानी आज के इराक में विकसित हुई थी। बचपन में मैंने अपने गाँव में वृत्ताकार भट्ठे देखे थे। बाद में जब प्रगति के नाम पर ग्रामीण इलाकों में निर्माण कार्य तेज हुए और मिट्टी के पारंपरिक घरों की जगह पक्की ईंटों के घर लेने लगे तो ग्रामीण भूपटल पर ईंट के भट्ठे कुरूप खरोंचों की तरह उभर आए। इनमें लंबी, बदलती हुई चिमनियाँ होती थीं और बचपन में अक्सर मैं सोचा करता था कि इन चिमनियों का स्थान नियमित तौर पर बदला क्यों जाता है।

मैंने अरुण से पूछा कि भट्ठे की चिमनियों का स्थान नियमित रूप से क्यों बदला जाता है। उन्होंने बताया कि पारंपरिक भारतीय भट्ठों में पकाने से पहले बस सूखी ईंटों का एक ढेर बना दिया जाता था। इस ढेर में नीचे ज्यादा ईंटें होती थीं ऊपर कम। ढेर के बीच एक ऊर्ध्व रास्ता छोड़ा हुआ होता था। आग जलाने पर यह नीचे ज्यादा गर्मी पैदा करती थी और ऊपर कम, जहाँ ईंटें कम होती हैं। इस तरह क्रमशः कम गर्मी होती जाती थी। इस प्रक्रिया में ईंटें असमान ढंग से पकती थीं। बदलती हुई चिमनियों वाले भट्ठे को बुल्स ट्रेंच किल्न या बी.टी.के. कहते हैं। इस प्रक्रिया में ईंटों को एक लंबी वक्राकार सुरंग में अलग-अलग खानों में सजा दिया जाता है जिनका रास्ता आपस में जुड़ा होता है। जब इस भट्ठे का एक खाना सुलगाया जाता है तो अतिरिक्त गर्मी अगले खाने में चली जाती है। फिर अगला खाना सुलगाया जाता है और चिमनियों को सरका दिया जाता था। इस प्रक्रिया में आग भट्ठे के समूचे इलाके में घुमाकर पहुँचा दी जाती थी।

'और चीनी लोग क्या करते हैं?', मैंने पूछा। हाँ, चीनी भट्ठे में आग को घुमाने की जगह ईंटों को भट्ठे की आग में घुमाते हैं जिससे यह सुनिश्चित हो सके कि सभी ईंटें बिल्कुल एक जैसी, किसी पंचतारा होटल की रसोई में पकने वाली एपल पाई की तरह पक रही हैं। इसे वर्टिकल शाफ्ट ब्रिक किल्न तकनीक कहते हैं।

डॉ. अरुण कुमार रुके। उनकी मूँछें गुजरात की सांप्रदायिक शांति की तरह कुछ अनिश्चित हैं। अरुण में अपनी मूँछों को अपने दाएँ हाथ से अनजाने ही ऐंठने की एक आदत है। यह मुद्रा आमतौर पर उतनी ही व्यर्थ होती है जितनी हमारे प्रधानमंत्री की हाल ही की गुजरात यात्रा।

डेवलपमेंट आल्टरनेटिव्ज ने इस तरह का पहला भट्ठा बुंदेलखंड में दतिया के पास चीनियों की मदद से 1995 में बनाया। अरुण ने आगे यह बताया कि चीनी भट्ठियों में किस तरह ईंटें घुमाई जाती हैं। इस तकनीक के अधिकतर विवरण मेरे लिए कुछ ज्यादा ही तकनीकी थे, मगर भारत में पहले चीनी ईंट भट्ठे और हेनान काउंटी रिसर्च इंस्टीट्यूट से आए प्रोफेसर यिन फू यान, जिनकी देख-रेख में यह भट्ठा बना, की कहानी खासी दिलचस्प है। इस कहानी से थोड़ी समझ इस बात की भी मिल सकती है कि क्यों चीनी लोग इतनी तेज रफ्तार से प्रगति कर रहे हैं और क्यों हम उनकी कभी बराबरी नहीं कर पाएँगे अगर हमने खुद को पूरी तरह नहीं बदला।

डेवलपमेंट आल्टरनेटिव्ज बुंदेलखंड में एक दशक से भी ज्यादा समय से सक्रिय है। बंजर जमीन को प्राकृतिक रूप से फिर से वृक्षारोपण योग्य बनाने की अवधारणा प्रस्तुत कर उन्होंने जंगलों के पुनरुद्धार और छोटे-छोटे चेक डैम बनाकर जल-संरक्षण के क्षेत्र में काफी महत्त्वपूर्ण काम किया है। वस्तुतः डेवलपमेंट, आल्टरनेटिव्ज द्वारा दतिया के बाहर दो पहाड़ियों पर शुरू किए गए जंगलों के प्राकृतिक पुनरुद्धार पर मैंने कुछ वर्ष पहले 'रूट्स ऑव दतिया' नामक एक डॉक्युमेंटरी भी बनाई थी।

बुंदेलखंड में ईंट निर्माण कुटीर उद्योग सरीखा है। मिट्टी इसके उपयुक्त है, इसमें लगने वाली तकनीक बहुत परिष्कृत नहीं है और यह पूरा उद्योग पूँजी आधारित नहीं बल्कि श्रम आधारित है। इसी पृष्ठभूमि में डीए ने बुंदेलखंड में ईंट पकाने की तकनीक को सुधारने के लिए पहल करने का फैसला किया।

खासे शोध के बाद डॉक्टर अरुण कुमार को चीनी ईंट भट्ठे की तकनीक भायी। चीनियों ने पाकिस्तान में ऐसे भट्ठे लगाए थे मगर कुछ समय बाद स्थानीय उद्यमियों की लापरवाही के कारण वे बेकार हो गए। किसी भी सूरत में पाकिस्तान की मार्फत चीनी तकनीक हासिल करना उस वक्त उतना ही मुश्किल था जितना आज पाकिस्तान की मार्फत अफगानिस्तान में गेहूँ भेजना है। न ही किसी भी चीनी चीज के प्रति हमारे संदेह को ध्यान में रखते हुए वहाँ से सीधे तकनीक को आयात करना आसान था।

डीए ने स्विस एजेंसी फॉर डेवलपमेंट एंड कोऑपरेशन की मदद ली जिसने प्रोफेसर यिन फू यान के नेतृत्व में पाँच चीनी विशेषज्ञों की एक टीम भारत के लिए प्रायोजित की। टीम में एक स्त्री भी थी। टीम का लक्ष्य दतिया के निकट एक वर्टिकल शाफ्ट ईंट भट्ठे का निर्माण करना था।

दतिया झाँसी से करीब पैंतीस किलोमीटर दिल्ली की तरफ पड़ता है। जब टीम झाँसी उतरी तो इसे एक होटल में चार कमरे दिए गए। सच्चे भारतीयों की तरह मेजबानों ने मान लिया था कि टीम की स्त्री सदस्य टीम के नेता की बीवी होगी, जबकि वह अपने तईं समूची विशेषज्ञ थी। मगर चीनियों ने बिना किसी विरोध के

यह व्यवस्था मंजूर कर ली और मेजबानों को काफी बाद में समझ में आया कि वह प्रोफेसर यिन फू यान की बीवी नहीं थी, हालाँकि वह आराम से उनके कमरे में रह रही थी।

शाम को झाँसी में डीए के स्थानीय प्रतिनिधि विंग कमांडर प्रमोद साहनी ने एक डिनर दिया। कुल मिलाकर सात लोग थे। साहनी ने तीन बोतल व्हिस्की, एक बोतल रम और कुछ बीयर की व्यवस्था की थी। डिनर के मेनु में अन्य चीजों के अलावा चिकेन और मछली भी थी। चिकेन और मछली खत्म हो जाने के बाद चीनियों ने पूछा, 'क्या मीट भी है?' 'आपको मटन चाहिए?' अरुण ने पूछा। 'मटन नहीं मीट।' कुछ देर बाद मेजबानों को समझ में आया कि उनके मेहमान पोर्क के बारे में पूछ रहे हैं। पोर्क की वहाँ कोई व्यवस्था नहीं थी।

डिनर के दौरान चीनियों ने सारी बीयर खत्म कर दी और दो बोतल व्हिस्की भी। तीसरी बोतल वे अपने साथ होटल ले गए। उनकी टीम को अगली सुबह छह बजे साइट के लिए निकलना था और अरुण, जो थोड़ा सँभलकर ही पीते हैं, चिंतित थे कि चीनी तैयार हो पाएँगे या नहीं। जब वे अगली सुबह होटल पहुँचे तो उन्हें यह देखकर तसल्ली हुई कि चीनी टीम तैयार है और इंतजार कर रही है। चीनियों का पहला सबक : आप मछली की तरह पी सकते हैं और सूअर की तरह खा सकते हैं अगर आप मछली या सूअर न हो जाएँ और गधे की तरह काम करने को तैयार रहें।

चीनियों की पोर्क की माँग पूरी करने के लिए विंग कमांडर साहनी ने सेना के स्रोतों से इसकी स्थायी आपूर्ति की व्यवस्था कर दी। चीनी टीम दूसरे होटल में आ गई जहाँ वह अपना खाना खुद पका सकती थी।

साइट पर चीनियों ने बारह घंटे की कार्यावधि नियत की। निर्माण कार्य के लिए स्थानीय राजमिस्त्री और मजदूर लगाए गए। पूरी टीम ने निर्धारित अवधि के भीतर परियोजना खत्म करने के लिए विकट रफ्तार के साथ काम शुरू किया। स्थानीय राजमिस्त्रियों और मजदूरों के साथ-साथ चीनी इंजीनियर भी मज़दूरों की तरह लगे हुए थे।

एक दिन साइट पर मजदूर नहीं आए और राजमिस्त्री खाली बैठे हुए थे। अपने नेता और स्त्री सदस्य सहित समूची चीनी टीम ईंटें ढोने और राजमिस्त्रियों तक पहुँचाने में लग गई। उसी वक्त चीनियों के साथ तालमेल बिठाने के लिए डीए द्वारा नियुक्त इंजीनियर वहाँ पहुँचा। प्रोफेसर यिन ने उसे ईंटें ढोने में मदद करने को कहा। मगर महान भारतीय इंजीनियर को यह गवारा नहीं हुआ और उसने कहा कि वह इंजीनियर है मजदूर नहीं। प्रोफेसर यिन ने उसे स्पष्ट कहा कि या तो वह ईंटें ढोने में मदद करे या फिर इसी वक्त से उसके साइट पर आने पर पाबंदी लग जाएगी। हमारे महान भारतीय इंजीनियर के पास ईंट ढोने के अलावा कोई चारा नहीं रह गया। चीनियों

का दूसरा सबक : अगर काम की यह जरूरत हो तो मजदूर की तरह काम करने में हिचको नहीं।

मजदूरों की आपूर्ति के लिए अहमद नाम का एक स्थानीय ठेकेदार था। एक दिन वह डॉ. अरुण कुमार से मिलने आया। कुछ हिचक के साथ उसने बताया कि कुछ गाँव वाले कह रहे हैं कि गाँव के कुछ कुत्ते गायब हो गए हैं। उसका मतलब यह नहीं था कि भारतीय कुत्ते चीनियों से नफरत करते हैं और इसलिए भाग गए हैं। उसका कहना यह था कि भारतीय कुत्ते चीनी बर्तनों में पक रहे हैं। अरुण ने उसे सख्ती से डाँटकर भगा दिया।

भट्ठा वक्त के पहले तैयार हो गया और डीए के कृतज्ञता ज्ञापन के बीच चीनी अपने देश लौट गए। प्रोफेसर यिन ने वायदा किया कि वे साल भर बाद भट्ठा चेक करने के लिए आएँगे। भट्ठे की क्षमता 4500 ईंटें प्रतिदिन थी। भट्ठा बिना किसी दिक्कत के काम करता रहा। जब प्रोफेसर यिन साल भर बाद दुबारा आए तो डीए ने उनका गर्मजोशी से स्वागत किया।

उनके सम्मान में दिए गए डिनर और अपरिहार्य ड्रिंक्स के बाद अरुण कुमार खुद को रोक नहीं पाए और उन्होंने प्रोफेसर यिन को भारतीय कुत्तों के गायब होने की अफवाह के बारे में बताया। 'हाँ, हाँ, भारतीय कुत्ते बड़े स्वादिष्ट होते हैं।' प्रोफेसर यिन ने कहा। अरुण का मुँह खुला का खुला रह गया। बड़ी मुश्किल से वे अपनी रम सँभाल पाए। 'क्या मतलब?' उन्होंने पूछा। 'भारतीय कुत्ते शाकाहारी होते हैं ना। उनका मांस बहुत लजीज होता है।' चीनियों का तीसरा सबक : अगर आपको चीनी तकनीक चाहिए, चीनियों के खानपान के आदी भी बनिए। चाइनीज डिश का पंजाबी रूप या शेरे चाइनीज नहीं चलेगा।

बीते सात वर्षों में भारत में अठारह चीनी भट्ठे बने हैं और डॉ. अरुण कुमार के मुताबिक वे रूसी मिग लड़ाकू विमानों के विपरीत सभी ठीक से चल रहे हैं। चीनियों का चौथा सबक : रूस के मुकाबले चीन से तकनीक का आयात बेहतर है।

नया मध्यवर्ग

जब गुजरात की हिंसा अपने चरम पर थी तब मीडिया में कई ऐसी खबरें आईं कि अहमदाबाद में समृद्धि के पीछे भागते हुए मध्यवर्ग के लोगों ने वहाँ टीवी, म्यूजिक सिस्टम, माइक्रोवेव ओवन जैसे उपभोक्ता-उत्पादों की लूटपाट में खुलकर हिस्सा लिया। अकादमिक जगत के लोगों और बुद्धिजीवियों के लिए, जो रोजमर्रा के टुच्चे शोर-शराबे से दूर रहते हैं, यह अचरज और अफसोस का विषय था। मगर मुझ सरीखे ज्यादा सांसारिक जीवन जीने वालों की निगाह में वह उस आदर्शवाद के क्षरण की तार्किक परिणति था जिसकी शुरुआत उत्तर नेहरू युग में हुई थी और जो इमरजेंसी के दौरान हमारे सार्वजनिक जीवन का स्थायी तत्त्व बन गया।

यह सच है कि स्वाधीनता संघर्ष और नेहरू युग के दौरान मध्यवर्ग निजी और सार्वजनिक जीवन में नैतिक मूल्यों का वाहक रहा है। यह भी सच है कि मध्यवर्ग जिन मूल्यों के लिए सन्नद्ध रहा, उनका वितान हमेशा वैचारिक नहीं रहा है। मसलन, स्त्रियों की गैरबराबरी को न्यायोचित ठहराने के लिए इसने अक्षतयौवना वध ू की अवधारणा को आभामंडित किया। इसी प्रकार इसने पिछड़ी जातियों के साथ भेदभाव को उनके यहाँ शिक्षा और संस्कृति के अभाव की आड़ में उचित ठहराया। मध्यवर्गीय घरों में आज भी व्यापक रूप से यह भेदभाव बना हुआ है। नौकर को वही खाना नहीं दिया जाता जो उसके साहब और मेम साहब खाते हैं। मगर इन सारे अंतर्विरोधों के बावजूद मध्यवर्ग ने एक 'नैतिक जीवन' जीने की कोशिश की और खुद को एक बृहत्तर आदर्श से जोड़े रखा, पंकज सिंह के शब्दों में, इस उम्मीद में कि 'मेरी कमजोर सी आवाज बहुत बाद में देर तक सुनाई देगी।'

आदर्श कोई ऐसी जड़ अवधारणा नहीं होती जो हमेशा वैध हो। मानवीय आकांक्षाओं के अनुसार कोई आदर्श आकार लेता या परिवर्तित होता है। उदाहरण के तौर पर, पचास के दशक के कुछ-कुछ शुद्धतावादी समाज में 'राम राज्य' के आदर्श के भीतर अपनी अनगिनत गोपियों के साथ कृष्ण और उनकी लीला का समावेश करना भी खासा मुश्किल होता।

मगर आज के ज्यादा उदार समकालीन समाज में, जहाँ शुचिता पर जोर कम

हो गया है, कृष्ण को ज्यादा आसानी से राम राज्य की अवधारणा के भीतर समाहित किया जा सकता है। एक अन्य स्तर पर, रामराज्य की शास्त्रीय अवधारणा में, शासक के लिए धोबी की राय भी महत्त्वपूर्ण थी। मगर रामराज्य की समकालीन भाजपा वाली अवधारणा में मुसलमानों और ईसाइयों जैसे समुदायों की तब तक कोई जगह नहीं है जब तक वे भगवे वस्त्र पहनने को राजी नहीं होते।

स्वाधीनता संग्राम के दौरान, मध्यवर्गों के बीच राजनीतिक स्वतंत्रता के आदर्श पर एक व्यापक आम सहमति थी। मध्यवर्ग की जगह मध्यवर्गों शब्द का इस्तेमाल शायद ज्यादा सही है–प्रसिद्ध समाजशास्त्री आंद्रे बेत्ते से प्रेरणा लेते हुए, जिन्होंने लगातार इस बात पर जोर दिया है कि भारतीय मध्यवर्ग इतना बड़ा और इतना बहुआयामी है कि उसे एक वर्ग माना ही नहीं जा सकता। इसलिए बहुवचन में मध्यवर्ग कहीं ज्यादा उपयोगी और उचित संज्ञा है।

बहरहाल, उस बिंदु पर लौटें जिसकी मैं चर्चा कर रहा था। स्वाधीनता के तुरंत बाद स्वाधीनता के आदर्श पर बनी व्यापक आम सहमति में दरारें पड़ गईं। जवाहरलाल नेहरू और सरदार पटेल दोनों, एक मजबूत आधुनिक भारत के निर्माण के आदर्श के प्रति समर्पित थे। मगर नेहरू के आदर्श जहाँ कुछ-कुछ समाजवादी और धर्मनिरपेक्ष थे, वहीं पटेल के आदर्श हिंदू संवेदना और मुक्त उद्यम के कहीं ज्यादा करीब थे। जहाँ तक व्यक्तिगत ईमानदारी का प्रश्न है, उस स्तर पर दोनों में असंदिग्ध दृढ़ता थी। हाँ, नेहरू अपनी बेटी को अपने वारिस के रूप में आगे बढ़ाने की कोशिश से ऊपर नहीं थे, जबकि पटेल को लेकर ऐसा कोई आरोप नहीं लगाया जा सकता।

इससे मुझे एक दिलचस्प घटना की याद आती है। इससे पता चलता है कि व्यक्तिगत ईमानदारी का राजनीतिक विचारधारा से कोई वास्ता नहीं होता। इमरजेंसी के बाद आए जनता पार्टी के शासन में लालकृष्ण आडवाणी सूचना प्रसारण मंत्री बने। मैं तब सूचना प्रसारण मंत्रालय के तहत फिल्म समारोह निदेशालय में संयुक्त निदेशक, फिल्मोत्सव था। अंतर्राष्ट्रीय फिल्म समारोह के आयोजन में जिन मुश्किलों से हमारा साबका पड़ता था, उनमें से एक मंत्री जी के दफ्तर समेत विभिन्न हिस्सों से आने वाली फ्री पासों की माँग होती थी। मंत्री से पूछकर उनके और उनके अमले के लिए जरूरत के मुताबिक फ्री पासों की संख्या सुनिश्चित करने का जिम्मा मुझे दिया गया था। फिल्म-समीक्षक रहे हुए आडवाणी की फिल्मों में सच्ची दिलचस्पी थी और उनकी तारीफ में यह कहना होगा कि वे अहम्मन्यता के मरीज नहीं थे। मेरी उनसे कहीं अच्छी निभी हालाँकि मेरी संघ-जनसंघ-भाजपा की राजनीतिक विचारधारा से कोई सहानुभूति न तब थी न आज है।

जब मैं संयुक्त सचिव के साथ आडवाणी से उनके दफ्तर में मिला तो उन्होंने यह स्पष्ट कर दिया कि उनकी ओर से या उनके दफ्तर से मुफ्त पासों की कोई माँग नहीं होगी और अगर कोई इस मकसद से हम तक आए तो हम न सिर्फ उसे नजरअंदाज करें बल्कि इसकी रिपोर्ट उनके दफ्तर में करें। आडवाणी ने अपनी बात

रखी और उनके दफ्तर ने भी कभी कोई माँग नहीं की।

आडवाणी अपने या अपने परिवार के निजी कामकाज के लिए दफ्तर की सुविधाओं का इस्तेमाल न करने के प्रति अपनी सजगता के लिए भी जाने जाते थे। इसलिए जब आडवाणी पर जैन हवाला मामले में आरोप लगे तब भी मेरा मानना था कि वे वित्तीय मामलों में बेईमान नहीं हो सकते। इस व्यक्तिगत ईमानदारी के बावजूद आडवाणी ने अयोध्या मुद्दे पर रथयात्रा की और भावनाओं को पागलपन की हद तक इस कदर भड़काया कि उसका नतीजा सीधे बाबरी मस्जिद के ध्वंस के रूप में सामने आया। न ही इस ईमानदारी के बावजूद गुजरात के कुख्यात नरेंद्र मोदी का बचाव करने में आडवाणी को हिचक हो रही है।

नेहरू और पटेल के बीच की खाई हमारी राजनीतिक विचारधारा में एक स्थायी प्रकृति की व्युत्पत्ति बन चुकी है जिसे सार्वजनिक विमर्श में नैतिक आग्रहों के उन्मूलन ने कुछ और प्रगाढ़ किया है। इमरजेंसी का आघात यह नहीं था कि उसने लोकतंत्र को एक झटका दिया, बल्कि यह था कि उसने सार्वजनिक लोगों के लिए एक नया आदर्श रच दिया जिसके तहत निजी स्वार्थों की आपाधापी ने सार्वजनिक कल्याण के आग्रह को बेदखल कर दिया है। इसके नतीजे में राज्य का वास्तविक निजीकरण हो गया है। इमरजेंसी के बाद से, किसी भी नेता को अपनी जेबें भरने, पार्टी के नाम पर संदिग्ध जरियों से पैसा इकट्ठा करने, अपने मित्रों और संबंधियों के हित साधने और सत्ता पाने या सत्ता में बने रहने के लिए किन्हीं भी भ्रष्ट साधनों या संदिग्ध विचारों का इस्तेमाल करने में शर्म महसूस नहीं हुई है। राजीव गाँधी के साथ कुछ समय के लिए व्यापक सार्वजनिक आदर्श और कल्याणकारी राज्य की अवधारणा की वापसी हुई थी। मगर राजीव गाँधी खासे अनुभवहीन थे और सुसंपन्न जीवन की पश्चिमी अवधारणा के इस तरह आश्रित थे कि वे जटिल भारतीय यथार्थ का सामना करते हुए सफल नहीं हो सकते थे। सिर्फ अच्छे इरादे ही काफी नहीं थे। अच्छाई के साथ-साथ दृष्टि और दृढ़ता की भी जरूरत थी और उस ऐतिहासिक क्षण में राजीव गाँधी यह सुलभ नहीं करा पाए।

मगर एक ओर इंदिरा गाँधी और संजय गाँधी, और दूसरी ओर राजीव गाँधी, जो गढ़ने में कामयाब रहे, वह भारतीय मध्यवर्गों के लिए सार्वजनिक नैतिकता का नया आदर्श था। इंदिरा गाँधी और संजय गाँधी दोनों ने मिलकर धड़ल्ले से यह प्रदर्शित किया कि राज्य वास्तव में उन लोगों की निजी जागीर है जो सत्ता में होते हैं। राज्य के तंत्र को निजी लाभ के लिए इस्तेमाल किया जा सकता है और किया जाना चाहिए। राजीव गाँधी ने दिखाया कि भारत जैसे गरीब देश के शासकों के लिए भी राज्य के खर्च पर पाँचसितारा छुट्टियाँ बिताने में कुछ अनुचित नहीं है, कि सार्वजनिक पद में 'पर्क' की अवधारगा को इतना फैलाया जा सकता है कि उसमें निजी आनंद के लिए सार्वजनिक संपत्ति का सीधा दुरुपयोग भी शामिल हो जाए।

यही वह आदर्श है जिसे हमारे नए मध्यवर्ग ने गले लगा रखा है, जिसमें उस राजनीतिक परिदृश्य का कोई अर्थ नहीं जिससे उसके भिन्न-भिन्न सदस्य आते हैं। इसलिए चाहे यह भाजपा हो, समता पार्टी हो, तृणमूल कांग्रेस हो, द्रविड़ मुनेत्र कषगम या वाम दल हों, निजी लाभ के लिए सार्वजनिक पद का इस्तेमाल और सुसंपन्न जीवन की चाह व्यापक रूप से स्वीकार्य प्रवृत्तियाँ हैं। सार्वजनिक जीवन का यह नया आदर्श छनता हुआ मध्यवर्ग के निजी जीवन में दाखिल हो गया है। यह बदलाव सिर्फ महानगरों के उच्च मध्यवर्ग में नहीं आया है, उन छोटे और मझोले शहरों तक पसर गया है जिनके तार ग्रामीण भारत से कहीं ज्यादा मजबूती से जुड़े हुए हैं।

मैं हाल ही में एक डॉक्युमेंटरी की शूटिंग के सिलसिले में बिहार के राजगीर में था जिसका विषय यही था कि मध्यवर्ग कैसे इन बदलावों से तुकतान बिठा रहा है। राजगीर में मेरी मुलाकात लवकुश नाम के चौबीस साल के एक पढ़े-लिखे युवक से हुई जिसने बीते कुछ वर्षों में खासा पैसा देखा है। सरकार ने एक आयुध कारखाना बनाने के लिए उसकी पारिवारिक जमीन के एक हिस्से का अधिग्रहण किया है। बुद्ध से पहचाने जाने वाले शहर के बाहरी इलाके में एक आयुध कारखाना! ...मगर यह विषयांतर है। लवकुश को जमीन के लिए बीस लाख रुपए का मुआवजा मिला है। वह युवा, सुशिक्षित और मेहनती है। उसने एक छोटा-सा व्यवसाय खड़ा कर लिया है और एक मार्शल जीप खरीदी है जिसे वह टैक्सी की तरह चलाता है। विलासिता और तृष्णा से भरे सुसंपन्न जीवन का आदर्श उसकी पहुँच के भीतर है। लवकुश की लड़कपन में शादी हो गई थी जब वह छात्र ही था। उसकी पत्नी अशिक्षित है और उसके मुताबिक, सुंदर नहीं है। निश्चय ही अपनी नई अर्जित आर्थिक और सामाजिक हैसियत के मुताबिक वह एक बेहतर घर, बेहतर कपड़ों, बेहतर मकान और बेहतर पत्नी का हकदार है। उसने दूसरी शादी करने का फैसला किया है। पहली पत्नी से उसकी छह साल की बच्ची भी है। उस लड़के की माँ भी महसूस करती है कि उसे एक बेहतर पत्नी मिलनी चाहिए।

अपनी सामाजिक जवाबदेहियों की परवाह किए बिना, आत्ममुग्धता और आत्मतृष्णा के आदर्श के प्रति यह संपूर्ण समर्पण मध्यवर्ग के लिए एक प्रवृत्ति बनता जा रहा है। भौतिक आनंद की छटपटाती तलाश में यह बेहिचक भगवान और उसकी देवियों की सेवाओं को भी शामिल कर ले रहा है। वैष्णो देवी की बढ़ती प्रसिद्धि शायद इसी का उदाहरण है। वैष्णो देवी का सर्वाधिक प्रसिद्ध भक्त गुलशन कुमार इस वर्ग का एक आद्य उदाहरण है। पैसे की तलाश में देवी-देवताओं की अंधभक्ति और उन अन्य लोगों के प्रति अंधी घृणा के बीच, जो आपके देवी-देवताओं में साझा नहीं करते, बस कदम भर का फर्क है। अहमदाबाद के मध्यवर्गीय लुटेरों ने शायद यही छोटा सा कदम उठाया था। गुजरात में जो कुछ हुआ था वह उसका एक ट्रेलर भर है जो हमारे देश के अन्य शहरों में हो सकता है अगर हिंदुओं के लिए हिंदुस्तान वाली विचारधारा इसी तरह पसरती रही।

कमीज़ नहीं तो कॉलर चलेगा

आर.के. नारायण की तरह हम सबकी अपनी एक मालगुड़ी होती है, अलबत्ता हम उसका वैसा रचनात्मक इस्तेमाल नहीं कर पाते जैसा नारायण ने किया है। जिन तमाम जगहों की हम कल्पना करते हैं, उनमें यथार्थ का एक अहसास होता है। इसी तरह जिन तमाम जगहों को हम उनकी वास्तविकता के साथ जानते हैं, उनके अपने काल्पनिक आयाम होते हैं। इसी अर्थ में मुझे नारायण की मालगुड़ी और उस गुलमोहर पार्क में समानता नजर आती है जहाँ मैं टहलने जाता हूँ।

गुलमोहर पार्क जीवन की एक छोटी सी नदी है। यह हर पल बदलता रहता है। कुछ साल पहले तक यह एक शांत जगह था। जब से भाजपा और उसके साथी सत्ता में आए हैं, तब से यह योग और धर्म से जुड़ी हलचलों का केंद्र हो गया है। यहाँ दो हँसने वाले समूह भी हैं जो हास्य योग—यह नाम उन्होंने ही दिया है—का अभ्यास करते हैं। वे जबरदस्ती हँसने से शुरुआत करते हैं और यह हँसी क्रमशः वास्तविक होती चलती है। मेरा ध्यान अक्सर इस बात पर जाता है कि जब तक मेरी सैर पूरी होती है तब तक उनकी हँसी में सच्ची खुशी की खनक आ चुकी होती है।

बीते साल के मध्य से एक साधु बाबा पार्क में सत्संग के लिए आने लगे हैं। शुरू में कुछ बूढ़े लोग ही उनके आस-पास इकट्ठा होकर उन्हें सुनते कि उनका मनोबल बढ़ाने के लिए वे क्या प्रवचन देते हैं। अब उनके भक्त बढ़ गए हैं और साथ में उनका तामझाम भी।

अब साधु बाबा के आने से पहले कुछ लोग एक बड़ी सी मेज और कुछ कुर्सियाँ ले आते हैं। इन मेजों पर सफेद कपड़े डाले जाते हैं और फिर देवी-देवताओं की बड़ी-बड़ी तस्वीरें भी मेज पर रखी जाती हैं जिन्हें फूलमालाएँ पहनाई जाती हैं। कुछ समय के भीतर सत्संगियों ने पार्क के अलग-अलग हिस्सों से कुछ बेंचें उखाड़ ली हैं। वे उस दीवान के सामने लगा दी जाती हैं जिस पर साधु बाबा बैठते हैं।

कुछ चटाइयाँ घास पर बिछा दी जाती हैं और कुछ लोग बेंचों पर बैठते हैं। कुछ भक्त अपने आसन लेकर आते हैं। एक माइक्रोफोन लगा दिया जाता है,

खुशकिस्मती से 'लो रेंज' वाला एक स्पीकर दिखाई पड़ता है। भगवान का धंधा शुरू हो जाता है और साधु बाबा अपने उपदेश प्रारंभ कर देते हैं।

मुझे याद है, कुछ समय पहले पार्क में वीरान पड़ी एक मस्जिद में मुसलमानों के एक समूह ने हर शुक्रवार को नमाज अदा करना शुरू किया था। हौज खास और गुलमोहर पार्क में रह रहा बहुसंख्यक हिंदू समुदाय चौकन्ना हो उठा। एनडीएमसी और भारतीय पुरातत्त्व सर्वेक्षण से संपर्क किया गया। पुलिस बुलाई गई। पार्क में नमाज रोक दी गई। इस मामले में निश्चय ही एक फर्क है। मुसलमान उस विरासत पर दावा करने की कोशिश कर रहे थे जो किसी मृत द्वारा छोड़ी हुई थी। सत्संगियों ने बस जी रहे लोगों के लिए छोड़ी गई सार्वजनिक जगह हड़प ली है। इसलिए न एनडीएमसी ने दखल दिया है न पुलिस ने। भगवान का धंधा अब भी फल-फूल रहा है।

जहाँ भक्तों की यह भीड़ इकट्ठा होती है, उससे थोड़ी सी दूरी पर एक व्यक्ति कबूतरों के लिए दाने बिखेरता है। कबूतर खाने के लिए कौवों की तरह नहीं लड़ते। वे दूसरों को भी चुगने और बचे रहने की जगह देते हैं। इस सुबह अपनी सैर के दौरान मैं कबूतरों के नजदीक रुकता हूँ कि उनको शांति और खुशी से दाना चुगते देखूँ। पास में ही लोहे की एक बेंच है जिस पर सत्संगियों ने कब्जा नहीं किया है। मैं कबूतरों की गुटर गूँ सुनने के लिए इस बेंच पर बैठता हूँ। इसकी जगह साधु बाबा के प्रवचन मेरे कान में पड़ते हैं। वे अमृत और अमरत्व के बारे में बोल रहे हैं।

आधुनिक काल में जब मृत्यु के बाद भी जीवन के होने की धारणा की चूलें बुरी तरह हिल चुकी हैं, मुझे लंबे समय से अमरत्व का खयाल लुभाता रहा है। मैंने इस विषय पर 'ऑफ़ लाइफ़ एंड डेथ' नामक एक फिल्म भी बनाई है। फिल्म यम और नचिकेता के बीच संवाद में इन प्रश्नों के साथ शुरू होती है : 'जीवन क्या है? मृत्यु क्या है? अमरत्व क्या है?'

मैं उठकर सत्संग की परिधि के पास चला आता हूँ और साधु बाबा को सुनता हूँ। वे कहते हैं कि विद्वानों के अनुसार पाँच स्थल ऐसे हैं जहाँ अमृत का, जीवनदायी बूँद का, वास हो सकता है। कुछ लोगों के अनुसार यह समुद्र में होता है। अन्य लोगों के मुताबिक यह चंद्रमा में वास करता है, या विकराल सर्पों के देश पाताल लोक में, या स्त्री के अधरों के बीच रहता है। वे एक पाँचवीं जगह का उल्लेख करते हैं जो मुझे अभी, याद आ रही। मेरा कुछ ध्यान अभी तक कबूतरों पर है।

साधु बाबा के चेहरे पर दो दिन की धूसर दाढ़ी है। मेरी समझ में कभी नहीं आया कि कैसे साधु बाबा और गुलजार जैसे लोग अपने चेहरे पर ठीक दो दिन की दाढ़ी उगाए रखते हैं। बाबा गेरुए वस्त्र पहने हुए और माथे पर तिलक लगाए हैं और उनके गले से कई मालाएँ झूल रही हैं। पार्क की हरीतिमा के परिपार्श्व में उनका गेरुआ एक आकर्षक दृश्य बनाता है। बाबा में शब्दाडंबर का भी गुण है। शब्द एक आकर्षक लय में उनके गले से फूटते हैं।

'प्लेटो के संवाद' की शैली में वे उस हर धारणा को ध्वस्त करने लगते हैं जो उन्होंने विद्वानों के हवाले से रखी थी। अमृत का वास समुद्र में कैसे हो सकता है? समुद्र का पानी खारा है जबकि अमृत की प्रकृति मीठी है। यह चाँद पर भी वास नहीं कर सकता। अमृत की प्रकृति स्थिरता है, जबकि चाँद हर रोज बदलता है। पाताल लोक में वास? वह भी संभव नहीं लगता। पाताल लोक तो सर्पों की जगह है जो विष लेकर चलते हैं जबकि अमृत जीवन और अमरता देता है।

मुझे लगता है कि बाबा स्त्री के अधरों के बीच अमृत होने की बात पर राजी हो जाएँगे। अगर यह तार्किक न भी हो तो पुरुष के नजरिए से आकर्षक तो है ही। यह बात मुझे अक्सर लगती रही है कि हमारा ज्यादातर मिथकीय संसार पुरुष के नजरिए से रचा गया है।

अपनी सार्वजनिक भंगिमा में हमारे साधु शुद्धतावादी दिखने का यत्न करते हैं। अमृत स्त्री के अधरों में भी विराज नहीं सकता क्योंकि तब उसका पति अमर हो गया होता। वे उसके प्रेमी का नहीं, बस पति का उदाहरण इस्तेमाल करते हैं। मैं भक्तों पर निगाह डालता हूँ। लगभग उनमें सबके सब सत्तर के करीब या उसके ऊपर हैं। वे कमजोर और असुरक्षित दिखते हैं जिन्हें अमरत्व प्राप्त करने का कोई रास्ता चाहिए। तो अमृत कहाँ बसता है? अब तक साधु बाबा भक्तों के संपूर्ण ध्यान के केंद्र में हैं। वे अमृत का रहस्य जानने को बेचैन हैं। सूर्य क्षितिज पर उग आया है। उनमें से कुछ को दूध खरीद कर अपने घर ले जाना है। वे भले बेचैन हैं, मगर बहुत इंतजार नहीं कर सकते।

एक गिलहरी मेरी बेंच पर चढ़ती है और मेरी ओर प्रश्नवाचक दृष्टि से देखती हुई भाग जाती है। मैं सुबह के अखबार पर निगाह डालता हूँ जो मैं अपनी सैर के अंत में पढ़ने के लिए लेकर चलता हूँ। पी.सी. अलेक्जेंडर भाजपा और शरद पवार के समर्थन से राज्यसभा के लिए चुनाव लड़ रहे हैं। क्या अमृत राज्यसभा में रहता है? क्या पी.सी. अलेक्जेंडर अमरत्व की तलाश में हैं?

साधु बाबा ने अपना प्रवचन आगे बढ़ाया है। महान रहस्य उजागर होने को है। ऋषियों और संतों के अनुसार, ध्यान दें विद्वानों के अनुसार नहीं, अमृत भगवान के सच्चे भक्तों के कंठ में विराजता है। और इस सभा में खुद साधु बाबा से बढ़कर सच्चा भक्त कौन है? इसलिए दोस्तो और देशवासियो, मेरी बात सुनिए। भलमनसाहत साधु बाबा की, कि वे ऐसा कहते नहीं हैं, लेकिन शायद उनका अभिप्राय यही है।

साधु बाबा को सुनने में मेरी दिलचस्पी खत्म हो चुकी है। मैं अपने अखबार समेटता हूँ और घर की ओर चल देता हूँ। किसी वजह से पी.सी. अलेक्जेंडर मेरे दिमाग में साधु बाबा और उनकी अमृत और अमरत्व वाली चर्चा से घुल-मिल गए हैं। पादिंजरेथालक्कल चेरियन अलेक्जेंडर का इतिवृत्त उनके नाम जितना ही लंबा रहा है। वे 1921 में जन्मे और लगभग चालीस साल तक भारत सरकार की सेवा

में रहे। प्रधानमंत्री राजीव गाँधी के प्रमुख सचिव के रूप में उन्हें इस्तीफा देना पड़ा जब उनका दफ्तर एक जासूसी कांड में फँस गया था। किसी भी अन्य व्यक्ति को इसके लिए जाँच, अभियोजन या इससे भी बदतरीन नतीजा झेलना पड़ सकता था। मगर वे ब्रिटेन में हमारे उच्चायुक्त हो गए—हालाँकि वे आईएएस कैडर से आते हैं न कि भारतीय विदेश सेवा से—और बाद में महाराष्ट्र के राज्यपाल। उन्होंने संयुक्त राष्ट्र में कई साल काम किया है। वे बयासी वर्ष के करीब हैं। और उन्हें क्या चाहिए?

वे भारत के राष्ट्रपति होना चाहते थे। कांग्रेस पार्टी ने उनका समर्थन करने से इनकार कर दिया। राष्ट्रपति पद के उम्मीदवार से राज्यसभा का उम्मीदवार हो जाना खासी बड़ी फिसलन है। क्या उनके लिए अपने संस्मरण लिखने और रिटायर्ड जीवन बिताने का वक्त नहीं आ गया है? नहीं, राष्ट्र निर्माण में वे अब भी अपना योगदान करना चाहते हैं।

एक अखबारी इंटरव्यू में वे कहते हैं—'संसद साल में बस 120 से 140 दिन चलती है। मैं सोचता हूँ कि बाकी समय मैं टी.वी. की बहसों में शिरकत करूँ क्योंकि वे संसद की बहसों से कहीं ज्यादा जनमत बना रही हैं।' राज्यसभा में चुने जाने का यह ऐसा मौलिक कारण है जिसके बारे में गम्भीरता से सोचा जा सकता है। अभी ही बूढ़ों के तंत्र का हमारी राजनीति पर कब्जा है। पी.सी. अलेक्जेंडर के नेतृत्व में जल्दी ही यह हमारा टी.वी. भी हथियाने जा रहा है। रास्ता छोड़ो बरखा दत्त, पी.सी. अलेक्जेंडर आते हैं!

मेरे दिमाग में धर्मेंद्र-महमूद की एक पुरानी फिल्म का गाना गूँजने लगता है। मुझे लगता है कि पी.सी. अलेक्जेंडर के अजीबोगरीब दास्तां से इसका वास्ता है मगर मुझे उसके ठीक-ठीक बोल याद नहीं आते। मैं फोन पर अपने एक मित्र से पूछता हूँ। गाना इस तरह है, 'दे दाता के नाम तुझको अल्ला रखे। तुझको रखे राम तुझको अल्ला रखे' सोचता हूँ कि ऐसा गीत भी लिखा जा सकता है...

'कमीज नहीं तो कमीज का कॉलर चलेगा
रुपया नहीं तो डॉलर चलेगा...
राष्ट्रपति भवन नहीं तो राज्यसभा सदन चलेगा।'

सीधे-सादे राष्ट्रपति जी

श्री ए.पी.जे. अब्दुल कलाम,
राष्ट्रपति,
नई दिल्ली

18.8.2002

आदरणीय राष्ट्रपति जी,

जब आप भारत के राष्ट्रपति बने तो बतौर नागरिक मुझे खुशी हुई, इस तथ्य के बावजूद कि आप सर्वसम्मति के उम्मीदवार नहीं थे और न ही निर्विरोध चुने गए। आप विज्ञान के आदमी हैं और इसलिए कई अन्य लोगों की तरह मुझे भी उम्मीद थी कि अतार्किकता और घृणा से तहस-नहस हो गए हमारे सार्वजनिक जीवन में आप तर्क और विवेक के स्वर की गुंजाइश बनाएँगे। आप राजनीतिक नहीं हैं मगर डॉ. एस. राधाकृष्णन और जाकिर हुसैन की परंपरा में विद्वान हैं। इसलिए हमें उम्मीद थी कि आप दलगत राजनीति से ऊपर उठेंगे। आप सादे रहन-सहन और मितव्ययिता से काम चलाने वाले आदमी हैं। इसलिए हमने आशा की थी कि अपना उदाहरण प्रस्तुत करते हुए आप उस उजागर उपभोग को हतोत्साहित करेंगे जो हमारे राजनीतिक वर्ग की प्रवृत्ति बन चुका है।

अंततः चूँकि आप गीता पढ़ने वाले मुसलमान हैं, हमें भरोसा था कि राष्ट्रपति के रूप में आप हिंदू कट्टरपंथियों के लिए भी धर्मनिरपेक्ष भारत के प्रतीक के तौर पर काम करेंगे जिससे शायद नरेंद्र मोदी जैसे लोगों को हिंदू ग्रंथों के साथ-साथ कुरान पढ़ने की प्रेरणा भी मिल सके।

आपकी गुजरात यात्रा के बाद ये तीनों अपेक्षाएँ संदेह के घेरे में आ गई हैं। प्रिय राष्ट्रपति जी, ऐसे समय में आपको गुजरात जाने की क्या जरूरत थी जब नरेंद्र मोदी की सरकार जल्दी चुनावों पर जोर दे रही है, विपक्षी दल इस माँग का विरोध कर रहे हैं और मुख्य चुनाव आयुक्त स्थिति का स्वतंत्र आकलन करने की कोशिश कर रहे हैं और अपनी इस हिमाकत के लिए भाजपा नेताओं की निंदा झेल

रहे हैं?

आपकी यात्रा के उद्देश्यों की सबसे मासूम व्याख्या से शुरुआत करें। आप गाँधी जी को श्रद्धासुमन अर्पित करने और अपनी गुरुमाँ मृणालिनी साराभाई से निजी मुलाकात के लिए गुजरात गए थे। जहाँ तक गाँधी जी का सवाल है, हर लिहाज से वे एक धीरज वाले व्यक्ति थे? इसलिए मुझे यकीन है कि गुजरात में चुनाव हो जाने तक इंतजार करना पड़ता तो भी उनकी आत्मा को कोई कष्ट न होता। बहरहाल, प्रिय राष्ट्रपति जी, मुझे तो लगता है कि गुजरात के ताजा नरसंहार के बाद गाँधी ज़ी की आत्मा साबरमती से कूच कर गई होगी। लेकिन अगर खुशकिस्मती से साबरमती में गाँधी जी की आत्मा से आपका साक्षात्कार हुआ हो तो हमें जरूर बताएँ।

जहाँ तक मृणालिनी साराभाई से आपकी निजी मुलाकात का सवाल है, मुझे नहीं लगता कि तकनीकी औपचारिकताओं से परे, भारत का राष्ट्रपति बन जाने के बाद किसी भी व्यक्ति से आपकी कोई मुलाकात सचमुच निजी हो सकती है, खासकर तब जब यह सार्वजनिक खर्च पर आयोजित की गई आधिकारिक यात्रा हो। मुझे यह तथ्य पता है कि बहुत सारे राजनीतिक और सरकारी अधिकारी निजी मुलाकातों के लिए सरकारी दौरों पर जाते हैं मगर मुझे यकीन है कि आप सरीखा ईमानदार कोई व्यक्ति इस प्रवृत्ति में शामिल नहीं होगा।

प्रिय राष्ट्रपति जी, मुझे नहीं मालूम कि आप हिंदी कविता पढ़ते हैं या नहीं और आपने केदारनाथ सिंह नाम के एक कवि का नाम सुना है या नहीं। वे एक गाँव में जन्मे थे और अपने वयस्क जीवन का बड़ा हिस्सा उन्होंने बनारस, पडरौना और दिल्ली में गुजारा। उन्होंने एक कविता लिखी है, 'गाँव आने पर'। यह उस आदमी की विडंबना को सामने रखती है जिसने एक नई नागर पहचान हासिल कर ली है और इसलिए अपने गाँव के साथियों से गाँव वाले की तरह नहीं मिल सकता। इसलिए वह कहता है,

'मिलूँ
पर किस तरह मिलूँ
कि बस मैं ही मिलूँ
और दिल्ली न आए बीच में।'

आदरणीय अब्दुल कलाम जी, आपको याद दिलाऊँ कि एक बार राष्ट्रपति बन जाने के बाद कोई रास्ता नहीं बचता कि आप किसी से निजी रूप में मिलें और राष्ट्रपति के रूप में आपकी हैसियत इसके आड़े न आए। यही वजह है कि एक-एक शब्द जो आप बोलते हैं, एक-एक मुद्रा जो आप अपनाते हैं, जिस तरह आप कपड़े पहनते हैं, वह सब महत्त्वपूर्ण हो जाता है। इसलिए राष्ट्रपति जी हम यह तर्क तो भूल ही जाएँ कि आपकी गुजरात यात्रा मृणालिनी साराभाई या गाँधी जी के प्रति श्रद्धा

प्रकट करने की आपकी निजी इच्छा का परिणाम थी। यह एक राजनीतिक मकसद से भारत के राष्ट्रपति की यात्रा थी।

सभी राजनीतिक मकसद अपरिहार्यतः बुरे या अधम नहीं होते। क्या आप गुजरात के मुसलमानों को यह कहने गए थे कि राष्ट्रपति भवन में आपके रहते हुए मोदी के गुजरात में और शेष भारत में मुसलमान महफूज हैं? मुझे आशा है कि अब आप कश्मीर जाकर मुसलमानों को यह आश्वस्त करने की योजना नहीं बना रहे होंगे कि अब वे आतंकवादियों और सुरक्षाबलों से डरे बिना, स्वतंत्रतापूर्वक वोट दे सकते हैं। यह अपेक्षा एक सरलीकरण भर है कि लोगों को इतनी जल्दी आश्वस्त किया जा सकता है। आपके पूर्व राष्ट्रपति एक दलित और ईसाई थे। जब वे राष्ट्रपति थे तो क्या गुजरात और ओडीसा में ईसाई सुरक्षित थे? क्या बिहार में दलित सुरक्षित थे? नहीं राष्ट्रपति जी, भारत में दलितों और अल्पसंख्यकों के भीतर सुरक्षा-बोध पैदा करने के लिए अल्पसंख्यक समुदाय के एक व्यक्ति को महज राष्ट्रपति भवन में बैठा देने की जगह नियमित तौर पर बहुत कुछ किए जाने की जरूरत है। प्रतीक महत्त्वपूर्ण होते हैं मगर उनको यथार्थ का सहारा चाहिए होता है।

दुर्भाग्य से आपकी यात्रा का प्रतीकात्मक मूल्य भी आपके बगल में लगातार दमकते नरेंद्र मोदी की उपस्थिति से खंडित हो गया। एक प्रमुख अंग्रेजी दैनिक का शीर्षक था, 'कलाम गेट्स कंडक्टेड टूर'—कलाम का प्रायोजित दौरा। वस्तुतः आपकी यात्रा शुरू होने से पहले ही आपके गुजरात दौरे को लेकर आशंकाएँ शुरू हो गई थीं। इसी अखबार ने 12 अगस्त को लिखा, 'कलाम के दौरे की राह में प्रमुख राहत शिविर नहीं।'

अलबत्ता आपको यह श्रेय दूँ कि आप सबसे बड़े राहत शिविर शाह आलम कैंप में भले ही न गए हों, लेकिन आपने नरोदा पटिया में कुछ समय गुजारा जहाँ अस्सी मुसलमानों को मार डाला गया था। जिन बचे हुए लोगों को आपसे मिलने की इजाजत दी गई, उन्हें स्थानीय प्रशासन ने, यानी मोदी के दलालों ने चुना था। मुझे यकीन है कि आपने उनकी हृदयविदारक कहानियाँ निर्वेद भाव से सुनी होंगी। मगर राष्ट्रपति जी, क्या आपको भीड़ में किसी की यह चीख भी सुनाई पड़ी थी कि इस समूचे खूनखराबे और गुंडागर्दी के लिए मुख्य जिम्मेदार शख्स मोदी है? वस्तुतः एक अन्य महत्त्वपूर्ण अंग्रेजी दैनिक ने लिखा, 'राष्ट्रपति एपीजे अब्दुल कलाम के गुजरात दौरे के सर्वाधिक असंभावित लाभार्थी रहे मुख्यमंत्री नरेंद्र मोदी।'

साम्प्रदायिक हिंसा के बाद के इन तमाम महीनों में लोगों के गुस्से से डरे हुए नरेंद्र मोदी में यह हिम्मत नहीं थी कि वे नरोदा पटिया जाएँ। मगर आपकी छाया में ही नरेंद्र मोदी यहाँ घुसपैठ करने में कामयाब रहे। मुझे समझ में नहीं आता कि पीड़ितों को इससे क्या संदेश गया होगा।

मोदी को मिली आपकी मंजूरी परोक्ष या निरुद्देश्य भर नहीं थी। ऐसा लगता है

जैसे आपने प्रत्यक्षतः भी उनकी पीठ थपथपाई है। आपने बच्चों को उपदेश दिया कि वे अपने 'सम्माननीय मुख्यमंत्री से' एक बड़ा लक्ष्य देने को कहें। भारत से मुसलमानों का सफाया करने के अलावा और कौन सा बड़ा लक्ष्य मोदी उन्हें दे सकते हैं? अपनी कच्छ यात्रा के दौरान आपने देखा कि बहुत सारे मकानों का पुनर्निर्माण अब भी बाकी है मगर आपने कहा कि आपको यकीन है कि मुख्यमंत्री नरेंद्र मोदी के नेतृत्व में उनका जल्दी ही पुनर्निर्माण हो जाएगा। वस्तुतः एक हिंदी अखबार का शीर्षक था, 'भूकंप राहत के लिए कलाम ने मोदी की पीठ ठोंकी।' मोदी की प्रशासकीय क्षमता और उनके अच्छे इरादों में आपका भरोसा वाकई मर्मस्पर्शी है।

मुद्दा यह नहीं कि कच्छ में पुनर्निर्माण या पुनर्वास का पर्याप्त काम हुआ है या नहीं। वस्तुतः ज्यादातर रपटों के मुताबिक जो काम हुआ है, वह पर्याप्त कहलाने से कोसों दूर है। मुद्दा यह है कि एक ऐसे समय में जब गुजरात में चुनाव कराने के सवाल पर मुख्य चुनाव आयुक्त बड़ी बारीकी से गौर कर रहे थे, क्या भारत के राष्ट्रपति को गुजरात के मुख्यमंत्री की पीठ थपथपानी चाहिए थी, खासकर तब जब मुख्य चुनाव आयुक्त मुख्यमंत्री की सक्रियता या निष्क्रियता के नतीजों का मूल्यांकन कर रहे थे। आप सीधे यही कह देते, 'नरेंद्र मोदी को वोट दें। आपको इससे बेहतर मुख्यमंत्री नहीं मिल सकता!'

और आपकी राय में मुख्य चुनाव आयुक्त जे.एम. लिंगदोह के मूल्यांकन पर राष्ट्रपति के दौरे का क्या असर पड़ेगा? उन पर पहले से ही गृह मंत्रालय, राज्य सरकार और भाजपा के कानूनी सिपहसालारों का खासा दबाव है। वस्तुतः यह दबाव इतना ज्यादा और इतना अनुचित है कि राजग सरकार के एक मंत्री दिग्विजय सिंह को ही खुलकर सामने आते हुए भाजपा नेताओं को चेतावनी देनी पड़ी कि वे चुनाव आयोग जैसी संस्थाओं का क्षरण न करें जिनका काम स्वच्छ और निष्पक्ष चुनाव कराना है।

इस वातावरण में क्या मुख्य चुनाव आयुक्त को इस पड़ाव पर आपके गुजरात दौरे के प्रतीकात्मक निहितार्थों को नजरअंदाज कर देना चाहिए? क्या उन्हें यह निष्कर्ष निकाल लेना चाहिए कि अगर भारत का एक मुसलमान राष्ट्रपति गुजरात में महफूज है तो गुजरात के पीड़ित मुसलमान चुनाव में स्वतंत्रतापूर्वक मतदान करने लायक सुरक्षित होंगे ही? क्या चुनावों का समय निर्धारित करने के लिए गुजरात की स्थितियों का निष्पक्ष जायजा लेने की चुनाव आयोग की कोशिशों में आपकी यात्रा एक गंभीर दखल नहीं है? मैं बस यह उम्मीद करता हूँ कि श्री लिंगदोह में इतना साहस होगा कि वे आपकी यात्रा से मिलने वाले प्रत्यक्ष या परोक्ष संदेशों को अनदेखा करते हुए अपने विवेक से फैसला कर पाएँगे।

आदरणीय राष्ट्रपति जी, आप भारत के संवैधानिक प्रमुख हैं और आप जो कुछ भी करें, उसे नजरअंदाज नहीं किया जा सकता। पहले तो आपको इस वक्त गुजरात जाने की जरूरत नहीं थी। अगर किसी वजह से आपने वहाँ जाने की विवशता महसूस

की तो गुजरात के आतंक के खिलाफ आवाज उठाना और पीड़ितों के पक्ष में खुल कर आना आपकी नैतिक जिम्मेवारी थी। बदकिस्मती से, जैसा कि 'टाइम्स ऑफ इंडिया' ने संपादकीय में महसूस किया, 'खेद है कि श्री कलाम ने आसान रास्ता पकड़ा।'

आपके राष्ट्रपतित्व की यह बहुत अच्छी शुरुआत नहीं है, मेरे प्रिय और आदरणीय राष्ट्रपति जी। जिन मुश्किल वक्तों में हम रह रहे हैं, उनमें सादा होना एक गुण है मगर आपका सीधा या भोला होना और किसी खास राजनीतिक दल के संकीर्ण राजनीतिक लक्ष्यों का हिस्सा होना गवारा नहीं किया जा सकता। मुझे उम्मीद है कि आपको अबु का बनाया हुआ राष्ट्रपति फखरुद्दीन अली अहमद का वह कार्टून याद होगा जिसमें वे अपने बाथटब में बैठे अध्यादेशों पर दस्तखत कर रहे हैं। बाथटब बहुत आरामदेह जगह होती है मगर आपके राष्ट्रपतित्व को उस दिशा में नहीं बढ़ना चाहिए।

यह पत्र देश के अरबों नागरिकों में से एक का है। मुझे यकीन है कि लाखों लोग ऐसे होंगे जो मेरी तरह सोचते हैं। आपकी, या जिस ऊँची कुर्सी पर आप बैठे हुए हैं, उसकी अवमानना करने का मेरा कोई इरादा नहीं है। मगर एक पल को भी यह न भूलिए मेरे राष्ट्रपति जी कि जहाँ कहीं भी आप जाते हैं, आपकी कुर्सी आपके साथ चल रही होती है। इस देश के लोग, जो ज्यादातर राजनीतिकों से भरोसा खो चुके हैं, बुरी तरह आहत होंगे अगर आप, बेइरादतन भी, राजनीतिक पक्षपात का व्यवहार करते हुए दिखेंगे।

आपका
के. बिक्रम सिंह

पुनश्च : जब मैं इस पत्र को अखबार में भेज रहा था तब यह खबर आई कि मुख्य चुनाव आयुक्त श्री लिंगदोह गुजरात में तत्काल चुनावों के लिए राजी नहीं हुए हैं। खुदा का शुक्र है कि अब भी ऐसे कुछ लोग देश में बचे हुए हैं जिनकी अपनी नैतिक रीढ़ की हड्डी है।

अवचेतन से उठता काला धागा

विख्यात स्वीडी फिल्मकार इंगमार बर्गमैन से एक बार पूछा गया कि उनके दिमाग में किसी फिल्म की कल्पना कैसे शुरू होती है। बर्गमैन का जवाब था, 'यह मेरे अवचेतन से निकलते एक काले धागे की तरह शुरू होती है और फिर मेरे मस्तिष्क के बाहर फैलने लगती है।' निश्चय ही बर्गमैन का संकेत सृजनात्मक या कला फिल्मों की ओर था, व्यावसायिक सिनेमा की तरफ नहीं।

आगे बढ़ने से पहले सृजनात्मक या कला फिल्म और व्यावसायिक या मनोरंजन फिल्म के बीच के खासी गफलत पैदा करने वाले इस विवाद से निबट लें। मनोरंजन फिल्म सुनियोजित ढंग से एक जनसमूह का मनोरंजन करने के लिए बनाई जाती है। इसलिए यह एक उपभोक्ता-उत्पाद होती है जो पूरी तरह बाजार के दृष्टिकोण से निर्देशित होती है, यानी निर्माता या फिल्मकार की राय में किस बात से दर्शक खुश होंगे और फिल्म देखने के लिए पैसा खर्च करेंगे। यह बाजार में वाकई कामयाब होती है या नहीं, यह अलग मसला है जो इस बात पर निर्भर करता है कि निर्माता ने बाजार की माँग ठीक-ठीक समझी या नहीं। बाजार में इसकी नियति से इसके व्यावसायिक इरादों पर कोई फर्क नहीं पड़ता।

दूसरी ओर सृजनात्मक या कला फिल्म अन्य सभी कलाओं की तरह निजी अभिव्यक्ति का माध्यम होती है। फिल्मकार कुछ कहना चाहता है, दर्शक के साथ कुछ बाँटना चाहता है। अगर वह दर्शकों तक अपनी बात संप्रेषित करने में सफल होता है तो फिल्म व्यावसायिक रूप से भी सफल हो सकती है। अगर यह संप्रेषण नहीं होता है तो फिल्म बॉक्स ऑफिस पर पिट सकती है। अलबत्ता किसी कला फिल्म की व्यावसायिक सफलता या विफलता से उसके कलात्मक गुण प्रभावित नहीं होते जिनकी परख नितांत भिन्न मानकों पर की जाती है। अच्छी कविता व्यावसायिक रूप से सफल न भी हो तो अच्छी कविता हो सकती है। और भी कई मुद्दे हैं जो निजी अभिव्यक्ति के माध्यम के रूप में सिनेमा की कला से जुड़ते हैं मगर मैं बर्गमैन पर लौटता हूँ।

DIRECTOR

जहाँ तक मुझे पता है बर्गमैन ने दूसरे लेखकों की कहानियों पर कभी फिल्म नहीं बनाई। अपनी फिल्मों और टीवी-कृतियों के लेखक वे खुद रहे। वे, जितने महत्त्वपूर्ण फिल्मकार थे उतने ही महत्त्वपूर्ण रंगकर्मी भी। उन्होंने कई सुपरिचित नाटककारों के नाटकों का मंचन किया था। मगर जब फिल्मों की बात आती थी तो वे अपनी ही कल्पना को आकार देते थे और अपनी पटकथा खुद लिखते थे। बर्गमैन के विपरीत सत्यजित राय ने रवींद्रनाथ टैगोर की कहानियों और विभूति भूषण वंद्योपाध्याय की 'पाथेर पांचाली' जैसी कई साहित्यिक कृतियों पर फिल्में बनाईं। निश्चय ही इससे सत्यजित राय छोटे कला-साधक नहीं हो जाते क्योंकि राय ने वही साहित्यिक कृतियाँ चुनी होंगी जिनके साथ वे तदाकार हुए होंगे। इस अर्थ में भले ही उनकी कथावस्तु किसी साहित्यिक स्रोत से आती हो, अंततः संपूर्ण फिल्म राय की निजी अभिव्यक्ति ही होती है।

अब तक जो कुछ मैंने कहा है वह विसंगत लग सकता है मगर ऐसा है नहीं। हाल ही में मुझे बर्गमैन के अवचेतन से उठते काले धागे के रूपक का खयाल आया जब मैंने एक नई फीचर फिल्म बनाने के बारे में सोचना शुरू किया। कुछ माह पहले मैंने बिहार में, बोधगया और राजगीर में, कुछ वक्त गुजारा था। कवि केदारनाथ सिंह पर एक वृत्तचित्र के सिलसिले में मैंने सारनाथ की भी यात्रा की थी, जहाँ गौतम बुद्ध ने अपना प्रथम उपदेश दिया था और कुशीनगर की भी जहाँ बुद्ध को परिनिर्वाण प्राप्त हुआ था। इन बौद्ध मंदिरों और तीर्थ-स्थलों की छवियाँ और ध्वनियाँ मेरे भीतर बनी रही थीं और गाहे-बगाहे, वक्त-बेवक्त ये छवियाँ मेरे मस्तिष्क में उभर आती थीं। इन्हीं छवियों के इर्द-गिर्द एक कथा-तत्त्व आकार लेने लगा था।

मुझे कथाकार होने का कोई भ्रम नहीं है, हालाँकि पटकथा लिखने में मुझे आनंद आता है। अपनी फिल्म 'तर्पण' की पटकथा मैंने नीलाभ के साथ मिलकर लिखी थी और 'गोवा क्रॉसिंग' की, जो अभी बनाई जानी है, एक गोवानी लेखक मनोहर शेट्टी के साथ। अपनी नई फिल्म की पटकथा के लिए मुझे शैवाल का नाम सूझा। शैवाल ने प्रकाश झा की फिल्म 'दामुल' और 'मृत्युदंड' लिखी थी, हालाँकि पता नहीं क्यों, 'मृत्युदंड' का श्रेय उन्हें नहीं दिया गया। इस बात के अलावा कि उनके चरित्र यथार्थवादी होते हैं और ग्रामीण भारत में पूरी तरह विन्यस्त होते हैं, उनकी फिल्मों में नाटकीयता का एक अच्छा तत्त्व होता है।

शैवाल गया में रहते हैं और पटना में बिहार सरकार के सांख्यिकी विभाग में काम करते हैं। वे शनिवार-इतवार गया आते हैं। यह जीवन के गृहस्थ आश्रम और वानप्रस्थ आश्रम के बीच एक बढ़िया संतुलन है। अपनी गया यात्रा के दौरान मैंने उनसे संपर्क करने की कोशिश की, मगर नाकाम रहा, चूँकि वे पटना में थे। कुछ दिन पहले मेरे पास गया से उनका फोन आया। वे अपने प्रकाशक से मिलने दिल्ली आ रहे थे। क्या हमारी मुलाकात हो सकती है, उन्होंने पूछा। बिल्कुल हो सकती है।

मैंने उनसे कहा कि वे दो-तीन दिन अतिरिक्त समय लेकर दिल्ली आएँ। अंततः बीते हफ्ते हम दिल्ली में करोल बाग के एक छोटे से होटल में मिले। शैवाल विनम्र मुस्कुराहट वाले शांत व्यक्ति हैं। जब वे बोलते हैं तो उनकी बात सुनने के लिए पूरी तरह एकाग्र होना पड़ता है वरना वे जो बोलते हैं, उसका आधा पकड़ में नहीं आता। यह अपनी ओर एकाग्रता बनाए रखने का एक दिलचस्प तरीका है।

हमने विचारों का आदान-प्रदान शुरू किया और थोड़ी ही देर बाद मुझे लगने लगा कि मैं उन्हें लंबे समय से जानता रहा हूँ। उन्होंने मुझे अपनी दो कहानियाँ सुनाईं। वे बड़ी अच्छी कहानियाँ थीं, सामाजिक संदेशों, क्रांति और हिंसा से भरपूर। हिंसा ने मुझे कभी आकृष्ट नहीं किया और सिनेमा में क्रांतिकारी संदेशों से मैं ऊब चुका हूँ। मेरे एक मित्र, जो पैंतालीस की उम्र में बीस साल का नौजवान होने का भ्रम पाले रहते हैं, मुझे अक्सर याद दिलाना पसंद करते हैं कि मैं बूढ़ा हो रहा हूँ। हो सकता है, मैं वाकई बूढ़ा हो गया होऊँ। चूँकि मुझे सिनेमा में हिंसा या सामाजिक संदेश देने में दिलचस्पी नहीं रह गई है। मेरे लिए दर्शकों को कुछ विचारों या छवियों में साझा करना ही पर्याप्त है।

सहसा उनकी एक कहानी का एक किरदार उछलकर सीधा बौद्ध छवियों के उस छायाभासी संसार में आ गिरा जो मैंने अपने मन में इकट्ठा कर रखा था। हमने इस चरित्र पर काम करना शुरू किया। वह पीपुल्स वार ग्रुप का एक सदस्य था और उसने उन लोगों को न्याय दिलाने के लिए अपने ससुर को मार डाला था जिनका उसके ससुर ने शोषण किया था। अब वह फरार था।

मेरे लिए पीपुल्स वार ग्रुप से उसके जुड़ाव का कोई मतलब नहीं था। मतलब था तो अन्याय के विरुद्ध उसके गुस्से से। भागे फिरने और नया जीवन शुरू करने की उसकी इच्छा से मतलब था। मगर क्या वाकई अतीत को भुलाया जा सकता है? क्या कोरी स्लेट से कोई शुरुआत की जा सकती है? अतीत उससे दोबारा जरूर टकराएगा। कैसे? कहाँ? हो सकता है, सारनाथ या कुशीनगर के किसी बौद्ध मंदिर में।

इस कहानी को बनारस या सारनाथ की पृष्ठभूमि में क्यों न रखा जाए, मैंने शैवाल को सुझाया। मेरे सिर से निकला काला धागा अब सिर के बाहर फैलना शुरू हो गया था। हमने इस किरदार को बनारस के एक घर में रखा जहाँ उसे एक नया परिवार मिलता है जिसमें उसे पिता की कुछ जिम्मेदारियाँ निभानी पड़ती हैं, हालाँकि वह उस परिवार के बच्चों का जन्मदाता नहीं है। अब यह चरित्र हिंदू धर्म की मुक्ति की अवधारणा, और बौद्ध धर्म की निर्वाण की अवधारणा के बीच, अपने क्रान्तिकारी अतीत, वर्तमान में अपने क्षीण प्रेम और भविष्य में अपनी अर्थपूर्ण परिपूर्णता की तलाश के बीच डोलने लगेगा।

क्या उसे अंततः परिपूर्णता मिलती है? कहानी का किस तरह अंत होता है? मुझे नहीं पता। कहानी अभी पूरी लिखनी बाकी है। मगर शैवाल को यह कल्पना पसंद

आई है और उन्होंने इस पर काम करने का वादा किया है। इस बीच, मुझे पता है कि कहानी मेरे मन में भी आकार लेती रहेगी। और फिर कई बैठकें और चर्चाएँ होंगी जिसके बाद पटकथा को अंतिम रूप दिया जाएगा।

अंतिम रूप? शायद अभी नहीं। मेरे लिए पटकथा का लेखन एक बेहद जटिल और रचनात्मक प्रक्रिया का मात्र एक हिस्सा है। एक बार लिखित रूप तैयार हो जाने के बाद उपयुक्त अभिनेताओं की तलाश शुरू हो जाती है। पटकथा में परिकल्पित चरित्र इस बात से बदल सकते हैं या बदल जाते हैं कि कौन उन्हें अभिनीत कर रहा है। शरतचंद्र का देवदास दिलीप कुमार और शाहरुख खान के अवतारों में बदल जाता है। अगर 'मुग़ले आजम' में अनारकली की भूमिका मधुबाला की जगह मीना कुमारी ने निभाई होती तो वह एक भिन्न अनारकली होती।

पटकथा भी उस पृष्ठभूमि के मुताबिक बदलती है जो फिल्म के लिए चुनी जाती है। पृष्ठभूमि बस वह जगह नहीं होती जहाँ जीवन का नाटक अभिनीत किया जाता है। वह उस जीवन का अटूट हिस्सा होती है जिसका फिल्म में चित्रण होता है। वस्तुतः एक अच्छी फिल्म में यह खुद भी एक महत्त्वपूर्ण चरित्र होती है।

उपन्यास से उलट, फिल्म किसी चरित्र के अंतरंग एकालाप या उसकी चिंतन प्रक्रिया को शब्दों के जरिए संप्रेषित करने का अवसर नहीं देती। एक उपन्यासकार लिख सकता है, 'फिर उसने यह सोचा और फिर उसने वह सोचा।' फिल्मकार क्या करे? अपने चरित्र को आईने के सामने खड़ा कर उसके प्रतिबिंब से एक काल्पनिक संवाद करवाए? यह एक स्थूल युक्ति है। निर्देशक के पास उपकरण के रूप में चारों तरफ की ध्वनियों और कैमरामैन द्वारा निर्मित रोशनी और छायाएँ और पृष्ठभूमि होती हैं। रेगिस्तान के बिना 'लॉरेन्स ऑफ अरेबिया' की कल्पना नहीं की जा सकती। यहाँ तक कि मनोरंजक फिल्मों में भी पृष्ठभूमि महत्त्वपूर्ण होती है। यहाँ भी पृष्ठभूमि के मुताबिक पटकथा बदलती है, हालाँकि यहाँ मकसद सिर्फ मनोरंजन में वृद्धि करना होता है, चरित्र को उभारना और चाक्षुष नाटक जोड़ना नहीं।

अमेरिकी स्टूडियो सिस्टम में एक दौर में स्टूडियो पहले किसी किताब के अधिकार खरीदते थे, पटकथा लिखवाते थे और फिर उपयुक्त निर्देशक की तलाश शुरू करते थे। फिल्म के पटकथा-लेखन में निर्देशक का कोई हाथ नहीं होता था। पश्चिम में यह व्यवस्था अब भी बदले हुए रूप में चली आ रही है सिवा इसके कि एक बार निर्देशक चुन लिए जाने के बाद उसे पटकथा लेखक से विचार-विमर्श करते हुए पहले से लिखित पटकथा को बदलने में अपनी बात रखने का अधिकार मिल जाता है। 'एलिजाबेथ' के निर्देशन के लिए शेखर कपूर को इसी तरीके से अनुबंधित किया गया था।

एक ऐसी पटकथा के निर्देशन में, जिसके लेखन में मेरी भागीदारी न रही हो, मैं निजी तौर पर खासी असुविधा महसूस करूँगा। पटकथा उपन्यास नहीं होती।

सत्यजित राय ने कभी कहा था कि पटकथा में शब्दों की भूमिका नहीं है। पटकथा ज्यादा से ज्यादा एक कंकाल होती है जिस पर निर्देशक फिल्म का शरीर खड़ा करता है। कंकाल में ऐसी संभावनाएँ होती हैं जो लिखित शब्दों में समाती नहीं। जब तक पटकथा लेखन में निर्देशक की भागीदारी न हो, वह इन संभावनाओं को कभी महसूस नहीं कर सकता और फिल्म को अपना नहीं बना सकता।

अवचेतन से निकलते काले धागे का अपना तर्क होता है और अगर निर्देशक सृजनात्मक रूप से अपनी फिल्म बनाना चाहता है तो उसे इस तर्क का अनुसरण करना पड़ता है। अगर वह खुद अपनी पटकथा नहीं लिखता तो उसे ऐसा पटकथा लेखक खोजना चाहिए जो उसके मस्तिष्क में संचित छवियों और चरित्रों को गढ़ने में उसकी मदद कर सके। इस स्थिति में पटकथाकार को अपना काला धागा निर्देशक के धागे से मिलाना होगा। 'तर्पण' के मामले में यह मेरे और नीलाभ के बीच कुछ ऐसा ही हुआ था। क्या शैवाल के साथ भी यह हो पाएगा? मुझे उम्मीद तो है।

डेकालॉग

बहुत दिन नहीं हुए जब ईश्वर जीवित था और सब लोग उसे मानते थे। उसने मानव व्यवहार के नियम बनाए थे और मनुष्यों को पता था कि वे नियम क्या हैं। खासकर ईश्वरादिष्ट धर्मों, या ग्रंथों पर केंद्रित धर्मों, मसलन ईसाइयत या इस्लाम, में ये नियम उनके पवित्र ग्रंथों में साफ-साफ लिखे हुए थे। अन्य धर्मों, मसलन हिंदुत्व के मामले में भी, जहाँ कोई अकेला पवित्र ग्रंथ नहीं था, आचार के नियम सुस्पष्ट और सुस्थापित थे। इसलिए लोगों को पता था कि गलत क्या है और सही क्या है। यह अलग बात है कि लोग या तो आलस्य में या फिर प्रलोभन में पड़कर अक्सर इन नियमों का पालन नहीं करते थे।

फिर सहसा ईश्वर दूसरे विश्वयुद्ध के दौरान यूरोप में मारा गया। दूसरे विश्वयुद्ध के मलबों से साहित्य, दर्शन, कलाओं और फिल्मों की एक समूची परंपरा उठ खड़ी हुई जिसने ईश्वर और सामाजिक नैतिकता की बुनियाद के रूप में उसके निर्देशों के अस्तित्व को ही प्रश्नांकित किया।

एशिया और अफ्रीका में सामाजिक नैतिकता की बुनियाद के रूप में धर्म पर दूसरे विश्वयुद्ध के प्रभाव उतने गहरे नहीं थे। वस्तुतः साम्राज्यवाद या तानाशाहियों की जकड़न से मुक्त हुए नए राष्ट्रों ने अपने सांस्कृतिक पुनर्जागरण के अंग के रूप में धर्म को एक नई प्राथमिकता दी। उदाहरण के लिए पाकिस्तान, बांग्लादेश, इंडोनेशिया आदि में यह इस्लाम के साथ हुआ तो भारत और नेपाल में हिंदुत्व के साथ और श्रीलंका में बौद्ध धर्म के साथ। मगर हाल के वर्षों में विभिन्न धाराओं के आतंकवादी और जॉर्ज बुश और नरेंद्र मोदी जैसे नेता एशिया और अफ्रीका के बड़े हिस्से में ईश्वर को दोबारा मार डालने में और धार्मिक दृष्टिकोण पर आधारित पारंपरिक नैतिक व्यवस्था के प्रति लोगों का भरोसा तोड़ने में कामयाब रहे हैं। अब विश्व के इन हिस्सों में भी एक ऐसी नई नैतिक व्यवस्था की तलाश चल रही है जिसका ईश्वर और उसके धर्म से कोई वास्ता न हो।

ये ख्याल मेरे दिमाग में तब आए जब मैं बैठकर क्रिस्तॉफ कीस्लोव्स्की की

'डेकालॉग' या 'द टेन कमांडमेंट्स' देख रहा था। 'डेकालॉग' एक-एक घंटे की दस फिल्मों की एक श्रृंखला है जिसका निर्माण प्रख्यात पोलिश फिल्मकार कीस्लोव्स्की ने समकालीन जीवन के संदर्भ में टेन कमांडमेंट्स (ईसाइयत में जीवन के लिए दस निर्देश) को आधार बनाते हुए किया है। 1988 के आसपास टेलीविजन के लिए बनाई गई ये फिल्में बाद में सिनेमाघरों में प्रदर्शित की गईं और क्लासिक फिल्मों के इतिहास का हिस्सा बन गईं।

ये फिल्में जीवन के मूलभूत सवालों, जैसे विश्वास, प्रेम, समर्पण, कामना और ईमानदारी आदि को उठाती हैं। प्रत्येक फिल्म दस में से किसी एक निर्देश को लेकर शुरू होती है, एक कथा के माध्यम से समकालीन विश्व के संदर्भ में उसका परीक्षण करती है और आधुनिक समय में आशा या नैतिकता के सूत्रधार के रूप में उसकी अप्रासंगिकता को रेखांकित करती है। ये फिल्में 'नैतिक चिंता के सिनेमा' के कुछ सर्वोत्कृष्ट उदाहरणों में हैं। जैसा कि स्टैनले क्यूब्रिक ने कहा था, जो सर्वाधिक महत्त्वपूर्ण बात है, वह यह कि कीस्लोव्स्की और उसके पटकथा-सहयोगी पेइसेविच इन फिल्मों में अपने विचारों पर बातचीत करने की जगह उन्हें नाट्यांतरित करते हैं।

डेकालॉग की पहली फिल्म अच्छे ईसाई के लिए आने वाले पहले निर्देश से प्रेरित है : 'मैं ईश्वर तेरा मालिक हूँ। मेरे सिवा तेरा और कोई ईश्वर नहीं होगा।' यह देखना दिलचस्प है कि ईसाइयत में ईश्वर को कोई प्रतिद्वंद्वी मंजूर नहीं हो सकता, शैतान भी नहीं। वस्तुतः यह समस्या ज्यादातर धर्मों के ईश्वर के साथ है। उसे संपूर्ण समर्पण चाहिए। या तो आप उसमें आस्था रखें या फिर आप काफिर हैं और फिर आस्तिकों की दुनिया में आपके लिए कोई जगह नहीं है। सभी धर्म एक ही ईश्वर तक ले जाते हैं और इसलिए वे समान सम्मान के अधिकारी हैं! यह मान्यता बाद के दिनों की सूझ है जिस पर सामाजिक समन्वय के हित में एक असुविधाजनक दार्शनिक समझौते के रूप में ध्यान गया। मगर वह एक भिन्न विषय है।

कीस्लोव्स्की का नायक क्राइजिस्तॉफ गणित का शिक्षक है और ईश्वर में आस्था नहीं रखता। यह ईश्वर नहीं, उसका दस वर्ष का बेटा पावेल है जो उसकी दुनिया, उसके प्रेम और उसकी आस्था के केंद्र में है। दोनों का कंप्यूटर से, एक-दूसरे से, और जीवन की सामान्य चीजों से बहुत गहरा लगाव है।

पोलैंड की राजधानी, आधुनिक वारसा में स्थित एक सूने-बदरंग अपार्टमेंट ब्लॉक को फिल्म की पृष्ठभूमि के रूप में इस्तेमाल किया गया है। वस्तुतः डेकालॉग की सभी फिल्में इसी अपार्टमेंट ब्लॉक की पृष्ठभूमि में हैं। यह कीस्लोव्स्की के मकसद के लिए बेहद महत्त्वपूर्ण है। कई तरह के किरदारों और मुद्दों के बावजूद एक साझा नगर-परिदृश्य इन कथाओं को एक सूत्र में गूँथता है। अपार्टमेंट ब्लॉक का बदरंग होना संभवतः आधुनिक जीवन के बदरंग होने का प्रतिबिंब है। यहाँ खूबसूरत दृश्य नहीं हैं और कैमरे के ऐसे विशिष्ट कोण या ऐसी गतियाँ नहीं हैं जो किसी जीन्स

की उलटी सिलाई की तरह अपनी ओर ध्यान खींचें। कैमरा सुनियोजित ढंग से अवरोध नहीं पैदा करता है, बस जीवन के नाटक का गवाह बना रहता है।

दस साल के किसी भी बच्चे की तरह पावेल स्कूल जाता है, अपने दोस्तों के साथ खेलता है और अपनी माँ को याद करता है जो उसके पिता से अलग हो गई है और दूर रहती है। क्रिसमस आने को है। उसके पिता क्राइजिस्तॉफ पावेल के लिए एक जोड़ी आइस स्केट्स खरीदता है और छुपाकर रख देता है कि उसे बाद में क्रिसमस के दिन देगा। पावेल को आइस स्केट्स का पता है और वह अपने पिता से आग्रह करता है कि वे उसे ये स्केट्स पहले ही दे दें। पिता मान जाता है मगर पावेल को चेतावनी देता है कि वह नदी के पास की जमी हुई झील पर स्केटिंग न करे जहाँ बर्फ हमेशा सख्त नहीं रहती। मगर बच्चों से ऐसे नियमों और चेतावनियों को मानने की उम्मीद नहीं की जाती। पावेल झील में स्केटिंग करता है। बर्फ पिघल जाती है और पावेल डूब कर मर जाता है।

कीस्लोव्स्की बर्फ को पिघलते या पावेल को डूबते कभी नहीं दिखाते। झील में बर्फ के पिघल जाने की खबर शुरू में एक अफवाह की तरह आती है। पावेल वापस नहीं आया है। उसका पिता उसकी तलाश में लग जाता है। पावेल का एक दोस्त उन्हें बताता है कि पावेल झील में स्केटिंग कर रहा था। एक बेहद लंबे शॉट में हम देखते हैं कि एक बचाव दल द्वारा झील से कोई चीज निकाली जा रही है। पूरी त्रासदी उसके पिता और उनकी बहन के चेहरों के परिपार्श्व पर घटित होती है।

जिस तरह फिल्म में सुंदर दृश्य नहीं हैं, उसी तरह सुंदर चेहरे भी नहीं हैं। क्राइजिस्तॉफ और उसकी बहन इरीना दिखने में बेहद सामान्य हैं। उनके चेहरे उनके जीवन का लैंडस्केप हैं। सिर्फ पावेल अपवाद है जो किसी नन्हे फूल की तरह सुंदर और मासूम है। उसे सुंदर होना है क्योंकि उसे मरना है। उसकी मासूमयित और उसकी मृत्यु ईश्वर की क्रूरता को रेखांकित करती हैं अगर वह कहीं है।

फिल्म में एक जगह पावेल एक मरे हुए कुत्ते को बर्फ में अकड़ा पड़ा देखता है। वह अपने पिता से पूछता है, मृत्यु क्या है? पिता जवाब देते हैं कि मृत्यु में हमारे शरीर के सभी अंग काम करना बंद कर देते हैं। कुछ बचा नहीं रहता। शायद सिर्फ याद, तुम्हारी उपलब्धियों और तुम्हारे बारे में दूसरे लोगों की स्मृति। इस बातचीत में ईश्वर या आत्मा का कहीं जिक्र नहीं है। क्या पावेल की मृत्यु ईश्वर में भरोसा न करने के लिए क्राइजिस्तॉफ को ईश्वर द्वारा दिया गया दंड है? अगर ऐसा है तो यह निश्चय ही बेहद प्रतिशोधी ईश्वर होगा, गुजरात में मुख्यमंत्री नरेंद्र मोदी के ईश्वर की तरह जिसने गोधरा की हत्याओं का बदला लेने के लिए मुसलमानों को मारने की प्रेरणा दी। आखिर पावेल की गलती क्या थी?

डेकालॉग की दूसरी फिल्म दूसरे निर्देश से प्रेरित है : 'तेरी मालिक से, अपने ईश्वर से प्रार्थना व्यर्थ नहीं जाएगी।' दूसरे शब्दों में ईश्वर का कहना है कि तुम मुझसे

प्रार्थना करो और मैं तुम्हारी प्रार्थना सुनूँगा। मगर कोई व्यक्ति क्या करे अगर उसे समझ में न आए कि प्रार्थना में क्या माँगना है?

दोनाता का पति एक दुर्घटना के बाद अस्पताल में बेहोश पड़ा है। वह एक पर्वतारोही है। दोनाता संगीतकार है। अस्पताल का डॉक्टर इंचार्ज उसी अपार्टमेंट ब्लॉक में रहता है जिसमें दोनाता रहती है। वह एक बूढ़ा और अकेला शख्स है जिसकी जीवन में अकेली दोस्त शायद वह बूढ़ी नौकरानी है जो अपार्टमेंट की सफाई के लिए आती है। कभी-कभार वे उसके अपार्टमेंट में साथ चाय पीते हैं। उसके साथ एक गपशप के दौरान वह उसे बताता है कि दूसरे विश्वयुद्ध में उसका घर-परिवार बमबारी में पूरी तरह नष्ट हो गया था। 'मैं आधी रात को अस्पताल से घर पहुँचा। मगर घर नहीं था। सिर्फ एक खँडहर था।'

एक दिन दोनाता अपार्टमेंट में डॉक्टर से मिलने आती है और पूछती है कि उसका पति बचेगा या नहीं। वह उसे अगले दिन अस्पताल आने को कहता है। अस्पताल में वह बताता है कि वह कह नहीं सकता कि उसका पति बचेगा या नहीं। मगर मुझे जानना ही है, दोनाता कहती है। मैं सिर्फ इतना जानता हूँ कि उसे बचाने के लिए मैं अपनी पूरी कोशिश करूँगा, डॉक्टर कहता है।

अगली बार बातचीत में दोनाता डॉक्टर को बताती है कि वह गर्भवती है और यह गर्भ उसके पति का नहीं, किसी अन्य पुरुष का है। अगर उसका पति जीवित रहता है तो वह बच्चे को जन्म नहीं दे सकती। उसे गर्भपात कराना होगा। क्या वह चाहती है कि उसका पति मर जाए? यह सवाल न पूछा जाता है और न ही इसका जवाब मिलता है। यह सर्दियों की एक सुबह धुएँ की तरह माहौल में टँगा रहता है। इसकी जगह वह डॉक्टर को बताती है कि वह अपने पति को बहुत प्यार करती है। मगर क्या डॉक्टर यह समझ सकता है कि एक ही साथ दो लोगों को प्यार करना संभव है?

अंततः दोनाता गर्भपात कराने का फैसला करती है। एक अन्य डॉक्टर के साथ गर्भपात की तारीख नियत हो चुकी है। अब बूढ़े डॉक्टर के सामने अपने पेशे की नैतिकता और एक अजन्मे बच्चे को बचाने के बीच की जद्दोजहद है। वह सच को थोड़ा-सा बढ़ा-चढ़ा देता है और दोनाता को बताता है कि उसके पति के ठीक होने की कोई उम्मीद नहीं है। क्या वह वाकई चाहता है कि उसका मरीज मर जाए ताकि अजन्मा बच्चा जी सके? हमें नहीं जानते।

दोनाता गर्भपात का इरादा छोड़ देती है। कुछ समय बाद उसका पति चमत्कारी ढंग से ठीक हो जाता है। वह अस्पताल लौट कर बूढ़े डॉक्टर को यह खुशखबरी देता है कि उसकी पत्नी माँ बनने वाली है। दोनाता किसलिए प्रार्थना करती? उसने कल्पना नहीं की होगी कि किसी अन्य पुरुष के बच्चे से भी उसके पति के जीवन में खुशी आ सकती है।

हमारे समय का नैतिक ऊहापोह इतना जटिल हो चुका है कि किसी अकेले ईश्वर या उसके निर्देशों से उसका समाधान संभव नहीं है। अब हमें यह सहूलियत नहीं है कि हम स्पष्ट और कठोर नियमों का पालन करें और बाकी जिम्मेदारी ईश्वर पर छोड़ दें। अपने कृत्यों की जिम्मेदारी हमें यहीं और अभी लेनी है और बिना किसी ईश्वर की मदद के लेनी है।

'डेकालॉग' की सर्वाधिक चर्चित फिल्म 'अ शॉर्ट फिल्म अवाउट किलिंग' है जिसे 1988 के पहले यूरोपीय फिल्म अवार्ड्स में सर्वश्रेष्ठ फिल्म चुना गया और कान फिल्मोत्सव में विशेष जूरी पुरस्कार दिया गया। मगर इस फिल्म की चर्चा के लिए एक अलग लेख की जरूरत पड़ेगी।

'डेकालॉग' के बाद कीस्लोव्स्की ने 'द डबल लाइफ ऑव वेरोनिका' और 'थ्री कलर्स' नामक एक त्रयी बनाई जिसमें 'रेड', 'ब्ल्यू' और 'व्हाइट' शामिल थीं। जिन्हें मुंबई में 1995 के हमारे फिल्मोत्सव में दिखाया गया था। इन सारी फिल्मों के पटकथा-लेखन में क्रिस्तॉफ पिएसेविच कीस्लोव्स्की के सहयोगी रहे। वे 'हेल, पर्गेटरी, हेवेन' नाम की एक अन्य त्रयी पर काम कर रहे थे जब कीस्लोव्स्की का 13 मार्च, 1996 को हृदयाघात से निधन हो गया।

यह एक खुशखबरी है कि दिल्ली स्थित पोलिश दूतावास इस वर्ष 2002 नवंबर में कीस्लोव्स्की की फिल्मों के पुनरवलोकन का आयोजन करने की एक योजना बना रहा है। योजना अभी बन ही रही है। हम उम्मीद करें कि यह पुनरवलोकन संभव होगा।

गुजरात के सबक

बीते इतवार को जब गुजरात के चुनावों में नरेंद्र मोदी की जोरदार जीत की खबर आई, मैं जयपुर में था। मैं एक मित्र से मिलने गया था जिनकी पत्नी का हाल ही में एक त्रासद सड़क दुर्घटना में देहांत हो गया था। उनका घर जयपुर में सरदार पटेल मार्ग पर भाजपा के दफ्तर के लगभग सामने है। जब मैं दिन के करीब दो बजे अपने मित्र के घर पहुँचा। भाजपा के दफ्तर में मनाए जा रहे उल्लास का शोर अपने चरम पर था, जबकि मेरे मित्र के घर पर निजी शोक की चुप्पी फैली हुई थी। मेरे दिमाग में सहसा यह बात आई कि समूचे गुजरात में सार्वजनिक उल्लास और निजी शोक के ये अतिनाटकीय दृश्य कई जगह घटित हो रहे होंगे हालाँकि गुजरात में शोक किन्हीं हादसों का नहीं, बल्कि राज्य द्वारा प्रायोजित जनसंहार का नतीजा है।

गुजरात के सबक क्या हैं? चाहे वे जितने भी बदजायका हों, उनका सीधे-सीधे सामना करना होगा। तब जाकर ही किसी नई शुरुआत के कुछ आसार बन सकते हैं।

गुजरात के चुनावों का पहला सबक यह है कि हमें यह तथ्य स्वीकार करना पड़ेगा कि भाजपा और उसके संगीसाथी, यानी विहिप और बजरंग दल गुजरात में हिंदू और मुसलमानो के बीच एक गहरी खाई पैदा करने में कामयाब हो गए हैं। लंबे समय तक वामपंथी और धर्मनिरपेक्षतावादी इस तसल्लीदेह विश्वास के साथ जीते रहे हैं कि हिंदू और मुसलमान दोनों ही तबकों के आम लोग धार्मिक कठमुल्लेपन और कट्टरता के साथ नहीं हैं, कि अतिवादी संगठन समाज में व्यवस्थित रूप से सांप्रदायिक नफरत फैलाने की जो कोशिश करते रहे हैं, उससे समाज का बहुत छोटा-सा तबका ही प्रभावित हुआ है। गुजरात में हुए भारी मतदान और भाजपा की इकतरफा विजय ने साबित कर दिया है कि दोनों समुदायों के आम लोग सांप्रदायिकता के विषाणुओं से ग्रस्त हो गए हैं। सभी राजनीतिक रंगतों के सोच-विचार वाले नेताओं और सत्ता के भूखे लोगों, दोनों को इस नए यथार्थ को ध्यान में रखना होगा और फिर अपने घृणित उद्देश्य पूरे करने के लिए इस खाई का

इस्तेमाल करने या फिर राष्ट्रीय हित में इस खाई को पाटने के लिए अपनी राजनीतिक रणनीतियाँ विकसित करनी होंगी।

गुजरात का दूसरा सबक यह है कि भाजपा की विजय कोई संयोग मात्र नहीं है बल्कि एक सुनियोजित रणनीति का परिणाम है जिसे भविष्य में दुहराया जाएगा। यह गोधरा और अक्षरधाम की स्वतः स्फूर्त प्रतिक्रिया नहीं है। जहाँ भी मुसलमानों की ठीक-ठाक उपस्थिति है भाजपा और उसके सहयोगी संगठन सांप्रदायिक दरार को और बड़ा करने में कोई कसर नहीं छोड़ेंगे, और सुशासन या विकास के नाम पर नहीं बल्कि हिंदुत्व के नाम पर वोट माँगेंगे।

जयपुर के अपने प्रवास के दौरान मैं शाम को टहलते हुए भाजपा के दफ्तर गया, यह जानने के लिए कि आगे अब क्या हो रहा है, चूँकि जिस घर में मैं ठहरा हुआ था, वहाँ शोक की वजह से रेडियो या टीवी नहीं चलाया जा रहा था। भाजपा के दफ्तर के फाटक के बाहर कुछ नवयुवक कुछ स्कूटरों के आसपास खड़े जोशीली बातचीत में तल्लीन थे। उन्हें देखकर न जाने क्यों मुझे ऐसे घुड़सवारों की याद हो आई जो युद्ध के लिए शस्त्रों से लैस अपने घोड़ों पर सवार होकर और विजय के लिए अस्ताचल की ओर छलाँग लगाने और कुलाँचें भरने को तैयार थे। मैंने एक नवयुवक से पूछा कि अंतिम स्कोर क्या रहा। उनमें से कई एक साथ बोल पड़े, 'हमें गुजरात में दो तिहाई बहुमत मिल गया है और राजस्थान में सारी सीटें। अंकल, आप देखिएगा अगले चुनाव में हिंदुत्व सारे भारत पर छा जाएगा।'

वे सब पढ़े-लिखे युवक थे और किसी भी तरह बॉलीवुड की फिल्मों वाले सड़कछाप गुंडे नहीं लग रहे थे। उन्हें इस बात में कोई शंका नहीं थी कि चुनाव जीतने और हिंदू राष्ट्र की स्थापना करने के लिए भाजपा और उसके जत्थों द्वारा हिंदुत्व का इस्तेमाल जायज और शायद एकमात्र रणनीति है। अपनी रथयात्रा से आडवाणी ने और अपने विषवमन से तोगड़िया ने इसे बार-बार प्रमाणित किया है।

गुजरात का तीसरा और शायद सबसे स्पष्ट सबक यह है कि अटल बिहारी वाजपेयी अब भाजपा के मुखौटे के रूप में भी अप्रासंगिक हो चुके हैं। पिछले कुछ समय से भाजपा की एक सौम्य आवाज के रूप में अटलजी की छवि क्रमशः गिरी है। इसे तब एक और गहरा धक्का लगा जब वे प्रचार के लिए गुजरात गए और उन्होंने खुद को मोदी का वकील बताया जिसे मोदी का मुकदमा जीतना है। जो उन्होंने कहा नहीं, वह यह कि वे उन वकीलों में हैं जो अपने मुवक्किल का यह जानते हुए भी बचाव कर रहे हैं कि वह गुनहगार है। अगर वाजपेयी इस सिद्धांतविहीन ढंग से काम करने को तैयार हैं और मानते हैं कि चुनाव प्रचार में सब कुछ जायज है तो उन्हें नैतिक श्रेष्ठता का दावा करने का कोई अधिकार नहीं है।

इस पृष्ठभूमि में 17 दिसंबर को भाजपा संसदीय दल की बैठक को संबोधित करते हुए उनका यह कथन खोखला ही मालूम पड़ता है कि भाजपा राष्ट्रीय

जनतांत्रिक गठबंधन के एजंडे पर चलती रहेगी। अगर इसको लेकर कोई शुबहा था भी तो उसे अपने उसी वक्तव्य में उन्होंने सीधे-सीधे यह कहते हुए दूर कर दिया कि 'गोधरा के हत्याकांड की मुसलमानों ने पर्याप्त भर्त्सना नहीं की।'

इस टिप्पणी में कई खतरनाक तर्क छिपे हुए हैं। इसका मतलब यह है कि जो गोधरा हत्याकांड कुछ पागल अपराधियों का काम था, उसके लिए समूचा मुस्लिम समुदाय जिम्मेदार है क्योंकि बतौर समुदाय उसने इस घटना की निंदा या उसके लिए पश्चात्ताप नहीं किया। इसी तर्क से अगर कुछ मुसलमान नवयुवक भारत-पाक क्रिकेट मैच के दौरान पाकिस्तान की जीत पर खुशियाँ मनाते हैं तो जब तक समूचा मुस्लिम समुदाय इसके लिए पश्चात्ताप नहीं करता, उसे बतौर समुदाय इसके लिए जिम्मेदार ठहराना चाहिए और सजा दी जानी चाहिए। माननीय श्री वाजपेयी, यहीं से सांप्रदायिकता का जन्म होता है जब कुछ लोगों की शरारत को पूरे समुदाय पर थोप दिया जाता है, जब कुछ व्यक्तियों की हरकतों और दूसरी ओर पूरे समुदाय के कृत्य के बीच कोई फर्क नहीं किया जाता। यही वह तर्क है जो हर दाढ़ी वाले मुसलमान को आतंकवादी ठहराने के लिए बुश और नरेंद्र मोदी इस्तेमाल कर रहे हैं।

अफसोस करने वाला तथ्य यह है कि राजनीतिक दबावों में भाजपा के उदारवादी मुखौटे अटल बिहारी वाजपेयी रंग बदल रहे हैं। जल्दी ही यह मुखौटा अपनी सीमित उपयोगिता भी खो देगा और अगले आम चुनाव नरेंद्र मोदी के सहयोग से लालकृष्ण आडवाणी के नेतृत्व में होंगे।

वैसे यह तथ्य के लिहाज से भी सही नहीं है कि गोधरा कांड की मुसलमान नेताओं ने निंदा नहीं की। अलबत्ता यह अलग सवाल है कि प्रधानमंत्री के लिए कितनी निंदा पर्याप्त होगी। क्या मैं राष्ट्रपति एपीजे अब्दुल कलाम से अपील कर सकता हूँ कि वे समूचे मुस्लिम समुदाय की ओर से गोधरा कांड की निंदा करें ताकि हमारे हिंदू प्रधानमंत्री को तसल्ली हो और वे गुजरात में गोधरा के बाद राज्य द्वारा प्रायोजित मुसलमानों के जनसंहार के बचाव के तौर पर यह बारीक तर्क आगे न बढ़ाएँ।

जहाँ तक राजग के घटकों का सवाल है, उनमें से ज्यादातर सत्ता और उसकी सहूलियतों से खासे मुलायम हो गए हैं। विदेश राज्यमंत्री दिग्विजय सिंह सरीखी असंतोष की कुछ आवाजों को छोड़कर जिन्होंने गुजरात में भाजपा की कलंकित विजय का उल्लास मनाने से इनकार कर दिया था, बाकी किसी भी कीमत पर सत्ता में बने रहने पर खुश हैं और अगले चुनाव तक चुप हैं। सबको पता है कि मंत्री होते हुए चुनाव लड़ने के बड़े फायदे हैं।

गुजरात का चौथा सबक यह है कि पंजाब और कश्मीर के बावजूद कांग्रेस भाजपा के स्पष्ट धर्मनिरपेक्ष विकल्प के तौर पर अब तक नहीं उभरी है। अपने-आप में धर्मनिरपेक्षता प्रशासन में सांप्रदायिकता का पर्याप्त विकल्प नहीं हो सकती। किसी व्यापक सरोकारों वाले धर्मनिरपेक्ष दल को, जो इस देश की संस्कृतिबहुल आकांक्षाओं

का प्रतिनिधित्व कर सके, प्रशासनिक रूप से कुशल और सार्वजनिक व्यवहार में ईमानदार भी होना होगा। सांप्रदायिकता कम से कम लोगों के अंध आवेग को छूती है। अगर धर्मनिरपेक्षता रोटी, कपड़ा और मकान के सवाल का ईमानदारी और कुशलता के साथ सामना न कर सकी तो उसकी कोई अपील नहीं रह जाएगी। वैसे ही सोनिया गाँधी का विदेशी मूल और अजनबी लहजा उनके आड़े आ जाते हैं और फिर वे लालू यादव जैसों का समर्थन लेने के लिए निकल पड़ती हैं। लालू यादव अच्छी खबर या साउंड बाइट के लिए मीडिया को प्रिय हो सकते हैं मगर वे निश्चय ही राजनीति में ईमानदारी या कुशलता के प्रतीक नहीं हैं।

क्या कांग्रेस शासित राजस्थान का प्रदर्शन भाजपा के कार्यकाल से बेहतर रहा है? उत्तर स्पष्ट ना है। सांप्रदायिकता के सवाल पर भी कांग्रेस ने सुविचारित ढंग से गुजरात में एक नरम हिंदू लाइन ली थी। इसलिए गुजरात के लोगों के सामने चुनाव खुले सांप्रदायिकों और परोक्ष सांप्रदायिकों के बीच का था। अयोध्या में मंदिर के दरवाजे खुलवाना, शाहबानो मामले में सुप्रीम कोर्ट का फैसला बदलना और भिंडरावालां के साथ इंदिरा गाँधी की लुकछिपी कांग्रेस के सांप्रदायिक अतीत की याद न भुलाने वाली विरासत है।

दुर्भाग्य से सच यह है कि कांग्रेस अब भी एक ऐसी पार्टी के रूप में देखी जाती है जो अपने तात्कालिक लक्ष्यों के लिए आसानी से सांप्रदायिकता का कार्ड खेलती है। न ही लोग यह बात भूल सकते हैं कि कांग्रेस के लंबे शासन के दौरान ही लाइसेंस-परमिट इंस्पेक्टर राज के जरिए पहली बार भ्रष्टाचार और अकुशलता को संस्थाबद्ध रूप मिला।

गुजरात में मुसलमानों के लिए भी एक सबक है। पीढ़ियों से मुसलमानों ने इमामों और मजहबी नेताओं का नेतृत्व कबूल किया हुआ है जो मुस्लिम समुदाय को आठवीं सदी से बाँधे रखना चाहते हैं ताकि उन्हें भेड़ों की तरह हाँका जा सके। दिल्ली के शाही इमाम जो कांग्रेस नेताओं और वीपी सिंह के दुलारे रहे, जीवन भर यही निंदनीय भूमिका निभाते रहे। वे धार्मिक नेता से ज्यादा राजनीतिक नेता थे।

गुजरात के संदर्भ में अमदाबाद की जामा मस्जिद के इमाम ने कथित तौर पर मतदान के कुछ दिन पहले अपने अनुयायियों का आह्वान किया था कि वे वोट के जरिए भाजपा को बाहर कर दें। इससे नरेंद्र मोदी और उनके अनुयायियों को हिंदुओं को भाजपा के पक्ष में मतदान करने के लिए हाँकने लायक एक सुविधाजनक छड़ी मिल गई। वैसे यह भी सत्य है कि मुसलमानों का एक प्रतिनिधिमंडल इमाम से मिला और उसने उनकी अपील और राजनीति में उनके दखल का विरोध किया हालाँकि तब तक नुकसान हो चुका था।

मुसलमानों के लिए सबक यह है कि हिंदू कठमुल्लावादियों से लड़ने के लिए पहले उन्हें खुद को अपने धार्मिक नेताओं से आजाद करना होगा और अपने बच्चों को

आधुनिक शिक्षा दिलाने, अपनी औरतों की हालत सुधारने और आर्थिक विकास पर ध्यान देना होगा। मदरसा शिक्षा और बुर्का पहनी औरतों की छवि और हकीकत को पूरे समुदाय के अपने प्रयत्नों से ही बदलना होगा। वे सरकार का मुँह जोहते नहीं रह सकते क्योंकि भाजपा अगर उन्हें हिंदू राष्ट्र के हित में उठने नहीं देना चाहेगी तो कांग्रेस भी उन्हें अपना वोट बैंक बनाए रखना चाहेगी।

और अंततः एक सबक धर्मनिपेक्ष दलों के लिए है या बल्कि उनके लिए जो भारत को एक समृद्ध बहुसांस्कृतिक और बहुधार्मिक समाज के रूप में देखना चाहते हैं जिसमें धर्म सिर्फ एक निजी मामला बना रहे और उसकी राजनीति या प्रशासन में कोई जगह न हो। इस सबक को समझना आसान है, इसका अनुसरण करना मुश्किल।

अगर ये दल हिंदुओं और मुसलमानों, दोनों में मौजूद सांप्रदायिक तत्त्वों के विरुद्ध लड़ाई छेड़ना और जीतना चाहते हैं, तो पहले उन्हें अपना घर ठीक करना होगा। उन्हें भरोसे के साथ यह प्रदर्शित करना होगा कि उनके मूल्य और सिद्धांत भाजपा और मुस्लिम लीग जैसी संस्थाओं के मूल्यों-सिद्धांतों से वाकई भिन्न हैं। इसके अलावा उन्हें यह साबित करना होगा कि वे वाकई सरकार चला सकते हैं और विकास के वायदों को पूरा कर सकते हैं। इस लिहाज से पश्चिम बंगाल में ज्योति बसु का लंबा शासन या उत्तर प्रदेश में मुलायम सिंह यादव का संक्षिप्त कार्यकाल ऐसे उदाहरण नहीं हैं जिनका अनुकरण किया जाए। हम यह न भूलें कि सरकारी कर्मचारियों को बिना काम किए पैसा देने की संस्कृति को सबसे पहले ज्योति बसु के पश्चिम बंगाल में ही कला की सी नफासत दी गई थी।

और अंततः धर्मनिरपेक्ष दलों को लोगों को यह विश्वास दिलाना होगा कि राजनीति सिर्फ तेजी से अमीर होने का जरिया नहीं है। यह गरीब को अमीर बनाने का भी तीव्रतम रास्ता बन सकता है। यह काम मुश्किल है मगर नामुमकिन नहीं।

वफ़ादारी का दायरा

ग्यारह जनवरी 2003 को संपन्न हुए प्रथम प्रवासी भारतीय दिवस समारोह के दौरान सबसे समझदारी भरे वक्तव्यों में से एक प्रधानमंत्री अटल बिहारी वाजपेयी की ओर से आया। प्रवासियों को संबोधित करते हुए उन्होंने उन्हें सलाह दी कि उनकी पहली वफादारी अपने अंगीकार किए देश के प्रति ही होनी चाहिए और उसके साथ उन्हें 'सौहार्दपूर्वक' घुलमिल जाना चाहिए। इसके साथ ही उन्हें अपनी सभ्यतागत विरासत का भी मूल्य समझना चाहिए और उसे संरक्षित रखना चाहिए। इस सलाह का पीआईओ (भारतीय मूल के लोगों) के अलावा उन भारतीय अल्पसंख्यकों के लिए भी दूरगामी महत्त्व है, जिनके धार्मिक और सांस्कृतिक दृष्टि से अंतर्राष्ट्रीय जुड़ाव बने हुए हैं।

आगे बढ़ने से पहले मैं एक शाब्दिक घालमेल को दुरुस्त करना चाहूँगा। प्रवासी भारतीय दिवस के संदर्भ में इलेक्ट्रॉनिक और प्रिंट मीडिया ने पीआईओ और एनआरआई शब्दों का इस्तेमाल उनके बीच कोई फर्क किए बगैर किया है। जाहिर है, इन दोनों के अर्थ अलग-अलग हैं। पीपल ऑफ इंडियन ओरिजन यानी भारतीय मूल के लोग वे हैं, जिन्होंने विदेशी नागरिकता स्वीकार कर ली है, जबकि एनआरआई वे हैं जो विदेश में रह रहे हैं, लेकिन जिन्होंने भारतीय नागरिकता और नागरिकों के साथ अपने संबंध समाप्त नहीं किए हैं।

मसलन, सोनिया गाँधी पहले प्रवासी इतालवी नागरिक थीं, लेकिन भारतीय नागरिकता स्वीकार कर लेने के बाद वे इतालवी मूल की भारतीय नागरिक बन गईं। अटल बिहारी वाजपेयी द्वारा भारतीय मूल के लोगों को दी गई सलाह का पूर्वानुमान उन्होंने हर दृष्टि से पहले ही कर लिया था और भारत के साथ वे सामाजिक, आर्थिक और राजनीतिक रूप से पूरी तरह जुड़ चुकी हैं। वाजपेयी-सिद्धांत के अनुसार उन्हें इस बात का पूरा हक बनता है कि वे इटली के साथ अपने सभ्यतागत संपर्क को संरक्षित करें और उस पर गर्व करें। फिर आखिर क्यों संघ परिवार भारत के प्रति उनकी राजनीतिक वफादारी को शक की नजर से देखता है और प्रधानमंत्री पद के

लिए उन्हें संदिग्ध मानता है?

क्या भारतीय मूल के व्यक्ति महेंद्रनाथ चौधरी का फिजी का प्रधानमंत्री बनना गलत था? क्या स्थानीय फिजीवासियों ने उनका तख्तापलट करके ठीक किया? कनाडा के प्राकृतिक संसाधन मंत्री और ब्रिटिश कोलंबिया प्रांत के प्रभारी मंत्री हर्ब धालीवाल का हमें स्वागत करना चाहिए या कनाडावासियों को उनकी वफादारी पर संदेह करना चाहिए? धालीवाल का जन्म पंजाब में हुआ था और कनाडा के भारतीय मूल के लोगों के अलावा वे पंजाब के साथ भी जीवंत संपर्क रखते हैं। क्या इस आधार पर कनाडा के प्रति उनकी राजनीतिक वफादारी संदिग्ध मानी जा सकती है?

और अनिरुद्ध जगन्नाथ के बारे में क्या कहेंगे जो बिहारी मूल के हैं और केरल में आयुर्वेदिक पद्धति से अपना इलाज कराना पसंद करते हैं? जाहिर है, इस मामले में संघ परिवार यह तर्क दे सकता है कि बिहार से मॉरीशस तो उनके पूर्वज गए थे, उनका अपना जन्म मॉरीशस में ही हुआ था। लेकिन अब भारत सरकार उन्हें खुशी-खुशी भारत की दोहरी नागरिकता देने के लिए तैयार हो सकती है। क्या इससे उनकी अपने देश के प्रति वफादारी को लेकर और भी भ्रम नहीं पैदा होगा?

एक लिहाज से भारत से पाकिस्तान गए सारे मुसलमान भी भारतीय मूल के व्यक्ति ही हैं और वे सारे व्यक्ति जो 'पाकिस्तान' क्षेत्र से भारत आ गए हैं, पाकिस्तानी मूल के व्यक्ति हुए। इसके चलते जनरल मुशर्रफ तो भारतीय मूल के और लालकृष्ण आडवाणी पाकिस्तानी मूल के व्यक्ति बन जाते हैं। और बांग्लादेश बनने के पहले और उसके बाद में भारत चले आए काफी सारे लोगों के बारे में क्या कहा जाए? बहुत सारे बांग्लादेशियों ने भारतीय नागरिकता ग्रहण कर ली है, हालाँकि बहुतेरे और भी हैं जो यहाँ बगैर नागरिकता के रह रहे हैं। क्या बांग्लादेशी मूल के वे सारे व्यक्ति, जो भारतीय नागरिक बन गए हैं, भारत का प्रधानमंत्री बनने की अर्हता हासिल कर चुके हैं, या उनकी स्थिति भी संघ परिवार की नजर में सोनिया गाँधी की तरह आधे-अधूरे नागरिक वाली ही है?

तथ्य यह है कि नागरिकता और राष्ट्रीयता की अवधारणाएँ पिछली डेढ़ सदी में बुनियादी तौर पर बदल गई हैं और इनमें सबसे ज्यादा बदलाव पिछली आधी सदी में आया है। उन्नीसवीं सदी में जब यूरोप में राष्ट्र-राज्यों का उदय हुआ, आमतौर पर किसी की राष्ट्रीय पहचान या उसकी जातीयता और नागरिकता में कोई अंतर नहीं था। जर्मन जर्मनी में रहते थे, फ्रांसीसी फ्रांस में, इतालवी इटली में और स्वीडी स्वीडन में।

जातीयता और नागरिकता के बीच बड़ा फर्क अमेरिका के सबसे पहले उपनिवेशीकरण के साथ आया। मसलन, उत्तरी अमेरिका की स्थानीय आबादी का पूरी तरह सफाया हो गया और इस देश की आबादी यूरोप के तमाम हिस्सों से आए लोगों और अफ्रीकी दासों की हो गई। उत्तरी अमेरिका के ब्रिटेन से स्वतंत्र हो जाने के बाद

दास प्रथा समाप्त हो गई और ये सारे लोग संयुक्त राज्य अमेरिका के नागरिक हो गए। बहुराष्ट्रीयता और बहुसंस्कृतिवाद के आधार पर एक नए राष्ट्र-राज्य का उदय हुआ और नागरिकता मुख्यतः एक विधिक पहचान और चुनी हुई वफादारी बन गई।

यह राष्ट्र-राज्य की उस अवधारणा में एक भारी कटौती का आधार बना, जिसमें मुख्यतः एक जातीय मूल के लोग एक राज्य का निर्माण करते थे। पिछले पचास वर्षों के दौरान हुए राजनीतिक विकास और भूमंडलीकरण द्वारा उन्मुक्त की गई आर्थिक शक्तियों ने मिलकर इस प्रक्रिया को और तेज कर दिया है। एशिया, अफ्रीका और लातीन अमेरिका में नए राज्यों का उदय पिछले लगभग पचास वर्षों में सबसे बड़ा राजनीतिक बदलाव है। आर्थिक स्तर पर विभिन्न देशों के अर्थतंत्र परस्पर निर्भर हो गए हैं और एक दूसरे के बीच चीजों, सेवाओं और लोगों का आवागमन एक अनिवार्यता बन गया है। यहाँ तक कि अफ्रीका में भी, जहाँ एकल जातीय पहचान पर आधारित नए राष्ट्र-राज्यों के निर्माण की ख्वाहिश काफी मजबूत थी, इस आंदोलन पर भूमंडलीकरण की शक्तियों का दबदबा कायम हो गया है। इस प्रकार नागरिकता और जातीय पहचान—नस्ली पहचान की खतरनाक शब्दावली का इस्तेमाल मैं नहीं करना चाहता—अब एक-दूसरे के पर्याय नहीं रह गए हैं। कोई व्यक्ति जर्मन मूल का अमेरिकी, जर्मन मूल का ब्रिटिश, जर्मन मूल का ब्राजीली या जर्मन मूल का ऑस्ट्रेलियाई नागरिक हो सकता है। यही बात भारतीय मूल के लोगों पर भी लागू होती है, जो विभिन्न देशों के नागरिक हो सकते हैं।

अब सिर्फ उन लोगों को छोड़कर, जो किसी देश के जन्मना-नागरिक हैं, बाकी सभी के लिए नागरिकता अपनी मर्जी से किए गए विवाह की तरह हो गई है, यानी अब यह एक चुनी हुई प्रतिबद्धता बन चुकी है। कुछ विवाह विफल सिद्ध होते हैं, फिर भी एक संस्था के रूप में विवाह परस्पर विश्वास और स्वैच्छिक प्रतिबद्धता पर आधारित है। ठीक यही बात किसी अन्य देश में रहने चले गए लोगों की नागरिकता के बारे में भी कही जा सकती है। प्रधानमंत्री द्वारा प्रवासियों को अपने वरण किए गए देश में सौहार्दपूर्वक घुलमिल जाने की सलाह को भी इसी व्यापक परिप्रेक्ष्य में समझने की जरूरत है।

यह बात मुझे पारसी लोगों के बारे में प्रचलित एक कहानी की याद दिलाती है। मुस्लिम विजेताओं द्वारा सताये जाने के भय से भाग रहे पारसियों का पहला जत्था भारत में गुजरात के तट पर संजान नामक स्थान में दाखिल हुआ था। वे वहाँ के स्थानीय हिंदू राजा के पास गए और उन्होंने राजा से उसके राज्य में बस जाने और अपना मंदिर बनाने की इजाजत माँगी। राजा ने पूछा, 'आपका सब कुछ इतने अलग तरह का है, फिर हमारे लोगों के साथ आप घुलमिल कैसे पाएँगे?' जवाब में पारसियों के नेता ने पानी से भरा एक बरतन उठाया, एक चुटकी नमक निकाला और फिर नमक को पानी में घुला दिया। राजा समझ गया कि ये लोग स्थानीय लोगों के साथ

उसी तरह मिलकर रहेंगे जैसे नमक पानी में घुल जाता है।

लेकिन प्रधानमंत्री की सलाह और पारसियों की कथा के कुछ ऐसे निहितार्थ भी हैं, जिनकी हमारे लिए एक प्रासंगिकता बनती है। ज्यादातर आधुनिक राज्य आज बहुसांस्कृतिक इकाइयाँ हैं। लिहाजा, सिर्फ नागरिकों द्वारा ही नहीं, राज्य द्वारा भी बहुसंस्कृतिवाद को स्वीकार किया जाना जरूरी है। संजान का हिंदू राजा इस बात को जानता था और पारसियों से हिंदू बन जाने की अपेक्षा उसने नहीं की। दुर्भाग्यवश अटल बिहारी वाजपेयी की अपनी पार्टी के नरेंद्र मोदी जैसे नेता आधुनिक भारत में इसे स्वीकार नहीं करते।

नादिरा नायपॉल के प्रश्न का उत्तर देते हुए लालकृष्ण आडवाणी ने यह स्वीकार करने की विनम्रता दिखाई कि गुजरात की हिंसा 'एक विपथन' थी, जिस पर हम सब शर्मिंदा हैं। वे यह भरोसा दिलाने की हद तक गए कि आस्था और धर्म के आधार पर यहाँ कोई भेदभाव नहीं किया जाएगा और भारत कभी धर्म-शासित राज्य नहीं बनेगा। ये शब्द यदि कोरे दिलासा के हों और भाजपा की विचारधारा इनमें बिल्कुल न प्रतिबिंबित होती हो तो भी इनका महत्त्व कम नहीं होता क्योंकि इनकी हैसियत भारत के उप प्रधानमंत्री की ओर से दिए गए एक नीति-वक्तव्य की है, जिन्हें आम तौर पर कठोर हिंदुत्व के प्रवक्ता के रूप में जाना जाता है।

लेकिन हाल में नरेंद्र मोदी द्वारा मुंबई में दिया गया वक्तव्य, जिसमें वे शिवसेना से आगे निकलने की कोशिश भी कर रहे थे, यह प्रदर्शित करता है कि न सिर्फ अपने कृत्यों को लेकर उन्हें कोई पछतावा नहीं है, बल्कि गुजरात चुनाव के नतीजों के चलते वे खुद को पूरी तरह दोषमुक्त मानने लगे हैं। दरअसल ऐसा लगता है कि प्रवासी भारतीयों के बीच भी उन्होंने अपनी एक जगह बना ली है। प्रवासियों के साथ एक मुलाकात के दौरान अमेरिका से आए एक गुजराती चिकित्सक ने मोदी से कहा, 'गुजरात में जो कुछ भी हुआ, उसकी एक-एक बात को लेकर क्षमायाचना की कोई जरूरत नहीं है।' मोदी इस बात को ले उड़े। प्रवासियों को यह याद दिलाने का काम अमेरिकी राष्ट्रपति के एशियाई-अमेरिकी विषयक सलाहकार आयोग के आयुक्त माइक पटेल ने किया कि अमेरिका में वैविध्य और समावेशी संस्कृति के अभ्यस्त प्रवासी भारतीयों का भारत में इसके ठीक विपरीत मूल्यों की वकालत करना उनके पाखंडी रवैए का ही परिचायक है। इसी सभा में फिजी के बहुजातीय मामलों के मंत्री जॉर्ज शिवराज ने मोदी को याद दिलाया कि किसी समाज की प्रगति के लिए उसकी सारी संस्कृतियों का आदर किया जाना जरूरी है।

इस बुद्धिमत्तापूर्ण सलाह पर मोदी की प्रतिक्रिया के बारे में कोई सूचना नहीं है। दुख की बात यह है कि भारत में मुसलमानों को दूसरे दर्जे का नागरिक बनाने की मोदी लाइन संघ परिवार और उसके शुभचिंतकों के बीच व्यापक स्वीकृति ग्रहण करती जा रही है। भारत के प्रति मुसलमानों की वफादारी को लेकर सवाल सिर्फ

इसलिए खड़े किए जा रहे हैं कि वे एक ऐसे धर्म का अनुसरण करते हैं जो भारत तक सीमित नहीं है और जो पाकिस्तान का राजधर्म है।

जब प्रधानमंत्री भारतीय मूल के लोगों को यह सलाह देते हैं कि वे अपनी सभ्यतागत विरासत का मूल्य समझें और उसका संरक्षण करें तो वे ऐसा नहीं मानते होंगे कि इसके चलते उनके वरण किए गए देश से उनकी वफादारी किसी मामले में कम हो जाएगी। फिर किसी मुस्लिम या ईसाई नागरिक की भारत से वफादारी सिर्फ इस वजह से संदिग्ध क्यों मानी जानी चाहिए कि उसका धर्म भारत के बाहर बहुत सारे देशों में फैला हुआ है और उसके साथ वह अपना एक खास सांस्कृतिक जुड़ाव महसूस करता है?

काफी समय से अटल बिहारी वाजपेयी हिंदुत्व की परिभाषा को एक ऐसा विस्तार देने का प्रयास कर रहे हैं जिसमें नगा ईसाइयों से लेकर लंगा सुन्नियों तक को समाहित किया जा सके। यह एक साथ दो घोड़ों–उदार बहुसांस्कृतिक भारत और हिंदू भारत–की सवारी का आत्म-पराजयकारी प्रयास ही है। इसके जरिए न तो वे अपनी पार्टी के हितों की रक्षा कर सके हैं, न ही भारत के हितों की। समय आ गया है कि वे खुलकर कहें कि हिंदुत्व को एक आधुनिक लोकतांत्रिक भारत का आधार नहीं बनाया जा सकता। यह भी कि बहुसंस्कृतिवाद और सभी धर्मों के लिए बराबर सम्मान ही आधुनिक भारत का केंद्रीय मूल्य होना चाहिए। भाजपा के भीतर वही ऐसे दिग्गज हैं जो यह बात कह सकते हैं और जिनकी बात भाजपा का कम से कम एक वर्ग तो जरूर सुनेगा। खुद के प्रति और अपने देश के प्रति इतनी जवाबदेही उनकी बनती ही है।

राज्य का निजीकरण

एक बूढ़ा डॉक्टर वारसा के एक अस्पताल में बतौर सलाहकार काम करता है। एक अपार्टमेंट में वह अकेले ही रहता है और जाहिर है कि अकेलापन महसूस करता है। एक बूढ़ी नौकरानी सुबह उसके अपार्टमेंट और किचिन की सफाई करने आती है। अपना काम पूरा कर लेने के बाद वह अपने लिए कॉफी बनाती है और डाइनिंग टेबल पर नाश्ता कर रहे डॉक्टर के साथ बातचीत करने लगती है। अपनी सामाजिक और आर्थिक हैसियत में मौजूद अंतर से बेपरवाह दोनों दो सामान्य मनुष्यों की तरह कुछ पल एक-दूसरे से अपना सुख-दुख बाँटते हैं। यह पोलिश फिल्म निर्माता क्रिस्तौफ कीस्लोव्स्की की एक फिल्म का दृश्य है।

अब एक अन्य दृश्य की कल्पना करें, जो भारत में हर रोज मध्य और उच्च-मध्यवर्गीय घरों में देखा जा सकता है। एक शिक्षित और समृद्ध परिवार रात के भोजन के लिए बैठता है। मेज पर आधा दर्जन व्यंजन सजे हैं और कम से कम दो पीढ़ियाँ, माता-पिता और स्कूल या कॉलेज जाने वाले बच्चे, साथ बैठकर खाना खा रहे हैं। भोजन परोसने का काम एक नौकरानी कर रही है, जो संभवतः ओडीशा, बिहार या बंगाल की पृष्ठभूमि की है। वह एक किशोर लड़की है जो किसी स्कूल या कॉलेज में अपनी पढ़ाई पूरी कर रही होती लेकिन गरीबी ने उसे इस रात-दिन की चाकरी के लिए मजबूर कर दिया है। गर्मागर्म चपातियाँ लाने, सब्जियों के डोंगे भरने और खाने बैठे परिवार को जरूरत की बाकी चीजें मुहैया कराने के लिए वह लगातार किचन और डाइनिंग रूम के बीच दौड़ लगा रही है।

आखिर भोजन समाप्त होता है और नौकरानी मेज साफ करती है। मिसेज मलिक, जो घर की मेम साहब हैं, खाना खाकर अपने हाथ धोती हैं और फिर किचन में जाती हैं। बाकी बचा सारा स्वादिष्ट खाना—मटर पनीर, भरवां शिमला मिर्च, चिकन करी वगैरह सावधानीपूर्वक फ्रिज में रख दिए जाते हैं। नौकरानी के लिए वे थोड़ी सी सब्जी और काफी सारी दाल परोसती हैं और कहती हैं, 'रोटी और चावल ले लेना', जिसका मतलब यह हुआ कि रोटी और चावल तो तुम जितनी मर्जी हो,

ले सकती हो, लेकिन दाल और सब्जी तुम्हें और नहीं मिलेगी। नौकरानी गीता कड़ी मेहनत से कमाया गया अपना यह खाना खाने के लिए वहीं किचन के फर्श पर बैठ जाती है। यह भेदभाव उसे खाने के मामले में ही नहीं, घर के टॉयलेट के इस्तेमाल के मामले में भी झेलना पड़ता है, जिसे सफाई या यों कहें कि नव-अछूत प्रथा के नाम पर जायज ठहराया जाता है। मिसेज मलिक और उनके पति टेलीविजन देखने और भ्रष्टाचार तथा देश के अन्य मामलों पर बहस करने के लिए ड्राइंग रूम की तरफ बढ़ जाते हैं। राजनैतिक स्तर पर लोकतंत्र की विफलता और घरेलू मोर्चे पर विषमता के व्यवहार के बीच मौजूद यह जुड़ाव कतई उनका ध्यान नहीं खींचता।

यह विश्वास कि सारे मनुष्य मूलतः एक समान हैं, लोकतंत्र का आधारभूत सिद्धांत है। यही सिद्धांत अपनी अभिव्यक्ति एक व्यक्ति-एक वोट और कानून के सामने सबकी समानता के रूप में खुद को अभिव्यक्त करता है। दूसरे शब्दों में, कोई व्यक्ति चाहे प्रधानमंत्री हो या चपरासी, उसका वोट एक ही होता है। इसी तरह चाहे कोई व्यक्ति लखपती हो या भिखारी, यदि वह किसी और व्यक्ति की हत्या कर देता है तो कानून के तहत उसे एक ही सजा मिलेगी। लोकतंत्र की पूर्वस्थापना यह है कि संबंधित समाज अपने संवैधानिक ढाँचे और उसे शासित करने वाले कानून में इन बिंदुओं के प्रभावी तौर पर दर्ज किए जाने के पहले से ही इन मूल्यों में विश्वास करता हो।

दुर्भाग्यवश भारत में ऐसा नहीं हुआ। लोकतांत्रिक समाज विकसित होने से पहले ही हमें लोकतांत्रिक राजनैतिक प्रणाली हासिल हो गई। लिहाजा हमारे देश में राजनैतिक स्तर पर लोकतंत्र के व्यवहार में आई विकृतियों का बुनियादी कारण हमारे समाज में लोकतांत्रिक मूल्यों में विश्वास का अभाव है। भारत में राजनैतिक लोकतंत्र की अधिरचना अत्यंत सामंती सामाजिक ढाँचे पर टिकी है, जो घरेलू नौकरों के साथ किए जाने वाले दुर्व्यवहार से लेकर राजनैतिक दलों में व्याप्त चाटुकारिता और सरकारी श्रेष्ठता-सोपान तक आज भी हमारे जीवन के सारे पहलुओं में गुँथा पड़ा है।

दरअसल राजनेताओं और नौकरशाहों के बीच व्याप्त भ्रष्टाचार के भी काफी बड़े हिस्से की वजह सामंती मूल्य प्रणालियों का लगातार बने रहना है। भ्रष्टाचार को सत्ता और हैसियत से जुड़े अधिकार के रूप में न सिर्फ वे लोग देखते हैं जो इसमें शामिल हैं, बल्कि जिन्हें इसका दंड भुगतना पड़ता है वे लोग भी इसे इसी रूप में लेते हैं। यही वजह है कि प्रताप सिंह कैरों से लेकर लालू प्रसाद यादव और जयललिता तक किसी भी राजनेता को भ्रष्टाचार के आरोपों के कारण एक भी चुनाव में हार का मुँह नहीं देखना पड़ा।

भाई-भतीजावाद—यानी आप जिसे भी अपना समझें उसे बगैर उसकी योग्यता की परवाह किए फायदा पहुँचाते चलें—हमारी शासन-प्रणाली में जबर्दस्त तरीके से अपनी जड़ें जमा चुका है, और यह सामंती मूल्यों के वर्चस्व का एक और उदाहरण

है। मुझे द संडे में छपे ज्ञानी जैल सिंह का एक इंटरव्यू याद पड़ता है, जिसमें उनका साक्षात्कार ले रहे व्यक्ति ने उनसे पूछा कि क्या पंजाब का मुख्यमंत्री रहते हुए उन्होंने अपने खास लोगों को ही फायदा पहुँचाया था? ज्ञानी ने जवाब दिया कि क्या मुझे किसी पागल कुत्ते ने काटा था जो मैं किसी और के सगे-संबंधी का फायदा करता। (मैंनू की पागल कुत्ते ने कट्या सी जे मैं दूसरियां दे बंदयां नू फेवर करदां!)

लेकिन इसके लिए ज्ञानी जैल सिंह तक जाने की क्या जरूरत है। मैं आपको अपने व्यक्तिगत अनुभव से ही इस बात की एक मिसाल देता हूँ कि एक सामंती मूल्य प्रणाली किस तरह स्वतंत्र भारत की लोकतांत्रिक प्रक्रिया को भ्रष्ट बनाती आई है।

मेरे पिता, जो अपने गाँव के पहले ग्रेजुएट थे, काफी उदार विचारों वाले व्यक्ति थे। पंजाब सरकार में उनकी ख्याति एक ईमानदार अधिकारी की थी। रिटायर होने के बाद वे अंबाला के पास स्थित अपने गाँव चले गए और गाँव के विकास में योगदान करने लगे। सन् 1955 में हमारी ग्राम पंचायत के शायद पहले चुनाव घोषित हुए। उस वक्त मैं अपनी ग्रेजुएशन की पढ़ाई पूरी कर रहा था और इसके लिए रोजाना अंबाला कैंट स्थित जी.एम.एन. कॉलेज आया-जाया करता था। राजनैतिक समझ मुझमें अभी आनी शुरू ही हुई थी।

सरपंच पद के लिए तीन उम्मीदवार थे–एक ठाकुर, एक बनिया और एक हरिजन। असली लड़ाई ठाकुरों और बनियों में थी लेकिन संतुलनकारी वोट हरिजनों के पास थे। एक दिन ठाकुर उम्मीदवार हमारी चौपाल में आया और उसने मेरे पिता से अपने पक्ष में हरिजन उम्मीदवार को बैठा देने का निवेदन किया। मेरे पिता ने पहले तो इस राजनीति का हिस्सा बनने से इनकार किया लेकिन काफी मनुहार और चापलूसी के बाद वे इसके लिए तैयार हो गए।

मुझे पता था कि ठाकुर उम्मीदवार तीनों में सबसे बुरा है। मैं यह भी जानता था कि मेरे पिता का गाँव में इतना सम्मान है कि यदि उन्होंने हरिजन प्रत्याशी से अपना नाम वापस लेने को कह दिया तो उनकी बात मान लेने के अलावा और कोई चारा उसके पास न होगा। ठाकुर समर्थकों के अपनी चौपाल से चले जाने के बाद मैं थोड़ा डरते-डरते ही अपने पिता के पास गया और पूछा, 'आपको मालूम है कि ठाकुर उम्मीदवार अच्छा आदमी नहीं है, फिर उसे समर्थन देने के लिए आप कैसे तैयार हो गए?' उन्होंने मुझे कुछ ऐसी नजरों से देखा जैसे मैंने उनसे कोई अत्यंत मूर्खतापूर्ण प्रश्न कर दिया हो। पिताजी से मैंने अब तक बामुश्किल ही कोई सीधा सवाल किया था। कुछ देर ठहरकर उन्होंने कहा, 'अपना मारेगा भी तो छाया में सुलाएगा।' जाहिर है, हम लोग भी ठाकुर थे, लिहाजा मेरे पिता की परिभाषा के अनुसार ठाकुर उम्मीदवार हमारा अपना था। यह घटना अगले चालीस वर्षों तक मुझे परेशाान करती रही और 1994 में बनी अपनी फिल्म 'तर्पण' में इसे शामिल करके ही मैं इसके प्रेत से अपना पीछा छुड़ा सका!

उस घटना को घटे अब तकरीबन आधी सदी बीत चुकी है। पचास साल पहले की तुलना में जाति और धर्म अब हमारे राजनैतिक और सामाजिक जीवन के कहीं ज्यादा निर्णायक घटक बन चुके हैं। यह अकारण नहीं है कि वामपंथी दलों के संभावित अपवाद को छोड़ दें तो अन्य सारी पार्टियाँ जाति को अपनी चुनावी रणनीति का मुख्य औजार बनाती हैं। और भारतीय संदर्भ में जाति सामाजिक उच्चताक्रम में किसी व्यक्ति की हैसियत की पहचान और हमारी राजनीति का आधार बनी सामंती मूल्य प्रणाली का एक प्रतीक नहीं तो और क्या है!

लोकतंत्र के संदर्भ में भारत और पश्चिमी दुनिया के बीच बुनियादी फर्क यही है कि ब्रिटेन जैसे देशों में भोजन और वस्त्र के न्यूनतम स्तर पर एक किस्म की समानता राजनैतिक लोकतंत्र के उदय के साथ ही स्थापित हो चुकी थी। और राजनैतिक लोकतंत्र को न सिर्फ वह जमीन मिली जिसमें वह फल-फूल सकता था, बल्कि उसने लोकतंत्र के मूल्यों को सशक्त बनाते हुए वहाँ की सामाजिक जमीन की ओर भी परखेज बनाया। मसलन, ब्रिटेन में लोकतंत्र का विकास संसद और राजशाही के बीच संघर्ष के परिणामस्वरूप हुआ था। इस क्रम में संसद कई सदियों की अवधि में एक ऐसे समाज की उदीयमान आकांक्षाओं का अधिकाधिक प्रतिनिधित्व करती गई जो सामंती बंधनों से मुक्ति हासिल कर रहा था। इस प्रक्रिया को तेज गति मिली औद्योगिक क्रांति और शिक्षा के प्रसार से। आज आप अगर ब्रिटेन में किसी अंशकालिक घरेलू सहायिका या बच्चे की देखरेख करने वाली को अपने यहाँ काम पर लगाते हैं तो घर के रेफ्रिजरेटर में मौजूद खाने तक उसकी पहुँच होती है और टॉयलेट के इस्तेमाल को लेकर उसे किसी रोकटोक का सामना नहीं करना पड़ता। दूसरे शब्दों में, भोजन के स्तर पर सभी के लिए समानता और टॉयलेट का साझा उपयोग विकसित दुनिया का बुनियादी आचार बन चुका है, जबकि भारत जैसे देशों में इस स्तर पर भी भेदभाव एक स्वीकृत तथ्य है।

यहाँ तक कि रूस और पूर्वी यूरोप में भी कम्युनिस्ट शासन के हस्तक्षेप से राजनैतिक लोकतंत्र की परिस्थितियाँ निर्मित हुई हैं। यह बात किसी को अजीब लग सकती है लेकिन इसकी वैधता थोड़े सोच-विचार के बाद स्पष्ट हो जाएगी। 1917 में, जब रूस में कम्युनिस्ट क्रांति घटित हुई थी, रूसी समाज, एक ठेठ सामंती समाज था, जिसका गठन भूस्वामित्व और इससे उपजे सामाजिक श्रेष्ठता-सोपान के इर्द-गिर्द हुआ था। क्रांति ने भूस्वामियों की आर्थिक शक्ति और भूमि-आधारित सामाजिक श्रेष्ठता के ढाँचे को एक झटके में नष्ट कर दिया और सभी मनुष्यों की बुनियादी समानता की स्थापना की। यह कहने का मतलब स्तालिन युग में हुई हिंसक छँटनी

और कम्युनिस्ट पार्टी के भीतर उभरे नए श्रेष्ठता-सोपानों को अनदेखा करना नहीं है। लेकिन इस बात से तो कोई शायद ही इनकार करे कि उत्तर-क्रांति युग में उभरा समाज क्रांति-पूर्व समाज की तुलना में कहीं ज्यादा समाजवादी था। यह समाज अपने गुणी लेकिन आसानी से दबाव का शिकार हो जाने वाले लोगों, जैसे लेखकों, कवियों, वैज्ञानिकों, संगीतज्ञों, फिल्मकारों और बच्चों का बहुत सम्मान भी करता था।

मुझे 1981 में मास्को की अपनी पहली यात्रा का एक अविश्वसनीय दृश्य अब तक याद है। मास्को का लेनिन चौक लगभग एक फर्लांग चौड़ा है। चौक को पार करने के लिए मैं सड़क की पटरी पर खड़ा था। तभी मैंने देखा कि दूसरी तरफ से एक स्कूली बच्ची सड़क पर आ गई है। ब्रेकों की चिंचियाहट के साथ सड़क पर मौजूद समूचा ट्रैफिक आधे रास्ते ठहर गया। तभी न जाने कहाँ से एक सिपाही प्रकट हुआ और उसने बच्ची को अपनी सुरक्षा में सड़क पार कराई। हमारी सुवर्ण भूमि में तो ऐसे दृश्य की कल्पना तक नहीं की जा सकती।

मेरे खयाल से हमारे देश के लोकतांत्रिक प्रशासन की समस्याएँ उस ऐतिहासिक स्थिति से उपजी हैं, जिसमें हमें स्वतंत्रता हासिल हुई थी। स्वतंत्रता के लिए चला तथाकथित जन आंदोलन भूमिहीनों, भूस्वामियों, शहरी मध्यवर्ग और व्यापारी-पूँजीपति वर्ग का एक अस्थायी गठजोड़ था। यह तथ्य कि गाँधी और भारतीय राष्ट्रीय कांग्रेस यह गठजोड़ बनाने में सफल रहे, खुद में एक बड़ी उपलब्धि था। लेकिन एक बार जब राजनैतिक स्वतंत्रता हासिल कर ली गई तो यक गठजोड़ टूट गया क्योंकि भुखमरी और अशिक्षा को ब्रिटिश साम्राज्यवाद की जगह नए साझा शत्रु की भूमिका में नहीं रखा जा सका।

लिहाजा, जिस सामाजिक क्रांति की शुरुआत स्वाधीनता संघर्ष के दौरान हुई थी, स्वतंत्रता के बाद वह बाधित हो गई। नेहरू ने निःशुल्क और अनिवार्य शिक्षा पर पर्याप्त ध्यान नहीं दिया, हालाँकि संविधान में नीति निर्देशक सिद्धान्तों में इसका स्पष्ट उल्लेख किया गया था। यह एक ऐसा उपाय था, जिसके जरिए सभी के लिए समान अवसरों की एक खिड़की खोली जा सकती थी। जहाँ तक गाँधी का सवाल है, उनकी स्थिति तो अंतर्विरोधों के एक अद्भुत गड्डर जैसी थी। अमीर लोगों के पक्ष में उनका एक अंतर्निहित पूर्वग्रह उनके संपत्ति की ट्रस्टीशिप वाले सिद्धांत में स्पष्ट है। साथ में दबे-कुचले लोगों के प्रति उनमें एक सच्ची सहानुभूति भी थी। गाँधी एक सतत और सचेत रूप में विकसित होने वाले व्यक्ति थे और स्वतंत्रता के बाद यदि वे पर्याप्त समय जीवित रहते तो इस अंतर्विरोध से बाहर भी आ सकते थे। लेकिन यह नहीं होना था।

गाँधी और नेहरू का नैतिक बल एक बार जब दृश्य से ओझल हो गया तो उभरते उद्योगपतियों और अन्य संपत्तिशाली वर्गों ने बड़ी तेजी से राज्य तंत्र पर कब्जा कर लिया। नतीजतन आज जो सरकार हमारे पास है वह लोकतंत्र, यानी जनता के

लिए जनता की सरकार नहीं है। इसकी बजाय यह निहित स्वार्थों की सरकार है, जो उन्हीं के निजी फायदे के लिए काम करती है जो सत्ता में हैं। नेहरू के बाद के वर्षों में ऊँची जातियों और अमीर तबकों ने जो नजीर पेश की, उसी के नक्शेकदम पर पिछले दो दशकों के दौरान प्रतिष्ठा हासिल करने वाली निचली जातियाँ भी जोर-शोर से चल पड़ी हैं। नतीजा राज्य के कष्टप्रद किंतु वास्तविक निजीकरण के रूप में सामने है। भारतीय भूदृश्य में राजकाज का यही स्वरूप इंफाल से तमिलनाडु तक छाया हुआ है। बिहार और अब उत्तर प्रदेश मीडिया का ध्यान सिर्फ इसलिए ज्यादा खींचते हैं क्योंकि ये भारत के हृदय क्षेत्र में अवस्थित हैं।

मैं नहीं जानता कि कम्युनिस्ट किस्म की किसी क्रांति की एक छोटी खुराक परिवर्तन का प्रस्थान-बिंदु बन सकती है या नहीं। कम्युनिस्ट शासन की एक बहुत लंबी खुराक के बावजूद पश्चिम बंगाल की हालत भी ज्यादा बेहतर नहीं है। हमारे समाज के लोकतंत्रीकरण की दिशा में अब भी एक शुरुआत, शायद कम से कम मिडिल स्कूल के स्तर तक सभी के लिए शिक्षा सुनिश्चित करके की जा सकती है।

लाल सड़क का मुसाफिर

मैं कम्युनिस्ट या कम्युनिस्ट पार्टी का सदस्य कभी नहीं रहा। इसकी वजह कायरता नहीं बल्कि आस्था की कमी थी। दुनिया को किसी अकेले सर्वांग संपूर्ण नजरिए से समझा जा सकता है, या यह पार्टी अथवा कोई भी पार्टी संपूर्ण बुद्धि का स्रोत इस कदर हो सकती है कि किसी भिन्न दृष्टिकोण के लिए कोई गुंजाइश ही न रहे, यह स्वीकार कर पाना मेरे लिए कभी संभव नहीं रहा।

इसके बावजूद मार्क्सवाद के प्रति मेरी एक बुनियादी सहानुभूति है और मेरा मानना है कि दर्शन में और मानव समाज तथा इसके ऐतिहासिक विकास की समझ में इसका एक बड़ा योगदान है। यही वजह है कि सोवियत रूस और पूर्वी यूरोप की कम्युनिस्ट सरकारों के पतन से मार्क्सवाद का मूल्य मेरी नजर में गिरा नहीं है। इन सरकारों द्वारा कम्युनिज्म पर जिस रूप में अमल किया जा रहा था वह मार्क्सवाद के सिद्धान्तों से बहुत भिन्न था।

इन मुद्दों पर सोचना मैंने पिछले रविवार को यानी 9 मार्च, 2003 को उस वक्त शुरू किया जब मैं मोहित सेन की आत्मकथा 'ए ट्रैवलर ऐंड द रोड—द जर्नी ऑफ ऐन इंडियन कम्युनिस्ट' पढ़ रहा था। मैं प्रेस क्लब ऑफ इंडिया के नॉन स्मोकिंग रूम में बैठा हुआ था, जहाँ इंडिया इंटरनेशनल सेंटर से ऊब कर कभी-कभार मैं चला जाया करता हूँ। सौभाग्यवश उस दिन कोई क्रिकेट मैच नहीं चल रहा था, लिहाजा टेलीविजन मूर्खों के बीच बैठे किसी बुद्धिमान की तरह खामोश था। क्रिकेट में मेरी दिलचस्पी मामूली या कहें बिल्कुल ही नहीं है। शाम के तकरीबन साढ़े सात बज रहे थे और अपवादस्वरूप एक युवा परिवार—पति, पत्नी, तीन साल का एक बच्चा और साँवली-सी पंद्रह साल की एक नौकरानी—को छोड़कर कमरा लगभग खाली था। नौकरानी टेबल से थोड़ा अजीब-सा कोण बनाती हुई बैठी बच्चे को खाना खिला रही थी। जाहिर था कि अपने मालिकों के साथ एक ही टेबल पर बैठने में उसे परेशानी महसूस हो रही थी। लेकिन नौकरी तो उसे बजानी ही थी लिहाजा वह बच्चे की देखरेख में जुटी थी ताकि उसके युवा मालिक-मालकिन शांतिपूर्वक अपनी शाम का

आनंद ले सकें।

मार्क्सवाद के साथ मेरा जुड़ाव 1956 में बनना शुरू हुआ जब राजनीति शास्त्र में अपनी एम.ए की पढ़ाई के लिए मैंने दिल्ली के के.एम. कॉलेज में दाखिला लिया। के.एम. कॉलेज के चश्मोचिराग उन दिनों के.एम. अशरफ हुआ करते थे जो इतिहास के विभागाध्यक्ष थे। उन्हीं की वजह से हमारे कॉलेज को दिल्ली के अकादमिक हलकों में अक्सर कार्ल मार्क्स कॉलेज कहा जाता था। नंदलाल और सेकुलर डेमोक्रेसी के लिए जाने जानेवाले देशराज गोयल जैसे कुछ कम चर्चित वामपंथी बुद्धिजीवी भी वहाँ मौजूद थे। कुल मिलाकर हमारे कॉलेज का माहौल बौद्धिक दृष्टि से काफी चहल-पहल भरा था।

मुझे याद है कि के.एम. अशरफ के निमंत्रण पर एक बार ई.एम.एस. नबूदिरीपाद हमारे कॉलेज आए थे। कॉलेज हॉल खचाखच भरा था। आमतौर पर उन्हें ई.एम.एस ही कहा जाता था और वे बुरी तरह हकलाते थे। इसके बावजूद अपनी बातों से उन्होंने हमें मंत्रमुग्ध कर दिया था। तब से तकरीबन आधी सदी गुजर जाने के बाद अब मैं यह याद नहीं कर पा रहा हूँ कि उस वक्त उन्होंने कहा क्या था लेकिन अपने बीच उनकी उपस्थिति की बौद्धिक गरमाहट मैं अब भी महसूस कर सकता हूँ।

मार्क्सवाद के प्रति मेरी रुचि अशरफ के असर से ही विकसित हुई हालाँकि मार्क्सवाद एम.ए. राजनीति शास्त्र के हमारे पाठ्यक्रम का हिस्सा भी था। कक्षाओं के बाद अक्सर हम अशरफ साहब के साथ कॉलेज के लॉन में बैठ जाते और संसार के सारे विषयों पर उनकी बातचीत सुनते रहते। उनमें एक गहरी विनोद वृत्ति और विषय को दिलचस्प बनाने की असाधारण क्षमता थी। मुझे याद है कि एक बार भक्ति आंदोलन पर अपना वक्तव्य उन्होंने यह कहते हुए शुरू किया, 'कबीर को दोगला होने का सर्वोच्च लाभ हासिल था। वे कट्टर हिंदुओं और कट्टर मुसलमानों को समान सरलता के साथ गाली दे सकते थे।' उनकी इस बात से कबीर को चाहने वाले खुद को आहत महसूस करें, इससे पहले ही मैं यह जोड़ना चाहूँगा कि अशरफ स्वयं कबीर के बहुत बड़े प्रशंसक थे।

अशरफ की वजह से मैंने राजनीति शास्त्र में अपनी एम.ए. की पढ़ाई पूरी कर लेने के बाद एक और एम.ए. इतिहास में करने का फैसला किया और बाद में उन्हीं के निर्देशन में अपना शोध कार्य भी शुरू किया। अशरफ के पूर्वी जर्मनी चले जाने के बाद यह पी-एच.डी. बीच में ही छूट गई। जो एकमात्र शोधपत्र मैंने इस दौरान लिखा वह कुछ समय बाद जर्नल ऑफ इस्लामिक स्टडीज में प्रकाशित हुआ लेकिन इसके साथ किसी और का नाम जुड़ा हुआ था। जाहिर है कि यह मेरी जानकारी या अनुमति के बगैर हुआ था। हमारी अकादमिक दुनिया से शोध और बौद्धिक ईमानदारी का स्तर यहाँ तक गिर चुका है।

साथ की टेबल पर बैठे नौजवान ने एक ड्रिंक का अपना ऑर्डर दुहराया। उसका बेटा और नौकरानी एक अन्य खाली टेबल पर चले गए थे जहाँ नौकरानी ज्यादा राहत की स्थिति में दिखाई पड़ रही थी। मैंने भी एक बियर मँगाई और मोहित सेन पर वापस लौट आया।

मोहित सेन से मिलने का सौभाग्य मुझे कभी नहीं मिला लेकिन निश्चय ही वे काफी गर्मजोशी भरे और प्यारे इन्सान होंगे। किताब के शुरुआती वाक्य ही लेखक के मन तक हमारी पैठ करा देते हैं। 'अभी जब मैं अपने जीवन और उन लोगों के बारे में लिखने के लिए बैठा हूँ, जिन्होंने इसके दिनों और वर्षों का निर्माण किया, तो भोर की खामोशी का मिलन जागरण की छोटी-छोटी ध्वनियों के साथ हो रहा है। मेरे पीछे वनजा मद्धिम और नियमित साँसें ले रही है। जब-तब उसकी नींद की लय अस्थमा की खासी उठने और दबाने से बाधित हो रही है। मेरे चारों तरफ और मेरे भीतर खुशी व्याप्त है।' इस तरह शुरू होती है मोहित सेन की कहानी। यह 1997 की शरद ऋतु थी और मोहित सेन तब 68 साल के थे। दो साल बाद, जब उनकी यह आत्मकथा पूरी भी नहीं हुई थी, उनकी पत्नी वनजा की मृत्यु हो गई और महीनों तक मोहित सेन अपना लेखन कार्य दुबारा शुरू नहीं कर सके।

इस ब्योरे का उल्लेख मैं यहाँ क्यों कर रहा हूँ? अपनी आत्मकथा की प्रस्तावना में मोहित सेन कहते हैं, 'जो कम्युनिस्ट आत्मकथाएँ मैंने पढ़ी हैं, उनमें व्यक्तिगत जीवन से कतरा जाने का रुझान दिखाई पड़ा है...(लेकिन) वनजा और मेरे मित्र मेरे जीवन का इतना बड़ा हिस्सा थे कि उनके साथ अपने संबंधों को छोड़ देने का मतलब अपने कथ्य को विकृत करना होगा।' यही नजरिया मोहित सेन को अलग किस्म का कम्युनिस्ट बनाता है और उन्हें महज पार्टी यंत्र का एक पुर्जा नहीं रहने देता।

चालीस के दशक और पचास के दशक के शुरुआती वर्षों में उभरे ज्यादातर भारतीय कम्युनिस्ट नेताओं की ही तरह मोहित सेन भी उच्चवर्गीय पृष्ठभूमि से आए थे। उनके पिता जिला जज और दादा बर्मा के एकाउंटेंट जनरल थे, जो उस वक्त ब्रिटिश भारतीय साम्राज्य का अंग हुआ करता था। परिवार उनका इतना पाश्चात्य संस्कृति वाला और अंग्रेजीदां था कि घर में सिर्फ अंग्रेजी ही बोली जाती थी। बहुत बाद में, इंटरमीडिएट आर्ट्स की पढ़ाई करते वक्त मोहित सेन ने बांग्ला सीखने का प्रयास किया था।

प्रारंभिक भारतीय कम्युनिस्टों की एक साझा पहचान थी कि वे सभी पश्चिमी रंग में रंगे हुए थे, लिहाजा स्वाधीनता संग्राम के दौरान वे भारतीय परिस्थिति की जटिलता को या धोतीधारी गाँधी और जीवन तथा राजनीति के प्रति उनके गहरे धार्मिक नजरिए को समझ नहीं पाए। के.एम. अशरफ शायद इस नियम के कुछ

गिने-चुने अपवादों में से एक थे। उनकी भी पृष्ठभूमि उच्चवर्गीय थी और उन्होंने एक अंग्रेज स्त्री से शादी की थी लेकिन उर्दू और फारसी में उनकी अच्छी गति थी और वे पहले इतिहासकार थे जिन्होंने सन् 1000 से 1550 ई. तक के हिंदुस्तान के लोगों के जीवन और परिस्थितियों का इतिहास लिखा था।

तेरह साल की किशोर वय में पहली बार 1942 में देश भर के कम्युनिस्टों के साथ मोहित सेन का संपर्क मुंबई के गोवालिया टैंक में उस समय हुआ जब महात्मा गाँधी अपना भारत छोड़ो आंदोलन शुरू कर रहे थे। कम्युनिस्ट भारत छोड़ो आंदोलन के खिलाफ थे क्योंकि उनके अनुसार द्वितीय विश्वयुद्ध के दौरान ब्रिटिश सरकार का विरोध करने का अर्थ फासिस्टों को समर्थन देना था। इसके एक साल बाद उन्होंने बंगाल के अकाल के दौरान—जिसमें 35 लाख लोग भुखमरी से मारे गए थे—कम्युनिस्टों का काम देखा। इसी घटना ने उनके चिंतन को वामपंथी रुझान दिया। उन पर दूसरा बड़ा असर उनके बड़े भाई का पड़ा, जिनमें कुछ वाम झुकाव मौजूद था। 1948 में वे कम्युनिस्ट पार्टी के साथ पूरी तरह जुड़ गए।

यहाँ मेरा इरादा इस आत्मकथा की समीक्षा लिखने का नहीं है। इस काम को मैं पेशेवर विद्वानों पर ही छोड़ता हूँ। यहाँ मैं इस किताब में मौजूद ऐसी कुछ घटनाओं का जिक्र करना चाहूँगा, जिनमें मेरे पाठकों की रुचि हो सकती है।

चालीस के दशक के मध्य में मोहित सेन के पिता एक बार उन्हें चित्रकार जामिनी राय के घर ले गए। इस समय तक जामिनी राय ने पश्चिमी अकादमिक शैली में पेंटिंग करना छोड़ कर पारंपरिक लोक प्रतीकों और बिंबों का प्रयोग करना शुरू कर दिया था। अक्सर वे अपनी एक ही पेंटिंग के कई संस्करण अथवा अनुकृतियाँ तैयार करते, जो पारंपरिक कलाप्रेमियों के अनुसार उनकी कला की मौलिकता पर गलत असर डालती थी। इस विषय में जामिनी राय की व्याख्या यह थी कि मौलिक वह था जिसका उन्होंने चित्रण किया था, न कि यह बात कि वह सिर्फ एक पेंटिंग थी।

एक बार मोहित सेन अपनी लाइब्रेरी में बैठे कम्युनिस्ट मैनिफेस्टो से जूझ रहे थे, तभी अपने कंधे पर उन्होंने एक हाथ का स्पर्श महसूस किया। यह पीसी जोशी थे, कम्युनिस्ट पार्टी के तत्कालीन महासचिव। उन्होंने मोहित सेन से पूछा कि वे क्या पढ़ रहे हैं। जब जोशी को पता चला कि वे कम्युनिस्ट मैनिफेस्टो पढ़ रहे थे तो उन्होंने सेन को सलाह दी कि यह कोशिश वे तत्काल छोड़ दें। गंभीरता के साथ उन्होंने आगे जोड़ा कि, 'मार्क्स ने लेनिन के लिए लिखा, लेनिन ने स्टालिन के लिए लिखा, स्टालिन ने मेरे लिए लिखा। मैं तुम्हारे लिए लिख रहा हूँ। तुम तो बस मुझे ही पढ़ो।'

यह बात मजाक में कही गई थी लेकिन इसमें उस प्रक्रिया की तरफ इशारा भी है, जिसके जरिए मार्क्सवाद सोवियत छाप कम्युनिज्म बन गया और वहीं से उसका निर्यात भारत समेत पूरी दुनिया में हुआ। कम्युनिज्म के व्यवहार में सर्वहारा की तानाशाही की जगह पार्टी की तानाशाही ने ले ली और पार्टी का एकाधिकार इसके महासचिव के हाथों में केंद्रित हो गया।

शक्ति का यह केंद्रीकरण एक तरफ कम्युनिस्ट पार्टी में राष्ट्रीय स्तर पर था दूसरी तरफ इसमें सभी कम्युनिस्ट पार्टियों का सोवियत रूस की कम्युनिस्ट पार्टी और इसके द्वारा निर्मित अंतरराष्ट्रीय मंचों की मातहती में जाहिर होता था। 1947 के मध्य में आयोजित कोमिन्फॉर्म यानी इन्फॉर्मेशन ब्यूरो ऑफ द कम्युनिस्ट एंड वर्कर्स पार्टीज की एक बैठक में एक महत्त्वपूर्ण विचारधारात्मक फैसला लिया गया जिसमें एक साम्राज्यवाद विरोधी आंदोलन के रूप में राष्ट्रवाद की भूमिका को ही नकार दिया गया था। इसमें अपनाए गए नजरिए के मुताबिक संसार उस समय दो खेमों में बँट चुका था--एक ओर समाजवादी तथा साम्राज्यवाद विरोधी खेमा और दूसरी तरफ पूंजीवादी-साम्राज्यवादी खेमा। इन दोनों के बीच में किसी और चीज की गुंजाइश नहीं थी।

भारत के संदर्भ में इसका अर्थ यह था कि जो व्यापारी और पूँजीपति गाँधी और राष्ट्रीय आंदोलन का समर्थन कर रहे थे वे मूलतः साम्राज्यवाद के एजेंट थे। लिहाजा इसके नतीजे के तौर पर हासिल भारत की स्वतंत्रता सच्ची नहीं थी क्योंकि नया राज्य और लोकतांत्रिक सरकार समाजवादी-साम्राज्यवाद विरोधी खेमे के साथ नहीं खड़ी थी। लिहाजा सीपीआई का नए भारतीय राज्य को समर्थन देना गलत था और पीसी जोशी के नेतृत्व में पार्टी यही कर रही थी। ऐसे में पीसी जोशी को जाना ही था। उनकी जगह एसए डांगे को लाया गया और सीपीआई ने स्वतंत्र भारत की सरकार के प्रति नजरिया इस आग्रह के साथ बदल दिया कि भारत की आजादी झूठी है और भारत सरकार अब भी साम्राज्यवादियों के साथ खड़ी है। मोहित सेन लिखते हैं कि बाद में उन्हें पता चला कि यह फैसला खुद स्टालिन द्वारा लिया गया था। या कहें कि स्टालिन ने अचानक तय किया कि वह जोशी के लिए नहीं लिखेगा, लिहाजा खुद जोशी भी पार्टी के लिए कुछ लिखने की स्थिति में नहीं रह गये थे! ऐसा था कम्युनिस्ट आंदोलन में शक्ति और सोच का केंद्रीकरण।

मोहित सेन जब यह कहते हैं कि 'बाहर से हासिल की गई बुद्धि ज्ञान के नए क्षेत्रों के रास्ते में बाधक सिद्ध होती है' तो दरअसल वे कम्युनिस्ट आंदोलन की कमजोरियों को खुलकर स्वीकार कर रहे होते हैं। किसी सिद्धांत पर जब व्यवस्थित रूप से सवाल नहीं खड़े किए जाते तो वह उसी तरह अंधी रूढ़ि में बदल जाता है, जैसा धर्म में

होता है। लेकिन पुस्तक का अंत वे एक आशा के साथ करते हैं। उन्हें उम्मीद है कि भविष्य में ऐसे कम्युनिस्ट भी होंगे जिनमें ज्यादा खुलापन होगा और उद्दंडता कम होगी। वे उन अन्य लोगों के साथ चल पाने में सक्षम होंगे, जिनके लक्ष्यों की अभिव्यक्ति भले ही अलग ढंग से की गई हो, लेकिन मानवता के प्रति मार्क्स की आकांक्षाओं से जिनका कोई सीधा विरोध नहीं है।

यह देखते हुए कि सीपीआई और सीपीएम भी भारत में अपने मतभेद दूर नहीं कर पा रही हैं, जिस व्यापक वामपंथी सहमति की उम्मीद मोहित सेन ने जताई है, फिलहाल उसे महज एक सपना ही कहा जा सकता है। लेकिन कुछ सपने सच भी हो जाते हैं। होते हैं न?

और दरवाज़ा खुला रहा

मैं एक ही बार उस घर में गया हूँ और वह भी लगभग 45 साल पहले। अगर मुझे ठीक से याद है तो यह 1956 से 1960 के बीच की बात है।

वह घर कोलकाता के एक मध्यवर्गीय मोहल्ले में था। एक तंग-सी गली में। नितिश बैनर्जी, उनकी पत्नी, सात साल की बेटी रूमा और छह साल का बेटा दुलदुल वहाँ रहते थे। और हाँ, नितिश का छोटा भाई दिनेश भी उनके साथ रहता था। दिनेश शायद रेलवे के दफ्तर में बाबू था। दरअसल घर वही चलाता था क्योंकि बड़े भाई कई साल से लकवे से पीड़ित थे। वह लगभग चारपाई पर ही पड़े रहते थे।

गली से मकान तक पहुँचने के लिए दो सीढ़ी चढ़ कर जाना पड़ता था। सीढ़ियों के नीचे से नाली बहती रहती थी। दरवाजा खोलने पर एक छोटा-सा आँगन पड़ता था। आँगन के बाद एक बरामदा या बरांडा। बरामदे से एक दरवाजा दालान के लिए खुलता था। दरवाजे के सामने वाली दीवार के साथ एक दीवान बिछा रहता था। पीछे एक खिड़की थी। खिड़की के ऊपर रामकृष्ण परमहंस की एक तस्वीर लगी रहती थी। दीवान के एक तरफ जामिनी राय का चित्र और दूसरी तरफ कालीघाट पटचित्र टँगे हुए थे। सुबह दफ्तर जाने से पहले और और शाम को दफ्तर से लौटकर इसी दीवान पर बैठकर दिनेश बाबू अपनी भाभी से बतियाते थे। कुछ खास नहीं, वही घर-गृहस्थी की बातें—लौटते वक्त सब्जी ले जाना, रूमा पढ़ाई की तरफ ध्यान नहीं दे रही। दुलदुल का जूता फट गया है। मानता ही नहीं, उसी जूते से फुटबाल खेलता है और वही पहन कर स्कूल जाता है। करे भी क्या, एक ही तो जूता है। तुम्हारे भैया की आमदनी तो अब है नहीं। न ही तनख्वाह मिलती है और न ही पेन्शन। बीमारी का खर्च अलग। इत्यादि, इत्यादि।

दालान के एक हिस्से में ही खाना बनाने के लिए एक छोटी-सी जगह बनी थी और पानी का एक नल लगा हुआ था। छोटे बर्तन वहीं माँज लिए जाते थे बड़े आँगन में लगे हैंडपंप के नीचे। मिसेज बैनर्जी दिन भर काम में लगी रहती थीं। उनकी उम्र ज्यादा नहीं थी, लेकिन जीवन का बोझ ढोते-ढोते उनके युवा चेहरे पर अभी से एक थकान का साया घर कर चुका था।

बैनर्जी परिवार की दिनचर्या कुछ इस प्रकार थी। मिसेज बैनर्जी—चलिए उनका नाम सपना रख देते हैं—अब पैंतालीस साल के बाद क्या फर्क पड़ने वाला है इस बात से कि उसका नाम क्या था। हाँ तो सपना सुबह उठकर चाय बनातीं और फिर दिनेश को उठातीं। दिनेश चाय का प्याला लेकर और आँगन से अखबार उठाकर दालान में दीवान पर आ जमता। रूमा और दुलदुल यहीं सोते थे। दुलदुल दीवान पर और रूमा नीचे चटाई पर। दिनेश बाबू चाय पीते और अखबार पढ़ते-पढ़ते प्यार से दोनों बच्चों को उठाते। जब दोनों बच्चे उठकर स्कूल के लिए तैयार होने चले जाते तो दिनेश बाबू अखबार की कुछ चुनी खबरों को सपना से बाँटते।

नौ बजते-बजते वह नाश्ता कर और टिफिन का डब्बा सँभाले दफ्तर के लिए रवाना हो जाता। लगभग इसी समय दोनों बच्चे भी स्कूल के लिए निकल पड़ते थे। स्कूल पास में ही था और बच्चे पैदल ही जाते थे। दिनेश और बच्चों के जाने के बाद कहीं सपना को अपने बीमार पति को देखने की फुर्सत मिलती थी। फिर मिस्टर बैनर्जी को नहलाना, धुलाना, कपड़े बदलना, अपने हाथ से नाश्ता कराना। कुछ भी तो नहीं कर पाते थे वे। आधा निर्जीव शरीर और उस पर जवानी की अनबुझी आग। पैंतीस-छत्तीस साल के ही तो थे नितिश बाबू। स्त्री के शरीर के लिए भूख अभी खत्म होना तो दूर अभी तो उसकी अच्छी तरह से आदत भी नहीं पड़ी थी। सपना को छूने, सीने से लगा लेने के लिए मन बेबस हो आता था।

शाम को जब दिनेश काम से घर लौटता तो आमतौर से बच्चे खेलने के लिए बाहर गए होते थे। दिनेश मुँह-हाथ धोकर दीवान पर बैठ जाता। भाभी चाय और नाश्ता ले आती। दिनेश और सपना दिन भर का सुख-दुख बाँटते। एक दफ्तर के बाबू के जीवन में क्या होता है। आज साहब ने कहा कि इस अग्रवाल ठेकेदार का बिल प्रोसेस हो जाना चाहिए। क्यों हो जाना चाहिए? आम के टोकरे और न जाने क्या-क्या तो साहब के घर पहुँचाता है। हमें क्या देता है? और बिल हम प्रोसेस करें! मैंने भी दो पन्ने का नोट चढ़ा दिया फाइल पर और दस ऑबजेक्शन ठोक दिए। हिम्मत है तो करें साहब ओवररूल। महीने भर से सीलिंग फैन खराब है। जब चलता है तो हावड़ा मेल की तरह, नहीं तो बिल्कुल रुक जाता है अड़ियल घोड़े की माफिक। फैन चलाओ तो फाइल के सारे काग़ज़ उड़ जाते हैं और न चलाओ तो पसीने से बुरा हाल। ज्यादातर दिनेश ही बोलता था। सपना जानती थी कि दिन भर के बाद जब आदमी पिट-पिटाकर घर लौटता है तो उसको मन का बोझ उतारने की जरूरत रहती है। नितिश भी तो ऐसे ही किया करता था—जब वह काम पर जाता था।

नाश्ते के बाद दिनेश थैला उठा कर बाजार करने चला जाता। लौटने पर बच्चों से थोड़ी देर बात करता। उनकी पढ़ाई के बारे में पूछता। कभी स्कूल के काम में उनकी मदद भी करता, खास तौर पर रूमा की। रात का खाना दिनेश बच्चों के साथ ही खाता। फिर बच्चों को सोते समय कहानी सुनाता, तब तक भाभी नितिश को उसके कमरे में खाना खिलाकर खुद खाना खाती और फिर चौका-बर्तन निपटाती।

दालान से लगे हुए दो सोने के कमरे थे। एक में नितिश और सपना सोते थे और दूसरे में दिनेश। सोने के दोनों कमरों के बीच एक दरवाजा था। चूल्हा चौका उठा कर सपना अपने पति के कमरे में चली जाती। बीच के खुले दरवाजे से झाँक कर वह दिनेश से पूछती, 'और कुछ चाहिए?' 'नहीं', दिनेश कहता। और दरवाजा बंद हो जाता।

एक बार ऐसा हुआ कि नए पड़ोसी बैनर्जी परिवार से मिलने आए। शाम का वक्त था, बच्चे बाहर खेलने के लिए गए हुए थे। जाहिर है मिस्टर और मिसेज मंडल से यानी नए पड़ोसी से सपना और दिनेश ही मिले। पड़ोसी उन्हें मिस्टर और मिसेज बैनर्जी कह कर बुलाते रहे और दिनेश और सपना ने कोई सफाई देने की जरूरत नहीं समझी। आखिर पहली दफा घर आए थे। दिन खत्म हुआ। सपना ने बीच के दरवाजे से झाँक कर दिनेश से पूछा, 'और कुछ चाहिए?' दिनेश चुप रहा और दरवाजा बंद हो गया।

फिर एक और घटना हुई, छोटी-सी। इतवार का दिन था। दोपहर का खाना हो चुका था। रूमा और दुलदुल स्कूल की किताब पढ़ रहे थे। अचानक रूमा ने पूछा, 'काकू, जनक का क्या मतलब है?' 'पिता, वह जो पालन करता है', दिनेश ने कहा। यह कहते-कहते दिनेश ने सपना की तरफ देखा। सपना भी उसकी तरफ देख रही थी। वह बर्तन साफ कर रही थी। उसकी साड़ी टाँग से थोड़ी ऊपर उठ गई थी और उसकी पिंडली नजर आ रही थी।

हाँ, ऐसी ही छोटी-छोटी घटनाएँ उस घर में हुईं। कभी कोई बड़ा हादसा हुआ हो मुझे याद नहीं। दरअसल यह घर, यह परिवार मुझे एक कहानी में मिला था जो 1956 और 1960 के दौरान मैंने 'ज्ञानोदय' में पढ़ी थी। किसी बांग्ला कहानी का अनुवाद था। लेखक कौन थे अब याद नहीं। ज्ञानपीठ की लाइब्रेरी में पुराने 'ज्ञानोदय' के अंकों में भी मैंने इस कहानी को खोजा लेकिन वहाँ पर ज्ञानोदय के पूरे पुराने अंक नहीं मिल पाए। जाहिर है कि पिछले 45 सालों में यह कहानी मेरे मन के रंगों से मिल कर काफी बदल गई होगी। अगर इस बात से इस कहानी के लेखक को किसी प्रकार का कष्ट पहुँचे तो मैं क्षमा चाहता हूँ। लेकिन बदलते रिश्ते की इतनी सुंदर कहानी मुझे दोबारा कभी पढ़ने को नहीं मिली। मैं फिल्मों में सामाजिक संदेश देते-देते और पाते-पाते तंग आ चुका हूँ। अब मन करता है कि कोई सीधी-सादी फिल्म बनाऊँ। शायद इस कोशिश से जीवन की जटिलता को थोड़ा समझ पाऊँ। अगर मेरे पाठकों में से कोई इस कहानी के लेखक से संपर्क करने में मेरी मदद कर सके तो मैं उनका आभार मानूँगा।

हाँ, कहानी का अंत तो मैंने बताया ही नहीं। फिर एक दिन आया और फिर रात हुई। बीच के दरवाजे से झाँक कर सपना ने दिनेश से पूछा, 'और कुछ चाहिए?' दिनेश ने सपना की तरफ देखा पर चुप रहा। और दरवाजा खुला रहा।